Die Reise der NORTHERN MAGIC

1997 - 2001

65000 Kilometer · 1445 Tage

34 Länder · Eine Welt

DELIUS KLASING

Diane Stuemer

DAS GLÜCK WAR JEDEN TAG AN BORD

Eine Familie segelt um die Welt

Delius Klasing Verlag

Die kanadische Originalausgabe mit dem Titel »The Voyage of the Northern Magic, A Family Odyssey« erschien 2002 bei McClelland & Stewart Ltd., Toronto.

Bibliografische Information Der Deutschen Bibliothek
Die Deutsche Bibliothek verzeichnet diese Publikation in der Deutschen Nationalbibliografie; detaillierte bibliografische Daten sind im Internet über »http://dnb.ddb.de« abrufbar.

1. Auflage
ISBN 3-7688-1528-5
Die Rechte für die deutsche Ausgabe liegen beim Verlag Delius, Klasing & Co. KG, Bielefeld

Aus dem Englischen von Monika Handschuch
Karten: Inch 3 nach Vorlagen von Diane Stuemer
Fotos: alle © Herbert und Diane Stuemer, außer dem Familienbild auf der Schutzumschlagrückseite: Abdruck mit freundlicher Genehmigung von Wayne Cuddington
Schutzumschlaggestaltung: Buchholz/Hinsch/Hensinger, Hamburg
Druck: Clausen & Bosse, Leck
Printed in Germany 2004

Delius Klasing Verlag, Siekerwall 21, D-33602 Bielefeld
Tel.: 0521/559-0, Fax: 0521/559-115
E-Mail: info@delius-klasing.de
www.delius-klasing.de

Inhalt

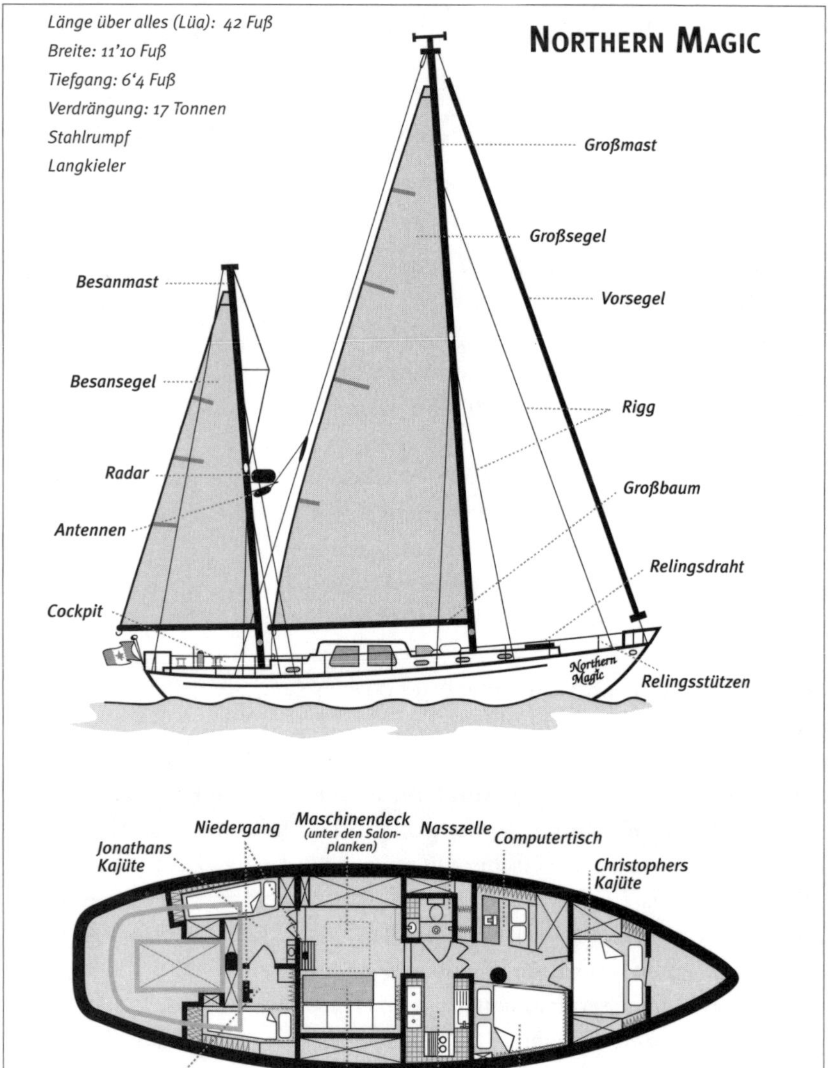

Vorbemerkung

Alle Entfernungsangaben erfolgen in Seemeilen, 1 Seemeile entspricht 1,853 Kilometer. Bootsgeschwindigkeiten und Windstärken werden in Knoten oder in Seemeilen pro Stunde angegeben. 55 Knoten Windstärke entsprechen 63 Seemeilen pro Stunde oder 102 Stundenkilometern.

1
Unser Traum soll wirklich werden: Unter Segeln um die Welt!

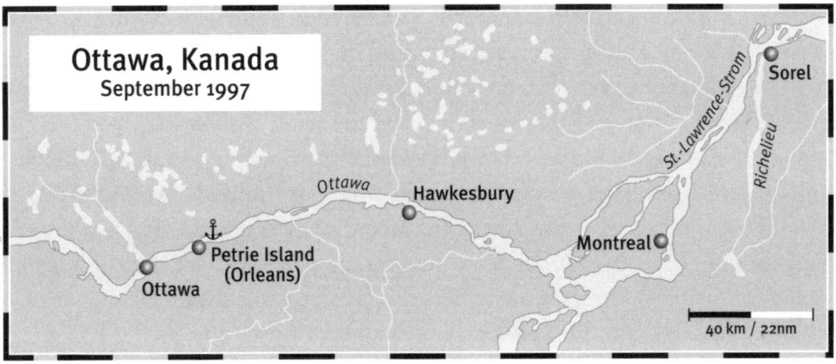

Seit dem Tag unseres Kennenlernens hatte mein Mann wieder und wieder über seinen Traum von einer Weltumseglung gesprochen. Herbert, in Deutschland, in Berlin, als Sohn eines Binnenschiffers geboren, verbrachte seine ersten sechs Jahre ausschließlich auf dem Kahn seines Vaters, während sie tagaus, tagein die Flüsse und Kanäle Europas hinauf und hinunter schipperten. Ein Naturgenie in allem, was mit Technik zu tun hat, schaffte er es schon im Alter von fünf Jahren, das 300-Tonnen-Ungetüm seines Vaters ganz alleine in eine Schleuse zu fahren. Als er dann ein Teenager war, nahm das Schiff seines Vaters eines Tages ein Segelboot in Schlepp, das gerade einhand über den Atlantik gekommen war. Dieses Boot nistete sich in Herberts Gedanken ein, und von dieser Stunde an wuchs heimlich – oder auch nicht so heimlich – die Sehnsucht in ihm, selbst einmal mit seinem eigenen Boot die Weltmeere zu erkunden.

In den zwanzig Jahren, die ich mit ihm verbracht habe, hat er mir seinen Wunsch immer wieder in allen Details ausgemalt. Weil ich stets an große Träume geglaubt habe, habe ich niemals versucht, ihn davon abzubringen. Ich habe, ihn sanft ermutigend, etwas gemurmelt wie: »Es ist ein großartiger Traum,

Liebling, und jeder sollte seine Träume haben«, während ich gleichzeitig hoffte, dass er zur Vernunft käme und ich ihm nie gestehen müsste, viel zu feige für ein solches Abenteuer zu sein. Natürlich fand auch ich Spaß an dem Gedanken, um die Welt zu reisen – aber doch nicht in einem Segelboot! Ganz bestimmt nicht! Die Idee, tage- und wochenlang übers Meer zu gondeln, schien mir so verlockend wie ein Aufenthalt in einem sibirischen Gulag. Aber ich hielt meinen Mann bei Laune und vertraute darauf, dass er im Laufe der Jahre diese verrückte Idee von selbst aufgeben würde. Und falls nicht, wollte ich ihm im schlimmsten Fall hinterher fliegen und im Hafen auf ihn warten.

Dann plötzlich war von einem Tag zum nächsten alles anders. Doch was zuerst wie eine Katastrophe aussah, wurde zu einem Glücksfall.

Am Muttertag 1994 baute Herbert wieder einmal etwas spät im Jahr, wie es in unserem hektischen Leben schon fast zur Gewohnheit geworden war, die Weihnachtsdekoration vom Dach ab. Dabei fiel er von der Leiter und brach sich ein Bein und den rechten Ellbogen. Da der Arm nie wieder richtig funktionsfähig wurde, blieb meinem Mann nichts anderes übrig, als sein florierendes Unternehmen für Hausrenovierungen zu verkaufen. In der Folge fiel er in tiefe Depressionen.

Nur zwei Monate später, während wir uns noch abstrampelten, um mit den Nachwirkungen des Unfalls fertig zu werden, kam der nächste Schicksalsschlag – ein verdächtiger Flecken auf meiner rechten Wade stellte sich als bösartiges Melanom heraus, eine möglicherweise besonders aggressive Form von Hautkrebs. Unsere Familie, die noch unter Herberts Auseinandersetzung mit dem Schicksal litt, musste nun mich in meinem Überlebenskampf unterstützen.

Der Krebs brachte mich nicht um, aber er veränderte dramatisch alle Lebensperspektiven. Während die Ärzte mit dem Skalpell den erkrankten Stellen zu Leibe rücken konnten, konnte kein Messer meine Ängste aus mir herausschneiden. Ich verzweifelte bei dem Gedanken, mit meinen fünfunddreißig Jahren, als junge Mutter, aus dem Leben gerissen zu werden. Wie die meisten Menschen war ich ganz selbstverständlich davon ausgegangen, dass ich noch jede Menge Zeit vor mir hätte, um mein Leben nach meinen Vorstellungen zu gestalten. Nun erwachte ich nachts schreiend aus Albträumen, in denen mein Zweijähriger ohne jede Erinnerung an mich aufwuchs.

Im Jahr darauf setzten Herbert und ich uns grundlegend mit unseren jeweiligen Vorstellungen vom Leben auseinander, und unsere Beziehung stand vor einer Zerreißprobe. Ich ließ alle meine Lebensziele Revue passieren und musste mir eingestehen, dass ich sie noch lange nicht erreicht hatte. Jeder materielle Erfolg schien mir plötzlich hohl. Ich verlor das Interesse an meiner Werbeagentur, die ich aus den Anfängen meines kleinen Kellerbüros in wenigen Jahren zum Erfolg geführt hatte. Jetzt verschoben sich alle Prioritäten.

Als ich zwanzig gewesen war, hatte ich drei Ziele für mein Leben formuliert: ein Buch schreiben, Kinder bekommen und durch die Welt reisen. In unserem Horrorjahr hatte ich zwei dieser Herausforderungen gemeistert: Ich hatte tatsächlich ein Buch geschrieben, die Biografie meines Großvaters William Hawrelak, der in Westkanada ein bekannter Mann in Wirtschaft und Politik gewesen war. Wir hatten drei wunderbare Söhne, Michael, Jonathan und Christopher, 1986, 1988 und 1992 geboren. Aber auf der Jagd nach immer mehr materiellem Erfolg hatten wir das dritte Ziel völlig beiseite geschoben: die Welt zu bereisen.

Wir waren eine von diesen Tag und Nacht beschäftigten, materialistisch orientierten und konventionellen Yuppie-Familien geworden.

Dabei hatte das Reisen Herbert und mich zueinander geführt. Ich war im Jahr 1976 eine trendige langhaarige Siebzehnjährige auf Plateauschuhen, als mein Blick auf einen dunkelhaarigen jungen Deutschen mit Lederjacke und Motorrad fiel, der auf seiner 750er Honda durch Nordamerika tourte. Er stand kurz vor seinem finanziellen Kollaps und hatte sich ein billiges Stehplatzticket für das Rodeo in Calgary gekauft, wo ich den Sommer über als Platzanweiserin arbeitete.

Das mitternächtliche Feuerwerk verblasste gegen die Funken, die unser erstes Rendezvous schlug. Falls es nicht Liebe auf den ersten Blick gewesen sein sollte, dann war es etwas ziemlich Ähnliches. Herbert kam mit mir nach Ottawa, wo ich meine Abschlussprüfung in Journalismus an der Carleton University ablegte. Herbert, der von Beruf Kfz-Mechaniker war, belegte zunächst Abendkurse, studierte dann am pädagogischen Seminar der Queen's University und machte seinen Abschluss als Lehrer für technische Berufe. Während unserer Studentenzeit brachen wir immer sofort zu neuen Reisen auf, sobald wir auch nur zwei Dollar zusammenkratzen konnten, aber im Laufe der Jahre tappten wir ebenso wie die meisten anderen in die Falle von Heim, Beruf und Familie – sodass wir unsere Leidenschaft fürs Reisen schließlich fast zwanzig Jahre hintangestellt hatten. Ich arbeitete ein paar Jahre in den Diensten der Regierung, bis ich eines Tages eine heruntergewirtschaftete Werbeagentur erwarb. Herbert baute nach einer gewissen Zeit als Highschool-Lehrer eine unglaublich erfolgreiche Firma für Renovierungsarbeiten auf. Nach seinem Unfall arbeitete er in unserer ständig einträglicher werdenden Werbeagentur mit, aber wir hatten beide noch unerfüllte Träume.

An einem heißen Sommertag, ungefähr ein Jahr nachdem die Katastrophen ihren Lauf genommen hatten, unternahmen Herbert und ich einen langen Spaziergang am Fluss. Wir waren immer noch total in unsere Verzweiflung und Zukunftsängste verstrickt. Plötzlich schaute er mich an und sagte: »Was würdest du unternehmen wollen, wenn alle deine Wünsche in Erfüllung gehen würden?«

Mein Herz machte einen Satz. Eine unkontrollierbare Sehnsucht stieg in mir hoch. »Ich würde reisen«, sagte ich ohne jedes Zögern.

»Dann lass uns aufbrechen. Du suchst irgendeinen Ort in der Welt heraus, und ich bringe dich dorthin.«

Für einen wunderbaren Moment jubelte Freude in mir auf, ehe noch mein Verstand diesen revolutionären Gedanken richtig zu fassen vermochte. Aber einmal in die Welt gesetzt, konnte er nicht mehr verdrängt werden. Mein Herz war von diesem glückseligen Blitz durchzuckt worden und vergaß das nie wieder, auch wenn der Verstand noch nicht nachvollziehen konnte, wohin meine Leidenschaft zielte. Es schien höchste Zeit, damit aufzuhören, immer alle Anforderungen zu erfüllen, die die Gesellschaft an mich stellte, und stattdessen auf mein Herz zu hören. Drei Wochen später hatten wir die Kinder der Obhut von Sommercamps und Babysittern übergeben, fanden uns in Ägypten wieder und waren zum ersten Mal nach zehn Jahren nichts anderes als ein Paar.

Im Schatten der Pyramiden entdeckten wir uns selbst. Wir lachten uns krank, als ein neu gewonnener Freund versuchte, uns das korrekte Gebet der Muslime vor dem Essen beizubringen. Ich schmuggelte mich in den großen Steinsarkophag im Inneren der Großen Pyramide von Gizeh und kreuzte kichernd meine Arme vor der Brust, als hielte ich einen unsichtbaren Krummstab und den Dreschflegel. Wir schritten allein die Straße der Sphinxen im Tempel von Karnak in Theben hinunter und fühlten uns wie der Pharao Ramses selbst. Ich hatte Gänsehaut, als ich den Ton der Trommel und die Musik aus dem Tempel hörte. Und jetzt, da ich dies schreibe, fühle ich es wieder. In Ägypten öffnete sich die Welt für uns, und wir entdeckten aufs Neue, wie unser zukünftiger Lebensweg aussehen sollte. Wir wussten plötzlich wieder, welche Art Menschen wir sein wollten.

Sonderbarerweise bemerkten zwei völlig Fremde diese Verwandlung als Erste. »Sie haben einen wunderbaren Ehemann«, sagte ein Kairoer Taxifahrer eines Tages zu mir.

»Was meinen Sie damit?«, fragte ich.

»Er ist so gelassen«, antwortete er.

Gelassen? Mein Herbert? Nicht viele Menschen, die meinen anstrengenden und gelegentlich auch schwierigen preußischen Ehemann kannten, hätten das so formuliert.

Mit dem Hintergedanken, die beiden könnten sich abgesprochen haben, forderte ich von dem Taxifahrer eine Erklärung.

»Er strahlt so«, sagte der Mann weise.

Er strahlt? Mein Herbert? Nicht in hundert Jahren. Aber dann merkte ich, dass es stimmte; ich hatte plötzlich einen neuen, gelassenen und strahlenden Ehemann. Und darüber hinaus war ich zu einer gelassenen Ehefrau geworden, die auch strahlte. Die Magie der Pharaos hatte uns geheilt und zu neuen Menschen gemacht.

Für mich bedeutete dieser neue Lebensanfang zunächst, dass ich weniger Zeit für meine Arbeit reservierte und mehr Zeit mit den Kindern verbrachte. Zu lange schon hatte ich das Gefühl zu verdrängen versucht, dass ich sie nicht genug förderte. Herbert dagegen reaktivierte seinen Traum von der Weltumseglung.

Nicht lange nachdem wir aus Ägypten zurück waren, kündigte er feierlich an, dass er im nächsten Sommer ein kleines Segelboot kaufen würde. Wenn wir wirklich den Plan in die Tat umsetzen wollten, mussten wir irgendwo anfangen. Und er beschrieb mir das kleine Boot, das er sich vorstellte, in allen Einzelheiten.

Ich schlug innerlich die Augen zum Himmel auf und vertraute darauf, dass er seine Pläne wie früher bald wieder aufgeben würde. Aber ich hätte meinen neuen, gelassenen, strahlenden Ehemann nicht unterschätzen sollen.

Im nächsten Frühling überschwemmten Weltumsegler-Zeitschriften unser Zuhause. Das war ein schlechtes Zeichen. Ich versuchte sie zu ignorieren, aber davon verschwanden sie leider nicht. Herbert begann, in einer unverständlichen Seemannssprache auf mich einzureden. Er wollte für den Anfang ein Boot, das er in fünf oder mehr Jahren erfolgreich für ein größeres in Zahlung geben könnte und immer so weiter, bis wir ein hochseetaugliches Boot brauchten, nachdem wir unsere Berufe aufgegeben hätten.

Als mir klar wurde, dass er alles ernst meinte, gestand ich ihm meine Bedenken gegen den Plan. »Das ist nichts für mich«, begann ich. »Ich bin nicht dafür gemacht, mich ständig in der prallen Sonne aufzuhalten. Ich mag das Segeln nicht. Ich bin noch jedes Mal seekrank geworden. Und ich möchte auch nicht jahrelang von meinen Kindern getrennt sein, nicht einmal wenn sie erwachsen und aus dem Haus sind.«

Aber Herberts hervorstechende Eigenschaft ist Hartnäckigkeit, und so fand er eine Antwort auf jeden meiner Einwände.

Eines Tages, es war im Frühjahr 1996, kam Herbert mit einem mir bisher unbekannten, seltsamen, erregten Gesichtsausdruck nach Hause. Da er nicht sehr religiös ist, wunderte ich mich sehr über seine Worte.

»Heute ist der Tag der Tage«, begann er und zeigte mir ein Foto. Sein Gesicht leuchtete. »Gott will, dass ich dieses Boot kaufe.«

Meine Gesichtszüge entgleisten. Gott war die treibende Kraft hinter Herberts Plänen?

Mein Mann war auf einer Verkaufsmesse gewesen, und nachdem ein neuer Abschluss erfolgreich unterzeichnet worden war, hatte der Kunde ein Foto aus der Tasche gezogen, es auf den Tisch geworfen und lässig gefragt: »Wollen Sie es kaufen?«

Es war das Richtige. Es war ein Segelboot. Das Segelboot. Unser Segelboot. Es war genau das Boot, von dem Herbert mir monatelang vorgeschwärmt hatte.

»Ich habe zwar gesagt, dass ich in diesem Sommer ein Segelboot kaufen werde«, erklärte er verlegen, »aber tatsächlich habe ich selbst nicht richtig daran geglaubt. Ich fühle, dass Gott uns dieses Segelboot geschickt hat. Kann er mehr tun, als es mir vor die Nase zu stellen?«

Nun, hätte ich mit dem Allmächtigen streiten können?

Aber ehe uns die Dinge zu schnell aus der Hand gleiten konnten, brachte ich meinen gelassenen, strahlenden Ehemann auf den Boden der Tatsachen zurück.

»Dieses Boot ist dein Traum und nicht meiner«, sagte ich mit strenger Miene. »Ich werde dir keine Steine in den Weg legen, aber dir muss klar sein, dass ich diesen Traum nicht teile.«

»Verstanden«, antwortete er – ganz ungewöhnlich sanftmütig.

»Ich habe nichts dagegen, wenn du die Jungs am Wochenende mit zum Segeln nimmst, aber zieh kein Gesicht, wenn ich nicht mitkommen möchte.«

»Ja, Liebling«, sagte er ruhig.

»Ich zwinge dich nicht, mir beim Unkraut jäten zu helfen, also erwarte nicht von mir, dass ich dein Deck schrubbe.«

»Ja, Liebling«, er begann zu lachen.

Hatte ich eine andere Wahl, als ihn zu begleiten, als er unser Boot abholte?

Als ich an jenem Julitag 1996 zum ersten Mal an Bord unseres kleinen 23-Fußers kletterte, verfügte ich über äußerst begrenzte Erfahrungen im Umgang mit Booten. Abgesehen von zwei Kreuzfahrten, während denen ich – beide Male – ebenso intime wie unerfreuliche Bekanntschaft mit den sanitären Anlagen geschlossen hatte, bezog ich alle meine Kenntnisse im Wesentlichen daraus, dass wir ein paarmal während unserer Familienausflüge Hausboote auf den Rideau-Kanälen gechartert hatten.

Zugegeben, wir hatten viel Spaß auf den Hausbooten gehabt, aber ich schrieb das Gefühl von innerem Frieden und Zufriedenheit mehr der bukolischen Umgebung zu. So war ich in keiner Weise auf das Gefühl vorbereitet, das mich überwältigte, als wir mit unserem kleinen Boot den Ottawa River hinunter fuhren, um unsere Neuerwerbung zu einem Liegeplatz in einer Marina in der Nähe unseres Zuhauses zu verholen. Das fantastische Glück und die innere Nähe, wie wir sie in Ägypten empfunden hatten, knüpften wieder ihr Band zwischen uns. Unsere Welt leuchtete hell und neu und schön. Alles war plötzlich so, wie es immer schon hätte sein sollen.

Mit einem Mal schien es mir wesentlich spannender, unsere Wochenenden auf dem Boot zu verbringen, als im Garten herumzupusseln. Und als Herbert Pläne ausschließlich für sich und die Jungs aufstellte, hörte ich mich in bemitleidenswertem Ton fragen: »Und was ist mit mir?«

Schließlich heuerte ich als Crew an, und wir übernachteten erstmals draußen auf dem Ottawa River – bei enormen Windstärken. Während wir in unserem zuverlässigen kleinen Gefährt unter einem Segel dahin jagten, das nicht größer war als ein Taschentuch, lachten wir außer Rand und Band. Die Kinder kreischten vor Vergnügen und verlangten von ihrem Vater, dass er mitten in die größten Wellen hielt. Als wir nach Hause kamen, winderprobt und voll neuer Energie, staunten wir nicht schlecht, dass der Sturm, den wir abgewettert hatten, Schlagzeilen machte. Der *Ottawa Citizen* zitierte sogar den Präsidenten des Nepean Sailing Club, dass niemand, der seine sieben Sinne beisammen hat, an diesem Wochenende den Hafen verlassen hatte.

Na und?

Am nächsten Morgen musste ich – nach dieser Offenbarung – wieder der traurigen Realität des Arbeitsalltages ins Auge schauen. Um das Unvermeidliche wenigstens noch etwas hinauszuschieben, wollte ich zu Hause in unserem Computer noch kurz die E-Mails checken. Während ich wartete, griff ich nach einer der Segelzeitschriften, die in unserem Haus überall herumlagen. Die Schlagzeile hieß: EINE FAMILIE GEFANGEN IM TERROR DER NORDSEE.

Ich zögerte. Sollte ich den Artikel lesen?

Ich las ihn. Zweimal. Ich verschlang jedes Wort.

Ich konnte nichts anderes denken als: »So hätte es auch mich treffen können.«

Dann fand ich einen Artikel über die Kosten einer Drei-Jahre-Weltumseglung.

Zu meiner großen Überraschung entdeckte ich, dass man nur etwa die Hälfte eines Budgets benötigte, mit dem man für drei Jahre in einem der üblichen Vororte kalkulieren musste. Ich ließ diese Informationen in mich sacken. Die Fotos neben dem Text brannten sich in meine Seele ein und entwickelten dort eine solche Leuchtkraft, dass ich sofort wusste: Das ist unsere Zukunft. Als ich die Zeitung beiseite legte, hatte unser Lebensweg eine neue Richtung eingeschlagen. Nicht nur, dass ich jetzt um die Welt segeln wollte, es gab überhaupt keine andere Perspektive mehr. Ich hatte die Lösung für den Neuanfang gefunden.

Was spielten die tausend durchaus berechtigten Gegenargumente noch für eine Rolle?

Ich wusste nur: Es gab keine Alternative.

Dann ging ich ins Büro, baute mich vor meinem gelassenen, strahlenden und sehr überraschten Ehemann auf und sagte ganz einfach: »Wir wollen den Traum wahr werden lassen!«

Nach fast zwanzig Jahren, in denen Herbert immer wieder versucht hatte, mich für eine Weltumseglung zu erwärmen, war ich endlich überzeugt. Wir besaßen unser erstes Segelboot gerade zwei Wochen lang und waren nur einmal damit auf dem Wasser gewesen.

Nun würden wir also um die Welt segeln, aber ein immenser Berg an Vorbereitungen türmte sich zwischen uns und unserem Wolkenkuckucksziel. Doch seltsamerweise wussten wir in jeder Minute ganz genau: Nichts kann uns aufhalten.

Je weiter unsere Pläne voranschritten, desto sicherer wussten wir, dass wir das Ganze als Familie unternehmen sollten. Sich dieser Herausforderung zu stellen, würde die Entwicklung unserer Söhne unglaublich fördern, und natürlich auch den Zusammenhalt in unserer Familie. Wir waren überzeugt, dass besonders Michael, unserer ältester Sohn, den Auftrieb eines solchen Neuanfangs regelrecht brauchte, der da im Windschatten eines so hoch fliegenden Ziels daher kam. Aus mehreren Gründen war es mit seinem Selbstbewusstsein in letzter Zeit stetig abwärts gegangen. Wir waren sicher, dass unser Törn ihm dabei helfen würde, einen besseren Start ins Leben zu schaffen.

Mit diesem Ziel vor Augen blieb uns gar nichts anderes übrig, als unverzüglich aufzubrechen. In wenigen Jahren würde Michael zu alt sein, um Spaß daran zu haben, mit seinen Eltern in einem kleinen Boot eingepfercht zu leben. Als uns dann klar wurde, dass wir innerhalb eines Jahres ein passendes Boot finden, unser Geschäft verkaufen, unser Haus vermieten, den notwendigen Unterricht nehmen und uns auf den Törn vorbereiten müssten, schien es uns fast unmöglich, dieses Vorhaben in die Tat umzusetzen. Doch auf irgendeine merkwürdige Weise waren wir uns einig, dass wir – falls nötig – Himmel und Hölle in Bewegung setzen würden. Nichts sollte uns aufhalten. Nachdem uns nun einmal die Leidenschaft für diesen großartigen Traum ergriffen hatte, gab es kein Zurück mehr – weil man eine Lawine eben nicht aufhalten kann.

Ganz oben auf unserer Liste stand der Erwerb einer Yacht, ehe der in Ottawa so schneereiche Winter einsetzte. Wir suchten zuerst im Internet und fanden das Angebot eines gut erhaltenen und trotzdem nicht allzu teuren Bootes mit Namen TARWATHIE, das in Beaufort, North Carolina, lag. Schon am nächsten Tag jagten wir über die I-95 zu der angegebenen Adresse. Während dieser 18-Stunden-Non-Stop-Tour hatten wir alle das Gefühl, dass wir unserem Schicksal nicht mehr entgehen könnten.

Das Boot war alt und rein kosmetisch in gutem Zustand. Aus der Zeit unserer Hausrenovierungen und den daraus gewonnenen Erfahrungen trauten wir uns jedenfalls zu, die TARWATHIE wieder auf Vordermann zubringen. 1960 in Holland gebaut, verfügte sie über einen robusten Stahlrumpf mit einem gefälligen Design-Konzept. Sie hatte die Linien einer klassischen Blauwasser-Segelyacht. Ein Langkieler und eine hochseetaugliche Fahrtenyacht, eindeutig die Art Boot, die gebaut war, um hundert Faden Wasser unterm Kiel zu haben.

Der Innenausbau zeigte keinerlei Ähnlichkeit mit den gepflegten, wohnzimmerartigen Yachten, die man heutzutage überall sieht. Das Boot war unverkennbar auf Seefahrt ausgerichtet: runde Bullaugen, schönes, aber hart strapaziertes Teakholz, metallene Kerosinlampen. Es schien sich unerschütterlich bewährt zu haben, war gründlich überholt worden und – das Beste von allem – verfügte über genau die Ausstattung, die wir für unser Vorhaben brauchten. Da wir selbst noch keine richtigen Segler waren, wünschten wir uns ein Boot, das mehr vom Segeln verstand als wir. TARWATHIE, für die raue, stürmische Nordsee gebaut, war ganz genau die Vertrauen einflößende Yacht, die wir gesucht hatten. Und am Ende dieses Nachmittags gehörte TARWATHIE uns, nachdem sie noch einer professionellen Begutachtung unterzogen worden war.

Wenige Wochen später, wir hatten sie in NORTHERN MAGIC umgetauft, war sie auf einem Truck nach Kanada transportiert worden und lag nun sicher in einer kleinen Marina ungefähr fünfzig Minuten von unserem Zuhause entfernt. Das erste Mal besuchten wir sie im Familienverbund. Es war ein Augenblick höchster Erwartung, vergleichbar dem Moment, wenn die Kinder zum ersten Mal ein frisch geborenes Brüderchen begutachten.

»Was?«, brach es aus Mike, zehn Jahre alt, heraus, als er die NORTHERN MAGIC zu Gesicht bekam. »Wir sollen in diesem grünen Stück Gerümpel um die Welt segeln?«

Zugegeben, sie sah nicht gerade großartig aus. Ihr Rumpf war abgezogen und sandgestrahlt worden, dann hatte man ihr den hässlichen grünen Grundanstrich verpasst. Mehrere Schweißarbeiten waren notwendig geworden, denn die vier oder fünf neuen Ersatzplatten, die man früher einmal eingesetzt hatte, waren an den Schweißnähten gerostet, sodass langgezogene rostrote Flecken den Rumpf verunzierten. Per Ultraschall hatten wir versucht, alle Schwachstellen im Rumpf ausfindig zu machen, und als Folge davon leuchteten nun überall markierte Punkte und Linien auf. Die auf Teak getrimmten Kajütabdeckungen hatten ihre besten Zeiten hinter sich und blätterten ab, der Lack mauserte sich zu riesigen unansehnlichen Schuppen. Unser zukünftiges Zuhause, in welchem wir uns den Ozeanen der Welt stellen wollten, sah tatsächlich aus wie – nun – wie ein grünes Stück Gerümpel.

Herbert ging nicht mehr ins Geschäft, um sich ganztags der Renovierung der NORTHERN MAGIC widmen zu können, und als der Schnee fiel und sich zwei Meter hoch rund um ihn auftürmte, arbeitete er unter einer Plane weiter, unterstützt von einem Heizlüfter. Er nahm sich das Boot vom Bug bis zum

Heck vor, während draußen oft genug die Temperaturen unter minus dreißig Grad fielen. Aber als der Frühling kam, war die Schöne bereit, vom Stapel zu laufen, und Herbert war mit ihr aufs Intimste vertraut, innen und außen.

Wir begannen gleichzeitig auch mit unserer nautischen Vorbereitung: Herbert erlernte die Feinheiten der Astro- und terrestrischen Navigation und eignete sich allgemeine Grundkenntnisse in erster Hilfe an; ich beschäftigte mich mit HAM RADIO und erster Hilfe in freier Wildbahn. Wir absolvierten unsere Tauchprüfung und erwarben alle Seefunkzeugnisse inklusive des UKW-Sprechfunkzeugnisses. Und jede freie Minute verbrachten wir damit, uns die tausend Einzelheiten anzueignen, die man für ein Leben auf dem Ozean braucht und von denen wir null Ahnung hatten.

All dies fand sozusagen nebenbei statt, während wir weiter unser Geschäft betrieben und gleichzeitig einen Käufer suchten, einen Mieter für unser Haus und jemanden, der sich kompetent um unseren Besitz und unser kleines Einkommen kümmerte, unsere Kinder auf andere Gedanken brachte, während der nächsten sechs Monate den Gastgeber für unseren deutschen Neffen Marco spielte und mir als Rudelführer für meine jungen Wölfe diente. Es waren unvorstellbare elf Monate, und wir rauschten in einer Schwindel erregenden, ermüdenden und gleichzeitig euphorischen Luftblase hindurch. Das Boot und uns selbst so weit voranzubringen, dass wir die Vorbereitungen für eine Weltumseglung in weniger als einem Jahr bewältigten, mag manchen als eine unlösbare Aufgabe erscheinen, aber wir stellten sie niemals in Frage. Wir haben einfach losgelegt und immer weiter gemacht und zogen die notwendige Energie und Inspiration aus der Unumstößlichkeit unseres Wunsches.

Manchmal, besonders mitten in der Nacht, machten wir uns aber doch Sorgen. Jedesmal, wenn mein Blick auf einen Globus fiel, durchzuckte mich eine Art Panikattacke. Ich fühlte ein Würgen im Hals, wenn ich auf die unglaubliche Weite des Pazifiks starrte, dessen immense Wasserfläche sich grenzenlos auszudehnen schien. Wir wollten es tatsächlich wagen, solche Passagen segelnd hinter uns zu bringen? Oft fürchtete ich mich vor dem Tag, an dem wir uns auf die sich dreitausend Meilen erstreckende Wasserwüste wagen würden. Aber andere Leute hatten es schließlich auch getan; damit beschloss ich, mir Mut zuzusprechen, und wenn sie es geschafft hatten, konnten wir das auch. Angstanfälle waren schließlich nichts anderes als eine weitere Herausforderung, an der wir wachsen konnten. Dennoch – ich hasste es, auf den unsagbar leeren Flecken auf dem Globus zu starren. Sogar heute halte ich noch den

Atem an, wenn ich ein Bild von dem unermesslichen Ozean sehe. Immer wieder fragten wir uns, ob es richtig sei, unsere Kinder den Gefahren eines Vagabundenlebens auf See auszusetzen. Zahllose Statistiken waren auf unserer Seite, aber wir beschlossen, dass wir uns den Kindern zuliebe stets für die Sicherheit entscheiden würden, wann immer wir auf See vor einem Problem stehen sollten.

Wir waren so beschäftigt mit dem Renovieren unseres Bootes, dem Abschluss unserer Fortbildungskurse und dem Verkauf unseres Geschäftes, dass wir im Juli, zwei Monate bevor wir auslaufen wollten, noch keine Zeit gehabt hatten, uns mit dem Packen unserer Siebensachen zu beschäftigen oder gar der Vermietung unseres Hauses. Als gegen Ende des Monats eine nette Familie, die in der Army war, uns mitteilte, dass sie innerhalb von zwei Wochen das Haus bräuchte, hatten wir gar keine andere Wahl als zuzustimmen. Aber wie sollten wir es schaffen, unser Zuhause innerhalb von zwei Wochen leer zu räumen? Der Monat Juli war ohnehin zum Desaster geworden. Die drei Kinder hatten schulfrei, und wir verhedderten uns im Kampf gegen einen komplizierten Zeitplan mit Sommerlagern und Babysittern. Immer öfter nahm ich eines der Kinder, zwei oder alle drei mit ins Büro, wo ich sie im Konferenzraum mit Lesen zu beschäftigen versuchte oder sie ihren Computerspielen überließ. Herbert kannte nichts anders mehr, als die Arbeiten am Boot zum guten Ende zu bringen. Wir hatten nur noch zwei Wochen, um mit der NORTHERN MAGIC klarzukommen, um das große Haus mit den vier Schlafzimmern zu räumen und alles im Boot zu stauen, was wir mitnehmen wollten; gleichzeitig passten wir auf die Kinder auf und arbeiteten ganztags.

Meine Eltern waren die letzte Rettung, als sie anboten, die Jungen für drei Wochen bei sich in Calgary aufzunehmen. Das war ein großherziges Angebot, besonders weil eine Weltumseglung zum Allerletzten gehörte, wovon meine Mutter jemals geträumt hatte. Sie hatte etwas wortkarg reagiert, als ich ihr das erste Mal davon erzählte; vielleicht hatte sie gehofft, dass sich die Idee von alleine verflüchtigen würde. Dad erzählte mir später, dass sie damals alles für einen gigantischen Witz hielt. Aber jetzt schluckten beide Eltern ihre Einwände hinunter und reichten uns die hilfreichen Hände.

Ohne die Sorge um die Kinder konnten Herbert und ich einen Gang höher schalten. Wir beschlossen, unsere gesamte weltliche Habe in den Keller zu schaffen. Tante Gina Nichols, die Schwester meiner Mutter, die in Washington D.C. lebte, nahm das nächstbeste Flugzeug, rollte die Ärmel hoch und stand uns Tag und Nacht zur Seite, um alles in den Griff zu bekommen. Auch Freunde und Nachbarn ließen uns nicht im Stich. Aber trotz all dieser hilfreichen Engel sah es so aus, als würden wir niemals fertig werden. Vierundzwanzig Stunden vor Ankunft unserer Mieter herrschte immer noch in jedem Zimmer unseres Hauses das reinste Tohuwabohu.

Ein Wettrennen mit der Zeit ging los: Waren Herbert, Gina und ich in der Lage, ein Zimmer schneller auszuräumen, als die Putzfrau es sauber machen konnte?

Sie folgte uns mit ihrem Staubsauger auf den Fersen wie ein Foxterrier, während wir unser Hab und Gut hinaus schafften. Ihr folgten die Teppichreiniger auf dem Fuße, die wiederum von Herbert und seinen Freunden mit ihren Malerutensilien gejagt wurden. Aber wie bisher immer schafften wir auch diesmal wie durch ein Wunder alles, ehe die Mieter eintrafen. Als wir unsere Habe betrachteten, vom Boden bis zur Kellerdecke aufgestapelt wie eine solide Mauer, so vollgestopft, dass man keine Kreditkarte hätte dazwischen schieben können, beglückwünschten wir uns zu dieser Meisterleistung, die einen Vergleich mit den berühmten Baumeistern der Inka-Architektur nicht zu scheuen brauchte. Wir hatten in unserem Souterrain einen Machu Picchu errichtet, ein Denkmal der Konsumgesellschaft.

Seit dem Ausbruch meiner Krebserkrankung vor drei Jahren hatten meine Ärzte mich stets aufmerksam kontrolliert, um nur ja kein Rezitativ zu übersehen. Mit einem Melanom ist nicht zu spaßen. Es ist nur dann verhältnismäßig einfach in den Griff zu bekommen, falls es an der Hautoberfläche angesiedelt ist.

Aber im Gegensatz zu jeder anderen Spielart von Hautkrebs tendieren Melanome nicht zu Metastasen. So ist es zwar fast Routine, die betroffene Hautstelle herauszuschneiden, wie die Ärzte das an meiner rechten Wade getan hatten. Doch ein bösartiger Tumor, der in die Lunge, die Leber oder die Lymphknoten streut, kommt praktisch einem Todesurteil gleich.

Nur wenige Wochen zuvor hatte ich eine gründliche Routine-Vorsorgeuntersuchung absolviert. Meine Ärztin sah sehr besorgt aus, als sie die Lymphknoten in meiner rechten Leiste abtastete. Einer dieser Lymphknoten hatte sich vergrößert – manchmal ist das ein Zeichen für Metastasen. Wahrscheinlich ist alles ganz harmlos, beruhigte sie mich, aber unter den Umständen, dass wir abreisen wollten und sie den Vorgang deshalb nicht weiter unter ihrer ständigen Kontrolle halten konnte, hielt sie es für das Beste, den Knoten zu entfernen und ihn auf Zellveränderungen untersuchen zu lassen.

Genau fünf Tage vor der rasenden 24-Stunden-Packaktion hatte ich mich deshalb in die Chirurgie begeben, um einen Lymphknoten aus meiner Leiste entfernen zu lassen. Über uns allen hing ein Damoklesschwert. Es war unmöglich, den Gedanken daran zu verdrängen. Unser Geschäft war verkauft, unser Zuhause vermietet, und sollten wir nicht auf Törn gehen, würden wir nicht wissen wohin mit uns. Herbert und ich sprachen nicht viel darüber, aber von Zeit zu Zeit tauschten wir einen besorgten Blick, während wir auf das Ergebnis der histologischen Untersuchung warteten.

Die Testergebnisse waren uns für acht Uhr morgens an dem Freitag versprochen worden, an dem unsere Mieter einzogen. Als ihr Möbelwagen um die Ecke bog, telefonierte ich gerade mit meinem Arzt. In diesem Moment fiel die Entscheidung, ob ich eine Weltreise antreten konnte oder bereits dem Tod ins Auge sah.

Die Antwort lautete: Wir werden um die ganze Welt segeln!

Unter Tränen rannte ich aus dem Haus. Meine aufgestaute Angst, der ganze Stress, die Anstrengung, die wirtschaftliche Existenz aufzugeben, das Haus herzurichten, das Boot fertig zu stellen und meine gesundheitlichen Sorgen ließen einen Damm brechen. Während unsere Mieter aus dem Auto stiegen, stand ich nur da und schluchzte wie ein kleines Kind. Vermutlich haben sie gedacht, ich wollte unser Zuhause nicht verlassen. Aber genau das Gegenteil war der Fall: Man hatte mir ein neues Leben geschenkt. Und jetzt lag es an mir, das Beste daraus zu machen.

Bald danach kehrten die Kinder aus Calgary zurück, weder in ihr vertrautes Heim noch in ihre eigenen Schlafzimmer, sondern zusammengepfercht auf ein Boot, auf dem noch nicht alles so war, wie es sein sollte. Eine kleine Enttäuschung machte sich breit, besonders bei Michael. Der Plan, rund um die Welt zu segeln, stand unumkehrbar fest, und Michael wünschte sich, er hätte im vergangenen Jahr dem Plan nicht so bereitwillig zugestimmt.

Jetzt erst wurde ihm bewusst, dass er bald ohne seine Freunde dastehen würde, ohne sein Schlafzimmer, ohne sein Fahrrad, überhaupt ohne alles, was ihm wichtig war. Ich weiß, dass er sich mehr als einmal wünschte, er könnte unsere Pläne zurückdrehen. Aber es war zu spät, um umzukehren, und schließlich schickte er sich in die neuen Umstände.

Jonathan, damals neun Jahre alt, war ziemlich aufgeregt und wahrscheinlich von uns allen am begeistertsten. Ich werde nie vergessen, wie er sich, am Bug sitzend, während wir den Ottawa River hinunter motorten, zu uns umdrehte, sich streckte und sagte: »Das ist wahrscheinlich der beste Tag meines Lebens!«

»Nein, Jon«, korrigierte ihn Michael, »dein schönster Tag wird der sein, an dem wir auf dem Meer sind.«

Ich rief mir das hundertmal ins Gedächtnis, wenn ich an den Luxus dachte, nun endlos viel Zeit für die Kinder zu haben und ihnen das Leben und die Wunder dieser Erde nahe bringen zu können. So würden sie die Chance haben, zu den Menschen zu werden, wie wir uns das für sie wünschten.

Den immer fröhlichen Christopher, unseren fünf Jahre alten Sonnenschein, mussten wir dagegen ein ums andere Mal in seiner Sorge beruhigen, dass wir weder Stromschnellen passieren noch einem Riesenkraken begegnen würden.

Damals zahlte es sich aus, dass ich eine passionierte Listenschreiberin bin. Ich hatte nachgelesen und nachgelesen und nachgelesen und schließlich alles aufgelistet, was zu besorgen war – von den Medikamenten bis zu den Büchern. Adressen mussten geändert werden, Verträge gekündigt, Arztbesuche standen an, die Segel waren auf Vordermann zu bringen, Vollmachten für die Bankgeschäfte und das Bezahlen unserer Rechnungen aufzustellen, Impfungen waren zu erledigen, Schulbücher zu kaufen und eine umfangreiche Bordapotheke war bis hin zu Kathetern sorgfältig zu bestücken.

Das alles und tausend andere Dinge standen auf meinen Listen. Meine Liste für den 26. August 1997 wies dreiundsiebzig Punkte auf, abgesehen von der zusätzlichen Einkaufsliste. Es gab auch Listen, auf denen nachzulesen war, was wir in unserem Keller eingelagert hatten. Es gab Listen mit hilfreichen Hinweisen für unsere Mieter. Es gab Listen für das Inventar auf dem Boot, wo alles gestaut und wiederzufinden war. Natürlich gab es auch im engsten Familienkreis Stimmen, die sich über meine Listen lustig machten. Aber wenn man mich fragt, dann waren es diese Listen, die später alles zusammengehalten haben.

Am 10. September 1997, einen Tag vor unserem Aufbruch, standen wir früh auf, um die letzten dreiundzwanzig Punkte auf unserer letzten Liste abzuarbeiten.

Den ganzen Tag hetzten wir uns ab und erreichten erst am späten Nachmittag wieder unser Viertel, gestresst und erschöpft. Die Kinder waren müde und quengelten, dass sie, abgesehen von einem kurzen Mittagessen, den ganzen Tag ins Auto gesperrt gewesen wären; als Wiedergutmachung chauffierten wir jedes, obwohl uneingeladen, zu seinem besten Freund, damit sie die letzten Stunden miteinander Spaß haben könnten. Als sie den Stress in unseren Gesichtern sahen, luden alle drei Familien unsere Jungen ein, bei ihnen zu essen und so lange wie nötig zu bleiben.

Was für eine Erleichterung! Als mir die Mutter von Christophers bestem Freund etwas Essen in die Hand zu drücken versuchte, war ich so überreizt, dass ich in Tränen ausbrach.

Wir kehrten nach Hause zurück, wo unsere Mieter damit beschäftigt waren, sich einzurichten. Da gab es ein Problem: Eichhörnchen hatten sich im Dachboden einquartiert und in einer Ecke ein Loch ins Dach genagt. In der vergangenen Nacht hatte es geregnet, und Wasser war eingedrungen. So blieb uns nichts anderes übrig, als unserer Tagesliste einen Punkt vierundzwanzig hinzuzufügen: Dachreparatur. Herbert kletterte hinauf und kleisterte das Loch zu, während ich mich weiter dem Rest widmete.

Es war schon zweiundzwanzig Uhr dreißig, als Herbert und ich uns auf den Weg machten, um unsere Kinder wieder einzusammeln. Mein Körper hing vor Stress und Müdigkeit in den Seilen, und mein Verstand war am Ende. Als Letzten holten wir Michael ab, zusammen mit seinem besten Freund Ian Villeneuve, den wir eingeladen hatten, uns während der ersten Woche zu begleiten.

Gegen Mitternacht schaufelten wir dann vier müde Kinder in unser Dingi und rauschten in völliger Dunkelheit über den düsteren Ottawa River. Wir hatten in zwei Tagen keine Zeit für eine einzige richtige Mahlzeit gefunden. Es war kalt und windig, und das Kabbelwasser stieg in unser überladenes Dingi. Wir waren durchnässt und zitterten, als wir an dem Punkt ankamen, wo die NORTHERN MAGIC auf dem Fluss ankerte. Ich war einem Zusammenbruch nahe. Ich habe es schon früher gesagt, und ich halte es auch heute noch für richtig: Der Aufbruch war das Härteste, was wir auf unserem Törn um die Welt zu bewältigen hatten.

Und so, genau ein Jahr nach unserem Entschluss zur Odyssee, als der warme Sommer schon den Geruch der bevorstehenden kalten Tage in sich aufnahm, gingen wir ankerauf und starteten unsere Weltumseglung. Wir waren unwissende Segler in einem Boot, mit dem wir keinerlei Erfahrungen gesammelt hatten. Unsere Kenntnisse beliefen sich auf ganze sechs Nachmittage auf dem Ottawa River in einem 23-Fuß-Bötchen. Wir waren also hundertprozentige Greenhorns, das stimmt, aber wir waren für den Aufbruch bereit. Während der nächsten vier oder fünf Monate auf dem Meer, während wir an der Ostküste entlang kreuzten, würden wir genug Zeit haben, um die Myriaden unerwarteter Probleme kennen und das Handwerk gründlich zu lernen, von dem das Leben unserer Familie abhing.

Hinter uns lag eine verrückte, manchmal qualvolle Zeit. Vor uns lag die ganze Welt.

2
Das Abenteuer beginnt

Wir liefen in Ottawa aus bei grau verhangenem Himmel und Nieselregen, und ein Dutzend Last-Minute-Päckchen mit tropfenden Lebensmitteln verunzierten unser frisch lackiertes Teakdeck mit hässlichen Pfützen. Niemand nahm von uns Notiz außer Wayne Cuddington, ein Fotoreporter des *Ottawa Citizen*. Vor ein paar Wochen hatte ich eingewilligt, jede Woche ein paar Zeilen über unseren Törn für diese größte Tageszeitung in Ottawa zu liefern; Waynes Foto von unserem verregneten Abschied erschien auf der Titelseite und wurde von vielen anderen Zeitungen in ganz Kanada übernommen.

Herbert und ich wechselten uns während des Regens am Ruder ab. Dazwischen verstauten wir alles, was noch nicht seinen endgültigen Platz gefunden hatte.

Ungeachtet des unspektakulären Starts war es großartig, endlich unterwegs zu sein. Ich war unendlich erleichtert. Während des vergangenen Hürdenlaufs hatte ich gar keine Zeit mehr gefunden, mich aufzuregen, aber nun bebte ich wieder vor Erwartung wie während der ersten Tage, als wir das große Abenteuer zu planen begonnen hatten.

In meinen Gedanken war ich gut auf den Abschied vorbereitet gewesen, und so verließ ich unser Zuhause, ohne zurückzuschauen. Das Übermaß an Hilfe und Zuneigung von Freunden, Familie und sogar Fremden aber traf mich unerwartet. Nahezu jeder, der von unserem Unternehmen erfahren hatte, versuchte uns während der Vorbereitungen unter die Arme zu greifen. Wir waren die Nutznießer von hundert helfenden Händen. Und wir ahnten noch nicht, dass dieser Strom aus Hilfeleistung und Wohlwollen uns als konstante Größe rund um den Weltball tragen würde. Es wurde tatsächlich eine erdumspannende Erfahrung, die uns selbst zutiefst veränderte.

An Bord waren wir weit davon entfernt, mit unseren Arbeiten zum Ende zu kommen, eine Tatsache, die bereits am ersten Tag unübersehbar war, als unser CD-Player die CDs fraß und nicht wieder ausspuckte, und Wasser durch die Luken trat, die wir nicht dicht bekamen. An der Außenwand hatten wir es nicht mehr geschafft, all den Rost abzuklopfen, das ganze Deck zu pönen und das Teakholz wieder aufzuarbeiten. Das Teakdeck und das Cockpit waren wirklich keine Zierde. Aber wir fühlten uns guten Mutes, das alles unterwegs erledigen zu können.

Zu diesem Zeitpunkt sanken nämlich bereits die Temperaturen, und die Schleusen, die vor uns lagen, würden bald wegen des Winters schließen. So hatten wir keine Zeit zu verlieren. Tatsächlich wurde dieser Herbst ungewöhnlich kalt, und nachdem wir Washington hinter uns gelassen hatten, begleitete uns auf unserem Weg nach Florida fast jeden Morgen der Frost. Wir waren keinen Moment zu früh aufgebrochen.

*

Wegen der zahlreichen Brücken auf dem Ottawa River legten wir die Masten. Die Kinder juchzten vor Vergnügen über den enormen Schwell, den die schnellen Motorboote uns schickten. Sie klebten förmlich im Bug, wo der Ritt am wildesten wurde, und hofften auf möglichst viele möglichst riesige Containerschiffe und Speedboote. Ich schloss mich ihnen an, und wir genossen bis zum Sonnenuntergang Stunden voller Lachen unter dem aufgischtenden Tropfenregen, dem Auf und Ab des Bootes, als wir einen Ankerplatz für die Nacht suchten und bemerkten, dass wir die übliche Zeit zum Abendessen bereits um zwei Stunden überzogen hatten. Immer wieder äußerte eines der Kinder die Vorfreude auf die wirklich großen Wellen auf dem Meer und den

Spaß, den sie dort haben würden, da doch dieser Nachmittag schon so toll gewesen war.

Bald begannen wir auch mit dem Unterricht an Bord, hauptsächlich mit den Fächern Lesen, Schreiben, Französisch und Mathematik. Die Jungen lernten jeden Tag außer Sonntag, außer wenn wir von Bord gingen oder das Wetter zu unfreundlich war. Sie begannen auch Tagebücher zu führen. Unser Hauptziel war allerdings, den größtmöglichen Lerneffekt aus der sich ständig verändernden Umgebung zu ziehen, und wir passten die Aufgaben diesem Ziel an. Dabei setzten wir auch Prioritäten: Sollten wir uns zwischen dem Unterricht und dem Segeln entscheiden müssen, so sollte das Segeln Vorrang haben. Manchmal machte ich mir Sorgen, meiner Aufgabe als Lehrerin nicht gewachsen zu sein, während ich den Wochenplan für den Unterricht aufstellte, aber im Großen und Ganzen glaubte ich, unserem Ziel gerecht werden zu können.

Aber nicht nur die Kinder hatten eine Menge zu lernen. Eines Nachts, als wir versuchten, mit dem Heck voraus eine Schleuse zu verlassen, kam Panik auf, weil die Leine, an der unser Dingi hing, sich in der Schraube vertörnte und unser Motor im unpassendsten aller möglichen Momente den Geist aufgab. Wir setzten sofort unseren Anker, und Herbert bekam so unerwartet Gelegenheit, seine funkelnagelneue Tauchausrüstung zu erproben, um wieder alles zu klarieren. Gleichzeitig knallten wir gegen die Schleusenwand, demolierten die Windfahne unserer Selbststeueranlage, die über unser Heck hinausragte. Glücklicherweise gab es keine Zuschauer bei unserer peinlichen, etwas hysterischen Vorstellung. Zu Hause in Ottawa glaubten damals verhältnismäßig viele Leute, die den Bericht über unser Auslaufen verfolgt hatten, dass wir den Anforderungen der Weltumseglung niemals gewachsen sein würden. Sogar unsere zuständige Redakteurin beim *Citizen* hielt den Job erstmal für beendet. Als erfahrene Seglerin gab sie uns keine Chance, unsere Pläne tatsächlich in die Realität umsetzen zu können; damals sah es so aus, als wären wir auf direktem Kurs zum Misserfolg.

*

Nach mehreren Tagen legten wir eine Pause in dem malerischen Städtchen Saint-Denis am Richelieu River ein. Die Schleusen vor uns waren für drei Tage gesperrt, sodass wir in den Genuss eines unfreiwilligen Aufenthalts in einer ländlichen Kleinstadt mit cirka tausend Einwohnern kamen.

Auf unserem Kurs den Richelieu River hinunter folgten der Lake Champlain und der Staat New York. Wir waren früh an einem besonders kalten Morgen auf dem Lake Champlain unterwegs, wo wir feststellten, dass ein Wind, der mit dreißig Knoten blies, unser Vorankommen langsamer und nässer gestaltete, als wir erwartet hatten. Mit gelegten Masten bockte die NORTHERN MAGIC erheblich. Die Berg- und Talfahrt ließ mit jeder vierten oder fünften Welle eiskalte Gischt über das Deck waschen und taufte uns bis auf die Haut. Jedes Mal, wenn wir erst oben saßen und dann ins nächste Tal hinunter rasten, verschoben sich unsere beiden Aluminiummasten, die ziemlich gefahrenträchtig an Deck positioniert und festgelascht waren. Mit jeder Welle schienen sie ein bisschen mehr herumzuschlingern. Und da das Letzte, was wir brauchen konnten, der Verlust unserer Spieren mitten auf dem Lake Champlain war, suchten wir Zuflucht in einem kleinen Hafen und zurrten die Masten sorgfältig seefest, ehe wir uns wieder hinauswagten.

Im Anschluss buk ich einen größeren Vorrat an Tante Lindas berühmten Schokoladenplätzchen nach dem Rezept, das uns meine Schwester mitgegeben hatte. Ich wollte damit einen wichtigen Meilenstein setzen: Die erste Attacke von Seekrankheit, der Michael und Christopher gleichzeitig zum Opfer gefallen waren, war ausgestanden. Auch an mir war das Übel nur knapp vorbeigegangen. Das Backen von ALEOCCCs, wie wir sie nannten, wurde auf der NORTHERN MAGIC zu einem wichtigen und oft eingesetzten Ritual, wann immer uns Übelkeit zusetzte.

*

In Castleton-on-Hudson, einem kleinen Dorf am Hudson in der Nähe von Troy, verabschiedeten wir Michaels Freund Jan und setzten unsere Masten. Es war ein wunderschöner Anblick: Unsere schneeweißen Segel stiegen das erste Mal in die majestätische Höhe des 85-Fuß-Großmastes der NORTHERN MAGIC empor. Obwohl wir uns schon ein paar Wochen auf unserem Törn um die Welt befanden, begannen wir jetzt erst zu segeln. Am nächsten Tag nahmen wir Kurs auf New York City und den Atlantischen Ozean. Die NORTHERN MAGIC fieberte vor Ungeduld in den Zügeln, den Geruch des Salzwassers in den Nüstern, das stolze Haupt empor gereckt.

Nachdem wir die engen Flüsse hinter uns gelassen und die Freiheitsstatue passiert hatten, schnupperten wir das erste Mal Salzwasser. Es war im Grunde nur ein kleiner nächtlicher Ritt, aber es war auch unsere Jungfernfahrt auf dem Meer, und wir fühlten uns wie niemals vorher. Doch um ehrlich zu sein: Es war auch ein bisschen beängstigend, obwohl wir nicht mehr als zwölf Meilen vor der Küste waren.

Die kurze, raue See forderte schon bald ihren Tribut. Wir motorten gegen die Wellen und den Wind an. Michael und Christopher klebten sich ihre speziellen Pflaster gegen Seekrankheit aufs Handgelenk und machten tatsächlich gute Erfahrungen damit. Dennoch machte Gravol[1] die Runde, als der Nachmittag in den Abend überging.

Während ich tapfer meine Versuche nicht einstellte, ein nahrhaftes Abendessen für meine Crew auf die Back zu bringen, schliefen die Kinder ein und überließen mich meinen frisch zubereiteten Maiskolben. Später fand ich heraus, dass keiner von uns am ersten Tag auf See je Appetit entwickelte, aber damals wusste ich das natürlich noch nicht. Und der normalerweise Appetit anregende Duft der Maiskolben veranlasste mich, Neptun gehörig zu opfern. Nur Captain Ironside würdigte das Abendessen, während ich den Kindern nachfolgte und mir eine Mütze voll Schlaf gönnte.

Herbert weckte mich gegen 22 Uhr 30, damit ich meine Wache übernahm. Mein Magen war immer noch schwer irritiert. Als ich sah, dass das Meer ziemlich glatt war, nahm ich meinem Körper seinen Betrugsversuch äußerst übel. Wie würde er sich wohl bei heftigem Seegang anstellen? Womit hatte ich auf dem Pazifik zu rechnen?

Während der Dunkelheit am Ruder zu stehen, war unerwartet belastend für meine Nerven. Es kostete mich nicht nur enorme Muskelkraft, die NORTHERN MAGIC im Spiel der Wellen unter meiner Kontrolle zu führen, sondern mich strengte auch die notwendige Konzentration sehr an, nur mithilfe des Kompasses Kurs zu halten, ohne irgendeinen Orientierungspunkt zu haben. Unser Autopilot war defekt, und wir hatten ihn zur Reparatur an den Hersteller geschickt, sodass ich ganz auf mich gestellt war.

Ein Rudergänger muss nun mal exakten Kurs halten können trotz Wellen und Strom, die gegen ihn arbeiten. Die einzige Unterstützung bot mir ein großer beleuchteter Kreiselkompass im Cockpit. Unter ständigem Blick auf den Kompass hatte ich das Boot möglichst exakt auf den Kurs auszurichten, den der Captain vorher angewiesen hatte. Und so stand ich in der Dunkelheit auf

---

[1] Ein Mittel gegen Seekrankheit (Anm. d. Ü.).

dem endlosen Meer, hörte auf das Geräusch der Wellen und starrte auf das gleißende Kompassauge – und alles war faszinierend und übte eine fast hypnotische Wirkung aus. Als dann die Müdigkeit kam, setzte ein bizarrer Kampf zwischen Mensch und gnadenlos starrem Lichtauge ein. Man reißt sich zusammen, um den Blick über das Wasser schweifen und nach anderen Schiffen Ausschau halten zu lassen.

Ich hatte auch noch zusätzlich ungefähr alle zehn Minuten mit einem Anfall von Seekrankheit zu kämpfen, aber ich ließ dabei das Ruder nicht los. Allmählich jedoch wurden meine Augenlider immer schwerer und fielen schließlich ganz zu, und wenn ich sie nur wenige Augenblicke später wieder aufriss, überprüfte ich immer als Erstes die Abweichung vom Kurs. Mit aller Willenskraft versuchte ich mit bleischweren Armen das Rad wieder unter Kontrolle zu bekommen. Und irgendwann, als meine Augen immer länger geschlossen als offen waren, belegte ich das Ruder und holte Herbert, der ein paar geheimnisvolle Berechnungen anstellte, um unsere Position zu bestimmen, und mich dann in die Koje schickte.

Unten war Christopher mitten während des Monopoly-Spiels auf unserer Koje eingeschlafen und dann auf den Boden gerollt, hübsch eingerahmt von den Spielsteinen. Ich räumte alles wieder auf und deckte dann meinen Kleinsten mit den Laken zu. Dabei wachte er auf, schenkte mir sein vier Jahre junges engelhaftes Lächeln und sagte: »Mommy, mir ist so schlecht gewesen.«

In unserer Pantry fiel mein Blick auf die widerlichen Reste des Abendessens. Mein Magen hob sich schon bei dem Gedanken, mich darum kümmern zu müssen. Ich ließ alles, wie es war, und legte mich in Michaels Koje, da Michael auf den Polstern hinter dem Salontisch eingeschlafen war. Während ich einnickte, vermittelten mir die Bewegungen der NORTHERN MAGIC den Eindruck, als säße ich auf dem Rücken einer riesigen Katze, die immer wieder zum Sprung nach Beute ansetzt. Diese Vorstellung von einem Jaguar, der mich auf seinem Rücken trägt, ließ mich in einen erholsamen Schlaf gleiten.

Meine nächste Wache begann um drei Uhr morgens, als mein müder Captain mich weckte und mir Anweisungen gab. Wir hatten Atlantic City passiert und nahmen Kurs auf die Delaware Bay. Wieder starrte ich ununterbrochen auf den Kompass, bis ich einzelne Lichter ausmachen konnte, die anzeigten, dass wir dem Land und dem Ende der Seekrankheit näher kamen. Ich fühlte mich schrecklich. War ich völlig verrückt gewesen, als ich zustimmte, mich jahrelang solchen Qualen auszuliefern?

Glücklicherweise litten die Kinder nicht ganz so heftig unter der Seekrankheit wie ich und erwachten ziemlich fit am nächsten Morgen, der warmes und schönes Wetter versprach. Herbert und ich gönnten uns abwechselnd kurze Nickerchen, während die NORTHERN MAGIC durch die Bucht und durch den D&C-Kanal motorte, der die Chesapeake Bay mit Annapolis verbindet. Als es Zeit war zum Abendessen, warfen wir in einer friedlichen Bucht Anker, zum ersten Mal umgeben von all den besonderen Geräuschen und dem Blick auf das Meer.

Wir setzten unseren Weg unter Motor fort, und indem wir von Zeit zu Zeit Segel setzten, lernten wir einiges dazu, während wir die Ostküste der Vereinigten Staaten von Amerika absegelten. Wir nutzten die Zeit als Probetörn und legten regelmäßige Stopps ein, um dem Boot den letzten Schliff zu geben. Immer mehr wurden wir zu richtigen Seglern.

Einen unserer Stopps bauten wir in Washington D. C. ein, wo meine Tante Gina uns einlud, in ihrem Haus zu übernachten. Ich freute mich unglaublich darauf, in einem richtigen Bett zu schlafen, aber mitten in der Nacht schreckte ich hoch voller Angst, unser Anker könnte aus dem Grund gebrochen sein. Ich sprang aus dem Bett, eilte ans Fenster, schob den Vorhang beiseite. Und da sah ich zu meinem Schrecken – einen Baum! Wir waren auf Grund gelaufen!

Der Schock ließ mich endlich ganz erwachen. Ich hoffte, dass niemand meinen Schrei gehört hatte, und verholte mich wieder ins Bett. Es war erst ein Monat vergangen, seit ich mein Zuhause verlassen hatte, aber irgendwie wurde eben auch ich allmählich zur Seglerin.

*

Ein paar Wochen später kamen wir genau zu dem Zeitpunkt in Florida an, dass wir den Start der Columbia in Cape Canaveral live beobachten konnten. Am nächsten Tag ließen wir die NORTHERN MAGIC aus dem Wasser kranen und legten sie in einer kleinen Werft in Titusville ins Trockendock, um uns endlich um den lange überfälligen Anstrich zu kümmern.

Wir blieben einen Monat in Titusville, mühten uns ab mit dem faden und ebenfalls lange überfälligen Entrosten und Versiegeln des Rumpfes und bearbeiteten und strichen das Holz und das Teakdeck der NORTHERN MAGIC. Ihr peinlicher Zustand hatte uns zunehmend gestört. Als wir dann drei Tage vor Weihnachten in Palm Beach, Florida, einliefen, sah unser Boot wesentlich besser aus. Nachdem wir die üblichen Weihnachtslieder gesungen und den Kuchen gegessen hatten, der von meiner Mutter auf den Weg gebracht worden war, hängten wir einer nach dem anderen die Strümpfe an der Leiste neben dem Weihnachtsbaum auf. Dann las ich wie immer die Geschichte »The Night Before Christmas«[2] vor, und drei aufgeregte Jungen schlüpften in ihre Kojen, um sich vom sanften Wiegen des Bootes in den Schlaf befördern zu lassen. Es war das erste der vier Weihnachtsfeste, die wir an Bord verbringen würden.

Und es war während dieses Aufenthaltes in Florida, dass ich eine harte Lektion in Seemannschaft erhielt.

Ich war immer überzeugt gewesen, dass ich mich schnell neuen Aufgaben anpassen und alles Notwendige lernen konnte. Aber in Florida machte sich in mir erstmals der Verdacht breit, dass es eine Komplizenschaft zwischen Männern und ihrem Außenbordmotor gibt, die Frauen auf immer und ewig ausschließt.

Das Abenteuer begann, als Michael und ich eines Nachmittags beschlossen, zu der nahen Marina zu motoren, um ein paar Anrufe zu erledigen. Ich fühlte mich noch etwas unsicher im Umgang mit dem Dingi, da mein Instinkt mir nahe legte, den Außenborder genau andersherum zu handhaben, als das üblich ist. Niemand außer mir von der Crew der NORTHERN MAGIC schien mit einem solchen Handicap belastet zu sein, denn auch die beiden älteren Jungs hatten das Dingi schnell im Griff.

Herbert hatte immer wieder versucht, mich davon zu überzeugen, dass eine höhere Geschwindigkeit nur von Vorteil war, weil das kleine Boot dann besser über das Wasser glitt. Deshalb rief uns Herbert eine Reihe von Ratschlägen hinterher – eine mich äußerst irritierende schlechte Angewohnheit –, als Michael und ich mit meiner üblichen Langsamkeit ablegten, und ich reduzierte sogar noch die Motorleistung, um seine Worte besser hören zu können. Daraufhin starb der Motor ab, zu meinem großen Verdruss.

Ohne Motor begann das Dingi nun schnell aufs Land zuzutreiben – in der falschen Richtung natürlich. Ich sah, wie ein Skipper auf einem Boot in der Nähe das Schauspiel interessiert beobachtete, aber ich zog den Kopf zwischen

---

[2] Dt.: Die Nacht vor Weihnachten (Anm. d. Ü.).

die Schultern und konzentrierte mich darauf, immer wieder heftig an der Starterleine zu reißen. Ich schaffte es auch fast, aber nicht ganz. Ein paar Sekunden später hängte sich der Mann über seine Reling und bot mir an, mich mithilfe seines Bootshakens zu seinem Schiff in Sicherheit zu ziehen.

»Danke, nein«, beschied ich ihn mit einem, wie ich hoffte, ebenso gut gelaunten wie selbstsicheren Tonfall, »ich hab' das Ding gleich am Laufen.« und fuhr fort, an der Starterleine zu reißen, während uns eine mächtige Strömung schnell abtrieb und meine Armmuskeln langsam erschlafften. Herbert beobachtete von der NORTHERN MAGIC aus das Debakel. Auch nach weiterem Reißen an der Leine gab der Motor keinen Laut von sich. Ich begann mich zu verfluchen, dass ich die Hilfe abgelehnt hatte. Als ich meinen flehenden Blick in die Richtung meines aufreizend ruhigen Ehemannes schickte, sah ich, dass er unser zweites Dingi klarmachte, um zu Hilfe zu kommen. Zu diesem Zeitpunkt hatte uns aber fast schon die Brandung erfasst und würde uns im nächsten Moment auf den Strand von Peanut Island werfen. Und das war kein Sandstrand, sondern eine Felsenküste. Mist, Mist, Mist! Je näher wir der Felsenküste kamen, desto klarer wurde mir, dass ich in voller Montur über Bord springen musste, um uns vor der drohenden Gefahr zu retten, dass das nur auf Luftkammern schwimmende Dingi auf den Steinen aufgerissen und versenkt wurde. Michael giggelte herum, und ich brachte immerhin ein beklagenswertes Lächeln zu Stande, während ich patschnass bis zum Bauchnabel darauf wartete, dass Herbert zu uns herüber ruderte. Er hob die Benzinleitung vom Boden auf, die sich vom Motor gelöst hatte, steckte sie dort hinein, wo sie hingehörte, und startete den Motor ohne weitere Probleme. Wie ich schon gesagt habe: Mist, Mist, Mist!

An jenem Abend luden wir das Paar von der benachbarten Segelyacht ein, dessen Hilfe ich verschmäht hatte. Wir lachten über das Schauspiel, das ich am Nachmittag geboten hatte. Halb im Scherz gebrauchte ich das Wort »unfähig« im Hinblick auf meine Beherrschung des Dingis. Zu meinem Entsetzen stimmten alle grinsend zu und nickten. Ich ließ mich volllaufen. Ich würde es ihnen zeigen! Wenn meine Kinder mit dem Dingi umgehen konnten, dann konnte ich es auch, zum Teufel noch mal!

Am nächsten Tag bot ich Herbert freiwillig meine Fährdienste zum Strand an, sodass er seine Besorgungen erledigen konnte. Es war ein besonders windiger Tag, und das Wasser war ziemlich rau. Nachdem Herbert im Hafen von Bord geklettert war, ermutigte er mich noch einmal ausdrücklich, ordentlich

Gas zu geben. Dieses Mal ließ ich mich dazu überreden und hielt gegen den Wind auf unseren Ankerplatz zu.

Sekunden später war ich in Schwierigkeiten. Der Wind stand mir direkt auf die Nase, und die unruhige See und mein ebenso einzigartiger wie unfähiger Kurs warfen das Dingi hin und her. Es war gefährlich, und ich war nicht in der Lage, es unter Kontrolle zu bringen, ohne einen U-Törn direkt vor einem ankommenden Schnellboot zu fahren. Vermutlich war jedem anderen klar, dass ich nur mein Gewicht nach vorne verlagern musste, um den Bug des Dingis nach unten zu drücken, nur ich war ahnungslos.

Ich winkte entschuldigend zu den beiden Jungs im Speedboot hinüber, als ob ich lediglich gerade mein Ziel geändert hätte. Mit zusammengebissenen Zähnen drehte ich in den Wind. Ich war nicht bereit, das Dingi über mich bestimmen zu lassen, doch zum ersten Mal war ich mit einem solchen Wind und derartigen Wellen konfrontiert. Wenn niemand außer mir an Bord war, um den Bug niederzudrücken, stieg das Dingi, sobald ich Gas gab, um zu gleiten, wie Herbert mir das erklärt hatte. Zwei Sekunden später fuhr eine wüste Bö unter den Bug und fasste von unten zu. Im nächsten Moment flog das Dingi senkrecht nach oben, und ich landete Hals über Kopf im Wasser.

Das Dingi schlug eine Art Rad; ich schaffte es gerade noch, mich seitwärts hinausfallen zu lassen, sodass es nicht auf meinen Kopf schlug. Und dann fand ich mich auch schon unbeholfen in langen Hosen und einem saugfähigen Sweatshirt Wasser tretend wieder. Meine prall gefüllte Gesäßtasche, in der alle Papiere, das Geld und die Kreditkarten steckten, drohte sich selbstständig zu machen, und meine linke Sandale rutschte vom Fuß. Die zwei Jungs vom Powerboot hatten das Schauspiel sozusagen von der ersten Reihe aus genießen können und kamen nun in Sekundenschnelle zu mir herüber.

»Sollen wir das Bötchen wieder in die richtige Position bringen?«, fragten sie grinsend.

»Bitte«, antwortete ich steif, höflich und so würdevoll, als ginge es um die Einladung zu einer Tasse Tee.

Als das Dingi aufgerichtet und der herumschwimmende Inhalt wieder drin war, kam ich an die Reihe. Zweimal versuchte ich vergeblich, mich in meiner vom Wasser vollgesaugten Montur ins Boot zu ziehen. Ich schaffte es nicht. Schließlich hievten mich zwei starke Hände an meiner Kleidung wieder hinein. Das hatte viel Ähnlichkeit mit dem Vorgang, wenn ungehorsame Kätzchen von ihren Müttern am Genick durch die Gegend geschleift werden.

An diesem Abend diskutierte die komplette Familie darüber, auf welchen Namen man wohl das Dingi taufen sollte, nachdem es in den vergangenen beiden Tagen mein Leben so abenteuerlich gestaltet hatte. Die vier Männer lobten es für seine Unsinkbarkeit, aber mir war klar, das in diesem so unschuldig aussehenden Haufen aus rotem Gummi ein übel wollender frauenfeindlicher Geist lauerte. Deshalb schlug ich den Namen BÖSARTIGES CHAUVINISTISCHES SCHWEIN vor, kurz: BCS. Leider waren die anderen nicht einverstanden und setzten unter großem Gelächter und nach einer Abstimmung, die vier gegen eine Stimme endete, den Namen FLIPPER durch.

*

In Florida, als unser Abschied von Nordamerika unmittelbar bevorstand, stand die Frage unseres Proviants an erster Stelle. Es war mein Job, jedes verfügbare Fleckchen als Stauraum für Lebensmittel zu nutzen, ehe Herbert es für sein Werkzeug beanspruchte. Einkaufsfahrten füllten unsere Tage aus, zumal anschließend jedes Stück einzeln an Bord geschleppt werden musste, nachdem wir die Verpackung und die Etiketten entfernt – Wasser weicht die Papieretiketten auf –, den Inhalt mit einem schwarzen Stift darauf vermerkt und es in irgendeiner freien Nische verstaut hatten.

Irgendwann waren wir damit fertig, die NORTHERN MAGIC war bis auf den letzten Zentimeter vollgestopft; jede Schublade, jedes Schapp, jeder Spind, die Bilge und auch der verfügbare Raum unter den Bodenbrettern wurde komplett genutzt.

Wir durften besonders die Dinge nicht vergessen, die man während eines Langzeittrips braucht: Zahnpasta, Deodorant, Shampoo, Insektensalbe und – natürlich – *Hershey's Kisses*[3]. Irgendwie bin ich dann während der Reise dem fast suchtartigen Mampfen dieser Schokoladenhappen verfallen. Mein Hüftumfang sprach schon Bände.

Unsere Wasserlinie sank um mehrere Zentimeter, nachdem siebzig Liter H-Milch, genug Milchpulver für weitere mehrere hundert Liter Milch, achtzehn riesige Kanister mit Erdnussbutter (vier davon umrundeten mit uns die Welt und landeten später in unserer Küche in Ottawa), zwölf große Kannen mit Sirup für Pfannkuchen, zwanzig Kilo Kartoffeln, zehn Kilo Florida-Oran-

[3] Hershey's Kisses sind eine spezielle Sorte von Süßigkeiten (Anm. d. Ü.).

gen, mehrere hundert Steigen mit Obst, Gemüse und Fleisch, zahllose Kilo Bohnen und Körner aller Art gestaut waren – und ein paar Kilo (versteckter) Schokolade. Einige Menschen sollen sich schon einmal die Frage gestellt haben, wie viele Engel auf der Spitze einer Nadel tanzen können; ich dachte weitaus pragmatischer und verbrachte meine Zeit damit auszurechnen, wie viele Packungen mit *Hershey's Kisses* ich unentdeckt in die Schubladen mit meinen Dessous stopfen könnte.

Unser letzter Tag in Fort Lauderdale erinnerte sehr an unseren letzten Tag in Ottawa. Nachdem wir das Geschirr fürs Abendessen abgewaschen, alles bruchfest verstaut und Gurte auf allen Betten angeschlagen hatten, damit bei Sturm keiner unversehens herausfiel, ließen wir den Hafen und die blinkenden Lichter der Stadt achtern zurück. Wir wählten einen Kurs parallel zur Küste, Richtung Florida Keys und dann durch die Florida Strait nach Kuba.

Als wir die Vereinigten Staaten verließen, vibrierten wir vor Aufregung. Wir hatten das Gefühl, dass unser Abenteuer jetzt erst richtig begann.

3
Das erste Glied einer langen Kette

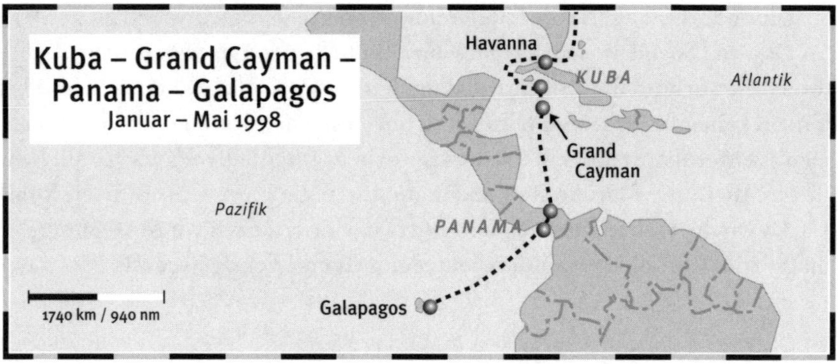

Unsere Zwei-Tages-Passage nach Kuba begann bei glatter See und Flaute. Als die Sonne aufging, motorten wir gerade die Südküste Floridas entlang, und die kleinen Inselchen der Florida Keys lagen da wie die Perlen auf einer Schnur. Das Leben war schön.

Wir passierten die Keys ohne Aufenthalt und stürzten uns sofort auf den 90-Seemeilen-Schlag zwischen Florida und Kuba, da wir etwas Bammel vor den oft sehr rauen Driftströmungen des Golfstroms hatten und der manchmal noch raueren »Sicherheitszone«, die die geschworenen Feinde seit vierzig Jahren trennten: Kuba und die USA.

Kein Offizier der US-Küstenwache kam an Bord, aber die Lichtzungen, die fast während unserer gesamten nächtlichen Passage zwischen Key West und Havanna den Himmel abtasteten, sorgten für ein unheimliches Schauspiel, das Michael in der Furcht wach hielt, der nächste Lichtstrahl könnte uns gelten. Doch wir blieben unbehelligt und erreichten die kubanischen Gewässer in heiterer Stimmung, dank des Empfangskomitees einer Delfinschule, bestehend aus mindestens fünfzig Tieren, und zwei fliegenden Fischen, die ausgelassen um uns herumtobten, als wir den Golfstrom verließen und in den Hafen der

Marina Hemingway, westlich von Havanna, einliefen. Das Einklarieren lief unglaublich höflich und korrekt ab: Ein Strom von Offiziellen kam einer nach dem anderen an Bord: ein Gesundheitsbeamter, zwei Landwirtschaftsinspektoren, zwei Immigration Officers, zwei Zöllner, zwei Offiziere der Küstenwache und zwei Hafenmeister als Nachhut. Dann waren endlich alle Formalitäten erledigt, und es stand uns frei, das Land zu erkunden, ehe wir in tiefen Schlaf fielen.

Kuba kann ein sehr verwirrendes Land sein, in dem die Prinzipien von Fidel Castros sozialistischer Revolution gegen die mächtigeren Gesetze der freien Marktwirtschaft stehen. Wir machten bald die Erfahrung, dass die Einwohner sehr gesellig und freundlich waren, wir genossen die leidenschaftliche Musik der Kubaner an jeder Straßenecke, und wir hatten – unserer persönlichen Einschätzung nach – nie zuvor Menschen besser tanzen gesehen. Aber als Segler waren wir uns vielleicht der Widersprüche von Kubas Wirtschaft, die zwei Gesichter hatte, bewusster als die üblichen Touristen. Wie ganz normale Kubaner mussten wir täglich mehrere Stunden lang den dringend notwendigen Alltagsgütern hinterher jagen, die vielleicht in den Geschäften waren, vielleicht auch nicht. Die Widersprüche des kommunistischen Systems und seine Gleichgültigkeit gegen die Gesetze von Angebot und Nachfrage schlugen uns ins Gesicht, wo wir standen und gingen.

Die Wirklichkeit holte uns bereits am ersten Tag in Havanna ein. Während unserer Sightseeingtour beschlossen wir, einen ganz normalen Laib Brot zu erwerben, um am nächsten Tag Sandwiches zu essen. Meilenweit entdeckten wir keinen Laden, der auch nur Ähnlichkeit mit einer Bäckerei oder einem Lebensmittelgeschäft hatte. In der Marina berichteten wir dann holländischen Bekannten von unserer vergeblichen Suche. Sie hatten ähnliche Erfahrungen gemacht, hatten aber schließlich einen kleinen Gelegenheitsverkaufstand in einem nahen Dorf entdeckt. Dort sollte es am nächsten Morgen gegen acht Uhr dies und das zu kaufen geben.

Ich schickte Herbert um halb acht Uhr los, aber er kam mit leeren Händen zurück – es gab nur ein paar Einmachgläser mit Bohnen zu kaufen, verschrumpelte Äpfel zum Preis von einem US-Dollar pro Stück, ein paar dürre Tiefkühlhühner und ein sehr zweifelhaft wirkendes Frühstücksfleisch in Dosen, wie es aus der Werbung bekannt war.

Die Kinder und ich entschlossen uns zu einer Fahrradtour nach Jaimanitas, einem kleinen Dorf in der Nähe der Marina. Es war ein schäbiger Ort, der keinerlei Industrie aufwies. Die Straßen, meistenteils autofrei wie fast überall in Kuba, wurden von hässlichen Betonbungalows mit umzäunten Vorgärten gesäumt. An einer Ecke sahen wir zwei mächtige Schweine in einem Pferch im Schatten dösen. Als die Kinder und ich hielten, um einen näheren Blick darauf zu werfen, kamen mehrere freundliche Kinder und eine hübsche junge Frau Ende zwanzig heran, um ihrerseits uns zu begutachten. Wir standen da und starrten uns gegenseitig betreten an, ehe wir ein paar einfache Sätze und Höflichkeiten austauschten. Die kubanischen Kinder waren sehr nett, aber meine Drei waren befangen und schüchtern. Alle machten viel Aufhebens wegen unserer blauen Augen. Ich bot ein paar von den Plätzchen an, die ich in der Satteltasche hatte, und ehe wir uns versahen, lud uns Merita, die Mutter von zweien der Kinder, ein, die Frischlinge im Hinterhof zu besichtigen. Bald fuhren mehrere Kinder mit strahlenden Gesichtern auf unseren Rädern die Straße rauf und runter.

Merita interessierte sich sehr für unseren Aufenthalt in der Marina. Sie war noch nie dort gewesen, obwohl sie kaum um die Ecke entfernt lag. Entweder durfte sie nicht dorthin, oder sie wollte nicht. Ich brauchte nicht lange, um die Gründe herauszufinden, denn ich merkte, dass die einzigen einheimischen Frauen, im Gegensatz zu den Ausländerinnen, erst abends auftauchten und langsam und paarweise herumstolzierten: jung, schön, in dünnen, offenherzigen Kleidchen und Stöckelschuhen. Merita griff nach dem zerrissenen T-Shirt ihres dünnen kleinen Sohnes Alejandro. Es gab mehr Löcher als T-Shirt. »Wir sind lieber arm«, sagte sie gelassen, »als zu diesen Frauen zu gehören«.

Unsere Unterhaltung wurde von einem zauberhaften Mädchen mit braunen Haaren und Mandelaugen unterbrochen, die ein halbes Dutzend Brötchen brachte: Meritas Tochter Jadi. Meine Augen leuchteten beim Anblick der Brötchen auf. Ob sie mir sagen könnte, wo es welche zu kaufen gab, fragte ich. Nicht heute, antwortete Merita, aber wenn ich morgen wiederkäme, würde sie mich hinbringen. Wir verabredeten uns, und so war Freundschaft geschlossen.

Ich verbrachte den nächsten Morgen damit, dass ich Christophers reichhaltigen Klamottenberg inspizierte. Die Gedanken an die zerlumpten Fetzen des kleinen Alejandro und an den traurigen, aber stolzen Blick seiner Mutter ließen mich nicht los. Christopher dagegen war üppig ausgestattet, und so füllte ich eine Plastiktüte mit Anziehsachen. Die Kinder und ich wählten zusätzlich noch ein paar kleine Spielzeuge für die neuen Freunde aus.

Unser Besuch war dann auch ein voller Erfolg. Wir wurden zu der örtlichen Bäckerei gelotst, obwohl es noch kein Brot zu kaufen gab. Jedoch bedauerten wir das ganz und gar nicht, nachdem wir einen Blick in den offenen Bottich mit blubberndem, gärendem Hefeteig geworfen hatten, der von den schwarzen Leibern zahlreicher riesiger Fliegen durchsetzt war, von denen manche noch lebten und in der zähen Masse strampelten, andere bereits tot waren und schweren dunklen Rosinen im Haferbrei ähnelten. Tatsächlich versuchten wir nach dieser Erfahrung nie mehr, Brot in einer einheimischen Bäckerei zu erwerben.

Wir kehrten in Meritas Haus zurück, wo wir viele ihrer Verwandten kennen lernten. Wir unterhielten uns im Wohnzimmer, so gut es mit meinen begrenzten Spanischkenntnissen eben ging, und amüsierten uns, Hühner und Hunde in diesem spärlich möblierten Haus frei herumlaufen zu sehen. Merita war ganz verzückt über die Sachen, die ich mitgebracht hatte. Ich hatte mich auch von einem hübschen Outfit getrennt, das ich für mich selbst in einem Billigladen in Washington erstanden hatte, und das sie sich nun anhielt, als wäre es Aschenputtels Abendkleid.

Sie strahlte vor Aufregung, umarmte mich herzlich und rief: »Wir sind wirkliche Freundinnen!« Dann maß sie Jonathan, der ein Jahr älter war als ihre Tochter, mit Blicken, die klar stellten, dass sie für die beiden einiges im Sinn hatte.

Ehe ich es merkte, hatten wir eingewilligt, am nächsten Abend wieder zu kommen, um einen Schweinebraten zu essen. Wir alle schreckten davor etwas zurück, weil wir fürchteten, dass die Einladung einen unserer schweinischen Freunde das Leben kosten würde. Wir hielten mit den Kindern noch am selben Abend eine Konferenz zu diesem Thema ab. Ich glaube nicht, dass es ihnen vorher in den Sinn gekommen war, welchen Preis unsere Essenseinladung fordern würde.

Wir waren wohl darüber informiert, dass in Kuba die meisten Menschen nur sehr selten Fleisch essen können, im besten Fall ein mageres Hühnchen pro Monat.

Merita zeigte uns ein offizielles Büchlein, das die Zuteilung für ihre Familie auflistete, zum Beispiel Bohnen, Mehl und Speiseöl. Fleisch gab es auf dieser Liste nicht. In den letzten sieben Wochen hatten sie kein einziges Ei ergattert, und keines der Kinder war jemals in den Genuss von Milch gekommen.

Wir nahmen ihre Einladung an, und nach langer Diskussion entschieden wir uns, als Geschenk ein elektrisches Handrührgerät mitzubringen, das wir nicht so dringend brauchten. Die Kinder und ich verbrachten den Nachmittag damit, eine besondere Überraschung zu backen: Tante Lindas wunderbare Schokoladenplätzchen. Wenn diese arme kubanische Familie es fertigbrachte, für uns Fleisch auf den Tisch zu zaubern, dann wollten wir unsere kostbaren Schokoladenvorräte mit ihnen teilen.

Es schüttete aus allen Rohren, als wir dort ankamen. Wir wurden wieder ins Wohnzimmer gebeten, wo weitere Familienmitglieder auf uns warteten, ehe uns Merita wieder hinauskomplimentierte. Neben dem Haus, in der Nähe des Schweinestalls, sahen wir eine kleine Tür, und wir folgten Merita in ein kleines Zimmerchen, das gerade groß genug war für einen winzigen Holztisch, ein Doppelbett und zwei Etagenbetten. In einem engen Korridor stand eine Art Tresen, der ein Spülbecken und einen einflammigen Propangascampingkocher enthielt. Es gab weder einen Kühlschrank noch einen richtigen Herd.

Meritas Ehemann Francisco war gerade dabei, dort das Festmahl zuzubereiten – ein schöner Mann um die Dreißig, mit einem kleinen Schnurrbart und einem freundlichen Gesicht. Er frittierte etwas köstlich Duftendes, unterbrach aber sofort seine Tätigkeit, um sich überschwänglich für die Kleidergeschenke zu bedanken.

Die beiden Kinder – Jadi, das bildschöne sieben Jahre alte Mädchen, und Alejandro, der gerade sechs geworden war – beendeten in diesem Augenblick ihr Abendessen, das sie mit den Fingern von einem wackligen Tisch geklaubt hatten, der fast lebendig schien, so wie er ächzte und ständig von links nach rechts schwankte. Beide Kinder trugen stolz Christophers alte Klamotten: Jadi das Batman-Schlafanzug-Oberteil, ihr Bruder Christophers Pyjama unter einem gelben Pullover, den ich immer sehr gemocht hatte.

Ich konnte nur drei Spielsachen in dem ganzen Raum entdecken: den kleinen Kreisel, das Matchboxauto und das Kaleidoskop, die wir den Kindern am Tag zuvor geschenkt hatten. Wie Schätze lagen sie auf einem Sims neben dem Ofen.

Abgesehen davon war das Zimmer vollkommen leer. Unsere neuen Freunde waren noch viel, viel ärmer, als wir nach dem ersten Eindruck angenommen hatten.

Als die Kinder mit dem Essen fertig waren, stellte Francisco den Tisch so auf, dass sich zwei von uns auf das Bett quetschen konnten, um gleichzeitig am Tisch zu essen. Eines der Kinder zog sich auf einen kleinen Stuhl zurück und schaute uns von dort aus scheu beim Essen zu. Francisco widmete sich wieder dem Kochen, während Merita uns die Teller reichte.

Der erste Gang bestand aus panierten und frittierten Kochbananen. Sie schmeckten köstlich, fast wie Pommes frites, und ich sagte das auch.

»Du magst Pommes frites?«, fragte Meritas Ehemann gespannt.

»O ja, sehr«, antwortete ich.

Francisco sagte daraufhin etwas sehr schnell in Spanisch, was ich nicht verstand, und eines der Kinder schoss durch die Tür davon.

Der nächste Gang bestand aus Schweinefleisch, sehr schön angerichtet und von wunderbarem Geschmack. Die Familie besaß weder Messer noch Gabeln, und wir kämpften uns deshalb etwas mühevoll mithilfe unserer Löffel durch das Fleischgericht, aber es schmeckte einzigartig. Dazu gab es eine große Platte mit Reis und Bohnen, einen Teller voll mit interessant aussehenden, kleinen braunen Würfeln, die Michael ganz besonders gut schmeckten. Bei näherem Hinsehen entpuppten sie sich als Krustenstückchen des Schweinebratens. Obwohl auch ich den Geschmack nicht schlecht fand, konnte ich nicht mehr als ein kleines Stückchen wegknabbern.

Das Essen auf meinem Teller war viel zu viel. Ich dachte schon darüber nach, wie ich mich aus der Affäre ziehen könnte, ohne Merita und Francisco zu kränken, als ich ein paar Kartoffeln in den Händen meines Gastgebers bemerkte. Schlagartig verstand ich: Ich hatte gesagt, dass ich Pommes frites liebe, also wollten sie mich auch noch damit verwöhnen. Es kostete mich viel Überzeugungskraft, ihnen klar zu machen, dass die Teller bereits übervoll waren.

Das Zimmer war so klein, dass unsere Gastgeber nicht mit uns am Tisch sitzen konnten. Um durch den Raum zu kommen, während wir im Weg saßen, mussten sie in halsbrecherischer Weise über das Bett turnen. Sobald unsere Kinder zu Ende gegessen hatten, forderten wir sie auf, sich auf das Bett zurückzuziehen und unseren Gastgebern Platz zu machen, damit diese endlich ihren Hunger stillen konnten.

Wir verbrachten zusammen einen freundschaftlichen, glücklichen Abend. Unsere Sprachprobleme und kulturellen Unterschiede verflüchtigten sich zunehmend. Wir waren überwältigt von dieser warmherzigen Gastfreundschaft, besonders wenn man bedenkt, wie sie ihr Weniges mit uns teilten.

Bevor wir aufbrachen, überreichte ich unsere Küchenmaschine in der Hoffnung, dass sie sich darüber ebenso freuten wie über die Kleiderspende. Merita hatte keine Ahnung, wozu das Gerät dienen könnte und wie sie es bedienen sollte. Als ich versuchte, ihr alles zu erklären, merkte ich, dass ich einen Fehler gemacht hatte. Merita hatte ja keinen Backherd und konnte deshalb auch nichts backen. Sie hatte nicht mal eine Rührschüssel. Was sollte sie also mit einem elektrischen Rührgerät anfangen? Es schien nur einen Weg zu geben, uns zu revanchieren: Wir mussten unsere neuen Freunde für den nächsten Abend zu uns zum Essen einladen. Aber schnell merkten wir, dass es gar nicht so einfach war, unsere gute Absicht in die Tat umzusetzen.

Ich wollte unsere Vorräte nicht mehr als notwendig strapazieren, deshalb versuchte ich mithilfe des Hafenmeisters und zu inflationären Preisen die Zutaten zu einem Spaghettiessen aufzutreiben. Das Fleisch, das ich für die Sauce brauchte, erwarb ich als Rindfleisch, tatsächlich verlor es aber erstaunlicherweise nichts von seiner rosa Färbung, solange ich es auch kochte. Ich wollte deshalb lieber nicht so genau wissen, worum es sich dabei tatsächlich handelte. Jedenfalls erzielte ich ein kolossales magentafarbenes Gebräu, das auf allen vier Flammen meines Propanherdes vor sich hin blubberte, als wir gegen sieben Uhr abends unsere Gäste erwarteten.

In diesem Moment fiel uns ein, dass es wahrscheinlich besser wäre, den Wächter am Tor zum Hafengelände darüber zu informieren, dass wir Gäste erwarteten. Ich sprang auf ein Fahrrad und kämpfte mich durch das Dunkel, während mir ein starker kalter Wind entgegenblies. Vor ein paar Tagen hatte uns ein furchtbarer Sturm, fast ein Hurrikan, zu schaffen gemacht, und das Wetter war immer noch unfreundlich. Nach einer langen Diskussion mit dem Wächter am Tor und einer Fortsetzung mit dem Boss der Wächter in seinem Hüttchen, stand der Ankunft der Gäste nichts mehr im Wege. Dachte ich wenigstens.

Es wurde sieben Uhr und dann sieben Uhr durch. Gegen sieben Uhr fünfundvierzig befürchteten wir ein Missverständnis. Schließlich, zehn vor acht, schwang ich mich wieder aufs Fahrrad und fuhr zum Hafentor. Ich war ganz sicher, dass unsere Freunde Probleme hatten, eingelassen zu werden (»Es ist kein Problem«, hatte mir der Oberwächter versichert), und ich fand Merita und Francisco im Gewahrsam unserer Wächter, konfrontiert mit eben doch urplötzlich aufgetauchten Problemen. Merita bibberte heftig in meinem kurzärmligen Samtkleid, das ich ihr vor zwei Tagen geschenkt hatte. Sie besaß keine Jacke. Ich sah ihren erleichterten Blick, während ich mit wehenden Haaren auf sie zu radelte.

Dann stellte sich heraus, dass die Genehmigung des Hafencaptains erforderlich war, um Einheimische an Bord zu empfangen. Warum nur hatte man mir das vorher verschwiegen? Aber glücklicherweise war der Hafencaptain in seinem Büro, und so trat ich in die Pedale.

Er war der Prototyp eines stolzen kubanischen Machos mit Schnurrbart, der wie ein wild gewordener Stier auf mich losging, als ich bei ihm eintraf. Ich gönnte ihm nur einen kalten Blick, denn es war klar genug, worum es hier ging. Mit ein bisschen Geduld würden wir das Kind schon schaukeln, da war ich sicher, aber er starrte mich verärgert an und schleppte mich zu einem einheimischen Bootseigner, der als Übersetzer fungieren sollte.

Kuba blieb immer, ungeachtet der sozialistischen Ideen, eine äußerst vielschichtige Gesellschaft. Ein Kubaner, der wohlhabend genug war, sich in der schicken Hemingway Marina einen Liegeplatz für sein Boot zu leisten, verfügte offensichtlich über beste Verbindungen und genoss eine Menge Privilegien. Der majestätische Kubaner, der widerwillig aus seinem schnittigen Boot auftauchte, als der Hafencaptain ungeduldig klopfte, gehörte zweifellos in diese Kategorie.

Der Captain erklärte ihm im Eilschritt die Situation.

Ich verstand das Wesentliche sehr gut, verharrte aber in stiller Demut, als mir der Bootseigner herablassend erklärte: »Wenn Sie sich in Kuba aufhalten wollen, dann müssen Sie sich auch an die kubanischen Gesetze halten. Sie können nicht einfach tun und lassen, was Sie wollen. Und Sie können nicht einfach irgendjemanden in die Marina einladen. Wir schauen sehr genau darauf, wen wir hier hereinlassen.«

Sehr sorgfältig, allerdings, dachte ich in Erinnerung an die beiden jungen Törtchen, die äußerst provozierend gekleidet jede Nacht durch den Hafen schlenderten. Geduldig ließ ich seine endlose Tirade über mich ergehen, während meine beiden Gäste wahrscheinlich längst durchgefroren waren und die rosa Fleischsauce ebenso wie die Pasta in meinen Töpfen überkochten. Aber dieser Bootsbesitzer war wahrscheinlich offizieller als der Offizielle.

Schließlich bekam ich eine Chance, auch etwas zu sagen. »Gut«, begann ich, »ich wusste nicht, dass eine Genehmigung erforderlich ist. Hätte ich es gewusst, hätte ich mich selbstverständlich darum bemüht. Also: Was muss ich unternehmen, um eine solche Genehmigung zu erhalten?«

»Nun, zuerst müssen Sie mit diesem Mann sprechen«, antwortete er sehr herablassend, das Offensichtliche noch einmal bestätigend.

»Genau deswegen bin ich gekommen«, sagte ich und versuchte Contenance zu bewahren. »Wie komme ich denn nun an die Genehmigung? Ich habe den ganzen Tag gearbeitet und habe eine Menge Geld ausgegeben für die Zuta...«

»Das ist keine Frage des Geldes!«, unterbrach er mich ungehalten. »Mit Geld hat das alles überhaupt nichts zu tun. Hier geht es darum, dass unsere Gesetze eingehalten werden.«

»Entschuldigen Sie, Sie haben mich missverstanden«, wandte ich sehr beherrscht ein. » Ich wollte Ihnen gerade erklären, dass ich viel Zeit und Geld in die Vorbereitung eines Essens für unsere Gäste investiert habe, auf welches sie zur Zeit warten müssen und das auf dem Herd verkocht. Morgen nützt mir die Erlaubnis nichts mehr. Was kann ich tun, um sie jetzt zu bekommen?«

»Ich bin überzeugt, dass Sie gewusst haben, dass Sie eine Erlaubnis brauchen«, entgegnete er scharf. »Das ist überall so.«

»Nun, es tut mir Leid«, versuchte ich einen neuen Anlauf und ließ mich in meinem Ärger auf diese lächerliche Argumentation ein. »Ich komme aus Kanada, und dort erwartet niemand von mir, dass ich um Erlaubnis frage, wenn ich Freunde nach Hause einladen will.«

Bebend vor Entrüstung richtete sich der Bootsbesitzer zu seiner vollen Größe von nahezu sechs Fuß auf. »Was glauben Sie eigentlich, mit wem Sie hier sprechen?«, schnauzte er mich an. Sein Schnurrbart zitterte. »Ich bin nicht irgendwer. Mir gehören Boote in der ganzen Welt – in Kanada, in den Vereinigten Staaten und in Europa, und es ist überall so. In exklusiven Wohnanlagen brauchen Sie immer eine Genehmigung.«

»Bedauerlicherweise habe ich nie diese Erfahrung gemacht«, räumte ich ein, um die Auseinandersetzung nicht eskalieren zu lassen. »Aber was muss ich tun, um die Genehmigung jetzt zu bekommen?«

Die beiden wechselten einige Worte, dann nickte der Hafencaptain.

»Er wird Ihnen die Genehmigung erteilen«, informierte mich der reizbare Skipper in gönnerhaftem Ton. »Aber Sie tragen natürlich die Verantwortung für alles, was heute Nacht in der Marina geschieht. Falls irgendetwas demoliert oder gestohlen wird, werden Sie dafür haften.«

»Gut«, sagte ich nur.

Der Hafencaptain schwang sich auf ein Motorrad. Ich strampelte hinter ihm zurück zu dem Hüttchen, wo Merita und Francisco immer noch warteten. Viele Worte wurden gewechselt, dann ging Francisco zurück zum ersten

Tor, um seinen Schwiegervater und die Kinder zu holen. Ich fuhr mit dem Rad zum Boot, um für die fröstelnde Merita eine Jacke zu holen. Dann warteten wir, auf unbestimmte Zeit, und es schien, als würden der Hafencaptain und seine Adlaten die Papiere jedes einzelnen Besuchers minutenlang inspizieren. Irgendwann war die Prozedur schließlich vorüber, und wir näherten uns endlich dem warmen Lichtschein von der NORTHERN MAGIC, wo das Essen und ein freundschaftlicher Abend auf uns warteten.

Abgesehen von dem holprigen Start wurde unsere Dinnerparty ein großer Erfolg. Merita und ihre Familie hatten niemals zuvor Spaghetti mit Fleischsauce gesehen – verkocht, rosa und was sonst noch alles. Wir forderten sie auf, die Reste mit nach Hause zu nehmen, und Francisco nutzte die Gelegenheit. Als wir am nächsten Tag vorbeikamen, wärmte er sie gerade zum Mittagessen auf.

Unsere Kämpfe mit der übereifrigen kubanischen Bürokratie waren jedoch noch nicht ausgestanden. Wir wollten zwei von unseren Fahrrädern Meritas Kindern schenken. Das kann kein großes Problem sein? Auf Kuba schon.

Während der vergangenen Monate hatten wir einsehen müssen, dass der Rost die Räder fraß, die wir für die Kinder mitgenommen hatten. Wir hatten sie aber gepflegt, weil wir dachten, wir könnten sie einer armen kubanischen Familie schenken. Nun hatten wir unsere Familie gefunden. Als wir auf Kuba einklarierten, hatte der Zoll peinlich exakte Listen über alles erstellt, was sich an Bord befand. Als die Räder an der Reihe waren, hatten wir nachgefragt, ob es Schwierigkeiten geben könnte, wenn wir beim Ausklarieren nicht mehr alle vollzählig vorweisen könnten.

Ja, das wäre mit Sicherheit so, bekamen wir zur Antwort.

Aber wir gaben nicht klein bei, und als sich der Tag unserer Abreise näherte, kamen wir immer wieder um eine Genehmigung ein, dass wir die Räder verschenken dürften. Herbert verwandte viele Stunden darauf, den jeweils nächsthöheren Dienstgrad in der Behördenhierarchie aufzusuchen, ohne dass er je erfuhr, warum alle verhindern wollten, dass ihre Landsleute in den Genuss unseres Geschenks kamen. Würden wir die Räder ohne Genehmigung verschenken, drohten uns saftige Strafen.

Aber wir wollten uns damit nicht abfinden. Schließlich fand Herbert die Verantwortliche, die eine Entscheidung treffen konnte. Schenkten wir die Räder »dem kubanischen Volk«, so gäbe es kein Problem, klärte sie uns auf. Schenkten wir sie aber einer bestimmten Familie, müssten wir Zoll bezahlen.

»Und wie hoch wäre der?«, fragte Herbert.

Sichtlich überrascht von der Frage, folgte ihm die Beamtin zur NORTHERN MAGIC, wo die kleinen Räder auf ihre Musterung warteten. Verrostet und vom Salzwasser angegriffen, sahen sie aus, als hätten sie eine Million Jahre auf dem Buckel. Die Beamtin stand ziemlich lange sinnend davor.

»Gut«, sagte sie plötzlich, wedelte mit den Händen und drehte sich auf dem Absatz um, »Sie können sie verschenken.«

Niemals hatten wir uns so anstrengen müssen, um ein einfaches Geschenk an den Mann zu bringen, aber es lohnte sich. Nachdem wir uns von Merita und ihrer Familie bereits am Tag zuvor unter Umarmungen und Tränen verabschiedet hatten, samt dem Versprechen, zu schreiben und in fünf Jahren wiederzukommen, waren wir in See gegangen – dachten sie.

Wir luden die beiden kleineren Fahrräder auf unseren zusammenklappbaren Transportanhänger, dann jagten Michael und ich damit nach Jaimanitas, wobei wir uns von den Dorfbewohnern manchen irritierten Blick einfingen. Meritas Kinder waren in der Schule, so kamen wir nicht in den Genuss, ihre Reaktion mit eigenen Augen zu beobachten, aber wir hatten ja das Verlangen in ihren Gesichtern gesehen, während wir zu Besuch waren. Wir spielten Nikolaus, und jeder von uns war glücklich und malte sich auf seine Weise aus, welche Freude unsere alten Räder bei diesen Kindern hervorriefen, die doch so wenig besaßen. Seit diesem Tag bekommen wir regelmäßig Briefe von Merita, die sich immer und immer wieder bedankt und ständig an das Versprechen erinnert, unseren Besuch zu erneuern.

*

Nachdem wir Havanna hinter uns gelassen hatten, segelten wir rund Kuba, wetterten den einen und anderen Sturm vor Anker ab, fütterten Riesenleguane, packten Krokodile am Schwanz und ritten sogar auf den Panzern riesiger hundertjähriger Schildkröten. Aber im ganz besonderen Brennpunkt unseres Interesses stand die Jagd nach Lebensmittelvorräten und unsere Verhandlungsversuche mit überpingeligen Behörden, die unsere Wege und unsere Kontakte überwachten.

An unserem letzten Stopp, in Cay Largo, lernten wir Octavio kennen, einen Schildkrötenspezialisten in einer Schildkrötenpflegestation. Er schrubbte geduldig die Rücken kleiner Exemplare mit einer Zahnbürste ab, da die schlechte Wasserqualität einen extremen Algenbefall auf deren Panzern verursachte. Er lieh uns die entsprechende Literatur, damit wir die Kinder über die aktuelle Lage der gefährdeten Schildkröten in unserem Unterricht aufklären konnten, lehnte aber bedauerlicherweise unsere Einladung an Bord ab. Kubanern ist es nicht erlaubt, ausländische Yachten zu betreten, sagte er uns. Allmählich begannen wir die hiesigen Verhältnisse zu verstehen und bestanden nicht weiter darauf.

Wir argwöhnten, dass wir unter besonderer Beobachtung standen, weil wir uns mit den Einheimischen anfreunden wollten. Viele der Ankerplätze, für die wir eine Genehmigung beantragt hatten, waren völlig willkürlich von unserer *cruising permit* gestrichen worden. Im Prinzip durften wir nur dort anlegen, wo uns eine militärische Einrichtung oder ein Hafenmeister gut im Auge behalten konnte. In Bahia Honda hatte ein Polizist sogar darauf bestanden, uns einen Ankerplatz zuzuweisen, wo er uns perfekt beobachten konnte, obwohl dieser offensichtlich unsicher war. Er verlangte von uns auch, jedes Mal seine Erlaubnis einzuholen, wenn wir von Bord gehen wollten. Keine Yacht unterlag unseres Wissens jemals solchen Zwängen.

Vielleicht wurden wir besonders streng überwacht; vielleicht sah man unseren Ehrgeiz, Freundschaften zu schließen, als Bedrohung an. Aber wir hatten gehofft, eine Kette aus Freundschaften rund um die Welt spannen zu können, und unabhängig von den Schwierigkeiten, hatten wir unser erstes Glied auf Kuba geschmiedet.

*

Nach fast einem Monat auf Kuba starteten wir zu unserer ersten Passage ausschließlich unter Segeln, die uns siebenundzwanzig Stunden später auf der vornehmen Insel Grand Cayman anlanden ließ. Unmittelbar danach erlitten wir einen Kulturschock oder vielleicht, bei genauerer Betrachtung, einen Supermarktschock. Der Kontrast zu dem verarmten Kuba hätte nicht größer sein können.

Als Steuerparadies ist Grand Cayman das Ziel der Reichsten der Reichen, die ihre Geschäfte und ihre Ferienhäuser hierher verlegen. An unserem ersten Tag in der Stadt konnten wir es nicht vermeiden, uns auf dem direkten Weg in den Supermarkt zu begeben. Die Forts, die Museen und die Schildkrötenfarmen konnten warten, aber frische Milch, frisches Obst und *Hershey's Kis-*

ses nicht. Drei Besuche und fünfhundert Dollar später hatten wir uns wieder besser im Griff, doch ein bestimmter Gemüseladen blieb immer unser bevorzugtes Ziel auf Grand Cayman. Sogar unser kleiner Christopher teilte unsere Faszination. Als Hausaufgabe gab ich ihm eines Tages auf, aus einem Touristenprospekt eine Collage von den bevorzugten Sehenswürdigkeiten von Grand Cayman zu basteln. Achtzig Prozent der Fotos, die er ausschnitt, waren Werbung für Supermärkte.

Mittlerweile waren sechs Monate vergangen, seit wir Ottawa verlassen hatten. Seit jenem regnerischen Tag im September hatten wir 3400 Seemeilen hinter uns gebracht, wir hatten uns einander angepasst und waren eine richtige Seglercrew geworden. Allmählich waren wir überzeugt, dass wir wussten, was wir taten.

Herbert hatte neun Kilo abgenommen und sah mit jedem Tag brauner und jünger aus. Der erste Teil des Törns war für ihn besonders anstrengend gewesen, da es an ihm hängen blieb, alle Kinken auf der NORTHERN MAGIC zu reparieren, während wir noch an der Ostküste entlang segelten. Nach Kuba begann aber auch für ihn ein Alltag, wie wir ihn uns alle erträumt und erhofft hatten – wir erforschten gemeinsam ein neues Land, schlossen Freundschaft mit den Menschen dort und konnten tun und lassen, wonach uns der Sinn stand. Die Veränderung, die mit Herbert vor sich ging, war bemerkenswert. Er war in seinem Element.

Michael hatte sich für unser Abenteuer am zögerlichsten erwärmt, und jetzt war er der Erste, der ganz in dem Geist des Unternehmens aufging. In den ersten sechs Monaten unseres Trips schoss er enorm in die Höhe. Er akzeptierte und überwand den Verlust der Freunde, die für ihn wichtig gewesen waren, und lebte fröhlich weiter. Er riss sich am Riemen für seine Schularbeiten, wenn auch nicht immer mit dem größtmöglichen Eifer, so doch mit mehr Aufmerksamkeit und Interesse als vorher – und vor allem mit weniger Gequengel. Zum ersten Mal in seinem Leben machte er die Erfahrung, dass Lesen Spaß bringt.

Er entdeckte auch seine Liebe zur Geschichte und verbrachte vergnügt Stunde um Stunde damit, sich in diese Materie zu vertiefen – Museen, Statuen und alte Gesellschaftsformen. Er wurde unser Experte für griechische Mythologie. Außerdem hatte er sich zum Captain in unserem Dingi gemausert, und im Gegensatz zu früher, in Anbetracht meiner Erfahrungen in FLIPPER, fuhr nun er mich durch die Gegend.

Auf ihn würden wir zählen können, wenn einer von uns in die Spitze einer Kokospalme klettern müsste, um die anderen mit Nüssen zu versorgen. Er war derjenige, auf den sich seine kleinen Brüder stützen konnten, und er wurde braun und muskulös und gedieh prächtig.

Jonathan, der nun fast zehn Jahre alt war, hatte seinen Stolperstart ebenfalls überwunden. Obwohl er von Anfang an der Interessierteste war, forderte er mich in meiner Eigenschaft als Bordlehrerin am meisten heraus. Vielleicht weil er lieber in die Schule gegangen war als die anderen, verlangte der Privatunterricht eine stärkere Anpassungsleistung von ihm.

Michael dagegen genoss die Flexibilität des Stundenplans an Bord der NORTHERN MAGIC im Gegensatz zu der strengen Ordnung einer üblichen Schule. Zu meiner großen Freude verzichteten Michael und Jonathan im Laufe der Zeit fast ganz auf ihre bisherigen Rivalitäten und wurden richtige Freunde, die miteinander lachten und geheime Scherze teilten. Nun verstand ich, warum Jons Lehrer ihn so gern in ihren Klassen gesehen hatten. Ich musste nur sagen, »es ist Zeit, die Hausaufgabe zu erledigen« oder »deck den Tisch, bitte«, und schon machte sich Jon ohne jedes Gedöns ans Werk. Auf Grand Cayman legte er seinen Ehrgeiz hinein, als Erster das Jahrespensum in Mathematik durchgeackert zu haben. Er wollte der Erste sein, dem Sommerferien zustanden.

Obwohl er seine Freunde vermisste, machte er das wieder wett, indem er sich allem Neuen öffnete und sich jedem freundlich, mit einem herzlichen Händeschütteln und einem wunderbaren Lächeln vorstellte, den wir kennen lernten. Besonders die Frauen waren von Jonathan sehr angetan, der sich vermutlich zweimal angestellt hatte, als vor seiner Geburt im Himmel die Wimpern vergeben wurden. Meritas schwangere Schwester auf Kuba hatte uns gestanden, dass sie, falls ihr Baby ein Junge war, ihn nach Jonathan benennen wollte.

Jon bewies auch seine enorme Sprachbegabung. Wir ernannten ihn zu unserem Experten vor Ort in Sachen Natur, da er uns mithilfe seiner Bibliothek alles Wissenswerte über den nächtlichen Himmel, das Wetter, die Fische, die Vögel und die Delfine erklärte. Er konnte detaillierte Wetterkarten lesen und erstellte aufgrund seiner eigenen Beobachtungen sogar Wetterprognosen. Für ein komplettes Buch brauchte er kaum länger als einen Tag. Sein Wortschatz erweiterte sich um Vokabeln wie »hingeflegelt« und »unverbesserlich«. Er begann auch, sein Wissen an seinen kleinen Bruder weiterzureichen und nahm diese Aufgabe sehr ernst, indem er sorgfältig Christophers Fortschritte überwachte und dokumentierte. Er zeigte sich verantwortungsvoll, aufrichtig und großzügig. Wir waren überzeugt, dass Jonathan zu einem erstaunlichen jungen Mann heranreifen würde. Unser Traum, dass dieser Törn die Entwicklung der Kinder beflügeln sollte, schien sich zu erfüllen.

Und der kleine Christopher: Unser Letztgeborener war ein lebender Widerspruch. Bei ihm war es am schwierigsten, ein Prognose zu wagen, wie diese Reise den kleinen Kerl formen würde. Ich dachte oft, dass er von allen der Glücklichste wäre, weil er am Anfang seiner Entwicklung so viel Zeit mit seinen Eltern verbringen konnte, auch wenn er dadurch vielleicht nicht so schnell die Bedingungen des Kleinkindalters hinter sich ließ.

»Ich möchte immer mit dir zusammen sein, Mom«, flüsterte er mir sanft ins Ohr, wenn er sich spätabends in meine Arme kuschelte. Andererseits hatte er gerade erst begonnen, Freundschaften zu schließen, als wir die Leinen gelöst hatten, und wir konnten ihm keine gleichaltrigen Spielkameraden verschaffen. Und obwohl er Freundschaften außerhalb unseres Schiffes weniger zu vermissen schien als seine älteren Brüder, wünschte ich mir oft, wir könnten ihm diesbezüglich mehr bieten.

Als wir durch die wunderbaren Geschäfte von George Town bummelten, fragte mich der sechsjährige Christopher plötzlich: »Was ist Kapitalismus, Mom?«

Er verbrachte auch immer wieder Stunden damit, Handbücher mit Gebrauchsanweisungen oder Regelwerke für anspruchsvolle Strategiespiele durchzuackern. Aber am liebsten füllte er Seite um Seite in seinem persönlichen Tagebuch mit Tabellen, Schaubildern und Karten von selbst erfundenen Spielen. Er liebte Mathematik und übte sich zum Spaß in seiner Freizeit in Kopfrechnen.

Christopher war wahrscheinlich das einzige Kind auf der Welt, das freiwillig beim Einkaufen auf Fruchtbonbons verzichtete, weil sie nicht gesund sind. Er war aber nicht sehr risikofreudig, und es war teuflisch schwierig, ihm das Schwimmen beizubringen. In unserem Kleinen gingen Altklugheit, Sturheit und Kleinkindverhalten eine seltsame Verbindung ein. Doch er war auch unser aller Sonnenschein, zum Knuddeln und selbst auch sehr zärtlich, und ich möchte keinen der endlosen Tage missen, die wir mit Lernen, Wachsen und einem wundervollen Leben verbrachten.

Sechs Monate, nachdem wir aufgebrochen waren, ging es mir hervorragend, wenn mich auch in zunehmendem Maße die langen Schläge auf dem offenen Meer beunruhigten, die vor uns lagen. Die Tage, an denen wir unsere Seemannschaft unter Beweis stellen mussten, kamen näher und näher. Ich versuchte, die Karte des Pazifischen Ozeans in meiner Vorstellung zu ignorieren.

Obwohl ich unser neues Leben genoss, zeigten die Tage auf dem Boot ihren eigenen Stress. Der Unterricht für die Kinder bedeutete für mich eine enorme Herausforderung, wahrscheinlich die härteste in dieser Zeit. Wir mussten uns alle eine enorme Disziplin auferlegen, aber mich traf es am schlimmsten. Natürlich erforderte das Leben an Bord eine gewisse Gewöhnung, das Zusammengepferchtsein und der Mangel an Platz im Allgemeinen. Trotzdem bereute ich unseren Entschluss keinen Moment lang, obwohl auch Tage mit schlechten Momenten kamen, an denen wir uns fragten, ob wir verrückt waren, als wir dies alles freiwillig auf uns luden. Ich lernte es niemals, die offene See zu genießen. Aber wenn wir ein Weilchen irgendwo lagen, wie zum Beispiel auf Grand Cayman, wo wir jeden Tag am Strand spielen konnten, lange Spaziergänge genossen und das Leben leicht nahmen, fiel jeder Unmut von mir ab. Grand Cayman, das waren richtige Ferientage für mich, nach all den Monaten des Stresses und des harten Segelns.

*

Als wir dann Grand Cayman hinter uns ließen und sieben Tage auf See vor uns hatten, lösten sich meine bisherigen Bedenken bezüglich der 900-Meilen-Passage nach Panama im warmen Sonnenschein auf. Dank einer ruhigen See konnten wir eine ziemlich beständige Tagesroutine an Bord einführen, die auch vernünftige Mahlzeiten und, für die Kinder, geregelte Stunden für die Hausaufgaben vorsah. Herbert und ich legten einen guten Wachrhythmus fest, sodass rund um die Uhr einer von uns am Ruder und verantwortlich war. Auch die Kinder waren heiter und ausgeglichen, und ihre Spiele liefen ohne jedes Gezänk ab.

Gegen zehn Uhr abends am vierten Tag, als ich gerade meine Lektüre beenden wollte, um das Abendessen vorzubereiten, fingen die Segel plötzlich an zu killen. Ich sprang ins Cockpit, weil ich als Ursache vermutete, dass der Wind die Richtung gewechselt hätte. Der Wind stand wie vorher, doch unser Kurs hatte sich geändert. Wir steuerten hart nach Norden.

Herbert stürzte noch in Unterwäsche, zerzaust und verschlafen an Deck. Ich steuerte per Hand, und er begann, sich zum Autopilot vorzukämpfen, der vermutlich die Ursache des Problems war. Es dauerte bestimmt eine halbe Stunde, den Stauraum in Jonathans Kabine leerzuräumen, in dem er ebenso gern wie in der Plicht schlief.

Als sich Herbert das Ganze im Schein des Mondlichts vornahm, machten wir eine interessante Entdeckung. Dort herrschte eine totale Wuling aus sechs Rettungswesten, drei Sicherheitsgurten, zwei Paddeln, einer Sprühdose samt Rüssel, der Notsteuerungsanlage, einer TV-Antenne, Rettungsleinen, Ersatzpositionslampen, einer Laufplanke, allerlei Tampen und acht Platten mit zwei mal zwei Zoll großen Stücken von $^3/_4$ Zoll Marinesperrholz, und all das zogen wir aus dem Stauraum heraus, in dem der Autopilot untergebracht war. Ich stand mitten in diesem Chaos und versuchte unser aufsässiges Boot nach Süden zu steuern, während meine nackten Füße unter Jonathans grüner Boy-Scout-Decke hervorschauten, die ich mir wie einen Poncho gegen die kalte Brise umgewickelt hatte.

Von Herbert war in dem ganzen Tohuwabohu kaum noch etwas zu sehen. Nur seine weißen Unterhosen leuchteten als Beweis seiner Existenz im Mondlicht. Seine Beine ragten baumartig von unten nach oben. Sein Oberkörper war tief in dem Stauraum verschwunden, aus dem in regelmäßigen Abständen ersticktes Stöhnen, Ächzen und Verzweiflungsschreie aufstiegen. Mehrmals ließ mir unser Captain in heftiger Wortwahl Anweisungen zukommen, dass ich gefälligst dafür Sorge tragen sollte, dass das Boot nicht so rollte.

Es war nur ein 5-Pence-Ersatzteil, das gebrochen war, aber wir hatten keines an Bord. In McGyver-Manier durchwühlte Herbert das Boot von vorne bis hinten, um irgendetwas zu finden, das wenigstens provisorisch den gebrochenen Stift ersetzen konnte. Die beiden anschließenden Stauräume wurden ebenfalls ausgeräumt. Gegen ein Uhr nachts funktionierte das Ganze wieder, und ich schleppte meinen erschöpften Körper ins Bett. Als ich um sieben Uhr morgens für meine nächste Wache nach oben kam, war alles aufgeräumt und das Geschirr abgewaschen. Sogar die Schapps sahen tadellos aus und nichts erinnerte mehr an unsere nächtliche Eskapade.

Aber kaum hatte sich Herbert in seiner Koje ausgestreckt, musste er schon wieder nach oben springen. Springen ist vielleicht ein zu hartes Wort; es ähnelte mehr einem Mitleid erregenden Kraulen. Der Stift, den er so passend gemacht hatte wie möglich, war herausgefallen. Die NORTHERN MAGIC begann erneut in die Richtung zu drehen, die ihrem Namen am meisten Ehre machte. Während die Kinder aus dem Bett krochen, übernahm ich das Ruder, und Herbert, der die ganze Nacht ohne Unterbrechung geschuftet hatte, leerte aufs Neue die Stauräume, um wieder von vorn anzufangen. Ich versuchte ihn zu überzeugen, dass er sich erst eine Mütze voll Schlaf gönnen sollte, aber er zeigte »diesen bestimmten Gesichtsausdruck« und begann ohne jedes Wenn und Aber mit der Reparatur.

Er war den ganzen Tag damit beschäftigt, baute den Autopilot zweimal auseinander und setzte ihn zweimal wieder zusammen, bevor er sich geschlagen gab.

Er fand keinen Weg, die Teile miteinander zu verbinden. Endlich, spät am Nachmittag, sah ich mich gezwungen, meine Rolle als verantwortlicher Schiffsarzt herauszukehren und den Captain in die Koje zu schicken, indem ich argumentierte, dass derart ausufernder Schlafmangel nur zu seinem Versagen führen könne. Herbert hasst es, sich geschlagen zu geben, aber widerwillig gab er nach.

Er erwachte wieder gegen elf Uhr nachts, immer noch müde, aber arbeitsfähig. Nun war ich am Ende, nach achtzehn Stunden Kampf am Rad. Wir liefen nicht mehr synchron, jeder kämpfte gegen die immer schwerer lastende Müdigkeit. Es gab nicht den Hauch einer Brise, wir motorten, und unsere mechanische Aries-Windfahnen-Selbststeueranlage nützte uns nichts. Während der nächsten zwei Tage brach unsere komfortable Bordroutine vollständig zusammen, und jeder hielt so lange am Rad aus, wie es ihm körperlich möglich war. Erst dann zwangen wir uns, unsere ebenso erschöpfte Ablösung zu wecken.

Da unser Rad niemals ohne Rudergänger bleiben durfte, waren wir immer wieder beide gleichzeitig wach, um zu kochen, die Position zu bestimmen und die Kinder in die Kojen zu schicken. Die Kinder passten gegenseitig aufeinander auf, standen aber auch immer mal wieder kurz am Rad. Als Ausgleich waren sie von allen Hausaufgaben befreit. Und so schnitten wir tapfer unser Kielwasser in die Karibische See.

*

Ich entdeckte die Lichter von Panama im Morgengrauen des siebten Tages. Plötzlich waren wir von den Positionslampen unzähliger riesiger Schiffe umzingelt, und ich war viel zu aufgeregt, um zu schlafen, nachdem ich die

Wache an Herbert übergeben hatte. Wir liefen in Cristobal Harbor ein, als sich die Sonne gerade über die grünen Höhen von Panama schob. Gegen sieben Uhr ließen wir zwischen dutzenden von Booten, die die Flaggen des ganzen Erdballs zeigten, den Anker fallen.

Wir waren angekommen.

Unglücklicherweise handelte es sich um eine regelrechte Müllkippe. Der Hafen von Colon ist der Inbegriff aller miesen Häfen auf dem ganzen Planeten. Nie haben wir einen schrecklicheren Hafen zu Gesicht bekommen. Verwahrlost, unsicher, mit Müll übersät, gibt es nichts, womit man diesen Ort empfehlen könnte.

An der Bushaltestelle, wo die großen Linienbusse ihre Ströme von Passagieren an die Luft setzten, beobachteten wir Fahrer, die alle Abfälle, die sie eingesammelt hatten – Plastikflaschen, Kartoffelchipstüten, Essensreste, leere Zigarettenschachteln – einfach neben die Fahrbahn kippten, von wo der Wind sie in alle Richtungen blies, da die verstopften stinkenden Rinnsteine nichts mehr aufnehmen konnten. Sogar das große Kaufhaus machte einen ekelhaften Eindruck, der Gestank von verwesendem Fleisch schien mich überall zu verfolgen, eine allgegenwärtige Plage, wohin ich auch ging. Erst als ich wieder auf dem Boot war, entdeckte ich die Quelle des schrecklichen Geruchs: Er stieg aus meinem Päckchen mit Rindfleisch auf, das sich bereits eine Stunde nach dem Kauf grün färbte.

Wir wollten nur noch weg und begannen mit den Vorbereitungen für die Passage des Panamakanals, der von einem zum anderen Ende dreiundvierzig Meilen lang ist. Nachdem wir die Maße des Bootes festgestellt hatten – denn danach werden die Gebühren berechnet, die sich auf nicht weniger als fünfhundert US-Dollar belaufen würden – und wegen des unvermeidlichen Papierkrams immer wieder die entsprechenden Büros aufgesucht hatten, legten wir unsere beiden obersten Prioritäten fest: die Crew möglichst effizient einzuteilen und das Boot für die Passage fertig zu machen.

Außerdem mussten wir uns mit den Crews der anderen Boote absprechen, wer für welche Leinen zuständig sein sollte, während wir die Schleusen passierten. Wir versuchten noch ein paar alte Autoreifen zu ergattern, die unseren Rumpf schützen sollten und die vier schweren 40-Meter-Taue zu unserem Schutz sortierten. Als wir uns, zusammen mit all den anderen Booten, den üblichen Prozeduren stellten, erinnerte mich das irgendwie an die Initiationsriten, mit denen in manchen Kulturen die Jünglinge zum Mann werden.

Nach den Vorbereitungen werden sie vom übrigen Stamm isoliert, um durch mysteriöse Weihen zu gehen, wobei es sich oft um Mutproben handelt. Keiner der Knaben weiß, was auf ihn zukommt, ehe er an der Reihe ist. Erst nachdem man ihn aufgerufen hat, wird er in die Geheimnisse eingeweiht.

Die schwierigste Aufgabe im Kanal war für uns, die drei zusätzlichen Leinenhelfer zu finden, die das Boot von den Seitenwänden der Schleusen fernhalten sollten.

Herberts Abenteuer, Helfer von den übrigen Booten zu requirieren, mündete in unerwarteten Stress, einschließlich eines Schwimmzuges durch ein krokodilverseuchtes Gewässer, als die gesamte Crew samt Herbert mitten im Kanal von einem anderen Boot in die Mangel genommen wurde. Aber gegen neun Uhr morgens am Tag unserer Passage erschienen sowohl der Lotse als auch unsere drei gähnenden, neu angeheuerten Helfer, und wir erhielten die Erlaubnis, in die erste Schleuse einzulaufen.

Wir fuhren in die erste riesige dreihundert Meter lange Kammer zusammen mit vier anderen Booten: einem zweihundert Meter langen chinesischen Frachter, einem enormen Schlepper und zwei Segelyachten. Vor dem Einfahren wurden wir drei Segelyachten miteinander im Päckchen vertäut wie ein überdimensionales Floß. Wir fühlten uns wie eine neue Drei-Rumpf-Rasse. Als wir die sechsundzwanzig Meter Höhenunterschied der ersten drei Schleusen (es gab im Ganzen sechs) überwunden hatten, brach Feierstimmung auf der NORTHERN MAGIC aus. Ich beendete mein Dasein als Stewardess, die den Niedergang hinauf und hinunter eilt, um unserer Crew ununterbrochen Erfrischungen zu reichen, der unter der panamesischen Sonne der Schweiß nur so von der Stirn rann. In der Zwischenzeit bemalten unsere drei Jungs glücklich die Ostereier, ohne sich darüber auch nur zu verwundern, dass wir gleichzeitig eines der Weltwunder der Technik passierten.

In jener Nacht ankerten wir im dschungelumsäumten Gatun Lake, in der Mitte eines Engpasses des Kanals. Wir entdeckten keines der dort ansässigen Krokodile, aber wir sahen viele Bussarde über uns kreisen und einige langschwänzige Brüllaffen, die am nahen Ufer nach Futter stöberten, ebenso mehrere palmengedeckte Hütten von Eingeborenen. Da weit und breit kein Krokodil zu sehen war, sprangen wir sogar ins Wasser und nützten die Gelegenheit für ein erfrischendes Bad.

Bis heute glaube ich, dass diese Nacht eine der schönsten unseres gesamten Törns war. Als die Kinder in der Koje lagen, saßen wir Erwachsenen bei Kerzenlicht bis zum frühen Morgen in der frischen Brise und tauschten unsere Erfahrungen und Träume aus, während die Geräusche des Dschungels zu uns herüber drangen. Irgendwann in der magischen Dunkelheit jener Nacht – es war kurz nachdem auch die Erwachsenen endlich schlafen gegangen waren – empfing die NORTHERN MAGIC noch einen weiteren Besucher. Tatsächlich fühlte sich dieser spezielle Besucher wahrscheinlich zum ersten Mal in seinem Leben veranlasst, seiner Pflicht auf so außergewöhnliche Weise nachzukommen. Unerschrocken angesichts der Brüllaffen, Krokodile und Bussarde fand der Osterhase seinen Weg zu uns in die Mitte des Panamakanals. Am nächsten Morgen war das Boot überschwemmt mit *Hershey's Kisses*, und die Jungen jagten durch das ganze Boot, um alle zu finden.

Unser Abstieg in den letzten drei Schleusen ging sanft vor sich, wieder im Päckchen mit den anderen beiden Segelyachten, wobei wir uns den Platz mit einem oder zwei Schiffen von ungeheuren Ausmaßen teilen mussten. Schließlich öffnete sich das letzte Tor und entließ uns in die majestätische Schönheit des Pazifiks, azurblau und mit zauberhaften grünen Inseln gesprenkelt. Wir nahmen gerührt Abschied von unseren neuen Freunden und versprachen uns gegenseitig, in Kontakt zu bleiben, wonach wir alle unseren Weg in den Südpazifik fortsetzten.

*

Nachdem wir uns zwei der wunderbaren Inselchen der Las-Perlas-Gruppe genauer angeschaut hatten und ganz überrascht waren von den langen Eidechsen, die von den Bäumen auf uns hinuntersprangen, nahmen wir Kurs in den Pazifischen Ozean.

Als die Anhöhen Panamas am Horizont verschwanden, wies uns Herbert wehmütig darauf hin, dass dies das letzte Land für lange Zeit gewesen war.

Und dann, nur wenige Tage später: Es ist Mitternacht, wir sind mitten im Pazifik. Wir haben vierhundert Meilen zwischen uns und die verwunschene Insel mit dem Dschungel und den springenden Eidechsen gebracht. Die NORTHERN MAGIC zieht ihre Bahn durch die lange dunkle Dünung des Pazifiks, auf halbem Wege zu den Galapagos Islands, die über und unter dem Äquator verstreut liegen. Unten in der NORTHERN MAGIC ist es unerträglich schwül und feucht, der Nachklang eines weiteren drückend heißen Tages in den Tropen. Im Cockpit weht eine willkommene leichte Brise, erfrischend genug, um eine zarte Gänsehaut zu erzeugen. Der Nachthimmel ist dunkel. Wolken verdecken fast alle Sterne mit Ausnahme einiger weniger, die direkt über uns glitzern. Eben noch hat der Mond ein kurzes Lächeln zu uns geschickt, aber auch das ist jetzt verschwunden. Unbeleuchtet umgibt uns ein gütiger Ozean. Wir können nicht ausmachen, wo das Wasser endet und der Himmel beginnt. Wir fühlen uns eingehüllt in einen warmen, tiefblauen Mantel.

So wie unser Boot durch die Wellen schneidet, leuchtet die Bugsee in irisierendem Weiß. Wenn man genau hinschaut, entdeckt man kleine phosphoreszierende Planktonteilchen, die, gestört durch uns, einen bescheidenen Alarm für ihresgleichen aussenden. In manchen Nächten kommt es mir so vor, als handle es sich um die Reflektion der Milchstraße, die sich als Schmuck weit entfernt von jeder Zivilisation am Himmel wölbt. Aber in dieser Nacht kann man die Milchstraße nicht sehen, nur wenige Sterne leuchten durch die drückende Wolkendecke.

In dieser Atmosphäre schienen zwei Geister zu tanzen: Wesen mit weißen Flügeln, die irrisierend unseren Mast umrunden, manchmal in Sturzflüge übergehend, dann wieder aufflatternd, niemals eindeutig sichtbar, aber Schatten hinterlassend, wenn sie sich zu unserem Positionslicht im Masttopp hinaufschwingen und einen Moment aufleuchten. Sie begleiteten uns jede Nacht, bis wir die Galapagosinseln erreichten, aber wir sahen sie niemals während des Tages. Wir nannten diese zauberhaften Wesen unsere Engelsvögel.

Während wir nach einem Lichtschimmer Ausschau hielten, der ein näher kommendes Schiff ankündigte (eine schwache Möglichkeit, da bereits einige Tage vergangen waren, seit wir ein Zeichen empfangen hatten, dass es außer uns noch weitere Lebewesen im Universum gab), konnten wir uns leicht irren und einen niedrig am Horizont stehenden Stern für die bewegliche Positionslampe einer Segelyacht halten. Vor ein paar Tagen hatten wir so ein Licht ausgemacht, einen einsamen Schimmer am hintersten Horizont. Es schien wirklich sehr weit weg zu sein, denn es verschwand immer wieder von einer Sekunde zur nächsten hinter der Dünung. Wahrscheinlich handelte es sich tatsächlich um eine Segelyacht, unterwegs wie wir zu den sagenhaften Galapagosinseln. Aber bei Anbruch des Tages war es verschwunden.

Wir starteten mit einem komfortablen 20-Knoten-Wind, und von der Strömung nach Süden geschoben, flogen wir nur so mit vollen Segeln und neun Knoten Geschwindigkeit dahin. Auch während der Nacht schafften wir noch sechs Knoten, aber unsere Segel wurden schlaff. Unser Vorankommen verdankten wir ausschließlich unserem treuen Dieselmotor und den tausend Litern Treibstoff in unseren Tanks. Dann brach der zweite Tag an, ohne dass wir die Segel setzen konnten. Alle paar Stunden schnüffelten wir voller Hoffnung nach einer kleinen Brise, aber wir hatten kein Glück.

Während der ersten drei Tage lagen wir mehr oder weniger nur herum, aber seit heute ist unsere Trägheit wieder verschwunden, und wir haben es geschafft, unseren gewohnten Stundenplan wieder aufzunehmen. Die Kinder sind, wenn auch widerwillig, zu ihren Schulaufgaben zurückgekehrt, und die Haushaltsroutine mit Kochen und Wäschewaschen wurde wieder eingeführt, nur leicht verändert durch die gleichmäßige, lange Dünung des Pazifischen Ozeans.

Nachdem alle Arbeiten erledigt sind und Herbert sich in die Koje verzogen hat, um einen gewissen Vorrat an Schlaf für schlechte Zeiten anzuhäufen, verbrachten die Kinder und ich viele Stunden im kühlen Cockpit und lasen *Charlotte's Web* . Die Kinder betteln immer um weitere Kapitel, auch wenn es längst dunkel geworden ist, die Augen des Kleinsten zufallen und sich rund um seinen Mund dieses süße schlaftrunkene Lächeln breit macht.

Ich weiß, dass den Kindern längst Seebeine gewachsen sind, auch wenn sie sich manchmal beklagen, dass der harte Seegang das Zähneputzen so schwierig macht. Heute Nacht aber verschwinden sie ohne jedes Gegenargument in den Betten. Das Schnurren des Motors und das Schaukeln des Meeres werden zum Wiegenlied. In gut einer Stunde, wenn meine Wache zu Ende ist, werde ich auch in den Genuss kommen. So dachte ich.

*

Aber es ging nicht so paradiesisch weiter. Zuerst nahmen wir Wasser durch die Stopfbuchse an unserer Schraubenwelle. Dann riss unser Vorsegel. Schließlich frischte der Wind zu unserem ersten Sturm auf. Regen prasselte auf uns herunter, zwang uns dazu, alle Luken zu schließen, und verwandelte das Innere der NORTHERN MAGIC in eine Sauna. Zum ersten Mal wuschen gewaltige Wellen über unseren Bug und drückten ihr Wasser in unser Cockpit.

Die Wellen wurden steiler, und das unruhige Wetter schickte uns diverse Kreuzseen. Da unser starker Motor den Bug mittendurch zwang, flogen wir von einer Seite zur anderen, während das Boot bockte und rollte. Ich fand das unerträglich. Sogar unser Captain, dessen Eingeweide jede Menge aushalten, opferte Neptun. Nach drei Tagen heftiger Seekrankheit und zwei Tagen Ruhe fühlte ich mich von meinem Körper der Übelkeit schutzlos ausgeliefert und fing wieder an, mich zu übergeben.

Es wurde eine lange Nacht. Ich war dankbar, dass meine Wache um ein Uhr morgens zu Ende war. Der schlimmste Teil des Sturms traf Herbert während seiner Wache. Im Laufe der Nacht wuchs er sich zu vierzig Knoten aus. Ich kuschelte mich ins Bettzeug und versuchte, trotz der heftigen Bewegungen einzuschlafen, denn erstaunlicherweise fühlte ich mich im Inneren der NORTHERN MAGIC und mit Herbert am Ruder vollkommen sicher. Als wir endlich den Sturm unter Motor hinter uns gelassen hatten, blieb das Wetter böig bis grimmig bei stetigem Regen. Aber unsere Engelsvögel, die uns nachts begleiteten, ließen uns keine Minute allein.

Wir bemerkten kaum, dass wir den Äquator überquerten, wofür ich natürlich einige neckische Scherze und eine Flasche Champagner vorbereitet hatte. Die auf jedem Schiff übliche, gegenseitige heftige Äquatortaufe musste ausfallen, weil das Cockpit unter dem strömenden Regen absoff. Als Herbert ankündigte, dass nun der Moment gekommen war, in dem wir mit gegrätschten Beinen gleichzeitig auf der Nord- und der Südhalbkugel der Erde stehen konnten, schaffte ich es nur, leicht den Kopf aus dem Bett zu strecken und ein klägliches Lächeln über mein Gesicht huschen zu lassen. Keiner von uns hatte Appetit auf Chips oder Champagner. So ließen wir die Feier einfach ausfallen. Später am Tag griff ich mir eine Orange und bemalte sie mit einer Weltkarte, um Christopher haarklein zu verdeutlichen, was der Äquator auf dem Globus wirklich bedeutet. Das war traurigerweise alles, womit wir diesem Meilenstein auf unserer Weltumseglung zu seiner Geltung verhelfen konnten.

Am siebten Tag auf See erblickten wir die Insel San Cristobal. Es war regnerisch und düster, wie bisher häufig, und das Eiland war in ein Leichentuch aus seltsamen Nebeln gehüllt, die kamen und gingen. Jedenfalls sah es für mich so aus. In einem Augenblick konnten wir genau die scharfen grünen Umrisse der vulkanischen Insel erkennen, und im nächsten war alles hinter den niedrig hängenden Wolken verschwunden.

Die Spanier hatten Galapagos auch die verwunschenen Inseln genannt. Wir verstanden das gut, während wir uns jetzt näherten, so wie sie aus dem Dunst auftauchten und sich im nächsten Moment wieder im Nichts auflösten. Zwischen zwei Inseln spielte unser Kompass verrückt, und der Autopilot der NORTHERN MAGIC fuhr einen 360-Grad-Törn, ehe er wieder Kurs hielt. Magnetisch bedingte Störungen – sagte das Display. Es handelte sich offensichtlich um eine bestimmte Abart von geologischer Störung. Wir waren zufrieden, als wir es geschafft hatten, das Boot wieder auf Kurs zu bringen, und wir merkten, dass wir nun wieder auf dem offenen Meer und nicht mehr zwischen den Inseln waren. Kein Land mehr in Sicht!

Herbert und ich blinzelten verwirrt und desorientiert auf das Wasser. Dann, so plötzlich wie sie verschwunden waren, tauchten die Inseln in voller Lebensgröße wieder auf, der Nebel hob sich, und sie erstrahlten vor unseren Blicken wieder in ihrem ursprünglichen Glanz.

4
Galapagos: Voller Wunder und Verzweiflung

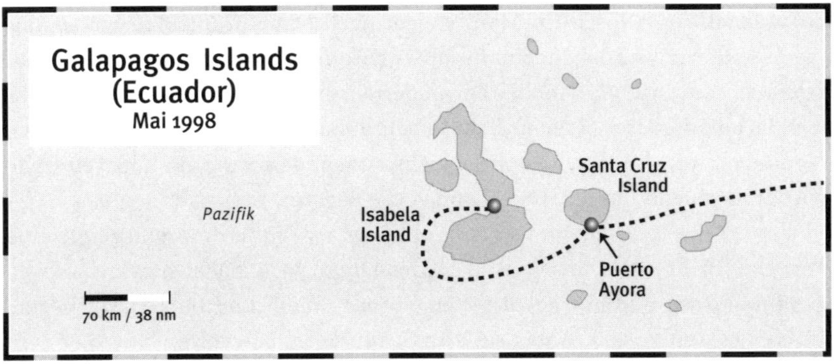

Wir ankerten in der Academy Bay vor Puerto Ayora auf der Insel Santa Cruz. Wie ich den Kindern versprochen hatte, küsste ich den Boden, nachdem wir mit dem Dingi angelegt hatten.

Die Galapagosinseln erfüllten alle unsere Erwartungen. Die kleine Stadt Puerto Ayora war sauber und pittoresk, die Preise waren in Ordnung und die Einheimischen freundlich. Aber wir waren hauptsächlich gekommen, um die Tierwelt zu bestaunen, und wir wurden nicht enttäuscht.

Unsere Stars waren die Seelöwen. Sobald wir in der Academy Bay aufgetaucht waren, erschien das erste freundliche schnurrbärtige Gesicht und beobachtete uns aus den Wellen heraus. Danach kamen so viele von ihnen, dass wir ihr Erscheinen kaum noch erwähnten. Zwei entwickelten offensichtlich eine besondere Vorliebe für uns und verbrachten viel Zeit in der Nähe der NORTHERN MAGIC. Das größere Exemplar tauften wir White Bum wegen eines weißen Fleckens an der Seite. White Bum zeigte sich sehr gesellig und schien sich durch den Klang angezogen zu fühlen, wann immer Jonathan die Musik der Cannonballs[4] ertönen ließ.

Sie näherte sich stets mit einer ganzen Melodie aus Keuchen und Grunzen. Sobald sie den Atem ausblies, kam sie geschmeidig aus den Wellen oder schwamm lässig auf der Seite, die Flossen in der Luft. White Bum umrundete das Boot stundenlang, und wenn sie zehnmal oder öfter tief Luft geholt hatte, tauchte sie voller Anmut rückwärts in die Tiefe und kam oft mit einem zappelnden silbrigen Fisch im Maul wieder nach oben. Manchmal bot sie uns regelrechte Showeinlagen, um uns ihre Beute vorzuführen, und legte sich auf die Seite, damit wir die Trophäe bewunderten, ehe sie sie verschluckte. Sie achtete darauf, dass ihre Kinder dicht neben ihr schwammen, und stachelte sie regelrecht auf, ehe sie unter ihr verschwanden, damit sie am anderen Ende wieder erschienen und das Spiel von vorne begann.

Unsere zweite Seelöwin war etwas kleiner als White Bum und zeigte eine Vorliebe für FLIPPER, unser aufblasbares Dingi. Jede Nacht hievte sie ihren geschmeidigen und gut gepolsterten Körper hinein und blieb darin liegen, solange es dunkel war, wobei sie ihre Schnurrbart bewehrte Nase über dem Rand baumeln ließ. Sobald sie sich so eingerichtet hatte, konnten wir uns nähern und sie von Deck aus genau beobachten. Gelegentlich revanchierte sie sich, indem sie ihren ziemlich langen Hals fast bis zum Rücken bog und uns von unten herauf und rückwärts in dieser komischen Lage aus großen Augen anstarrte.

Obwohl wir immer schon auf ihre nächtlichen Besuche warteten, hätte es uns doch außerordentlich erfreut, wenn unsere Freundin Anstalten gezeigt hätte, gewisse Grundbegriffe der Hygiene zu erlernen. Jeden Morgen sah sich Herbert nämlich mit der unvermeidlichen Aufgabe konfrontiert, hinter ihr her zu putzen, denn sie pflegte in unserem Dingi nicht nur ihre Fische zu verspeisen, sondern ließ dort auch anderen Körperfunktionen freien Lauf, die mit einem ziemlichen strengen Geruch verbunden waren. Das sorgfältige Abspritzen des Gummis dauerte jeden Morgen eine gute halbe Stunde, erst dann war FLIPPER wieder in gebrauchsfähigem Zustand.

Alles in allem aber war diese Vorstellung ein erfreuliches Geben und Nehmen, und wir waren glücklich, dass sie sich unser Dingi als vorübergehendes Zuhause ausgesucht hatte.

---

[4] Cannonballs: eine amerikanische Band für Westernmusik (Anm. d. Ü.).

Niemals zuvor hatten wir eine solche Menge Vögel gesehen – blaufüßige Tölpel, Pelikane und große Fregattvögel. Tagelang streiften wir herum, um die einzigartige Flora, die Riesenschildkröten, tausende von Echsen und große schwarze Meeresleguane zu bewundern.

Unsere Woche der Wunder auf Galapagos wurde jedoch von Verzweiflung getrübt. Diese Melange aus zwei diametral entgegengesetzten Gefühlen wird für uns für alle Zeiten mit den Erinnerungen an diese Inseln verbunden sein. Ein paar Wochen zuvor hatte meine Großmutter einen Schlaganfall erlitten. Von Woche zu Woche verschlechterten sich die Berichte über ihren Gesundheitszustand. Unsere neue E-Mail-Ausrüstung (ein Geschenk von meinem Vater) zeigte immer durch ein kleines Blinklicht neue Post an und löste dann ziemliche Aufregung bei uns aus, weil wir wussten, dass es sich um Nachrichten von zu Hause handelte. Auf Galapagos jedoch zeigte das Lämpchen ein unheilschwangeres Leuchten, und oft fürchtete ich mich davor herauszufinden, welche Botschaft es ankündigte.

Ich erinnerte mich, wie Nana in dem Jahr vor unserem Start zur Weltumseglung fast jedes Mal losgeschrien hatte, wenn ich unsere Pläne ansprach. Sie hatte ununterbrochen dafür gebetet, dass wir unser Vorhaben aufgeben sollten. Immer wieder hatte sie davon angefangen, dass sie während unserer Abwesenheit sterben würde. Während sie nun im Koma lag und ihrer letzten Reise immer näher kam, sah es so aus, als würde ihre traurige Vorhersage sich erfüllen.

Vor Jahren, als ich die Biografie meines Großvaters geschrieben hatte, hatte ich zahllose Stunden mit ihr verbracht, während sie mir sein Leben erzählte. Das hatte in mir das Gefühl ausgelöst, als hätte ich sie durch die guten wie die schlechten Zeiten begleitet, und wir standen uns nun sehr nahe. Ich war völlig zerrissen zwischen dem Wunsch, auf Galapagos zu bleiben, um im Bedarfsfall kurzfristig nach Hause zu fliegen, und dem Wissen, dass wir unsere 3-Tage-Visa bereits acht Tage überzogen hatten und nur noch wenige Tage bleiben konnten, ehe wir wieder auf den Ozean hinaus mussten.

Dann signalisierte das E-Mail-Lämpchen eine weitere Katastrophe: Die drei Jahre alte Tochter meiner Schwester Linda hatte sich den Oberschenkel gebrochen.

Die süße kleine Jenna, die wir zuletzt auf einem Video hatten tanzen sehen, das uns in Panama erreicht hatte, war innerhalb von zwei Stunden in rasender Eile in die Notaufnahme gebracht worden und stand nun unter schweren

Medikamenten, um ihre Schmerzen in Grenzen zu halten. Sie konnte sich nicht rühren von den Zehenspitzen bis zum Brustkorb wegen eines doppelten Bein- und Körperverbands, die Beine waren zusätzlich durch Schienen ruhig gestellt. Wenn ich mir die Pein vorstellte, die die Menschen gerade durchmachten, die ich liebte, flossen meine Tränen, und ich wollte nur noch nach Hause.

Jedoch war unser Leben damals nicht so einfach. Abgesehen von den abgelaufenen Visa, standen wir kurz vor der Hurrikansaison im Südpazifik. Aufgrund des ausgedehnten Aufenthalts auf Grand Cayman hinkten wir schon mehr als einen Monat hinter unserem Zeitplan her. Jede weitere Verspätung erhöhte unser Risiko, von den tropischen Wirbelstürmen in die Mangel genommen zu werden.

Deshalb bereiteten wir uns auf den nächsten und längsten Schlag über den Ozean vor, den wir überhaupt auf dieser Reise zu bewältigen haben würden, und unser Mut sank tief in die Magengrube. Derart von Kummer und allen möglichen Unwägbarkeiten umzingelt, sahen wir kleinlaut in die Zukunft.

Den letzten Abend in Puerto Ayora nutzten wir, um unsere Vorräte aufzustocken. Die Einkäufe kosteten uns den ganzen Tag, und wir eilten die Hauptstraße insgesamt sechsmal rauf und runter, bis wir alles gefunden hatten, was wir brauchten. Herbert und die beiden Älteren kehrten zum Boot zurück, um alles zu stauen, und Christopher und ich sollten die letzten Besorgungen erledigen. Während wir so die Stadt unsicher machten, versank ich innerlich in einem Morast aus Angst und Chaos in der bangen Erwartung der Katastrophenmeldungen durch die nächsten E-Mails.

Eine halbe Stunde später warteten wir vor einem Laden auf Herbert. Es verging eine ganze Stunde, und wir mussten während eines Wolkenbruchs unter einem Dachvorsprung Zuflucht suchen. Von Herbert war weit und breit nichts zu sehen. Schließlich – es waren fast zwei weitere Stunden vergangen und die Dunkelheit brach bereits an – sahen wir unseren Captain die Straße heruntereilen. Er war völlig durchnässt und total außer Atem, und seine Gesichtszüge schienen ziemlich entgleist.

»Wir standen mitten im Sturm, draußen im Hafen. Und FLIPPER ist im Eimer!«

Der Sturm hatte das an der NORTHERN MAGIC vertäute Beiboot in starken Böen und hohen Wellen vernichtet. Der Schwell im Hafenbecken war auf fast zwei Meter angestiegen, und die Folgen für die vor Anker liegenden Yachten waren verheerend. Im nächsten Moment gab es Ankersalat, und alle Crews waren in höchster Alarmbereitschaft, um Kollisionen zu verhindern.

Herbert hatte sich hinter dem Rad positioniert und behielt von dort aus das Durcheinander im Blick, während er im Geist vorsorglich Rettungspläne gegen alle nur möglichen Katastrophen ausarbeitete. Plötzlich gab es einen Knall, als ob in einer gewaltigen Explosion Luft ihren Weg ins Freie suchte. Es dauerte einen Augenblick, bis Herbert verstand, was geschehen war. FLIPPER war geplatzt! Das hervorstehende Ende unserer stählernen Windfahne hatte FLIPPER aufgespießt und aufgerissen.

Herbert brüllte nach Michael. Sie begannen mit vereinten Kräften, FLIPPERs Bestandteile aus dem Wasser zu fischen. Michael, der ein guter Schwimmer ist, hechtete in die Wellen und schwamm zu den herumtreibenden Einzelstücken. Das Dingi sank, denn der schwere Außenbordmotor zog es in die Tiefe.

Herbert befestigte sofort eine Talje am Baum der NORTHERN MAGIC und versuchte damit den Motor aus dem Wasser zu hieven. Michael stemmte den Baum außenbords, sobald er aus dem Wasser zurückgekehrt war, und es war nun an Herbert, ins Hafenbecken zu springen und den Gurt unter dem Motor durchzuziehen. Dann wuchteten die beiden den Motor in die Luft, wo er bei jeder Welle Besorgnis erregend hin und her schwang, bevor er mithilfe eines Strecktaus eingeholt werden konnte.

Anschließend mussten sie sich damit abkämpfen, FLIPPERs Reste an Bord zu holen. Die mit Wasser vollgelaufenen Schwimmkörper waren extrem sperrig, sodass die beiden allein die Aufgabe nicht schafften. Obwohl Crews von den umliegenden Booten alles mitfühlend beobachteten, waren sie so sehr von ihren eigenen Problemen in Anspruch genommen, dass sie Herbert nicht zu Hilfe eilen konnten.

Als jedoch die schlimmste Phase des Unwetters vorüber war, sprang Greg von der australischen Yacht BIMBIMBI in sein Dingi und hievte zusammen mit Herbert FLIPPERs mit Wasser gefüllte Leiche an Deck.

Herbert, der sich gleichzeitig Sorgen machte, dass sich der Anker lösen könnte, hatte Michael am Bug positioniert, damit er auf ein entsprechendes Kommando die Ankerwinde in Betrieb setzte. Michael verharrte dort heldenhaft, stemmte seinen mageren Jungenkörper gegen Regen und Wellen, die über ihn hereinbrachen.

Schließlich war die ärgste Gefahr vorüber, und Herbert machte sich daran, unser zweites Dingi zu Wasser zu lassen, um uns damit abzuholen. Unglücklicherweise, wegen der schwierigen Bedingungen auf dem schaukelnden Deck, stürzte das vierzig Kilo schwere Dingi aus glasfaserverstärktem Kunststoff umgekehrt nach unten und fasste Wasser. Irgendwie schaffte es Herbert aber dann doch, JUNIOR in eine funktionstüchtige Lage zu bringen, und mit Gregors Unterstützung war es schließlich möglich, es wieder so auszurichten, dass er sich doch noch sehr verspätet auf den Weg machen konnte, Christopher und mich damit abzuholen.

Es war nun dunkel und fast schon Zeit zum Schlafengehen, als wir wohlbehalten wieder an Bord kamen. Das Abendessen blieb ein Wunschtraum. Wir trösteten uns mit einer schnellen Suppe, ehe wir in den Kojen verschwanden. Die aufgesteilten Wellen ließen uns kaum einschlafen, und JUNIOR, längsseits vertäut, um nicht unters Heck gedrückt zu werden, schlug laut gegen den Rumpf, während wir bis zu zwei Meter nach oben bockten und dann wieder zur Talfahrt ansetzten.

Herbert eilte die ganze Nacht über immer wieder an Deck, um sich zu vergewissern, dass alles in Ordnung war. Am frühen Morgen wurden wir dann von dem schreienden Jonathan aus dem Bett gerissen. Als wir oben auftauchten, schlaftrunken und zerzaust, trauten wir unseren Augen nicht: JUNIOR, obwohl sorgfältig vertäut und immer wieder kontrolliert, hatte trotzdem FLIPPERs Schicksal geteilt und befand sich im Zustand der Auflösung.

Bereits voll mit Wasser, bestand der Rumpf jetzt aus zwei Teilen. Unsere Windfahne hatte überall klaffende Löcher hineingebohrt, und in wenigen Minuten würde JUNIOR ganz hinüber sein, von unserem zweiten Außenborder in die Tiefe gezogen, der schon unter Wasser war. Nicht nur ein Dingi, sondern innerhalb von zwölf Stunden beide Dingis zu verlieren, war ein unvorstellbarer Schlag und darüber hinaus auch unvorstellbar peinlich. Ich dachte, Herbert würde auf der Stelle Harakiri begehen und dabei unsere Windfahne gegen sich selbst zum Einsatz bringen.

Das Drama wiederholte sich – Herbert tauchte und kämpfte die Überreste von der Heckankerleine frei. Hans, unser Freund von der deutschen Yacht MAHILI, stand ihm bei, und nach einigem Hin und Her schleppte Herbert JUNIOR an Land, weil er fürchtete, dass unser Beiboot bei dem Versuch, es an Deck zu hieven, endgültig auseinander brechen würde. Weniger als ein Meter Kunststoff hielt es in der Mitte noch zusammen.

Eigentlich hatten wir an diesem Morgen zusammen mit der MAHILI auslaufen wollen. Unter diesen Umständen konnten wir natürlich nicht los, ohne wenigstens eines von unseren Beibooten in Ordnung zu bringen. Und auch MAHILIs Auslaufen musste auf den nächsten Tag verschoben werden, als Hans schließlich damit fertig war, uns dabei zu helfen, die Hinterlassenschaften dieses Desasters zu beseitigen.

Früh am nächsten Morgen gesellte sich weiteres Pech zu unseren Ängsten und Vorahnungen. Hans, ein großer, eleganter, selbstbewusster und fitter Teutone von einundsechzig Jahren mit fein geschnittenen Gesichtszügen, wollte den Anker einholen, um auszulaufen. Aber weil der Hafen so voll und so viel Bewegung in den Wellen war, hatten wir alle einen Bug- und einen Heckanker gesetzt, um nicht zu sehr hin und her zu schwoien. Hans holte seinen Heckanker Hand über Hand auf und übersah dabei, dass er fast direkt unter BIMBIMBI steckte, seitlich von uns und leicht achteraus. Als ich zu ihm schaute, sah ich, wie er mehr und mehr unter BIMBIMBIs unruhigen Bugspriet geriet, bis er fast darunter eingeklemmt war, während er sich vergebens abmühte, seinen Anker nach oben zu holen. Das war eine sehr gefährliche Situation.

Ich rief hinüber, er solle Herbert mit dem Dingi abholen, damit dieser ihm helfen könne, aber er reagierte wie jeder deutsche Mann, den ich kenne, indem er mit einem Kopfschütteln unsere Hilfe ablehnte. Trotzdem holte ich Herbert, damit er hinüberschwamm und Hans zur Seite stand, ehe er sich verletzte.

Aber mein Hilferuf kam zu spät. Herbert hatte gerade sein Schwimmzeug angezogen, da sah ich, wie eine riesige Welle dafür sorgte, dass BIMBIMBIs schwerer Metallbugspriet auf Hans' Schädel hinunterkrachte.

Herbert sprang ins Wasser und schwamm zu der Stelle, wo Hans in seinem Dingi saß, seinen Kopf wiegte und in der Gefahr schwebte, in einer zweiten Wellenbewegung von dem Bugspriet zerschmettert zu werden. Über sein Gesicht floss das Blut in Strömen. Schließlich hatte Herbert ihn erreicht. Hans gesamter Oberkörper war bereits blutrot, und Herbert stand kurz vor einem Herzanfall, als er sich aus dem Wasser zog und das gesamte Ausmaß der Katastrophe sah. Er brachte Hans zurück zur MAHILI und in die Obhut von Renate, Hans' Ehefrau, die alles in hilflosem Schrecken hatte mitansehen müssen.

Mit einem Verband um den Kopf bestand Hans hartnäckig darauf, dass es ihm gut ginge und er wie geplant auslaufen wolle. Herbert und Renate versuchten alles, um ihn davon abzuhalten, aber ohne Erfolg. Ich fühlte mit Renate, denn schließlich bin ich auch mit einem deutschen Ehemann gesegnet und habe meine Erfahrungen.

Herbert und der mit Bandagen geschmückte Hans kehrten an den Ort des Geschehens zurück und lichteten den Anker ohne weitere Zwischenfälle. MAHILI segelte hinaus, und wir planten ein Wiedersehen auf einer anderen Insel, sobald wir folgen konnten. Wir waren außer uns vor Sorge, als wir sie am Horizont verschwinden sahen.

*

Zwei Tage später waren beide Dingis halbwegs repariert, und wir folgten MAHILI, um in einer unbewohnten Bucht vor Isabela Island Anker zu werfen, einer der westlichsten Inseln des Galapagosarchipels. Es war klar, dass wir von dort aus keine Chance hätten, zu Großmutters Beerdigung nach Hause zu fliegen, wenn sie in den nächsten Monaten von uns gehen sollte. Wir brachen zusammen mit FUTUNA auf, einer deutschen Yacht, mit der wir uns für den Schlag nach Indonesien zusammentun wollten. Mit Oliver, einem der Helfer bei der Leinenarbeit im Panamakanal, hatten wir bereits Freundschaft geschlossen.

Im ersten Morgenlicht des 18. Mai passierten wir die faszinierende halbmondförmige Vulkanlandschaft von Isabela Island. Am Nachmittag brachen wir von unserem Ankerplatz aus auf, um uns alles näher anzuschauen, und Isabela Island breitete vor uns eine so unvorstellbar vielfältige Palette von Lebewesen aus, wie wir es noch nie gesehen hatten.

Zuerst erblickten wir große Fregattvögel, die sich über uns in die Höhe schraubten wie ein prähistorischer Pterodatylus. Sie traten dutzendweise auf, einer nach dem anderen, führten eleganteste Sturzflüge vor und fischten sich dabei ihre Beute aus den Wellen. Als wir uns in JUNIOR dem Strand näherten, gerieten wir mitten in eine Pelikankolonie mit hunderten von bräunlich schimmernden Mitgliedern, die dort herumflogen, schwammen, in der Sonne lagen oder tauchten. Gelegentlich büßte das Dingi seine Bewegungsfreiheit an dieser Mauer aus Pelikanen fast vollständig ein, denen wir im Übrigen ziemlich gleichgültig waren, solange sie sich nicht in Gefahr wähnten, von unserem sich langsam vorankämpfenden Dingi überfahren zu werden.

Am nächsten kamen die Tölpel, hunderte, die uns stolz ihre leuchtend blauen Füße auf dem steinigen Strand vorführten oder sich wie lebende Bomben in die Fluten krachen ließen. Und dann entdeckten wir, was zu sehen mein Herzenswunsch gewesen war – einen Galapagospinguin. Es gibt keinen Pinguin auf der Welt, der weiter nördlich existiert. Hier lebten sie zu Dutzenden: schwimmend, tauchend, auf dem Wasser treibend, wobei sie aussahen wie Miniatur-Seelöwen, wenn sie so in vergnügten Minigrüppchen herumpaddelten oder sich in pompösem Pinguinimponiergehabe unter die schwerfälligen Pelikane und die leicht dümmlich blickenden Tölpel am Ufer mischten.

Als wir ins Wasser starrten, fiel uns auf, dass wir nicht bis auf den Grund sehen konnten – unser Blick scheiterte an einer dichten Wand aus Fischen. Wohin wir auch schauten, sahen wir kleine silberne Köderfischchen, die so dicht an dicht gepackt waren wie Sardinen in der Büchse, wobei die Rücken und Rückenflossen der Unteren die Oberen über den Wasserspiegel drängten. Es sah aus wie eine Million von Minihaifischflossen, die durch das Wasser schnitten. Die Vögel brauchten zur garantierten Fütterung nur den Schnabel zu öffnen. Von allem, was wir zu sehen bekamen, staunten wir über diese festgefügte und gleichzeitig bewegliche Fischgesellschaft am meisten. In diesem Wasser gab es so viele Fische, dass die Vögel sich nicht einmal darum kümmerten, wenn ihnen aus Versehen einer aus dem Schnabel fiel. Die Sträucher am Strand waren deshalb mit tausenden von toten Fischleibern verziert, die wie Weihnachtsschmuck an den Zweigen hingen.

Wir liefen in eine schmale Lagune ein, mitten in die Fressorgie von hunderten – nein, tausenden – von Teilnehmern: Von oben stießen die Fregattvögel herab, und die Tölpel tauchten in die Tiefe; Pinguine bedienten sich von der Wasseroberfläche aus, und Pelikane schöpften einen Mundvoll Fische nach dem anderen aus dem Wasser; und unter Wasser holten sich Seelöwen und riesige Meeresschildkröten ihren Anteil. Seelöwenbabies unterbrachen in regelmäßigen Abständen die Völlerei, um zu unserem Dingi herüberzuschwimmen und uns neugierig anzustarren. Wahrscheinlich sagten sie dann zu ihren Müttern: »Schau dir nur diese kleinen Menschlein an!«

Dabei waren nur die Fressgeräusche zu hören – das Herumspritzen, Grunzen, Flügelschlagen und Schmatzen. Es war ein Schauspiel von wilder und grausamer Schönheit.

Wir blieben zwei Tage lang vor diesem uns nahezu hypnotisierenden Isabela Island, wo wir auch die letzten Vorbereitungen für die Pazifiküberquerung trafen.

Dann verließ uns FUTUNA. Einen Tag später sollten MAHILI und NORTHERN MAGIC folgen, dreitausend Meilen über den weiten leeren Ozean.

Ich erwachte früh am Morgen des Aufbruchtages. Eine vertraute Schlinge schien sich um meine Kehle zu legen, eine würgende Enge, unter der ich nur zu leiden habe, wenn ich mich fürchte. So war es heute. Es gab kein Zurück mehr.

Schließlich war ich meiner Angst vor der Passage so überdrüssig, dass ich nur noch los wollte.

Neben dem Computer leuchtete das E-Mail-Lämpchen. Es zeigte einen verhängnisvollen Glanz, so früh am Morgen. Schlagartig waren alle Gedanken an die bedrohliche Passage verschwunden.

»Ich weiß, dass es sich um schlechte Nachrichten handelt«, sagte Michael über meine Schulter und sprach damit nur meine eigenen Ängste aus.

Mit kurzen, aber eindrucksvollen Worten teilt uns mein Vater mit, dass unsere Großmutter vor zwei Stunden von uns gegangen war.

Es war völlig ausgeschlossen, nach Hause zurückzukehren, um an der Beerdigung teilzunehmen. Obwohl ich es mir von Herzen wünschte, war mir nach unserem Ankerauf vor Santa Cruz Island klar , dass ich es auf keinen Fall mehr rechtzeitig würde schaffen können.

»Willst du trotzdem heute lossegeln?«, fragte Herbert nach einer Weile sanft.

»Ja.« Ich nickte. Es lag kein Sinn darin, das Unvermeidbare hinauszuschieben.

Und während Herbert die weiteren Vorbereitungen traf und meine Aufgaben mit übernahm, setzte ich mich an den Computer, wo ein trauriger Michael versuchte, mich nach Kräften zu unterstützen.

Als wir mit Kurs Marquesas Islands die Segel setzten, über die für mich unvorstellbare Wasserwüste, stand ich nicht an Deck, um einen letzten Blick auf das Land zu werfen, das rasch in der Ferne verschwand. Mein Platz war unten, über meine Computertastatur gebeugt. So verabschiedete ich mich von Nana, erwies ihr die Ehre auf die einzig mögliche Art, die mir unter diesen Umständen zur Verfügung stand – mit Worten der Liebe und des Respekts. Mein Vater hatte früher einmal angefragt, ob ich helfen würde, ihren Nachruf zu verfassen. Nun war es Zeit für diesen letzten Liebesbeweis. Während ich daran arbeitete, weinte ich hemmungslos.

5
Mit Angst und Kummer auf dem weiten Meer

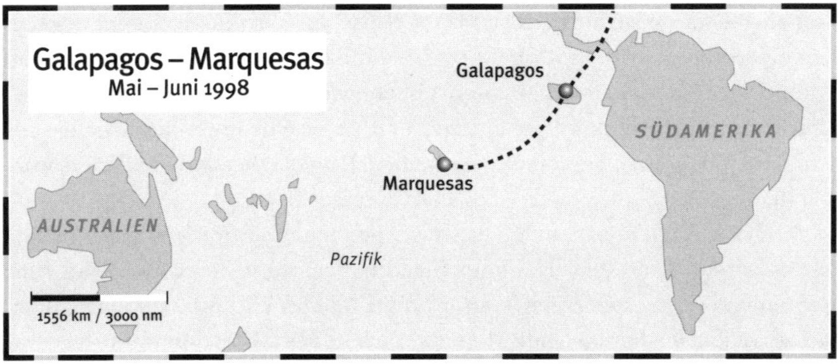

Die erste Woche auf See fühlte ich mich lausig. Ich hatte mit meiner üblichen Lethargie zu kämpfen, musste mich meiner Angst vor der Weite des Meeres stellen und meinem Kummer über Großmutters Tod. Meine Gedanken waren ausschließlich auf meine Familie gerichtet – beschäftigten sich mit dem Grabmal, stellten sich den Besuch am Grab vor und riefen alles in Erinnerung, was mich mit meinen Großeltern seit frühester Kindheit verbunden hatte: ein Zuhause, in das ich nie mehr zurückkehren konnte. Ich fühlte, dass mein Platz jetzt bei meiner Familie in Kanada war. Stattdessen überquerte ich eine dreitausend Meilen lange leere Wasserwüste.

Am siebten Tag, als die Beerdigung vorüber und meine letzten Tränen getrocknet waren, kam ich wieder zu mir, fröhlich und hoffnungsfroh, an einem sonnigen wunderbaren Tag. Ausgestattet mit neuer Energie, beschloss ich, die Pantry einer gründlichen Reinigung zu unterziehen. Ein Boot ist immer eine hervorragende Brutstätte für alle Arten von schlechten Gerüchen – als heißes, enges Treibhaus für alle möglichen Substanzen, mit hoher Luftfeuchtigkeit und ohne jede Chance zur Kühlung der Unmengen von Lebensmitteln, die dort gestaut sind.

Bewaffnet mit Lysol nahm ich mir jede Ecke vor, die eventuell von Schimmel befallen werden konnte oder anderen uneingeladenen Organismen. Innerhalb einer Stunde hatte ich die ganze Pantry so bearbeitet, dass sie wie neu roch. Zum ersten Mal hatte ich auf diesem Törn nun wirklichen Hunger, deshalb beschloss ich, die ganze Crew mit Rührei und Speck zu verwöhnen. Während der langen Schläge verlor ich üblicherweise jedes Interesse an der Kocherei, und meine Männer konnten sich glücklich schätzen, wenn ich eine leere Schüssel vor sie hinstellte und eine Schachtel Cornflakes hineinrauschen ließ. Herbert schaffte es normalerweise nur einmal am Tag, sich selbst eine Mahlzeit zusammenzusuchen. Mein außergewöhnliches Angebot wurde deshalb mit großer Freude aufgenommen, und ich machte mich daran, einige der hundertfünfzig Eier hervorzukramen, die ich auf Galapagos käuflich erworben hatte.

Ich hatte mich genau an die Anweisungen meines Ratgeberbuches gehalten, wie man Eier ohne Kühlung frisch halten kann. Ich sollte jedes fünf Sekunden lang in kochendes Wasser halten oder es mit Vaseline überziehen. Jonathan und ich hatten beide Methoden ausprobiert. Und nun wollte ich zwei Wochen nach dem Einkauf und sorgfältiger Behandlung die Ergebnisse unserer Anstrengung sehen.

Die Eier zu zerschlagen erschien mir fast das größere Abenteuer als die Pazifiküberquerung. Zu meinem Missfallen und meinem Frust entdeckte ich, dass mindestens die Hälfte ohne Frage verdorben war. Anschließend beförderte ich alle Eier hervor, um die guten in einem Behältnis zu sammeln und die schlechten kollektiv über Bord zu werfen. Das war schwieriger, als es klingt, wenn man an das Rollen des Bootes denkt, wodurch ständig alle meine Eierschüsseln umkippten und durch die Gegend rutschten. Mein ursprüngliches Ziel, ein Frühstück herzustellen, verlor ich schnell aus den Augen.

Dann machte ich zum ersten Mal in meinem verwöhnten und behüteten Leben mit dem Geruch eines verfaulten Eis Bekanntschaft. Das schreckliche Ding explodierte in meiner Hand wie eine Granate, verteilte seinen üblen Inhalt über mir und quer durch die Pantry und ganz besonders ausgiebig auf dem Deckel der nach oben zu öffnenden Kühlbox. Ehe ich noch reagieren konnte, rann der unglaublich stinkende Inhalt der Eiergranate genau in das Kühlfach.

Beim Klang dieser alarmierenden Explosion hatte ich unwillkürlich aufgeschrien. Sofort kamen alle gelaufen, um zu sehen, was passiert war. Konfrontiert mit dem Gestank chemikalischer Waffen rümpften meine potenziellen Retter aber die Nase und traten einen hastigen Rückzug an.

Als ich irgendwann schließlich die erforderliche Anzahl von Eiern beisammen, eine zweite Eierexplosion überstanden und alles wieder so gut wie möglich gesäubert hatte, war mir der Appetit vergangen. Meine tadellose, nach Frische duftende Pantry roch schlimmer als die städtische Müllhalde. Fauliger schwarzer Dotter war in die hinterste Ecke getropft und hatte überall seine schleimigen Spuren hinterlassen. Schließlich servierte ich die lange erwarteten Teller mit Rührei, ohne mir selbst auch einen hinzustellen. Alle nahmen exakt einen Bissen und ließen ihre Gabeln dann unisono voller Ekel fallen.

»Pfui Deibel! Diese Eier schmecken merkwürdig!«

»Sie sind nicht verfault«, verteidigte ich mich mit vernichtend nach oben gezogenen Augenbrauen. »Ich verbürge mich dafür.«

»Aber diese Eier schmecken wirklich merkwürdig«, erwiderte Herbert zögernd, wobei er es kaum wagte, meinem zornigen Blick zu begegnen, der in unserer Familie als Auftakt zu einer brenzligen Konfrontation bekannt war. Er war sich der Opfer wohl bewusst, die mich die Zubereitung dieser Mahlzeit gekostet hatte. »Sie schmecken nach Fisch.«

Sie hatten Recht. Diese Eier schmeckten wirklich fischig. So blieben von den hundertfünfzig Eiern, die ich gekauft, konserviert und eingelagert hatte, ungefähr sechzig, die nicht faul geworden waren. Und dennoch konnte ich meiner Familie kein Rührei bieten. Dafür hatte ich aber eine Kühlbox, die sogar eine Woche später noch so stank, dass es gegen die Genfer Konvention verstieß. Auf diesem Abschnitt des Törns wollten wir kein einziges Ei mehr essen, und schließlich versenkte ich sie alle im Meer.

Mit den Erfahrungen dieses Frühstücks im Rücken machte ich mich an das Mittagessen. Ich gebe zu, dass ich vielleicht etwas demotiviert war. Mein Magen, der früh am Morgen ziemlich stabil in den Tag gegangen war, fühlte sich jetzt leicht verzittert an. Schon der Gedanke an das Wort Geruch verursachte Würgereiz.

Dennoch war ich entschlossen, meine Fähigkeiten als belastbarer, gutgelaunter Erster Maat unter Beweis zu stellen und biss die Zähne zusammen, stählte meinen Körper gegen die erbarmungslos rollende See und versuchte meine Kartoffeln aus ihrem Behältnis hervorzuholen. Wenn ich schon kein anständiges Frühstück zusammengebracht hatte, wollte ich wenigstens ein sättigendes Mittagessen anbieten.

Aber als ich den Deckel der Sitzbank aufklappte, in der wir die Kartoffeln gestaut hatten, schlug für meinen arg strapazierten, geruchsempfindlichen Zustand Alarmstufe eins. Hatte ich Wahnvorstellungen oder waren meine auf Galapagos sorgfältig eingelagerten Kartoffeln schon verw...

»Arrghhh!«

Wir hatten uns für einen Kurs nach Süden bis zu dem Breitengrad unseres Ziels entschieden und hielten nun nach Westen, um den Passatwind zu nutzen, der zuverlässig und tatkräftig von achtern blies. Die NORTHERN MAGIC hatte die Segel zum Butterfly ausgebaumt, das Vorsegel auf der Lee- und das Großsegel auf der Luvseite, um den Wind so effektiv wie möglich zu nutzen. Und sie ähnelte tatsächlich einem riesigen Schmetterling, der über die silbrigen Wasser des Südpazifiks flog.

Leider erwies sich diese Segelstellung nun zunehmend weniger angenehm, als wir noch Südwestkurs gehalten hatten. Auf dem Schlag war der Wind stetig aus einer Richtung gekommen, und wir entschieden uns für einen ruhigeren Kurs, mit leichter Lage, dafür relativ stabil.

Natürlich flog nun alles, was bisher für das Segeln auf Backbordbug ausgelegt war, von einer Seite auf die andere, während uns drei Meter hohe Wellen gnadenlos peinigten. Kochen, arbeiten, ja sogar der Gang zur Toilette wurde zum Abenteuer.

Während wir aber noch versuchten, unsere Pflichten gewissenhaft zu erledigen, ertönten bereits in regelmäßigen Abständen von unten Leidensschreie, da in der Pantry alles hin und her purzelte, die Nudeln durch die Gegend flogen, das Müsli ein interessantes Muster auf den Boden zeichnete, sorgfältig zusammengebaute Lego-Raumschiffe vorzeitig zu einem desaströsen Flug durch den Salon abhoben, der Toilettendeckel sich selbstständig machte, obwohl dort eben ein wichtiges Geschäft erledigt wurde, frisch gespültes Besteck eine neue Lebensaufgabe als tödliche Geschosse in der Pantry fanden, Saftflaschen und Honigtöpfe sich selbst öffneten, und Nut Cheerios sich hochkant auf dem Schoß der Passagiere platzierten. Der Alltag auf einem kleinen Boot mitten im Ozean hatte uns eingeholt.

Zwölf Tage, nachdem wir Galapagos verlassen hatten, feierten wir unser Bergfest. Als Folge davon wurde nun das Cockpit der NORTHERN MAGIC vom großen Durcheinander beherrscht, bestehend aus den Resten unseres Bergfestes, während dem wir uns gegenseitig mit Schaum besprüht und unsere Gesichter mit kostbaren Marzipanstückchen verziert hatten, die wir für diese

Gelegenheit aufgehoben hatten, während wir versuchten unser Gleichgewicht zu finden und uns gegen die lange pazifische Dünung zu stemmen. Dieses Bergfest, tausendfünfhundert Seemeilen vom nächsten Land entfernt, war auch das Ende des einfacheren Teils der Passage.

Am Tag nach unseren Festivitäten überzogen immer noch farbige Schaumstreifen girlandenartig das Cockpit, wir waren sehr ausgelassen und kamen mithilfe des achterlichen Passats gut voran. Ich hatte die Wache und hörte nichts Verdächtiges, als ich plötzlich merkte, dass das Boot wesentlich heftiger als vorher rollte. Ich steckte meinen Kopf aus dem Luk, um die Ursache herauszufinden.

Meine Überraschung hätte nicht größer sein können. Unser Großbaum, der riesige hölzerne Ausleger vom Mast, war in zwei Teile gebrochen. Er schlug über der Solarzellenplatte hin und her und wurde nur noch von dem killenden Großsegel gehalten. Es war genau an dem Punkt gerissen, wo der Preventer zur Sicherung griff.

»Komm sofort nach oben«, brüllte ich nach Herbert, der sich gerade in die Koje gelegt hatte. »Unser Baum ist gebrochen!«

Er schaute mich aus seinem Bett heraus ungläubig an, in der Vorstellung, dass irgendein unwichtiges Teil nachgegeben hätte. Er rührte sich nicht. Er war wachfrei und bestand auch darauf.

Ich las es deutlich in Herberts abschätziger Miene, während er langsam und mit aufreizender Bedächtigkeit seine Beine auf den Boden schwang, dass er meiner Einschätzung der Lage typisch weibliche Hysterie unterstellte. Seine ganze Haltung zeigte, dass er davon ausging, dass der Schaden einfach zu beheben sein würde. Aber um mir meinen Willen zu lassen, stand er auf. Kaum hatte er seinen Kopf durch das Luk gesteckt, änderte sich seine Haltung schlagartig.

Während ich versuchte, mich mit dem Gedanken an die bedeutend längere Dauer der Passage nur mit dem Besansegel anzufreunden, suchte Herbert bereits nach einer Möglichkeit, den Baum irgendwie wieder zusammenzuflicken. Mit Einbruch der Nacht hatte er eine Schiene aus Sperrholz angelegt, die es uns ermöglichte, mit nur geringer Kursabweichung unter einem einsatztüchtigen Großsegel die Reise fortzusetzen. Wir mussten nun natürlich über unser Provisorium mit Habichtaugen wachen, falls es seinen Dienst aufgeben sollte. Dies wurde umso wichtiger, als im Laufe des nächsten Tages der Wind auffrischte und die Wellen steiler wurden. Bald fanden wir uns in einer endlosen Folge von schrecklichen Sturmböen wieder, wobei Drücker von zwanzig Knoten von jetzt auf gleich ihre Kraft verdoppelten.

Während dieser Ministürme, die immer zwischen einer halben und einer Stunde dauerten, machten wir die Erfahrung, dass wir in jeder besonders starken Bö durch die Gewalt der nachlaufenden See eine enorme Krängung hatten und mehrmals fast querschlugen. Unser Autopilot, nur notdürftig von Herberts provisorischer Reparatur in Panama zusammengehalten, konnte uns nicht helfen. Wir mussten in ständiger Alarmbereitschaft bleiben, um ein völliges Querschlagen zu verhindern. So verbrachten wir mehrere schlaflose Tage und Nächte in nervöser Überanspannung.

Mit jedem Tag wuchs die Dünung. Eines Morgens kroch ich aus dem Bett und wurde von Panik ergriffen beim Anblick der Kaventsmänner, die von achtern heranrollten. Unheil verkündend und eine nach der anderen baute sich jede Wasserwand auf, bis sie direkt über uns stand, um dann über unseren Köpfen zu dräuen, während wir im Cockpit standen und darauf warteten, von den Naturgewalten vernichtet zu werden. Aber die NORTHERN MAGIC erfüllte alle an sie gestellten Erwartungen, ritt mit Leichtigkeit jeden Kamm hinauf und ließ die Welle ohne Schaden unter ihrem Kiel durchrauschen.

Am dritten Tag nach unserem Baumbruch bemerkten wir, dass die Reparatur nachzugeben drohte. Die Heftigkeit von Wind und Wellen verlangten ihren Tribut, und der Baum verformte sich zu einem umgedrehten V, in der Mitte höher und an den Enden abfallend. Um etwas Belastung herauszunehmen, kürzten wir die Segel und verlagerten unser eigenes Gewicht auf den Backbordbug – und bezahlten mit einem Kurs, der uns zu ständigem Kreuzen zwang, viel Zeit kostete und uns meilenweit vom Ziel ablenkte. Bisher waren wir an manchen Tagen mit Etmalen bis zu hundertfünzig Meilen verwöhnt worden. Dass wir nun unseren Baum derart behüten mussten, bezahlten wir mit erheblichen Geschwindigkeitseinbußen von bis zu achtzig Meilen innerhalb vierundzwanzig Stunden und zusätzlichen Tagen auf See, obwohl wir doch eigentlich mit einer schnellen Passage gerechnet hatten.

Herbert und ich veränderten nun gezwungenermaßen unsere Wacheinteilung und übernahmen jeder je zwei Sechs-Stunden-Wachtörns, gefolgt von sechs Stunden Freiwache. Mit den sechs aufeinander folgenden Stunden zum Schlafen an Stelle der bei den meisten Paaren üblichen vier fühlten wir uns ausgeruhter. Wir lernten, mit der langen Dünung des weitesten Ozeans der Welt zu leben, nämlich nichts zu sehen außer der endlosen Wasserfläche von morgens bis spät in die Nacht. Wir machten die Erfahrung, was es bedeutet, sich im Universum völlig allein zu fühlen und ganz auf sich gestellt zu sein. Stundenlang starrten wir auf die Welt rund um uns – und sahen ständig das Gleiche, das sich doch permanent veränderte.

Es gab keinen Tag, an dem nicht Seevögel uns begleiteten, sogar ganz draußen auf dem Ozean. Viele waren erstaunlich klein, kaum größer als eine Schwalbe. Wie sie tausende von Kilometern vom Land entfernt überleben konnten, ist mir immer ein Rätsel geblieben.

Die einzigen Anzeichen menschlichen Lebens, die wir bemerkten, waren zwei schwimmende Fischfabriken. Wir hörten sie über Funk, während sie nach ihrer Beute suchten, aber sie antworteten uns nie. Einmal sahen wir mitten auf dem Pazifik eine Tiefseewetterboje. Schon einen Tag nach dem Auslaufen hatten wir MAHILI aus den Augen verloren, also sprachen wir uns einmal täglich per Funk. Den Kontakt mit FUTUNA verloren wir gänzlich, obwohl wir stets zur vereinbarten Zeit nach ihr riefen, für den Fall, dass sie uns wenigstens hören konnten. Schließlich bekamen wir über Satellit eine E-Mail, in der sie uns mitteilten, dass sie uns tatsächlich hörten und uns baten, weiter Kontakt zu halten; ihr Transmitter war defekt, aber sie genossen es, täglich unsere Stimmen zu vernehmen. Für alle drei Yachten war es eine Art Rückversicherung, dass man sich aufeinander verlassen konnte, und das kurze Gespräch mit der MAHILI wurde immer zum Höhepunkt des Tages.

Die zweite Verbindung hielten wir nach Hause. Jede Nacht schickte ich über Kurzwelle eine Nachricht an meine Eltern, damit sie sicher sein konnten, dass alles in Ordnung war. Eines Nachts, nicht lange nach unserem Bergfest, hatte ich gerade meine nächtliche Nachricht aufgesetzt, ehe um ein Uhr meine Wache begann. Ich war sehr stolz, dass Herberts einfallsreiche Reparatur des Autopiloten immer noch ihren Dienst tat, und teilte Daddy mit, wie glücklich ich mich fühlte, dass ich nicht im Cockpit stehen und von Hand steuern musste, da es stürmisch war und bereits eine Menge ziemlich aggressive Wellen eingestiegen waren.

Zehn Minuten, nachdem ich meinen Text abgesetzt hatte, fiel der Autopilot aus, und ich stand im Cockpit und kämpfte mit dem Rad, während die Wellen über mich hereinbrachen und Herbert sich wieder im Reparieren versuchte. Zwei Stunden stand ich dort, mich mit einer Hand gegen den Seegang absichernd, die andere fest am Rad, ein Auge auf eine drohende schwarze Gewitterfront gerichtet, die achteraus näher rückte, mit dem anderen den unversöhnlichen Kompass und sein einsam leuchtendes Auge fixierend. Dicht neben mir hörte ich den verzweifelten Todeskampf eines Fisches, den eine sich brechende Welle ins Cockpit gewaschen hatte. Ich konnte ihn nicht vor dem traurigen, sinnlosen Tod bewahren. Unten hörte ich das ungewaschene Geschirr und eine Rührschüssel klappern und auf dem Pantryboden landen, wo dieser sich natürlich nun mit Muffinteig vollsaute. In meinem Kopf widerhallte die verfluchte Botschaft an meinen Vater, als hätte sie uns in diese schreckliche Lage gebracht. Es ist kein Zufall, dass Segler zum Aberglauben neigen.

In den folgenden Tagen fielen von allen Seiten neue Probleme und Herausforderungen über uns her, als sollten die Grenzen unserer Belastbarkeit, unseres Einfallsreichtums und unseres Durchhaltevermögens einem Test unterzogen werden. Herbert bekam den Autopiloten wieder hin, dann brach dieser erneut, und Herbert reparierte ihn ein zweites Mal erfolgreich; die Windfahne verlangte ebenfalls nach seiner Kunst, die Dirk unseres Spinnakers wickelte sich unentwirrbar um die Rollreffanlage; und dann, in einer erweiterten Variation von »Herbies Gesetz« (so nannte unser Vater mittlerweile unser persönliches Bordgesetz: »alles, was brechen kann, bricht«): drei Inverter, einschließlich dem, der unseren Computer mit Saft versorgte, stotterten erst und verabschiedeten sich dann ganz. Um meine Berichte an den *Citizen* und meine nächtlichen E-Mails abzusetzen, musste ich ohne Bildschirm klarkommen; unser letzter verbliebener Inverter konnte nur entweder den Computer speisen oder den Bildschirm, aber nicht beide.

Am letzten Tag dieser Passage, zweiundzwanzig Tage nachdem wir von Galapagos aufgebrochen waren und elf Tage nach dem ersten Bruch, gab unser behelfsmäßiger Baum endgültig auf. Wir hatten keine andere Wahl, als auf das Großsegel ganz zu verzichten. Dreißig von den vierzig großen Bolzen, mit denen Herbert den Sperrholzsplint gesichert hatte, hatten sich entweder selbst aufgearbeitet oder der Belastung nicht mehr Stand gehalten.

Jedenfalls hatten wir unseren gefürchteten Schlag über den Pazifik nun fast hinter uns gebracht. Allmählich realisierten wir, dass wir dieses mutige Abenteuer tatsächlich bestanden hatten. Es war, als hätten wir den schwarzen Gürtel beim Karate errungen oder ein Baby nach langen Monaten einer schwierigen Schwangerschaft zur Welt gebracht – man muss die Zähne zusammenbeißen und eine Menge aushalten, aber am Schluss fühlt man sich wie ein Held. Als wir weniger als hundert Meilen vor den Marquesas waren, fieberten wir bereits vor Aufregung. Beim Ablegen hatten wir eine Wette darüber abgeschlossen, wie lange wir wohl unterwegs sein würden. Die Gebote reichten von fünfundzwanzig Tagen (Herbert und Christopher) bis zu neunundzwanzig Tagen (ich).

Herbert bekam als Erster Land in Sicht. Sein Schrei ließ alle erwartungsvoll an Deck stürzen. Christopher kämpfte mit seinem Vater im Cockpit um den ersten Preis: eine rote Rolle mit Pringles Potatochips. Wir konnten die drei bewaldeten grünen Inseln im Dunst voraus kaum ausmachen. Niemals wieder wird für uns etwas diesem unglaublichen Anblick gleichkommen wie das Sichten des Landes nach unserer ersten Langfahrt von dreiundzwanzig Tagen.

6
Zwischen paradiesischen Inseln

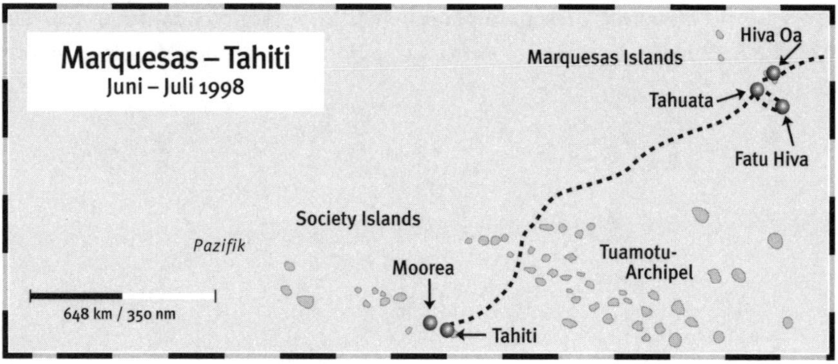

Die meisten Segler, die den Pazifik überquert haben, beschreiben ihre Ankunft auf den Marquesas als den schönsten Landfall der Welt. Diese wunderbaren Inseln haben Segler, Schriftsteller, Maler und Träumer über die Jahrhunderte weg gleichermaßen fasziniert. Sie sind einzigartig: hoch aufragende grüne vulkanische abgerundete Gipfel, tosende Wasserfälle und verschwenderisch wucherndes Wachstum überall. Die majestätischen Marquesas, gleichsam in einen wunderschönen grünen Mantel gehüllt, entsprechen hundertprozentig dem Traum vom üppigen polynesischen Paradies.

Als wir in die enge Bucht der Insel Tahuata einliefen, bestand unser Begrüßungskomitee nicht aus einem Auslegerkanu mit schönen Polynesiern, sondern aus MAHILIs Gummi-Dingi, unseren über alle Backen strahlenden Freunden Renate und Hans und einer Ladung frischer Grapefruits. Die Abenddämmerung brach bereits herein, sodass wir nicht mehr an Land gehen konnten. Als es schließlich soweit war, war ich sehr erstaunt, wie schwindelig und desorientiert ich mich fühlte – ich hätte schwören können, dass die Insel unter meinen Füßen schwankte.

Nach mehr als drei Wochen auf der NORTHERN MAGIC standen wir auf ziemlich wackligen Beinen. Einen Tag lang genossen wir den wunderbaren Sandstrand und lernten wieder, uns ohne unseren schwankenden Seemannsgang an Land zu bewegen, dann nahmen wir Kurs auf die größere Insel Hiva Oa. Unser Ankunftstag war ein Sonntag, und wir trafen auf eine christliche Prozession mit zahlreichen blumengeschmückten Altären und singenden Gläubigen, die durch die Straßen zogen. Das Dorf namens Atuona war klein und recht einfach, einen hügeligen, etwa zwei Kilometer langen Weg vom Hafen entfernt. Einige freundliche Dorfbewohner, die vorbeifuhren, hielten an und wollten uns zum Hafen mitnehmen, als sie uns so zu Fuß unterwegs sahen. Dankbar kletterten wir hinten auf ihren Pick-up und rumpelten über die Straße, während wir uns mit einer ebenfalls auf der Ladefläche sitzenden, wunderschönen, aber sehr schüchternen Polynesierin unterhielten.

Eines Tages wanderten wir über einen Bergpfad auf der Suche nach vorgeschichtlichen Felsbildern. Das Ambiente war atemberaubend, als wir uns durch die üppig wuchernden Tunnels dieser fantastischen Vegetation voran kämpften. Als wir in einen Hain aus riesigen Taropflanzen kamen, mit Blättern, die die Größe von Elefantenohren erreichten, meinte Michael, er sei am Set des Films *Honey I Shrunk the Kids* gelandet. An einem anderen Punkt der Insel erwartete uns eine Herde von wilden Pferden auf einem fantastischen dunklen Sandstrand, der von zwei Süßwasserflussläufen begrenzt wurde. Um uns herum stiegen Berge auf, die aussahen, als wären sie über und über mit flauschigem grünen Plüsch bezogen. Und während sie in den Bergen herumzogen, wie sie wollten, begrüßten uns meckernde, wilde Ziegen, deren Vorfahren den früheren Bewohnern der mittlerweile verlassenen Täler gehört hatten. Wir entdeckten auch einen Wasserfall, der aus einer Quelle gespeist wurde und in einen Pool voller kleiner Flusskrebse sprudelte. Um diesen Pool herum wuchsen riesige Hibisken, kunstvoll von Mutter Natur arrangiert, und Kokospalmen, Bananenstauden und alle Sorten von blühenden Büschen – ein perfektes Tropenparadies. Wir entdeckten auch einen alten überwucherten Pfad, flankiert von Lavabrocken, der uns zu den Überresten eines vor etwa tausend Jahren verlassenen Dorfes führte.

Fatu Hiva, die südlichste Insel der Marquesas, war einfach unvergesslich. Die Bucht, in der wir Anker geworfen hatten, war umrahmt von hoch aufragenden und oben abgerundeten turmartigen Felsen. Französische Segler hatten in längst vergangenen Zeiten dieser Bucht den Namen *Baie des Verges*[1] gegeben, sie wurde auch *Bay of Penises*[2] genannt, aufgrund der eindeutigen Assoziationen, die diese wohlgeformten Felsen erzeugten. Später fanden Missionare diese Namen, obwohl absolut zutreffend, schlicht inakzeptabel. Sie benannten die *Baie des Verges* um in *Baie des Vierges*[3], verwandelten also mit Rücksicht auf ihre viktorianischen Gefühle die Penisse in Jungfrauen.

Wir kletterten aus unserem Dingi und gingen hinter den Schuppen vorbei, in denen Kopra getrocknet wurde und auf gewaltigen Tabletts Kokos in der Sonne lag. Bei Schulschluss passierten wir gerade die Grundschule, und Jonathan, der seinen Nintendo Game Boy dabei hatte, wurde schlagartig zum beliebtesten Jungen des Ortes. Buchstäblich die ganze Schule, einschließlich der Lehrer, standen um uns herum, um einen Blick auf dieses computerisierte Miniwunder zu erhaschen. Im Handumdrehen waren wir mit einem oder zwei der Kinder befreundet, und sie begleiteten uns von einem Haus zum anderen, wo wir die Kunstwerke bewunderten, die nahezu jeder Einwohner des Dorfes herstellte.

Die Frauen, die verlockend mollig gemäß der polynesischen Mode waren, trugen Wickelröcke und schwarze BHs aus Spitze, die einem das Gefühl gaben, dass man die Augen abwenden müsste. Sie fertigten wunderschönes Papier mit der Hand, *tapa* genannt, mit komplizierten Malereien in für die Marquesas typischen Motiven.

Die Männer zeigten höchst interessante komplizierte Tattoos auf ihren Oberkörpern, geschnitzte Tiki-Statuen, zeremoniale Schneidewerkzeuge und Masken aus Hartholz. Wir hatten schon früher solche Kunstwerke bewundert, und sie waren, wie alles andere in Französisch-Polynesien, sehr teuer gewesen. Aber einer der Gründe, warum wir Fatu Hiva angelaufen hatten, war, dass wir gehört hatten, dass man hier Tauschhandel an Stelle von Geldgeschäften betrieb. Und da es auf der NORTHERN MAGIC eine Menge anderes statt Bargeld gab, beabsichtigten wir, hier ein paar Tauschgeschäfte zu tätigen.

Herberts Werkzeugsammlung machte ihn zu einem beliebten Mann auf Fatu Hiva. Im Tausch für einen Schleifer, Metallsägeblätter, Schmirgelpapier, seine Dremel-Ausstattung[4] und einen Schraubstock, erhielten wir eine exqui-

---

1 *Verge* (frz.): (männl.) Glied (Anm. d. Ü.).

2 *Penis* (engl.): Penis (Anm. d. Ü.).

3 *Vierge* (frz.): Jungfrau (Anm. d. Ü.).

4 Dremel ist eine weltweit bekannte Werkzeugfirma, besonders für Bohrer aller Art und Zubehör (Anm. d. Ü.).

site Sammlung marquesianischer Holz- und Knochenschnitzereien im Wert von mehr als siebenhundert Dollar und hatten nun Freunde in nahezu jeder Hütte des Dorfes. Am Ende unserer zwei Tage in Hanavave hatte sich Herberts Reputation als Herb »der Werkzeugmann« Stuemer in ungeahnte Höhen geschwungen. Die Männer begleiteten ihn auf Schritt und Tritt, befragten ihn über die von ihm verwendeten Werkzeuge oder suchten seine Hilfe, um ihre eigenen zu reparieren, wozu er gerne bereit war und was ihm immer weitere Bewunderer einbrachte. Wir verließen Hanavave schließlich unter der Last einer Menge Geschenke und getauschter Beute. Wir waren nicht nur mit Holzschnitzereien beladen, Schüsseln, Masken und Tikis, sondern auch mit Obst und Backwaren von dem Ladenbesitzer, dessen Bohrmaschine Herbert wieder auf Zack gebracht hatte.

*

Nach einem zweiten Besuch auf Tahuata bedauerten wir es außerordentlich, wieder aufs Meer hinaus zu müssen, aber es war Zeit. Herbert hatte unserem malträtierten Baum eine wesentlich haltbarere Reparatur angedeihen lassen, und so brachen wir auf zu unserer Sechs-Tage-Passage nach Tahiti. Kaum waren wir ausgelaufen, fühlte es sich irgendwie selbstverständlich an, wieder auf dem Meer zu sein. Zum ersten Mal brauchten wir keine Gewöhnungszeit, wir fielen weder in Lethargie noch packte uns die Übelkeit. Von der ersten Minute an fühlten wir uns super. Sogar als unser Autopilot wie üblich ausfiel, sodass wir wieder selbst Hand anlegen mussten, konnte ich die langen Stunden im Cockpit genießen. Ich schaute auf das Meer, beobachtete die Fliegenden Fische und die Vögel und staunte über die vielfältigen Formen der Wolken und die Farben des Sonnenuntergangs.

Während der letzten zwei Tage vor Tahiti nahm der Wind zu und kam von vorn. Der bequeme Teil des Törns war Vergangenheit. Bis dahin hatte unsere Aries-Windselbststeueranlage die Arbeit übernommen, aber unter diesen schwierigen Windbedingungen konnten wir auf diese Weise nicht mehr Kurs halten.

Dennoch genossen wir es. Herbert und ich wechselten uns am Ruder in Wind und Gischt stehend ab. Langeweile gab es nicht; der Job verlangte volle Konzentration und den Einsatz von jeder Menge Muskelkraft. Es war eine außerordentlich sinnliche Erfahrung – das Brüllen der Bugsee, der Höllenlärm in den Segeln, das Gezische in den sich brechenden Wellenkämmen, das Abreiten der Wellen, während die NORTHERN MAGIC sich luvwärts kämpfte, die Gischt, die der wilde, wohlriechende Wind in unsere Gesichter peitschte, und das heisere Rufen der Sturmvögel und Tölpel, während sie hungrig über ein paar Fischschwärmen kreisten. Das war richtiges Segeln! Das war richtiges Leben! Es war einfach wunderbar!

Wir erblickten die hohe Silhouette von Tahiti bereits aus einer Distanz von hundert Meilen. Es war unglaublich aufregend, gar nicht zu vergleichen mit unserem ersten Blick auf die Marquesas. Wir konnten es kaum glauben, dass wir uns tatsächlich den sagenhaften Inseln von Cook und Bligh näherten. Als die Sonne unterging und den Himmel mit zinnoberroten Schatten ausleuchtete, wuchsen die lockenden Gipfelumrisse noch größer und dunkler vor dem Horizont auf. Ich sagte zu Herbert: »Neunzig Prozent aller Menschen würden in diesem Moment gerne mit uns tauschen.«

Dieser Gedanke ließ sein Echo in mir erklingen, als wir kaum vierundzwanzig Stunden später in den Schlaf sanken, sicher im Hafen von Papeete vor Anker liegend, überzogen vom Klangteppich der polynesischen Trommeln und ihrem erregenden Rhythmus, der die Dunkelheit der kühlen Nacht Tahitis beherrschte.

Einer der Gründe, warum wir uns so auf Tahiti gefreut hatten, war, dass wir dort ein ganz besonderes Paket erwarteten. Es gab nichts Vergleichbares zu den Carepaketen von zu Hause, mit all den Neuigkeiten, Briefen, Videos, Ersatzteilen, Geschenken und Lieblingsschmankerln. Dieses Paket hier war außerdem von ganz besonderer Bedeutung, weil es einen neuen Inverter und einen Ersatz-Laptop enthalten sollte.

Zufällig kannte mein Vater einen Geschäftsmann in Calgary, der ein Ressort in Französisch-Polynesien hatte, das Paket mitnehmen wollte und so tausend Dollar Kuriergebühren sparen helfen würde. In den Wochen vor unserer Ankunft auf Tahiti hatte ich eine Wunschliste erstellt, zum Beispiel über das bevorzugte Spiel Magic Cards unserer Kinder, Legosteine, etwas braunen Zucker, Tunfisch-Fix, Breton Crackers und natürlich *Hershey's Kisses*, wenn möglich. Nur für die Kinder, natürlich.

Am Morgen des neunten Juli gingen wir perfekt angezogen und frisch geschrubbt von Bord. Wir waren in der Halle des Mandarin Hotels verabredet.

Wir hatten den Mann nie zuvor gesehen, aber man hatte ihn uns beschrieben: fünf Fuß elf groß, graues Haar, ein breites Lachen im Gesicht. Es saß jedoch nur eine einzige Person in der Halle, eine Frau, die eine Zeitung las. Ich ging zu der Angestellten an der Rezeption und sprach mit ihr darüber, dass wir hier mit einem Mann verabredet seien.

»Ich werde nachsehen, welches Zimmer er hat«, bot sie hilfsbereit an.

»Nein, nein, schon in Ordnung«, wiegelte ich ab, denn ich wusste nicht, ob er tatsächlich in diesem Hotel wohnte. »Bemühen Sie sich nicht. Ich bin sicher, er wird gleich auftauchen.«

»Vielleicht sollten Sie die Dame dort drüben fragen«, schlug sie vor.

Was für eine Dummheit, dachte ich. Hatte ich nicht gerade erwähnt, dass wir einen Mann erwarteten? »Nein, danke. Wir werden einfach hier auf ihn warten.«

»Ich glaube wirklich, dass es angebracht wäre, mit der Dame dort zu sprechen«, bestand sie auf ihrem Vorschlag.

»Nein, danke«, entgegnete ich mit Nachdruck in der Stimme. Hatte sie denn nicht zugehört? »Das ist nicht notwendig. Wir werden einfach hier warten.«

Während ich voll damit ausgelastet war, mich in meinem besten Französisch verständlich zu machen, begann Michael mich in die Seite zu stupsen.

»Mom! Hier liegt der *Ottawa Citizen*! Irgendjemand hier liest den *Ottawa Citizen*!«

Ich wehrte ihn ungeduldig ab. Ich war mit Wichtigerem beschäftigt, schließlich hatte ich gegen eine begriffsstutzige Hotelangestellte zu kämpfen. Endlich stellte diese dann auch ihre unwillkommenen Bemühungen ein und schlug mir – mit einem seltsamen kleinen Lächeln – vor, Platz zu nehmen und auf meinen Bekannten zu warten. Dort drüben, bei der Dame ...

Erleichtert steuerte ich die Sitzgruppe an, die Kinder und Herbert im Schlepptau. Michael gab jedoch keine Ruhe wegen der Zeitung, die ihm ins Blickfeld geraten war. Er hatte Recht: Direkt vor uns saß eine Dame hinter einer geöffneten Ausgabe des *Ottawa Citizen*. Ich hielt einen Augenblick inne, war verblüfft, versuchte zu verstehen, was hier vor sich ging. Dann kapierte ich plötzlich. Dies war kein fünf Fuß elf großer, grauhaariger, lächelnder Fremder. Das war meine eigene Mutter!

»Ich erkenne doch diese Beine!«, kreischte ich los. Und hinter der Zeitung tauchte meine tränenfeuchte und gleichzeitig lachende Mutter auf. Dann kam auch mein Vater, der alles mit der Videokamera heimlich gefilmt hatte, grinsend aus seiner Ecke.

Wir eilten in ihr Zimmer, und aus Beuteln, Taschen und Koffern entleerte sich ein Füllhorn von Wohltaten: alles, was wir auf unsere Wunschliste gesetzt hatten, inklusive vier Paletten *Hershey's Kisses*, Geschenke und Briefe, unser neuer Inverter und – als Krönung – ein nagelneuer State-of-the-Art-Laptop mit allen Schikanen, ein Geschenk meiner Eltern.

Meine Eltern hatten sich in einem Hotel auf Moorea einquartiert, auf Tahitis etwa zwanzig Kilometer entfernter Nachbarinsel. Später am Abend nahmen sie die Fähre zurück, während wir die NORTHERN MAGIC fertig machten, um ihnen am nächsten Morgen in einem Drei-Stunden-Törn zu der sicherlich schönsten Insel der Welt zu folgen. Wir machten an einem kleinen öffentlichen Kai vor dem Hotel meiner Eltern fest, wo wir die nächste Woche abwechselnd nachts auf dem Boot schliefen und die Tage mit meinen Eltern verbrachten, die Insel erforschten, Ananasfarmen besichtigten, archäologische Sehenswürdigkeiten bestaunten – und Wasserfälle und zerklüftete Berggipfel und tiefe Buchten.

Am letzten Tag vor der Abreise meiner Eltern besuchten wir die drei heiligen Wasserfälle von Faarumai auf Tahiti. Der erste der heiligen Fälle rauscht hunderte von Metern an der Steilseite des Berges hinunter in einen klaren, eiskalten Pool, bevor er sich seinen Weg durch einen dichten Hain von tahitanischen Kastanienbäumen zum Meer bahnt. Auf unserem Rückweg von diesem Ehrfurcht gebietenden Schauspiel begegneten wir einem Dutzend junger Tahiter und Tahiterinnen, die zueinander passend gekleidet waren. Ich fragte einen der jungen Männer, ob es sich vielleicht um eine Hochzeitsgesellschaft handelte.

»Nein«, antwortete er, »wir sind eine Gesangsgruppe auf dem Weg, auf einem Bild dargestellt zu werden.«

So kam es, dass wir uns plötzlich am Fuß eines heiligen Wasserfalls fanden, während das herabrauschende Wasser einen spektakulären weißen Hintergrund lieferte und die klaren Stimmen sich a capella zu einem fröhlichen tahitanischen Lied erhoben. Sie forderten uns auf, uns zwischen sie zu stellen, während sie sangen.

Der Chorleiter war ein bildhübscher junger Mann namens Ambrose. Er wurde das nächste Glied in unserer Freundeskette rund um die Welt.

Am Montagabend kam Ambrose per Boot mit seiner Frau, Mariella, seinem drei Monate alten Söhnchen Manahiva und seiner Schwester Natacha. Sie brachten uns eine Guavenpastete mit und Eingemachtes als Geschenk von

Mariellas Mutter. Gegen Ende des Abends luden sie uns zu einem Tagesausflug über die Insel ein. Zwei Tage später brachen wir mit ihnen in einem Pickup mit Vierradantrieb auf, wobei Michael und Jonathan heldenhaft auf der Ladefläche ausharrten und ihre Haare im Wind flattern ließen.

Zusammen umrundeten wir die Insel und entdeckten die Wunder Tahitis: unergründliche Grotten in den bewaldeten Abhängen der Berge, wo sich in Tropfsteinhöhlen natürliche Bergseen bildeten, in denen exotische Wasserlilien wuchsen; wir sahen Strände mit schwarzem Sand, die erst ein Jahr zuvor entstanden waren, als die ungeheuren Kräfte eines Zyklons einen neuen Strand aus der Flanke des Berges gerissen hatten; erkletterten einen erhabenen Berggipfel, wo wir buchstäblich in den Wolken waren und diese auf Armeslänge um uns herumwirbelten; und begegneten – das war das Beste von allem – riesigen Fleisch fressenden Aalen, die mit ihren zahnlückigen Gebissen nach angebotenen Fischen schnappten, es sich aber gefallen ließen, wenn Kinder mit spitzen Fingern über ihre Rücken streichelten.

Ein weiterer Höhepunkt war unser Besuch einer Tanzdarbietung. Man lud uns zu einem unvergesslichen Schauspiel ein, wo hunderte von kunstvoll kostümierten tahitanischen Mädchen sich wiegten und sich drehten, während eine entsprechende Anzahl von muskulösen braunen Männern die alten Tänze von Eroberung und Sinnenlust vollendeten. Ich war völlig verzaubert. Der Anblick und die Laute der dunkelhaarigen Mädchen und Krieger, die sich zum Klang der hölzernen Trommeln wiegten, verursachten mir Gänsehaut. Ihr Rhythmus drang ganz tief in mich ein. In jener Nacht, mit der Musik und den Tänzen, zog uns das sinnliche Tahiti in seinen Bann. Diesen Tänzern zuzuschauen bedeutete, das Leben gesehen zu haben, wie es vor tausenden von Jahren gewesen war. Die Trommeln zu hören bedeutete, bewegende alte Zeiten aus der Vergessenheit zu reißen. Dieser Rhythmus wird immer in mir weiterleben.

7
Auf Palmerston Island waren wir Könige

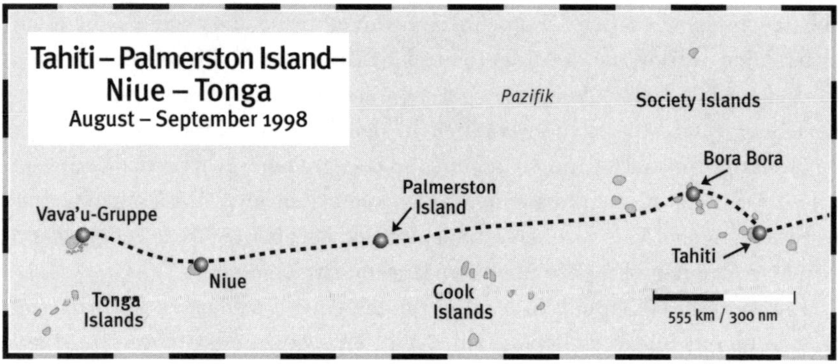

Von Tahiti liefen wir mit Kurs Bora Bora aus und von dort weiter nach Palmerston Island, das sich nach sechs Tagen auf See über den Horizont schob. Palmerston Island gehört zur Gruppe der Cook Islands und hatte dreiundfünfzig Bewohner, die alle von einem einzigen Engländer abstammten oder angeheiratet waren: William Marsters, der drei Frauen und einundzwanzig Kinder hatte. Heute ist seine Nachkommenschaft in der sechsten Generation und zählt viele hundert Mitglieder, die alle über Cook Islands und Neuseeland verstreut leben.

Marsters, von seinen Nachkommen ehrfürchtig »der Patriarch« genannt, regierte sein kleines Reich mit eisernem Willen und etablierte eine männlich-dominante und hierarchisch strukturierte Verwaltung, die bis heute, ein Jahrhundert nach seinem Tod, wenn auch nicht widerspruchslos, auf Palmerston praktiziert wird. Jede Familie der Insel ebenso wie jeder Grabstein auf dem Friedhof führt denselben Nachnamen. Die Insel verfügt über keine Landebahn, und nur drei- oder viermal pro Jahr wird sie von Versorgungsschiffen angelaufen. Es kommen ansonsten nur Yachties wie wir, die die Einheimischen normalerweise mit beispielloser Freundlichkeit und Gastfreundschaft behandeln.

Als wir das Atoll erreicht hatten – sieben hervorragende Koralleninseln umsäumen wie ein Halsband sieben Meilen in der Breite und fünf Meilen in der Länge eine geschützte türkisfarbene Lagune –, winkten uns drei lächelnde Männer in einem motorisierten Kahn herein und gaben uns genau an, wo wir unseren Anker setzen sollten. Zwei der Männer schoben beträchtliche Bäuche vor sich her, die durch die vielen Löcher in ihren T-Shirts schimmerten. Einer von ihnen hieß Bob Marsters, er kümmerte sich um uns, und sein Job bestand nach seinen eigenen Worten ausschließlich darin, freundlich zu sein.

Die Inselbewohner von Palmerston wetteiferten miteinander um das Privileg, als Erster eine hereinkommende Yacht zu begleiten. Während der Segelsaison beobachten sie ständig den Horizont mit Ferngläsern, und der Erste, der eine Yacht ausmacht, beansprucht sie für sich. Dann schwingt sich die Familie zum Gastgeber der Yacht und ihrer Crew während der gesamten Liegezeit auf. Pro Jahr kommen nur etwa fünfzig Yachten dorthin, sodass ein finsterer Kampf um unsere Aufmerksamkeit entbrannte.

Noch ehe uns klar war, was um uns herum vorging, hatte uns Bob alle mit schnellen Handbewegungen an Land verfrachtet, wo er uns mit seiner Frau und seinen zwei Töchtern bekannt machte, Erfrischungen anbot, uns zum Essen einlud und zum täglichen Volleyballspiel auf einen Sandplatz geleitete, der von Kokospalmen gesäumt war.

Bob und seine Frau Tupou waren freundlich, aber zurückhaltend, während die redselige kleine Taia mit ihren sieben Jahren sofort mit uns Freundschaft schloss und unsere unzertrennliche Gefährtin wurde. Ihre lächelnde dreijährige Schwester Monukoa liebte es, gekitzelt zu werden und sprach schüchtern mit der leisest möglichen Stimme. Ich erschrak immer, wenn mein Blick auf sie fiel, weil ihr Gebiss nur aus ein paar restlichen braunen Stümpfchen bestand. Später sah ich, dass die Zähne aller Dorfkinder in einem ähnlichen Zustand waren, weil sie als Babies mit gesüßter Kondensmilch aus der Flasche gefüttert worden waren.

An unserem ersten Tag beteiligte ich mich an dem Volleyballspiel, dankbar für die körperliche Bewegung nach sechs Tagen auf dem Boot. Die Insulaner liebten Volleyball und spielten jeden Nachmittag, egal ob es regnete oder die Sonne vom Himmel brannte, ab fünf Uhr bis zum Einbruch der Dunkelheit. Am meisten entzückte mich ihr Kichern, das sie während des gesamten Spiels durchhielten. Sie kicherten, wenn sie einen Fehler machten. Sie kicherten, wenn sie einen Punkt machten. Sie kicherten auch, wenn die anderen einen Punkt machten. Sie kicherten ständig und immer. Es war unmöglich, sich nicht anstecken zu lassen.

Eine Spielerin aus der gegnerischen Mannschaft war eine atemberaubende junge Frau von ungefähr zwanzig Jahren. Sie war ein Bild von einer polynesischen Schönheit, wie man sie von den Kalendern kennt, gertenschlank mit langem schimmerndem schwarzem Haar und einem lieblichen Gesicht. Als wir endlich miteinander bekannt gemacht wurden, konnte ich nicht anders als herauszuplatzen: »Sie sind die schönste Frau, die ich je gesehen habe.«

In ihren Augen blitzten Freude und Überraschung auf, als hätte niemals zuvor jemand von ihrer außergewöhnlichen Schönheit Notiz genommen. »Wirklich?«, fragte sie.

Später erfuhren wir, warum sie so überrascht gewesen war. Nach polynesischen Maßstäben war sie mit ihrer filigranen Erscheinung einfach zu dünn. Das dort herrschende Idealbild bevorzugt Rubensfiguren, und man nannte diese unentdeckte Perle respektlos »die Dünne«.

An unserem zweiten Tag luden Bob und Tupou uns zum Lunch ein. Ihr Zuhause bestand aus einem kleinen Bungalow mit drei Zimmern mit Betonböden, holzgerahmten Wänden und einem dünnen Wellblechdach. Obwohl das Haus über elektrischen Strom verfügte – zehn Stunden pro Tag –, gab es kein fließendes Wasser. Ich entdeckte keinerlei Lebensmittel in den Regalen unter der Küchenanrichte, überhaupt keinerlei Nahrungsmittel ausgenommen diejenigen, die wir in diesem Moment verspeisten. Bobs Fischerboot war seit eineinhalb Jahren außer Diensten und die Gefriertruhe deshalb leer.

Nichtsdestotrotz tischten Bob und Tupou uns eine exzellente Mahlzeit auf: Schweinebraten, Papaya, Reis, gebackene Bohnen und Spaghetti aus der Dose, frittiertes Corned Beef mit Zwiebeln, Toboi (eine Art Knödel aus gequollenem Kokosnussfleisch) und dem ziemlich erstaunlichen geräucherten, mit Zähnen bewehrten Kopf eines riesigen Wahoofisches.

Im Laufe der nächsten Tage wurde Palmerton Island zu unserem persönlichen Tummelplatz. In jedem Haus waren wir willkommen, in jeder Tür empfing man uns mit freundlichem Winken, und man behandelte uns überall als Freunde. Die zehn Kinder der Insel, die nicht zur Schule mussten, hatten den ganzen Tag Zeit zum Spielen, und unsere Kinder taten sich mit ihnen zusammen und sammelten riesige Einsiedlerkrebse. Christopher traf es sehr gut mit den beiden Mädchen unserer Gastgeber und einem weiteren kleinen Mädchen namens Pearl, und sie kicherten den ganzen Tag herum, ohne dass wir uns irgendwie einmischten.

Wir schlossen mit einer zweiten Familie aus diesem Dorf Freundschaft, Bill Marsters und seiner Lebensgefährtin, einer liebenswürdigen, etwas molligen jungen Dame Anfang Zwanzig mit Namen Metua. Metua schloss uns in ihre weiten Arme und gemeindete uns ein, indem sie für uns ein Luxusabendessen zubereitete, aber keinerlei Gegengeschenke akzeptierte. Sie präsentierte ein Festgelage mit Hühnchen, Krabben, Wahoofisch, Reis und Krapfen für mindestens ein Dutzend Gäste und Familienmitglieder jeden Abend ohne erkennbare Anstrengung.

Aber Metua lud uns nicht nur zum täglichen Abendessen ein, sondern sie wusch auch unsere Siebensachen, versorgte uns regelmäßig mit frisch gebackenem Brot und Krapfen und bot uns sogar den Luxus heißer Duschen mit gesammeltem Regenwasser, das sich in der Sonne aufheizte.

Als wir eines Abends die Essenseinladung ablehnten, staunten wir nicht schlecht, als Metua ein Essen zum Mitnehmen vorbereitete, bestehend aus paniertem Wahoofisch, Schmalzgebackenem und Brotfrucht, und alles zur NORTHERN MAGIC brachte. Sie wies energisch alle Geschenke oder Bezahlung für so viel Gastfreundschaft zurück. Schließlich schaffte ich es, dass sie eine Flasche mit Waschmittel annahm, aber das war schon schwierig genug. Ich drängte ihr auch einige Hershey Schokoriegel auf und ein Stück Stoff, das ich für eine Tischdecke samt Servietten hatte verwenden wollen. Glücklicherweise zeigte Herbert mehr Geschick und verbrachte seine Tage mit den Männern, indem er einen Traktor reparierte, einen antiken Computerbildschirm und ein paar Außenborder wieder zum Funktionieren brachte.

Christopher und Metua verfielen einander förmlich, besonders nachdem er eine Nacht lang in ihrem Haus geschlafen hatte. Er verbrachte nahezu jeden Tag mit Metua, wobei sie unermüdlich miteinander schnatterten, wie es seine Gewohnheit war, während sie zusammen Videos anschauten oder sie ihre Wäsche erledigte. Einige Monate später gestand mir Christopher: »Mom, wenn du und Dad jemals sterben solltet, weiß ich, wohin ich gehen werde. Ich gehe nach Palmerston, und Metua wird sich um mich kümmern.«

Die Tage voller Magie auf Palmerston Island vergingen in rasendem Tempo – beim Schwelgen und Volleyballspielen unter Palmen, während wir gemeinschaftlich den Strand nach riesigen Venusmuscheln absuchten, schnorchelten und die Wunder der Natur auf dieser unverdorbenen tropischen Insel bestaunten. Wir waren jedoch darüber beunruhigt, dass die Kinder keine Schule besuchten. Stundenlang diskutierten wir darüber mit Bill, der ein kleines Schulgebäude für uns aufschloss und uns die Probleme erläuterte, die darin bestanden, einen Lehrer von den Cook Islands in eine so hinterwäldlerische Provinz wie Palmerston Island zu locken. Herbert und ich waren aber der Überzeugung, dass eine Menge kanadischer Lehrer gerne ein Jahr oder zwei in dieser Idylle arbeiten und leben würden und versprachen Bill, alles daran zu setzen, einen Lehrer für die Kinder zu finden.

Der *Ottawa Citizen* erklärte sich sofort bereit, einen von mir geschriebenen Artikel zu veröffentlichen, und in den folgenden Wochen wurde meine Schwester Linda von interessierten Lehrern mit E-Mails überflutet – an manchen Tagen waren es mehr als dreißig Anfragen. Von unserem Boot mitten im Pazifik beantworteten wir über UKW in Form von E-Mails die Fragen so gut wir konnten. Und nur wenige Monate später wurde ein Lehrer ausgewählt, von Ottawa nach Palmerston zu übersiedeln, um die kleine Schule wieder zum Leben zu erwecken.

In der Zwischenzeit verbrachten zwei Lehrer aus Ottawa ihre Ferien auf den Cook Islands und brachten jede Menge Unterrichtsmaterial mit. Diese Großzügigkeit fand in der Presse der Cook Islands Erwähnung. Viel später, von Australien aus, rief ich den Abgeordneten Palmerstons in der Regierung der Cook Islands an, der über das Echo höchst erfreut war und darüber nachdachte, ob man das Verfahren nicht auch auf andere abgelegene Inseln ausdehnen könnte, die ebenfalls Lehrer brauchten. Wir freuten uns sehr, dass wir unser eigenes Versprechen erfüllt und den Kindern von Palmerston geholfen hatten. Obwohl wir später erfuhren, dass das Schulhaus abgebrannt war, hielt uns das nicht davon ab, uns vorzunehmen, weiterhin auf solche Weise Hilfestellung zu leisten und uns für die so reichlich empfangene Gastfreundschaft zu bedanken. (Die Schule ist mittlerweile wieder aufgebaut.)

Die Männer von Palmerston luden Herbert zu einem jährlich stattfindenden Ritual ein: zur Vogelbeute. Vögel *erbeuten*? Tatsächlich. Alle vier Wochen zwischen Juni und September setzten die Insulaner auf ein nahe gelegenes Inselchen über und sammelten die Gelege von Tropikvögeln ein. Tropikvögel, große und schöne Wasservögel mit schwarz und weiß geflecktem Gefieder, stehen überall auf den Cook Islands unter Naturschutz, nur auf Palmerston Island sind sie eine wichtige Nahrungsquelle. Die Jungvögel, noch nicht flugfähig, werden buchstäblich aus den Bäumen gepflückt, am Strand auf einem Haufen gesammelt und am Schluss, unter lautem Geschrei, in einen Sack gesteckt. Auch die Vogelmütter kreischen in ihrer hilflosen Wut, aber es gibt keine Gnade für ihre Sprößlinge, die laut, aber dumm sind und sich gar nicht bemühen, ihren Jägern zu entkommen.

Die Vögel werden in Schubkarren zu einem Sammelplatz gebracht, wo sie still verharren und das Ende ihres ehrenhaften Schicksals erwarten. Nur wenn man zu dicht herangeht, brechen sie in ein unirdisches Katzengezeter aus. Die Vögel werden dann unter alle Familien verteilt, jeder Inselbewohner erhält gleich viele.

Als wir dort waren, gab es eineinhalb Vögel für jeden der zweiundsechzig Einwohner, ebenso für uns fünf und vier weitere anwesende Yachties.

Wir machten uns darüber Sorgen, dass – abgesehen von dem Status der Vögel als bedrohte Spezies – die Inselbewohner die jungen Vögel einsammelten, bevor sie sich weiter vermehren konnten. Mehrmals sprachen Herbert und ich das Thema an, wie die Tropikvögel als Spezies überleben sollten, wenn auf Palmerston alle noch nicht flüggen Vögel eingesammelt wurden.

»Kein Problem«, kam immer die Antwort in weisem und beschwichtigendem Tonfall, »wir nehmen niemals Muttervögel.«

Wir hatten eigentlich geplant, bis Sonntagmorgen zu bleiben, zur Kirche zu gehen und am Abschiedsfest für die Tropikvögel teilzunehmen und dann zu unserem Drei-Tages-Trip zur Insel Niue aufzubrechen. Aber wir bekamen keine Gelegenheit, die Tropikvögel zu kosten, die für uns so liebevoll zubereitet worden waren. In der Nacht vor dem Fest drehte der Wind gefährlich. Es stand nicht nur zu befürchten, dass wir auf das Riff gesetzt werden könnten, sondern so wie es uns herumbeutelte, verhakte sich unsere Ankerkette in einem Korallenstamm. Mit jeder Welle schlug und scheuerte unsere Kette gegen die Korallen, und wir fürchteten, sie würde brechen.

Die ganze Nacht über blieben wir wach, riefen die Insel über Funk und gaben bekannt, dass wir keine andere Wahl hatten, als im ersten Morgenlicht aufzubrechen. Am sofortigen Aufbruch hinderte uns nur die Tatsache, dass wir alle unsere Videos an die verschiedenen Familien ausgeliehen hatten. Einer der Männer schlug vor, von Haus zu Haus zu gehen, die Videos einzusammeln und sie so schnell wie möglich zu uns aufs Boot zu bringen.

Als eine Bootsladung voll Inselbewohner schließlich erschien, hatten sie nicht nur unsere Videos dabei, sondern auch ein Abschiedsgeschenk in Form eines noch warmen, ofenfrischen Brotlaibs. Während wir unsere Geschenke hinüber reichten, zog sich plötzlich meine Kehle ganz eng zusammen. Es verschlug mir einfach die Sprache. Diese Menschen, alle, waren so großzügig gewesen und hatten das Wenige, das sie besaßen, mit uns geteilt. Ich wusste einfach nicht, was ich in diesem Moment hätte sagen können. Schließlich schickte ich ihnen Küsse, während Herbert Hände schüttelte. Wir motorten aus der Gefahrenzone, tief betrübt, dass wir unsere vielen neuen Freunde, die uns nachwinkten, zurücklassen mussten.

*

Nach der Zeit auf Palmerston steckten wir unseren Kurs über den Pazifik weiter in kleinen Schlägen von ein paar Tagen oder auch einmal einer Woche ab. Auf Niue, wo wir sechs Tage lang blieben, machten wir die Erfahrung, dass die Palmerstoraner die Freundlichkeit im Südpazifik nicht alleine gepachtet hatten. Dann brachen wir im Konvoi mit drei anderen Booten nach Tonga auf. Es war eine schöne und würdevolle Karawane, die da ihren Weg übers Meer zog, unter stolzen Segeln und guten Mutes.

Man sagt, dass immer sofort ein Rennen im Gange ist, sobald zwei Segel über dem Horizont zu sehen sind, und das bewahrheitete sich auch jetzt, obwohl nichts Derartiges vereinbart worden war. Alle vier Boote sprachen zweimal täglich über Funk miteinander, und man konnte dabei fast die Zähne knirschen hören, wenn die Positionen angegeben wurden und die Berechnungen zeigten, wer wem wie weit voraus war. Wir waren keine Gegner für die beiden schnellen Kunststoffboote, aber das Rennen zwischen den Stahlyachten war in vollem Gange.

»Wo seid ihr?«, fragte Dee von der AXE CALIBRE hoffnungsfroh, als wir nach zwei Tagen auf See die Insel Vava'u anliefen. »Wir sind nur fünfundzwanzig Meilen vor dem Ziel.«

»Nun, wir umrunden gerade die Nordspitze der Insel«, antwortete ich mit möglichst gelassener Stimme. »Ihr seid vier Stunden hinter uns.«

Später erfuhr ich, dass Tom, als er das auf der AXE CALIBRE gehört hatte, seinen Bleistift in zwei Teile brach und eine Reihe heftiger Seemannsflüche ausspuckte.

Wir dagegen versuchten, unseren Jubel in Grenzen zu halten und nur einen ganz ruhigen, würdevollen und von allgemeinem Kreischen begleiteten Freudentanz aufzuführen.

Tonga war ein Paradies für uns. Mehrere Wochen lang segelten wir von einem Ankerplatz zum anderen, von Insel zu Insel, und wir stießen an jedem dieser idyllischen Fleckchen auf neue Wunder und wunderbare Entdeckungen: kichernde Kinder, gastfreundliche Bewohner, Festessen aus dem Erdofen und die Begleitung zweier anderer Weltumsegler, die wie wir so weit von zu Hause entfernt auf gegenseitige Freundschaft angewiesen waren.

Eines Nachts turnten wir auf einem Korallenriff herum und sammelten im Schein einer Taschenlampe Muscheln. Während wir so im knöcheltiefen Wasser herumplatschten, wühlten unsere Schritte das leichte phosphoreszierende Plankton auf, das dort seinen Lebensraum hatte. Als unsere Taschenlampe ins Wasser fiel, sahen wir in der nun einsetzenden totalen Finsternis ein Funken sprühendes Flimmern um unsere Füße. Diese funkelnden Unterwassersterne waren wie ein Spiegelbild der Sterne und Planeten, die vom Himmel auf uns herunter schimmerten und die Milchstraße vom Firmament leuchten ließen.

Diese Nacht war voller Magie, die Magie der Nächte von Tonga. Nur eine von vielen.

8
Drinks aus Schlamm und Sägemehl

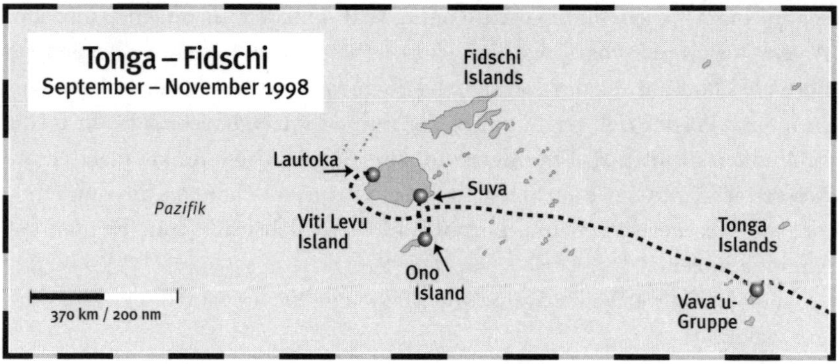

Wir verließen Tonga in Richtung Fidschiinseln an einem Tag mit Wind und Wellen. Vierhundertfünfzig Meilen Meer lagen vor uns. Mit Vorsegel und Groß auf Backbordbug gab es keine Möglichkeit, die Roller auszugleichen, die uns erbarmungslos schikanierten. Kochen, essen, gehen und schlafen waren nicht einfach. Wir mussten uns ständig irgendwo festkrallen.

Das Rollen begleitete uns die ganzen vier Tage über, bescherte uns dauernde Übelkeit, und wir fühlten uns elend. Aber wir kamen schnell voran, und wären wir nur eine oder zwei Stunden schneller gewesen, hätten wir den sicheren Hafen von Suva am Abend nach unserem dritten Tag auf See noch erreicht. Am späten Nachmitttag jedoch wurde klar, dass wir es nicht mehr vor Einbruch der Dunkelheit schaffen konnten, und so verminderten wir unsere Geschwindigkeit. Unser Ziel, die Insel Viti Levu, war von einem Riff umgeben, das sich an manchen Stellen über eine Meile oder auch zwei ins Meer hinausstreckt und sie so zu einem gefährlichen Landungsplatz macht. Nur eine Woche vor unserer Ankunft hatte ein Segler schreckliche Bekanntschaft mit diesem Riff geschlossen, nachdem er versucht hatte, bei Dunkelheit in den Hafen einzulaufen. Wir waren nicht wild darauf, dieses Schicksal zu teilen, und deshalb – obwohl wir uns nichts mehr als ein Ende des ständigen Rollens wünschten – refften wir die Segel entsprechend, um dann bei Tageslicht anzukommen.

Wir holten das Großsegel und die Besansegel herunter und rollten das Vorsegel ein, bis wir nur noch ein kleines Taschentuch oben hatten. Trotzdem näherten wir uns dem Riff immer noch mit einer Geschwindigkeit von vier Knoten oder mehr. Die NORTHERN MAGIC rollte nun noch heftiger und bockte teilweise wie ein wildes Pferd, sodass wir die Leesegel an den Kojen brauchten, um nicht herauszufallen. Es folgte eine lange, lange Nacht.

Herbert entschied während seiner Wache, die Leine einzuholen, die er nachgeschleppt hatte, seit er einen Köder benutzte, den Jonathan ihm zum Geburtstag auf Tahiti gekauft hatte. Als er anzog, spürte er Widerstand. Er vermutete, dass er einen etwa mittelgroßen Fisch gefangen hätte, und war deshalb sehr erstaunt, dem wütenden Blick einer großen Dorade zu begegnen, die an der Angel hing. Im stolzen, betont männlichen Tonfall des erfolgreichen Jägers rief Herbert mich an Deck, damit ich ihm half, seinen Preis an Bord zu bringen. Aber meine Hilfe war nicht nötig. Die Dorade leistete so wenig Widerstand, dass wir sie wahrscheinlich schon viele Stunden lang hinter uns hergezogen hatten. Obwohl es bereits drei Uhr morgens war, weckten wir Michael und Jonathan und sahen alle zusammen Herbert zu, wie er den regenbogenfarbenen Fisch an Bord zog, während er mithilfe eines Blitzlichts die Szene erhellte. Wir mussten uns, um unser Leben zu behalten, ständig irgendwo festklammern, da das Schiff weiter rollte und der Fisch zappelte. Es war ein fantastisches Exemplar – so groß wie Christopher.

Ich muss gestehen, dass ich mit jedem Fisch an der Angel mitleide, sogar mit dieser riesigen brutalen Dorade mit scharfem Gebiss und der Stirn eines Neandertalers. Heimlich drücke ich immer dem Fisch die Daumen, und ich bin die Erste, die jede Ausrede nutzt, um ihn ins Wasser zurückzusetzen. Jahrelang war ich die Zielscheibe vieler Familienwitze, weil ich nicht einmal eine Spinne töten kann. Ich erwähne das nur, um zu begründen, warum ich nicht dabei blieb, um zuzuschauen, wie Herbert die arme Kielgeholte von ihrem Elend erlöste.

Schließlich brach der Morgen an, und Viti Levu kam in Sicht. Die Kinder waren trotz der Episode mit der Dorade munter wie immer, nur Herbert und ich waren doof im Kopf.

Herbert steuerte von Hand und hatte Probleme, seine Füße zu platzieren, denn der Kadaver des riesigen Fisches füllte fast das ganze Cockpit aus. Das arme Tier starrte mit einem großen glasigen Auge vorwurfsvoll auf seinen Mörder. Sein zunehmend penetranter werdender Geruch lastete über uns und wehte auch in den Salon hinunter, während wir uns dem Hafen von Suva näherten. Dies reicherte die Schleier unserer Müdigkeit noch um eine ganz persönliche scharfe Note an. Schließlich schafften wir es durch das Riff. Wir beglückwünschten uns, dass wir damit bis zum Anbruch des Tageslichts gewartet hatten, da die Passage gespickt war mit Untiefen und Wracks. Schließlich ließen wir den Anker fallen und erledigten die Formalitäten, wobei wir mehr den Geruch eines Fischtrawlers ausströmten als den einer Fahrtenyacht. Später am Tag stellte unser Kühlschrank seine Dienste ein, und das Ganze endete damit, dass wir das meiste von der Dorade verschenkten.

Zu unserem Entzücken entdeckten wir, dass die Bewohner der Fidschiinseln zu den freundlichsten Menschen gehörten, die wir je getroffen hatten – und dieses Urteil war immerhin das Resümee von fünf Monaten Aufenthalt im freundlichen südpazifischen Raum.

Wir trafen auf Bobby Kumar, einen Fidschaner indischer Abstammung, der einen Verkaufsstand für frisches Obst auf dem quirligen Markt von Suva unterhielt. Der gut aussehende Mann in den späten Dreißigern mit dem offenen Gesichtsausdruck begann mit mir ein Gespräch, als ich direkt vor seinem Stand eine Schnaufpause einlegte. Die Hälfte der Einwohner Fidschis geht auf indische Vorfahren zurück; sie sind Abkömmlinge der Landarbeiter, die vor einem Jahrhundert hierher kamen, um in den Zuckerplantagen ihren Lebensunterhalt zu verdienen. Die Fidschiinder haben an ihrer indischen Kultur festgehalten und halten die meisten der kleinen Geschäfte fest in ihrer Hand, ungeachtet ihrer gesetzlichen Diskriminierung im eigenen Land.

Bobby und seine hübsche Frau Niru waren Erfolgsmenschen und natürlich stolz darauf. »Die Fidschaner arbeiten nicht so hart wie wir«, erklärte er. »Sie wollen am Samstag und Sonntag frei haben. Wir dagegen schuften sieben Tage die Woche. Warum sollten wir einen Tag mit Nichtstun verschwenden?«

Als Lohn ihres Fleißes bewohnten die Kumars und ihre drei Kinder ein sehr komfortables Haus mit drei Schlafzimmern. Sie waren voll des Mitleids für uns, die wir auf so engem Raum auf dem Boot leben mussten. Niru vertraute mir an, dass ihre dreizehnjährige Tochter Norris sehr bedrückt gewesen war, uns über den Markt gehen zu sehen, während wir unsere Tüten wie ganz gewöhnliche Leute selbst schleppen mussten.

»Wenn sie näher kommen«, hatte Niru ihrer Tochter erklärt, »wirst du sehen, dass sie ganz gewöhnliche Menschen sind.«

»Aber sie haben doch bestimmt ein wunderbares Haus in Kanada«, hatte Norris insistiert. »Sie müssen sehr reich sein.«

Unser Lebensstandard in Kanada war tatsächlich ein Objekt intensiven Interesses. Hatten wir eine Waschmaschine? Einen Geschirrspüler? Wie groß war unser Haus? Wir verbrachten viele Stunden damit, unseren Lebensstandard mit dem ihren zu vergleichen. Sie brüteten über unseren Fotos und Büchern über Kanada.

Als sollten wir ein vollständiges Bild von beiden Seiten der Gesellschaft auf den Fidschiinseln bekommen, schlossen wir auch Freundschaft mit einer eingeborenen Fidschifamilie. Wir lernten Kasa kennen, eine hübsche Frau in den Dreißigern, während ihre Kinder an einem schwingenden Seil an einem nahe gelegenen Hügel herumalberten. Als wir gerade gehen wollten, kam Kasa aus ihrem Haus gelaufen und rief uns zu zu warten, weil sie uns eine Papaya von ihrem eigenen Baum bringen wollte.

Völlig außer Atem überreichte sie mir ihr Geschenk und fragte mich, ob ich nicht am nächsten Tag wiederkommen wollte. Ihr Ehemann, sagte sie, würde uns auch gerne kennen lernen. Ohne einen genauen Zeitpunkt zu vereinbaren, verabredeten wir uns für den nächsten Sonntag. An jenem Sonntag wollten uns aber die Kumars gegen ein Uhr mittags abholen, um gemeinsam zum Strand zu gehen; deshalb hasteten die Kinder und ich schon gegen zehn Uhr morgens den Hügel hinauf, um wenigstens den Vormittag mit Kasa zu verbringen. Herbert blieb an Bord, um den Kühlschrank wieder zum Laufen zu bringen.

Als wir ankamen, war Kasa damit beschäftigt, ein traditionelles Festmahl für uns vorzubereiten. Der unterirdische Ofen rauchte bereits, und Kasa versicherte uns, dass alles bis ein Uhr fertig sein würde. Ich war entsetzt. Sie nahmen alle diese Mühen auf sich, und wir hatten keine Möglichkeit unsere zeitgleiche zweite Einladung abzusagen. Kasa reagierte äußerst liebenswürdig, als ich ihr die Situation erklärte.

»Das ist okay«, sagte sie nur. »Ihr müsst nicht zum Essen bleiben. Ich werde alles einpacken, dann könnt ihr das Essen mit zum Strand nehmen.«

Ich sah keine Möglichkeit, so zu verfahren. Es gab nur den Weg, Herbert zu holen und so schnell zu essen, wie wir konnten, auch wenn wir so vielleicht die Kumars warten lassen mussten.

Ich saß neben Kasa auf einer geflochtenen Palmblattmatte, während sie flink eine Mischung aus Tomaten, Zwiebeln, Corned Beef aus Dosen und Kokosmilch anrührte, alles in große Taroblätter und dann in Alufolie wickelte, um es in dem Ofen unter der Erde, genannt *lovo*, zu backen. Schichten aus Zeitungspapier schützten die Matten vor Tropfen. Den Fisch behandelte sie auf dieselbe Weise, ergänzte alles mit Knoblauch und frischen Ingwerwurzeln.

Ihr Ehemann Joe kam dazu, eine hochgewachsener, gut aussehender Mann, dessen Füße zweimal so lang und breit wie meine eigenen waren, der außerdem so muskulös wie ein Rugbyspieler gebaut war. Zusammen begruben sie das Mahl auf heißen Kohlen unter einer Decke aus Bananenblättern und bedeckten alles mit Erde.

Während der Wartezeit kehrten die Kinder und ich zum Boot zurück und gewährten unserem langleidenden Captain eine kleine Gnadenfrist: Auszeit für gutes Benehmen.

Das Mahl wurde gegen zwölf Uhr fünfundvierzig aus der Erde geholt und war einfach köstlich. Gegessen wurde im Fidschistil, auf der Erde sitzend und ohne Besteck, worin wir mittlerweile schon zum Meister geworden waren.

Das Wohnzimmer von Kasas und Joes einfachem, aber sauberem Drei-Zimmer-Haus war mit Möbeln nicht überladen. Das kleine Haus aus Beton gehörte als Vergünstigung zu Joes Job als Gefängniswärter. Kasa arbeitete als Rezeptionistin in einem Ministerium der Regierung. Als wir im Schneidersitz auf den Matten saßen, die mit farbenfrohen Wollfransen verziert waren, und mit unseren Fingern den in Taroblätter gehüllten Fisch in uns hinein schaufelten, gewann ich den Eindruck, dass Kasa und Joe wahrscheinlich eine typische Angestelltenfamilie der Mittelklasse waren. Es war interessant, Vergleiche mit einer Regierungsstadt wie Ottawa zu ziehen.

*

Ehe wir uns von Suva nach Ono Island verholten, unserer nächsten Station auf den Fidschis, gingen wir zum Markt und investierten dreizehn Dollar in ein wirres Bündel von schmutzigen alten Wurzeln, die in Zeitungspapier eingewickelt wurden.

Wir wählten diese Wurzeln mit großer Sorgfalt aus und zahlten sogar einen kleinen Aufpreis, damit wir wirklich beste Qualität erhielten. Es handelte sich dabei um Kava, die Wurzeln der Pfefferpflanze. Gemäß den Traditionen muss sie von Besuchern dem Chef des Dorfes in einer Zeremonie überreicht werden, die *sevusevu* heißt.

Kava ist etwas Vertrautes für die Menschen auf Tonga, auf den Fidschis und auf Samoa, wo die kostspielige Wurzel zerstampft und mit Wasser gemixt zu einem nichtalkoholischen, beruhigenden Getränk verarbeitet wird. Als wir auf Ono Island ankamen, bewaffnet mit unserem speziellen Kavageschenk, warteten wir darauf, dass jemand aus dem Dorf käme und uns an Land bitten würde. Unser Gastgeber erwies sich schließlich als ein Mann in mittleren Jahren namens Kimi, der uns zu seinem Haus brachte und die Regeln der Dorfetikette erklärte.

In Polynesien hatte ich schon viel früher meine Shorts zugunsten eines langen Rocks aufgegeben. Ich hatte immer das Gefühl, mich so besser anzupassen und leichter Freundschaften schließen zu können, wenn ich meine Kleidung nach den Landessitten ausrichtete. Andere Segler hatten die Ansicht vertreten, ein langer Rock sei nicht notwendig, aber Kimi betrachtete anerkennend meinen Aufzug und sagte: »Das ist sehr schön. Dies ist die richtige Art, sich in einem Dorf zu kleiden. Ihr werdet hier keine Probleme haben.«

Später an diesem Tag begaben wir uns ins Haus des Inselchefs für die Sevusevu-Zeremonie. Wie jedes andere Haus, das wir in diesem Dorf zu Gesicht bekamen, war es mit vielen großen Bildern von Prinzessin Diana geschmückt. Da mein Name ihrem so ähnlich war, genoss ich überall eine gewisse Popularität.

Wir saßen im Rund mit den Dorfältesten und überreichten Kimi unser Kavawurzelngeschenk. Er nahm es fast respektvoll an und legte es sorgfältig auf die Matte vor sich. Dann hielt er eine lange Rede auf Fidschi, in welcher er den anderen erläuterte, warum wir gekommen waren und um Aufnahme im Dorf baten. Nachdem er dreimal in die Hände geklatscht hatte, gab er die Wurzeln an die anderen Männer in der Runde weiter. Jeder der Dorfältesten nahm unser Geschenk der Reihe nach in die Hände, hielt eine kurze zustimmende Rede und klatschte in die Hände, ehe er die Wurzeln dem Nächsten reichte. Als alle ihre Zustimmung signalisiert hatten, folgte noch einmal ein allgemeines Händeklatschen. Alle wandten sich lächelnd uns zu und hießen uns willkommen. Wir gehörten nun zu ihnen.

Anschließend begaben wir uns zum Haus von Rachel und ihrem Mann, einem freundlichen Riesen namens Romeo. Er schleppte einen großen schweren Topf herbei, einen Tambili, legte unsere Kavawurzeln hinein und verarbeitete sie zu Pulver, indem er eine lange Eisenstange wie einen riesigen Stößel einsetzte. Während ich ihm dabei zusah, wurde mir klar, warum die Männer auf den Fidschis so enorme Muskeln haben. Die sich leicht schälende Haut an Romeos braunen Füßen sah weiß und aschig aus, ein typisches Symptom für ständigen Kavagenuss. Als ich ihn danach fragte, nickte er grinsend.

Nach einer halben Stunde harter Arbeit hatte Romeo die knorrigen und verdrehten Wurzeln zu feinem Puder gestampft. Hätte ich es nicht besser gewusst, hätte ich es für Sägemehl gehalten. Herbert folgte nun den Männern in die Halle aus Bambus, die in der Mitte des Dorfes stand, ich blieb bei Rachel, und die Jungen spielten mit ihren neu gewonnenen fidschianischen Kumpanen.

Das pulverisierte Kava, erzählte uns Herbert später, wurde in einen kleinen Beutel gepackt und dieser in einer mit Wasser in Zimmertemperatur gefüllte, sehr schöne hölzerne Trinkschale, die Tanoa, versenkt. Es entstand ein schlammig aussehender Tee. Als Romeo die Mixtur für fertig hielt (und Herbert zu der exzellenten Qualität der Wurzeln beglückwünscht hatte), hielt er eine lange Ansprache auf Fidschi an das halbe Dutzend Männer, das mittlerweile dazugekommen war. Romeo fuhr mit seinen Händen den Rand der Tanoa entlang und klatschte dreimal. Daraufhin folgte weiteres Klatschen nach einem vorgegebenen Rhythmus und Beifallskundgebungen. Dann füllte Romeo die Hälfte einer Kokosnussschale mit dem Gebräu und reichte sie feierlich Herbert, dem Ehrengast, damit er daraus trank.

Wir hatten gelesen, dass es die angemessene Art war, Kava zu trinken, alles in einem Schluck hinunterzuschlürfen. Herbert tat es mannhaft. Als er seine Schale geleert hatte, klatschten alle Männer wieder dreimal laut und riefen fröhlich: »*Matha*!«, »Leer!«. Dann wurde neu eingeschenkt, und die Schale machte die Runde.

Herbert war der Meinung, eine Schale zu leeren, wäre höflich genug gewesen, und er könnte weitere Einladungen ablehnen. Aber seine Trinkgenossen bestanden darauf, dass ihr Ehrengast jede neue Runde eröffnen müsse. So schüttete Herbert unglücklich weiter das schlammige Sägemehl in sich hinein, während ich draußen im Gras sitzend all die begeisterten »*Matha*!«-Rufe hören konnte und mich fragte, wie lange mein armer Mann wohl durchhalten könnte.

So ging es eine halbe Stunde lang. Dann floh Herbert leise aus der Halle und schlich auf Zehenspitzen hinter mich. »Du musst mich retten«, flüsterte er mir ins Ohr. »Sie zwingen mich, weiter zu trinken, und ich bin kurz davor, mich zu übergeben.«

Ich entschuldigte mich bei Rachel und betrat respektvoll diese männliche Domäne, um nachzuschauen, was dort vor sich ging. Jonathan folgte mir. Er war erschöpft vom Spielen mit einer Horde von einem Dutzend Dorfkinder, die es ihm in ihrer Aufgeregtheit nicht leicht gemacht hatten; wann immer John »dran« war, blieb er »dran«, unabhängig vom Verlauf des Spiels. Sogar wenn er nicht »dran« war, jagte die Bande immer nur ihn.

In der Bambushalle fanden wir unseren Captain, der weiter gezwungen wurde, eine Schale Kava nach der anderen zu leeren. Er warf mir einen Blick voller Dankbarkeit zu. John und ich nahmen in der Runde Platz, die Zeremonie fing wieder von vorne an, und ich wurde nun auch mit dem Drink konfrontiert. Es sah aus wie Sägemehl, es roch wie Sägemehl, und es schmeckte wie Sägemehl. Auch Jonathan wurde die Schale angeboten, und zu meiner größten Bewunderung nahm er einen herzhaften Schluck. Nachdem er geschluckt hatte, lächelte er und sagte – voller Enthusiasmus –, dass es hervorragend geschmeckt hätte. Der tapfere Junge nahm sogar noch einen zweiten Schluck, ehe er das Gebräu an mich weiter reichte.

Schon nach meiner zweiten Schale begannen meine Zunge und die Lippen taub zu werden. Mein Mund fühlte sich an, als hätte ich den Boden eines Sägewerks saubergeleckt. Ich konnte kaum glauben, dass Herbert sieben Kokosnussschalen voll dieser widerlichen Brühe bei sich behalten konnte. Schließlich schafften wir es benommen, um unseren Aufbruch zu bitten und ließen den Rest des Grogs in dieser Gesellschaft zurück, die ihn offensichtlich über alles schätzte. Der hölzerne Nachgeschmack des Kavas in unseren Mündern beglückte uns noch am nächsten Tag. Ich machte jedoch die unschätzbare Entdeckung, dass Mars-Schokoriegel ein hervorragendes Gegengift waren.

Voller Dankbarkeit schafften wir es, noch ein paar Tage in diesem Dorf in der Gesellschaft von ungefähr sechzig Menschen zu verbringen, ohne weiter mit Kava malträtiert zu werden. Wir unternahmen Wanderungen in der hügeligen Umgebung, sammelten Unmengen von Muscheln, tauchten in einem vierzig Meter tiefen »blauen Loch« innerhalb des Riffs und bewunderten die schönsten Korallen. Wir wollten sogar auf einen Berg steigen, um das Dorf von oben zu sehen, aber das, so wies uns unser Gastgeber Kimi streng zurecht, war verboten.

»Eine Frau aus dem Dorf hat den Berg bestiegen«, erklärte er mit ernster Miene, »und als sie wieder zurückkam, war ihr Bein ruiniert, und sie konnte nie mehr gehen. Es ist tabu, dort hinaufzusteigen. Das ist ein heiliger Platz, dort leben die Geister unserer Vorfahren.« Sollten wir uns widersetzen, würde er keine Verantwortung für die Folgen übernehmen.

Irgendwie bekamen die Männer dann Wind davon, dass sie sich in Gesellschaft von Herb »dem Werkzeugmann« Stuemer befanden. Für Herbert hatte das einen zwei Tage dauernden Reparaturmarathon zur Folge. Sein anspruchsvollstes Projekt war ein defektes Tonbandgerät, wobei Herbert beim Öffnen des Gehäuses dreiundzwanzig Zentimeter lange, äußerst beunruhigte Kakerlaken ihres Heimes beraubte. Als sie auf der Suche nach einem neuen Zuhause wie verrückt herumflitzten, sprang auch ich wie eine Verrückte herum, um hundertprozentig zu verhindern, dass sich eines der Tierchen in meinem Rucksack einquartierte.

Die Kinder fanden viele Freunde, jedes auf seine Weise. Christophers erprobte Methode, ihnen nachzulaufen und sie dann zu kitzeln, war wie immer erfolgreich; Jonathan stützte seine tapferen Annäherungsversuche auf Spielgemeinschaften; und Michael nahm die älteren Kinder mit seiner Jim-Carrey-Interpretation für sich ein, die immer wieder Erfolg hatte, auch wenn die Details dem Publikum nicht verständlich wurden. Auch wir fanden weitere Freunde, als mehrere der Männer aus dem Dorf in der Hoffnung auf eine kleine Rundfahrt zur NORTHERN MAGIC schwammen. Anschließend kamen fast alle Frauen in kleinen Booten und wollten ihre Neugier befriedigen. Schließlich verließen wir Ono Island wieder, und nach einigen Zwischenstopps auf anderen kleinen Inseln der Fidschis waren wir bereit, unseren langen Schlag über den Pazifik fortzusetzen.

9
Zwischen Leben und Tod bei Windstärke zehn

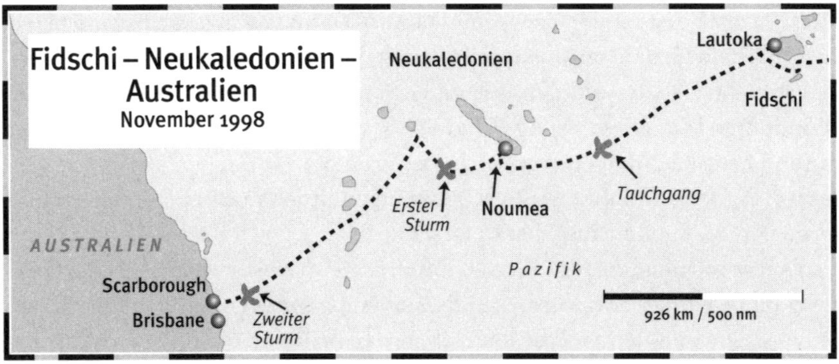

Wir hatten einen Monat auf den Fidschis verbracht, neue Freunde gefunden und außergewöhnliche Erfahrungen gesammelt einerseits, und uns andererseits das Gehirn zermartert, um die ständig länger werdende Liste unserer technischen Probleme zu erstellen: Unsere Lichtmaschine war defekt, und das Reserveteil verfügte nicht über dieselben Kapazitäten. Der Süßwasserbereiter gab ebenfalls den Geist auf, sodass strenge Rationierung des Trinkwassers nötig wurde; und, natürlich, hatte sich die Kühlbox verabschiedet. Aber jeder weitere Tag auf den Fidschis brachte uns näher an die Hurrikansaison heran, und unsere Route ging direkt auf Kollisionskurs mit diesen zerstörerischen Wüterichen.

Wir starteten also am ersten November zu dem auf eine Woche veranschlagten Schlag nach Neukaledonien, das etwa auf halbem Weg zwischen den Fidschis und Australien lag, und das war genau der Monat, in dem üblicherweise die Hurrikane zum Leben erwachen. Während der ersten Tage hatten wir aber nicht mit zu viel Wind zu kämpfen, sondern eher mit zu wenig. Die Northern Magic schlenderte gemächlich mit drei Knoten dahin, ohne Rücksicht darauf, dass wir nichts mehr wünschten, als jedem weiteren möglichen technischen Problem aus dem Weg zu gehen. Seit auch unser Autopilot auf der Verlustliste stand, standen Herbert und ich, manchmal unterstützt von den Kindern, ununterbrochen am Rad. Stundenlang starrten wir auf die See und den Kompass. Zur Abwechslung änderten wir manchmal die Reihenfolge.

Herbert versuchte sich an einer behelfsmäßigen Reparatur – indem er lötete, klebte oder sonstwie die gebrochenen Teile zusammenzubringen versuchte –, aber keine seiner fantasievollen Lösungen hielt mehr als ein paar Stunden. Da der Wind immer noch keinerlei Anstrengungen machte, begannen wir uns mit dem Gedanken an eine strapaziöse Passage abzufinden.

Drei Tage später wurden unsere Gebete erhört. Wind kam auf, unsere Windfahne (die bei so wenig Wind völlig unnütz gewesen war) trat wieder ihren Dienst an, und wir waren von der Fron befreit. Einen ganzen wunderbaren Tag lang konnten wir es uns unten gemütlich machen, anstatt ständig oben den Elementen ausgeliefert zu sein.

Es war während meiner Wache mitten in der nächsten Nacht, als das Ganze dann begann. Ich war nervös und hatte ein ungutes Gefühl, und die erbarmungslosen dunklen Wolken am Horizont reduzierten meine Besorgnis auch nicht gerade. Als ich das nächste Mal meinen Kopf hinausstreckte, entdeckte ich, dass der Wind komplett eingeschlafen war. Ich erinnerte mich daran, wie ich am Tag zuvor diese fedrigen Zirruswolken am Himmel ausgemacht und den Kindern gezeigt hatte. Sie waren oft die Vorboten eines Sturms.

Gegen ein Uhr morgens ging es los. Ich hatte gerade meine Zähne geputzt und wollte Herbert für seine Wache wecken, als ich plötzlich die Segel schlagen hörte. Ich streckte wieder meinen Kopf hinaus und sah, dass totale Flaute war. Wir dümpelten nur noch herum. Aber die bedrohlich dunkle Wolkenwand war bedeutend näher gekommen und verdeckte den Mond ganz. Ich weckte Herbert unter nervösem Kichern und informierte ihn über die Entwicklung.

Wir versuchten zusammen etwas System in unsere Beobachtungen zu bringen. Wir standen kaum im Cockpit, als es mit der Ruhe vorbei war. Der Wind, der bisher von Norden gekommen war, überfiel uns plötzlich aus Südwest. Herbert korrigierte die Segelstellung sofort, doch der Wind nahm in Minutenschnelle so zu, dass wir alles Tuch herunter holen mussten. Ironischerweise hatten wir nach all den Tagen des quälend langsamen Vorwärtskommens nun nur eines im Sinn: unsere Geschwindigkeit zu minimieren.

Gegen drei Uhr morgens legte ich mich in die Koje, aber ich fand keinen

Schlaf. Das Boot taumelte heftig. Das ständige Drehen des Windes in Kombination mit dem Aufkommen des Sturms jagte uns auf fünf Meter hohe Wellen hinauf, die sich gegenseitig hetzten und dann aus jedem nur möglichen Winkel auf uns niederkrachten. Wir taumelten von einem brutalen Schlag in den nächsten. Das Deck der NORTHERN MAGIC wurde ständig komplett überwaschen, der Bug schien in den Wellen vergraben.

In meiner Koje im Vorschiff konnte ich mich nur gegen die Wand stemmen. Jedes Mal, wenn wir den Kamm einer dieser schrecklichen Wellen erklommen hatten, stürzten wir anschließend so steil ins Tal hinab, dass mir davon äußerst übel wurde. In dieser Nacht konnte ich nie länger als ein paar Minuten am Stück die Augen schließen.

Gegen sieben Uhr erwachten die Kinder. Christopher und ich taumelten zu Michaels enger leerer Koje in der Naviecke und schichteten uns fest umklammert hinein. Wasser tropfte durch die Luke oben auf unsere Matratzen und uns herunter. Alle paar Minuten musste ich meinen Kopf wieder hinausstrecken, es war nämlich meine Aufgabe nach anderen Schiffen Ausschau zu halten – ein unsinniges Unterfangen, denn der strömende Regen reduzierte die Sicht auf Null.

Im Laufe des Vormittags ließ der Sturm etwas nach. Die Kinder konnten sich wieder aufrecht hinsetzen und sich ihren Computerspielen widmen, und ich konnte eine Fertigmahlzeit zaubern. Herbert tauchte aus einem dringend notwendigen Nickerchen wieder auf, der Wind hatte beträchtlich zurückgesteckt, und wir konnten das Großsegel wieder setzen, wodurch sich die NORTHERN MAGIC erheblich stabilisierte. Wir grinsten wieder und beglückwünschten uns. Wir waren schon früher durch heftige Stürme gegangen, aber sie hatten niemals lange genug gedauert, um so aggressive Wellen wie diese aufzubauen.

Herberts ganz persönlicher Quälgeist hatte sich in diesem Sturm mit fürchterlichen Zahnschmerzen bemerkbar gemacht. Als die Pein unerträglich geworden war, hatte er tatsächlich sein eigenes Zahnfüllmaterial erfunden und angewendet, indem er provisorisch eine Paste hineinschmierte, die wir in unserer Medizinkiste hatten. Es funktionierte, die Schmerzen waren wie weggeblasen – fünf Monate lang. Der Zahnarzt, den er dann in Australien endlich aufsuchte, staunte nicht schlecht und gab zu, dass er noch nie so eine selbstgebastelte Füllung gesehen hatte.

Der Einsatz unseres Radars hatte die Batterien fast komplett erschöpft, deshalb wollte Herbert die Maschine anwerfen und ein paar Stunden motoren. Aber sofort ging ein seltsames Schauern durch das Boot. Einige beunruhigende Anzeichen kamen vom Cockpit. Ich eilte hinauf, um einem neuen Problem gegenüberzustehen. Unbemerkt war eine Fockschot (jedenfalls die Schot, die zum Vorsegel oder zum Großsegel gehörte) über Bord gegangen. Als Herbert den Propeller des Motors in Gang gesetzt hatte, hatte sie sich dann darin verfangen. Das gab eine hoffnungslose Wuling. Bis Herbert das alles irgendwie wieder freigekämpft hatte, würden wir ohne Motor auskommen müssen.

Herbert versuchte alles, was ihm einfiel, aber ohne Erfolg. Müde steckten wir die Köpfe zusammen, um zu entscheiden, was zu tun war. Ich war der Meinung, dass wir weitersegeln sollten, bis wir vielleicht eine kleine Insel fanden, wo wir Anker werfen und an einem sicheren Platz den Propeller wieder freischneiden konnten. Aber Herbert glaubte, dass wir keine andere Wahl hätten, als die Arbeit hier und jetzt zu erledigen. Vor uns gab es ein wahres Labyrinth an Korallenriffen in Kombination mit unvorhersehbaren Strömungen. Dies war wirklich nicht der richtige Ort, um ohne Motor unterwegs zu sein. Drehte der Wind im falschen Moment, konnte das unser Ende bedeuten. Nein, er wollte sofort tauchen und die Schot lösen. Den Jungen und mir wurde übel bei dem Gedanken, dass unser Captain mitten im Ozean unter das schlingernde Boot tauchen wollte, aber Herbert war nicht davon abzubringen.

Ich wollte ihn dazu überreden, wenigstens das Sporttauchgerät einzusetzen, aber er war nicht einverstanden, denn er fühlte sich damit gehandicapt. Wir hielten das Vorsegel back und blockierten das Ruder so, dass größtmögliche Ruhe ins Boot kam. Die Wellen gingen jetzt nur noch eineinhalb Meter hoch, was aber immer noch hervorragend dazu geeignet war, einen Menschen, der ohne Schutzkleidung gegen einen Stahlrumpf geschleudert wurde, erheblich zu verletzen. Oder ihn an einem der scharfen Propellerflügel aufzuschlitzen. Aber auch beigedreht machte das Boot durch die Abdrift immer noch ein paar Knoten Geschwindigkeit, sodass wir zur Sicherheit eine Leine um Herberts Mitte schlangen und an einer Klampe belegten. Dann stieg er ins Wasser, und Michael und ich übten erst ein paarmal, ihn wieder an Bord zu hieven, damit wir sicher sein konnten, dass wir es auch im Notfall schafften.

Dann verschwand er in der Tiefe, und nur der Widerstand an der Leine in meinen Händen gab mir die Sicherheit, dass er noch da war, irgendwo da unten im dunklen Wasser. Wer konnte wissen, welche gefährlichen Kreaturen dort auf ihn lauerten? Die Jungen und ich spähten die Umgebung angestrengt nach einer eventuell auftauchenden Dreiecksflosse aus. Herbert hing schließlich an der Leine wie ein großer leckerer Köder.

Zwischendurch tauchte er auf und kehrte, nachdem er ein paarmal tief durchgeatmet hatte, wieder zu seiner Arbeit in die Tiefe zurück. Nach dem dritten Versuch kletterte er schwer atmend an Bord. An der Schulter hatte er eine offene Schramme. Zuerst sah es so aus, als ob sein ganzer Arm von Blut überströmt sei, aber dann merkten wir, dass es sich hauptsächlich um rote Antifoulingfarbe handelte. Die Fockschot war noch nicht völlig frei, aber er hatte schon fünf Törns abgewickelt. Und obwohl er an Deck vor Anstrengung und Kälte nur so zitterte, wickelte Herbert die Leine auf und kehrte dann in einer übermenschlichen Anstrengung in die Tiefe zurück, um auch noch den Rest zu entheddern. Das Ende war total ausgefranst und komplett kaputt. Und auch unser Captain war kaputt. Aber er hatte es geschafft, unser Motor funktionierte wieder, und wir hatten nur noch vier Tage auf diesem unfreundlichen Ozean vor uns.

*

Nachdem wir die südlichste Insel von Vanuatu trotz verführerischer Nähe passiert hatten, machten wir die Hauptinsel von Neukaledonien aus. Es ist die viertgrößte Insel im Südpazifik, ein unglaublich schönes Land, dessen reichliche Mineralvorkommen ihm eine atemberaubende rötliche Farbe schenken. Die rosigen Hügel sind mit satten grünen, hochragenden Pinien bewachsen, die dieser Insel im Südpazifik ein einzigartiges Flair verleihen.

Wir peilten Noumea, die Hauptstadt, an, eine überraschend kosmopolitisch und sehr französisch orientierte Stadt. Wir hatten das Gefühl, nicht in Melanesien zu sein, sondern an der französischen Riviera. In den Straßen von Noumea erblickten wir hauptsächlich weiße Gesichter, das Französisch hatte einen Pariser Akzent, und die schlanken, sorgfältig gestylten und frisierten Damen präsentierten sich in körperbewussten Miniröcken und Stöckelschuhen. Elegante Modeboutiquen und Restaurants säumten die Straßen. Die langen Alleen mit den hohen Wasserfontänen hätten auch nach Paris gepasst. Sogar der Obstmarkt zeigte eine gewisse Eleganz.

Wir konnten uns in Neukaledonien nichts anderes leisten als Ananas und Baguettes. Dennoch fühlten wir uns wie in den Ferien, mit diesen sauberen Straßen, den wunderbaren Warenhäusern und diesem wohltuenden Glanz von Kultiviertheit.

Wir besuchten ein Festival mit einer Skulpturenausstellung, das besonders einheimische Kunst vorstellte, und lachten, als wir den Kindern bei traditionellen polynesischen Tänzen zuschauten nach den Rhythmen der Rockmusik an Stelle des mächtigen Klangs der Trommeln der Eingeborenen. Ich werde niemals die kleinen blumengeschmückten Mädchen von Tonga oder Tahiti mit ihren langen dunklen Haaren und ihren Grasröckchen vergessen, die sich im Rhythmus von *Come on baby, do the locomotion!* bewegten. Irgendwie wirkte es perfekt synchron mit der Wirklichkeit von Neukaledonien.

Wir alle mussten uns dringend von den vergangenen Strapazen erholen und Kraft für die bevorstehende Passage nach Australien sammeln, und das galt natürlich besonders für Herbert. Ausgelaugt von dem unter Reparaturen begrabenen Monat auf Fidschi, ging er nun durch eine quälende Talsohle von neuerlichen Defekten, die sich immer schneller jagten und die er fast nicht in den Griff bekommen konnte. Der Sturm und das Tauchunternehmen hatten ihm zugesetzt, und die Sorgen wegen der bevorstehenden Hurrikansaison und die ständig länger werdende Reparaturliste machten es nicht besser. Der Autopilot, die Lichtmaschine, der Wasserzubereiter, die Lenzpumpe, die Toilette, der Außenanstrich, der Baum, die Auspuffanlage, Risse in den Segeln und nun sogar ein Ausfall der Videokamera waren nur einige der Posten auf einer langen Liste, die wie Jacob Marleys Kette[1] täglich schwerer und schwerer an ihm zog.

All dies verhinderte, dass Herbert wirklich ausspannen und unseren Aufenthalt in Neukaledonien genießen konnte. Wenn er nicht mit den Reparaturen beschäftigt war, brütete er über Informationen über Stürme und Hurrikane, studierte täglich sorgfältig die Wetterkarten und versuchte für unseren Sprint nach Australien ein günstiges Wetterfenster ausfindig zu machen. Die Wettersituation sah sehr unerfreulich aus, mit Wetterfronten, die ebenso regelmäßig wie erbarmungslos unseren Weg zu kreuzen drohten. Nach unserer letzten Erfahrung waren wir nicht wild auf eine Wiederholung. Eine einzige Fehleinschätzung, der Verlust eines wichtigen Teils der Ausrüstung oder ein schlichtes Missverständnis konnten unser Leben kosten.

*

---

[1] Anspielung auf die Geschichte: »A Christmas Carol« von Charles Dickens, in der Jacob Marley als Geist dem Geizhalz Ebenezer Scrooge erscheint (Anm. d. Ü).

Am 16. November trat unser Wetterfenster auf den Plan. Das war unser Tag. Neunhundert Seemeilen trennten uns von Australien, wo wir vor der kommenden Hurrikansaison sicher sein würden.

Als wir ausliefen, waren wir ziemlich nervös, aber gleichzeitig auch erleichtert, dass wir die Passage endlich angingen. Am ersten Tag hatten wir kaum Wind, und die ganze Nacht über konnten wir immer noch die Lichter von Neukaledonien sehen. Gegen Morgen hatten wir kaum mehr als zwanzig oder dreißig Meilen geschafft, und es war nicht der Mühe wert, unsere neue Position auf dem großen weiten Meer zu notieren.

Am dritten Tag erreichten uns per Wettercharts und in den E-Mails meines Vaters, der uns als persönlicher Wetterfrosch diente, Nachrichten, die nichts Gutes erwarten ließen. Einige Tiefs südlich von unserer Position zeigten unerwartete Auswirkungen und vereinigten sich zu einem massiven Tiefdrucksystem. Das Barometer begann zu fallen. Die Wettervorhersage sprach von einem außergewöhnlichen Tief. Bald hatten wir nicht mehr zu wenig Wind, sondern zu viel. Er kam direkt von Westen, unserem Ziel.

An diesem Punkt, zweihundert Meilen westlich von Neukaledonien, hatten wir eine Entscheidung zu treffen. Es stand außer Frage, Kurs auf das westliche Sturmtief zu nehmen, das sich dort aufbaute, deshalb mussten wir von unserer geplanten Route abweichen und entweder nach Süden oder nach Norden laufen.

Normalerweise hätten wir uns für den südlichen Kurs entschieden, da Brisbane südwestlich lag. Aber jetzt liefen wir nach Norden. Auch wenn das bedeutete, dass wir Australien erheblich später erreichen würden, wollten wir so dem Tief aus dem Weg gehen. Die nächsten Tage würden zeigen, ob unsere Kalkulation Erfolg hatte.

Mit Einbruch der Dunkelheit nahm der Wind weiter zu. Südlich von uns wuchs der Sturm auf fünfundvierzig Knoten an, baute steile Wellen auf und eine gewaltige Dünung. Die Wucht, mit der wir in die Täler krachten, löste bei mir die schlimmste Attacke von Seekrankheit aus, die mich bis zu diesem Zeitpunkt je angefallen hatte. Sogar Herbert erwischte es zum ersten Mal. Nur die Kinder, die sicher in ihren Kojen verstaut lagen, blieben immun. Wie sie unter diesen Bedingungen schlafen konnten, blieb mir ein Rätsel.

Nach einem elend langen Tag im Kampf mit dem Sturm bestimmte ich unsere Position und war entsetzt über die Abweichung weit nach Norden. Wegen der Abdrift stach Neukaledonien für uns jetzt nach Westen vor, und während wir Kurs nach Norden hielten, gerieten wir dichter und dichter Richtung Nordspitze. Zu diesem Zeitpunkt waren wir weiter von Brisbane entfernt als zwei Tage vorher. Aber nun explodierte das Tief mit Winden über fünfhundert Meilen aus seiner Drehachse heraus. Anfangs waren wir zweihundert Meilen entfernt von der Windhose, aber seit sie sich so nach Süden vorarbeitete wie wir uns nach Nordwesten, gerieten wir in den äußeren Rand ihrer Wut. Wir empfingen die beunruhigende Meldung, dass eine Yacht ungefähr zweihundert Meilen südwestlich von uns ihren Mast verloren hatte und aufgegeben worden war. Damals wussten wir noch nicht, dass zwei Menschen den Tod gefunden hatten, als das Boot in einem 360-Grad-Törn zerrissen worden war.

Unser Nordkurs brachte uns tatsächlich aus der unmittelbaren Gefahrenzone. Allerdings näherten wir uns jetzt einer Reihe von Riffen. Wir konnten also unseren Kurs nicht beibehalten. Kurz bevor es dunkelte, boten wir den brüllenden Winden die Stirn und gingen über Stag, Kurs Süd, also zurück zum Zentrum des Sturms. Mehrmals dachten wir daran, zurück nach Noumea zu laufen. Aber irgendwie wollten wir uns nicht damit abfinden, dass wir das alles für nichts durchgemacht haben sollten.

Obwohl sich die Winde dann auf fünfunddreißig Knoten reduzierten, bescherten uns die Wellen immer noch starke Seekrankheit. Wir hatten außerdem noch mit etwas völlig Neuem zu kämpfen. Um uns herum tobten Gewitter, manchmal direkt über uns, manchmal von einer Seite auf die andere wechselnd. Wir versuchten diese Schläge so gut zu nehmen, wie es eben nur ging, aber wenn einer traf, legten die Drücker schlagartig zehn Knoten oder mehr zu, und der Regen prügelte brutal auf uns ein.

Um die Dinge noch einen Zacken zu verschärfen, überhitzte unser Motor. Herbert, der flach auf dem Boden lag und sich übergab, während sich alles um ihn drehte, sah sich mit der Aussicht konfrontiert, sich kopfüber in den stinkenden Maschinenraum zu hängen, während das Boot bockte und rollte. Das war ein todsicheres Rezept, die Übelkeit ins Unerträgliche zu steigern und deshalb undurchführbar. So warteten wir zwei Tage lang, boten dem Sturm die Stirn, bis sich die Dinge so weit beruhigt hatten, dass er eine Reparatur in Angriff nehmen konnte.

Sturmböen und auch die üble Wolkenfront mit ihren schwarzen Windachsen hingen immer noch um uns herum, als Herbert all seine Kraft aufbot, um sich den Motorschaden vorzunehmen. Unsere Batterien waren fast am Ende, wir konnten nicht einmal mehr die Beleuchtung einsetzen. Herbert öffnete eine Klappe im Boden des Salons, um den Motorraum freizulegen und machte sich ans Werk. Ich hielt mich bereit, ihm das benötigte Werkzeug hinunter zu reichen.

Schließlich forderte er mich mit hochrotem Kopf und Schweiß auf der Strin auf, den Motor vom Cockpit aus zu starten und kurzzeitig hochzudrehen, um zu prüfen, ob die Kühlung funktionierte. Ich hechtete ins Cockpit, und was ich sah, traf mich wie ein Schock: Einer dieser schnell vorwärts eilenden Windstreifen hing bereits fast über uns. Bei näheren Hinsehen identifizierte ich es als eine rasende Schnur aus Wind und Regen. Im nächsten Moment brach auch schon die Hölle los.

Diese Windachse ähnelte keinem der Wetterphänomene, die ich jemals früher gesehen hatte. Sie fiel über uns her wie eine Horde wild gewordener Hengste.

Von einem Moment zum anderen krängten wir in einem geradezu obszönen Winkel. Wir hatten immer noch das Vorsegel und das gereffte Groß oben, und der Autopilot versuchte Kurs zu halten, aber unser Mast legte sich schon fast in die Gischt. Das Wasser raste übers Schandeck und begrub zu meinem größten Entsetzen sogar unsere Kajütaufbauten unter sich. Alle Bullaugen an Steuerbord hingen einen halben Meter unter dem Wasserspiegel. Sollte eines dem Druck nicht standhalten, würde das Meer ungehindert ins Boot steigen.

Meine absolute Priorität war natürlich das offen stehende Luk, durch das ich eben nach oben gekommen war. Das Wasser um mich brodelte unsäglich. Ein Grad mehr Krängung, und hunderte über hunderte Liter Ozean würden im Schwall nach unten ins Boot zischen. In diesem Moment tauchte zum ersten Mal auf unserer Reise die plötzliche Vision vor meinem geistigen Auge auf, dass wir gezwungen sein könnten, in unsere Rettungsinsel zu gehen. Ich konnte mich dieser Vorstellung nicht erwehren.

Während ich diesen Horror zu vertreiben versuchte, schrie ich mit aller Kraft nach Herbert, obwohl ich keine Vorstellung davon hatte, ob er mich in diesem Getöse überhaupt hören konnte. Der plötzliche Ruck nach Steuerbord hatte ihm mit voller Wucht die schwere Klappe zum Maschinenraum in den Rücken geknallt, als er genau darunter hing. Auch ohne mein Geschrei wäre ihm wohl klar gewesen, dass etwas nicht stimmte.

Ich riss meine Augen vom Anblick dieses weit geöffneten Schlunds los, entkoppelte die Selbststeueranlage und übernahm das Ruder. Mein erster Gedanke war, den Wind achterlich zu nehmen. Das würde ein Umschlagen verhindern und auch den Druck des scheinbaren Winds mindern, da wir vor ihm ablaufen konnten, statt ihn gegen uns zu haben. Aber so sehr ich mich auch am Rad abmühte, ich hatte nicht genug Kraft. Die zwanzig Tonnen der Stahlyacht arbeiteten gegen mich. Ich beharrte fünf oder zehn Sekunden lang auf meiner Absicht, ehe ich mich fügen musste.

Mittlerweile war Herbert ins Cockpit gekommen. Michael starrte mit weit aufgerissenen Augen aus der vorderen Luke. Wir brüllten ihm zu, beide Luken zu schließen und alle Bullaugen zu kontrollieren. In seinem Gesicht stand die nackte Panik, als er die kochende See direkt vor seiner Nase über das Deck waschen sah.

Er schloss die Luke mit voller Wucht und kontrollierte die tief im Wasser liegende Steuerbordseite. Er war der Einzige der Kinder, der sich über die Katastrophe im Klaren war, die sich da um uns zusammenzog. Zum ersten Mal, seit wir ausgelaufen waren, hatte er wirklich Angst. Nachdem er seine Aufgabe erledigt hatte, legte er sich zitternd in seine Koje. Aber er hielt vor seinen Brüdern geheim, dass die Bullaugen an Steuerbord unter dem Wasserspiegel fuhren.

In diesem Moment versuchte ich in den Wind zu drehen, und Herbert löste die Fockschot. Sofort richteten wir uns uns wieder auf. Die Gefahr war so schnell vorbei, wie sie uns angefallen hatte. Unser Vorsegel schlug wie wild und knallte um die Stage. In wenigen Minuten würde sie in Fetzen gerissen sein. Herbert schuftete an der Winsch, um das Vorsegel einzurollen, und betete, dass es ihm gelang.

Natürlich musste auch das Großsegel runter. Dieses Manöver war noch prekärer, denn dazu musste er die relative Sicherheit des Cockpits verlassen. Herbert schnappte sich seine Sicherheitsgurte, pickte die Leinen an dem stählernen Bugkorb ein und versuchte, das Segel zu erreichen. Aber der Gurt an der Steuerbordseite löste sich irgendwie, während Herbert vorwärts kroch, sodass er gezwungen war, ins Cockpit zurückzukehren. Dann versuchte er es auf der Backbordseite und schaffte es. Natürlich war es von dieser Position aus ungleich schwieriger, das Groß einzuholen, und er brachte es auch nicht völlig herunter.

Währenddessen versuchte ich das Boot so zu halten, dass es nicht über Stag gehen konnte oder der Großbaum Herbert nicht vor den Kopf knallte. Ich brauchte dazu meine ganze körperliche Kraft.

Der Sturm hielt uns immer noch mit ganzer Wucht in den Krallen, der Regen schüttete sich über uns aus und malträtierte unsere Körper wie mit Stahlnadeln, scharf und kalt. Wir trugen beide nur T-Shirts und Shorts, und in Sekundenschnelle waren wir durchweicht worden und froren jetzt. Während Kälte, Anstrengung und Adrenalinschübe gleichzeitig durch mich hindurch jagten, befiel meine Arme und Beine ein gewaltiges Zittern, das so schlimm wurde, dass ich kaum noch das Rad halten konnte. Mein rechtes Bein, das eigentlich mein Standbein sein sollte, zitterte dermaßen, dass ich kaum mehr aufrecht blieb.

Wie lange stand ich so im Cockpit? Fünf Minuten? Fünfzehn? Meine Wahrnehmung verzerrte sich. Ich wusste nur noch, dass es Herbert doch gelungen war, das Großsegel zu bergen, und wir umarmten uns in diesem kalten, alles durchdringenden Regen und bibberten gemeinsam im Cockpit in einer Mischung aus Schrecken und Erleichterung. Irgendwie bekamen wir dann doch mit, dass der Sturm der vergangenen beiden Tage weiterzog – unsere erste wirkliche Prüfung als Segler war überstanden.

Doch kaum waren wir unten, gab es bereits ein neues Problem. Von uns zunächst unbemerkt, hatte die Lichtmaschine ihren Geist aufgegeben. Wir hatten keinen blassen Schimmer hinsichtlich der Ursache, bis Herbert die Motorabdeckung öffnete, um zunächst die Ventile zu schließen, und zufällig einen Blitz sah. Kurzschluss. Jeden Moment hätte ein Feuer an Bord ausbrechen können.

Wieder musste Herbert nach unten, so krank und erschöpft er auch war, um die Lichtmaschine auszutauschen. Es handelte sich dabei um unser Reserveteil, das bereits einmal versagt hatte, deshalb montierte er nun die Lichtmaschine mit höherer Leistung. Während der restlichen Passage hatten wir ständig Ärger mit diesem Teil, das seinen Keilriemen aufarbeitete und immer wieder nervige Geräusche von sich gab. Es sah so aus, als wären unsere Probleme, die endlosen Stunden in Angst und Elend, noch lange nicht zu Ende.

*

Gegen Ende des fünften Tages wollte uns der Sturm immer noch nicht aus dem Griff lassen. Wir hielten wieder Kurs nach Norden und näherten uns deshalb auch wieder den Riffen. Also fuhren wir eine Wende nach Süden knapp zwanzig Meilen westlich von der Position, an der wir tags zuvor abgedreht hatten.

Der Gedanke machte uns krank, unter welch schwierigen Bedingungen wir die letzten vierundzwanzig Stunden gelitten hatten, und dass wir trotz dieser Strapazen nur lächerliche zwanzig Meilen gewonnen haben sollten.

In den frühen Morgenstunden von Tag Nummer sechs wiederholten wir praktisch den Kurs des Vortags. Die Ursache all unserer Schwierigkeiten stand nun südöstlich von uns. Gegen Mittag baute der Wind bis unter Sturmstärke ab, und so konnten wir unseren Südwestkurs wieder aufnehmen. Drei der sechs Tage waren wir in der Faust des Sturms gewesen. Die Folge: Wir waren wieder näher an Neukaledonien als zu Beginn des Sturms.

Tag Nummer acht war eigentlich als Tag des Landfalls in Australien vorgesehen, stattdessen arbeiteten wir uns auf halber Strecke durch Untiefen und Riffe. Während wir unseren Weg suchten – ständig gewärtig auf das Kelso Reef zu laufen –, standen Herbert und ich unter einer gewaltigen Anspannung. Seit fünf Tagen hatten wir außerdem kaum gegessen oder geschlafen.

Immer wieder tauchte in uns der Wunsch auf, wir könnten unser kleines Boot einfach der Drift überlassen und so eine Ruhepause bekommen. Aber das war nicht möglich. Wir hatten noch einige Tage harter Arbeit vor uns, ehe wir uns in Sicherheit wiegen konnten, mit der täglich wachsenden Wahrscheinlichkeit, in die Fänge weiterer Sturmattacken zu geraten. Herbert brummelte, dass er sich wie einer dieser unglücklichen Tropikvögel auf Palmerston Island fühlte, die hilflos am Boden sitzen, bis sie aufgegriffen, in einen Sack gesteckt und ihrem Schicksal überantwortet werden. Ihnen blieb auch nur ihr hilfloses Kreischen.

Es vergingen mehrere Tage. Wir waren müde, hundemüde, und wir konnten das Trauma des Sturms nicht einfach hinter uns lassen, denn die Lage verlangte händisches Rudergehen von morgens bis abends. Es gab nicht genug Wind, um zu segeln, und unsere Windfahne war nutzlos. Wir waren immer noch zwei Tagesstrecken von Australien entfernt, als uns am zehnten Tag unserer stürmischen Fahrt über den Südpazifik die dunkle Ahnung beschlich, dass weiteres Ungemach auf uns lauerte. Mein Vater übermittelte uns eine australische Warnung für Kleinfahrzeuge, aus der hervorging, dass ein weiterer Sturm voraus auf uns wartete. Dads E-Mail sagte uns, dass wir »eine nasse Schlingertour« erwarten sollten. Nur wenige Stunden später veranlasste ihn der Gedanke, dass sein Ton vielleicht zu flippig gewesen war, zu einer weiteren, eindringlicheren Warnung. Sie kam ungefähr in dem Moment, als uns klar wurde, was uns bevorstand.

Ein Tief, zu diesem Zeitpunkt circa hundert Meilen westlich von uns, kreuzte unseren Kurs. Es gab kein Entrinnen, wir mussten mitten durch das Zentrum. Wir waren uns unserer Verletzlichkeit überaus deutlich bewusst, und das zerrte an unseren Nerven, zumal wir physisch und psychisch erschöpft auf das Ende der Torturen starrten. Zweihundert Meilen trennten uns von Australien – und ein weiterer Überlebenstest.

Unserer Berechnung nach sollten wir die australische Küste während der nächsten Nacht erreichen. Wir waren niemals bei Dunkelheit in einen fremden Hafen eingelaufen, und dies nun unter Sturm zu versuchen, stand außerhalb jeder Diskussion. Wir trafen deshalb eine unerfreuliche, aber notwendige Entscheidung.

Notfalls wollten wir beidrehen, um dann unsere Ankunft eben erst in die Morgendämmerung des übernächsten Tages zu verlegen. Obwohl wir natürlich eigentlich nur noch ankommen wollten, trödelten wir herum wie eine lahme Ente und warteten, ohne zu wissen, welche Schrecklichkeiten der folgende Tag für uns bereit halten würde.

Die Nacht war ruhig und von berückender Schönheit. Kaum zu glauben, dass die Unwetter schon auf dem Weg waren! Während die Jungen und ich den wunderbaren Sonnenuntergang vom Cockpit aus bewunderten, lauschten wir dem australischen Wetterbericht. Sie sprachen von einem gewaltigen Sturm, der Annullierung der Profi-Sportveranstaltungen und forderten die Menschen auf, ihre Häuser nicht zu verlassen.

Herbert und ich versuchten vorsichtshalber, noch eine Mütze voll Schlaf als Vorrat zu ergattern.

Am nächsten Morgen hatte sich das spektakuläre Orange am Himmel in ein hässliches, unheilschwangeres Grau verwandelt. Da ich für Christophers Frühstück ein paar Spiegeleier braten wollte, übergab ich Michael das Ruder. Es war klar, dass mir nicht mehr viel Zeit zur Verfügung stand, denn am Horizont drohte bereits die uns mittlerweile vertraute schwarze Wand wie ein unerbittlicher Schmollmund.

Keine zehn Minuten später kehrte ich ins Cockpit zurück, und der erste Squall[2] schlug los. Unser Vorsegel und das kleine Besansegel waren noch oben und mussten runter. Das war wichtig, damit wir nicht durch die kurzen Drücker Lage machten, wie schon einmal. Sobald ich spürte, dass der Wind griff,

---

2 squall (engl.): plötzlicher Windstoß in beträchtlicher Stärke (Anm. d. Ü.).

nahm ich Nordkurs, sodass wir mit dem Squall geschoben wurden. Obwohl die Bedingungen im Cockpit bei strömendem Regen und peitschendem Wind erbärmlich waren, zeigte meine Strategie Erfolg, und wir konnten diesen ersten Überfall erfolgreich abwettern.

Der Himmel um uns hatte mittlerweile die Farbe eines Hexenkessels angenommen. »*Bubble, bubble, toil and trouble*«[3], tönte es in meinem Kopf. Nicht einmal Shakespeare hätte sich einen düstereren Himmel ausmalen oder Schlimmeres erwarten können als ich, während ich hilflos auf den Mahlstrom starrte, der unser ganz allein auf dem wilden und dunklen Meer schwimmendes Heim bedrohte.

Sogar wenn uns der Wetterbericht nicht informiert hätte, dass das Zentrum des Sturms direkt über uns hängen würde, hätten wir es an der unglaublichen Wucht ablesen können, mit der er über unsere Köpfe hereinbrach. Tiefe dunkle Wolken mit schwarzen Rändern fegten von Süden nach Norden; dichte graue Regenflagen rauschten aufs Wasser nieder; gewaltige runde Kumuluswolken trieben heran, blühten auf und entfalteten sich mit einem Unheil verkündenden Ton wie die Schirmpilze der Atombomben. Schwarze Wolkenformationen bauten sich auf und breiteten sich über uns aus wie riesige Hände, die uns im nächsten Augenblick zermalmen wollten. Die Sonne war verschwunden, als hätte sie Angst vor diesen Giganten, die sich auf ihrem Schlachtfeld gegenseitig zu vernichten trachteten. Wenn man dann so schutzlos im offen Cockpit eines kleinen Bootes steht, ist der Zusammenprall solcher Riesengewalten ein ergreifender und Furcht einflößender Anblick.

Sturmbö nach Sturmbö rasten übers Wasser heran. Der Wind hatte nun eine Geschwindigkeit von mindestens fünfunddreißig Knoten erreicht, und jedes Mal, wenn ein Squall über uns weg tobte, pfiffen wenigstens fünfundvierzig Knoten schrill auf. Ich hielt Kurs, so gut ich konnte, indem ich versuchte, den Druck auf das Boot und die Segel so gering wie möglich zu halten. Die Sturmspitzen würden in der nächsten halben Stunde oder auch noch länger nichts von ihrer Gewalttätigkeit einbüßen, und wir würden von dem schräg herunterrauschenden Regen ständig weiter Prügel beziehen. Die Wellen bauten sich von drei auf vier auf fünf Meter und höher auf. Irgendwann entwickelte ich am Ruder ein Gespür dafür, ähnlich einem Hochgefühl beim Flie-

[3] Wortspiel/Shakespeare: Macbeth. Vierter Aufzug, 1. Szene: *»Double, double, toil and trouble; Fire burn and cauldron bubble.« Dt.:* »Spart am Werk nicht Fleiß noch Mühe, Feuer sprühe, Kessel glühe!« (Anm. d. Ü.)

gen, ein starkes Gefühl, am Leben zu sein. Alles hing davon ab, dass ich meine Pflichten erledigte. Immer wieder kostete es mich meine gesamte Kraft, das Boot auf Kurs zu halten, indem ich meinen ganzen Körper gegen das Rad stemmte. Auf diese Weise widerstanden wir ungefähr zehn Squalls.

Dann, als wir mitten durch den dunklen Vorhang der letzten Sturmspitze brachen, sahen wir zu meinem größten Erstaunen dahinter einen blauen Himmel. Der Regen war vorbei. Der Wind brach zusammen. Zum ersten Mal seit fünf Stunden konnte ich die Hände vom Rad nehmen. In meiner rechten Schulter tobte ein dumpfer Schmerz, und mein rechter Daumen fühlte sich total taub an, nachdem ich ihn mehrere Stunden – Tage, Wochen – um das Rad gekrallt hatte. Ich stolperte zur Naviecke hinunter, wo Herbert auf Michaels Koje Pause machte. Trotz meiner Erschöpfung fühlte ich mich stolz und glücklich. Ich hatte uns durch das Schlimmste hindurch gesteuert, und Australien war nur noch sechzig Meilen weit weg.

Herbert, der – erst zum zweiten Mal in seinem Leben – von der Seekrankheit angefallen worden war, saß da und sah irgendwie fiebrig aus. Sein Kopf war heiß, und er wurde trotz einer dicken Decke vom Schüttelfrost gequält. Ich blieb eine halbe Stunde neben ihm sitzen. Dann fühlte ich einen seltsamen Wechsel im Rhythmus der Wellen. Als ich meinen Kopf aus dem Luk streckte, konnte ich kaum glauben, was ich sah.

Der wunderbar blaue Himmel war einem schrecklichen schwarzen und grauen Durcheinander aus Wolken gewichen, einem Mahlstrom von unglaublichem Ausmaß. Vor meinen Augen wuchs eine undurchdringliche weiße Mauer empor und breitete sich im Galopp über der schäumenden Wasserfläche aus. Meine Sonnenbrille wurde mir auf Anhieb noch unter der Kapuze meines Schlechtwetteranzugs weggerissen.

All die lange zurückliegenden Albträume von Stürmen auf dem Meer, die mir in der Sicherheit und Wärme meines heimatlichen Bettes so zugesetzt hatten, waren nichts im Vergleich zur Wirklichkeit, wie sie nun über uns herfiel. Alles, was wir bisher durchgestanden hatten, war nichts als ein Probelauf gewesen. Jetzt erst begann unser erster richtiger Sturm.

Wir jagten mit acht Knoten mit dem Wind dahin, das heißt unser Windmesser zeigte fast fünfzig Knoten an, was nichts anderes bedeutete, als dass wir praktisch um die achtundfünfzig Knoten hatten oder eine Geschwindigkeit von hundertfünf Kilometern pro Stunde. Während einzelner Drücker waren es sogar noch mehr. Damit war die Orkangrenze erreicht, zwischen zehn und elf Beaufort. Es war die Art von Sturm, über den Segler den Rest ihres Lebens erzählen. Die Art von Sturm, die im maßgeblichen Buch über Schwerwettersegeln *survival storm* genannt wird. Innerhalb von Minuten wuchsen die Wellen auf sieben Meter an. Enorme weiße Kämme zischten über die Wellen hin, brachen und stürzten um uns her in die Tiefe, über unser Deck und das Cockpit.

Ich hielt das Ruder mit beinhartem Blick auf den Kompass und zwang mich, das Chaos rings um mich her zu ignorieren. Ich betete zu Gott, dass er mich stark machen möge. Manchmal sah ich aus den Augenwinkeln heraus das helle Leuchten der Blitze, ein Wetterleuchten hinter Wolken oder hinterm Horizont.

Zunächst gab ich mich noch der Hoffnung hin, dass es sich nur um weitere Squalls handelte. Aber als es keinerlei Anzeichen für ein Abflauen gab – falls sich überhaupt etwas veränderte, dann nur zum Schlimmeren – schrie ich nach Herbert, damit er ins Cockpit kam, um die Segel zu bergen. Ich wusste, dass ich damit schon reichlich spät dran war, aber dummerweise hatte ich versucht, ihm das Verlassen des Krankenlagers zu ersparen.

Herbert versuchte das Vorsegel größtenteils einzurollen und reffte das Großsegel fast ganz. Später holte er das Großsegel völlig ein, und wir segelten vor Topp und Takel. Vom Boot in die Pflicht genommen, saßen wir nebeneinander im Cockpit und wechselten uns am Ruder ab. So ging es Stunde um Stunde, und der düstere Tag ging langsam in die noch dunklere Nacht über. Der Sturm hielt an, und die Wellen wurden noch höher.

Unten waren die Kinder sich selbst überlassen. Sie hatten sich zur Sicherheit in ihre Kojen verzogen. Als uns die Dunkelheit einhüllte, torkelte ich nach unten, um mich zu vergewissern, dass die Leesegel an Ort und Stelle saßen.

Bald jagten wir in die tiefe Dunkelheit hinein, von Albtraumwellen gebeutelt, die sich bis zu zehn Metern aufgebaut hatten. Sie türmten sich vor uns auf, mehr als über die halbe Höhe unseres Mastes, auf Höhe der Saling. In dieser Dunkelheit wirkte alles noch viel bedrohlicher. Wir konnten kaum etwas anderes als das schrecklich helle Leuchten der sich brechenden Wellenkämme und das regelmäßige Wetterleuchten richtig ausmachen.

Während wir in einem Wellental hingen, zeichnete sich schäumende Gischt über uns ab, immer bedrohlicher beschleunigend, als würde sie im nächsten Moment direkt auf uns herunter preschen. Gerade als es so aussah, als würden wir verschlungen, begann die Welle uns nach oben zu schieben, die Gischt war nicht länger über, sondern jetzt direkt neben uns und wusch über das Deck und ins Cockpit. Ein Riese, ein Goliath des Meeres, nahm uns auf seine gigantischen Schultern, als beabsichtigte er unsere Zerstörung. Einen Moment lang hockten wir dort, verfangen in dem wirren, leuchtenden Haar des Riesen, während die NORTHERN MAGIC sich tapfer aufrichtete, das Vor- und Achterdeck überspült mit Schaum. Dann jagte uns der Riese über seinen Rücken hinunter, und seine wilde weiße Mähne umfloss ihn, während er seinen unheilvollen Weg fortsetzte.

Nur Sekunden später packte uns schon die nächste Welle. Und wieder ging es aufwärts. Die Titanen wurden nicht müde, uns zu hetzen, mit uns zu spielen und uns dann wieder mit einem ohrenbetäubenden Krachen in die Tiefe zu schmettern.

Ich versuchte, das grausame Spiel nicht mehr anzuschauen und fixierte meinen Blick auf den Kompass, um nicht abgelenkt zu werden. Es half mir auch, meine Angst zu vergessen. Herbert stand neben mir, beobachtete, wie die Wellen von achtern heranjagten, und gab mir Ruderanweisungen, sodass wir die Wellen seitlich abreiten konnten, wobei er mich vor den mächtigsten besonders warnte. Wenn wir sie seitlich zu direkt angingen, bestand die Gefahr, dass sie uns überrollten und unter dem brechenden Kamm zum Kentern brachten. Rasten wir im gestreckten Winkel hinunter, liefen wir Gefahr, über unseren Bug zu stolpern. Hundertmal, wenn wir mit dem Sturm vor Topp und Takel mit einer Geschwindigkeit von viereinhalb Knoten liefen, dankte ich unserem starken, langsamen, stabilen Stahlboot. Die NORTHERN MAGIC schien genau zu wissen, was sie tat.

Gegen Mitternacht waren wir bereits fünfunddreißig Meilen vor der Küste. Wir hatten fünfzehn Stunden lang händisch durch den Sturm gesteuert. Wir beschlossen zu versuchen, vor Topp und Takel zu treiben, was bedeutete, das Boot sich selbst zu überlassen. Da wir so etwas noch nie versucht hatten, verhielten wir uns vorsichtig und hielten uns bereit, jederzeit einzugreifen. Dann lehnten wir uns zurück, das Herz schlug uns bis zum Hals, und wir warteten, was geschehen würde.

Aber es geschah nichts. Auch ohne unsere Arbeit am Ruder setzte die NORTHERN MAGIC ihren Weg fort, nahm jede Welle in einem günstigen Winkel übers Heck und stieg hinauf und hinunter wie vorher. Wir saßen ungefähr eine halbe Stunde nur da und versicherten uns gegenseitig, dass wir in ihrer Hand sicher waren, ehe wir uns erleichtert nach unten verzogen.

Unten war es jetzt sehr gemütlich. In dem warmen heimeligen Salon, ohne den Angriff durch Wind und Regen und ohne die schrecklichen Wellen beobachten zu müssen, fühlte sich alles viel weniger dramatisch an. Bis zu einem gewissen Grad schafften wir es sogar, uns auszuruhen. Wir vertrauten darauf, dass die NORTHERN MAGIC uns beschützen würde.

Wir wechselten uns ab, wer ruhen durfte und wer Wache hatte, und streckten nur den Kopf alle paar Minuten hinaus, um sicher zu gehen, dass kein anderes Schiff uns überrannte. Tatsächlich zeigte uns unser Radar zu diesem Zeitpunkt drei Ozeanriesen nur wenige Meilen von uns entfernt, in gleich bleibenden Positionen und Entfernungen zueinander. Der Sturm war so heftig, dass sogar große Schiffe klein beigeben mussten. Es gab nicht viel, was wir tun konnten, außer sorgfältig Wache zu gehen und zu hoffen, dass alles bald ein gutes Ende nehmen würde.

Natürlich machten wir uns Sorgen, der Sturm könnte uns auch am Morgen daran hindern, in den Hafen einzulaufen. Bei derartigem Wind und Seegang war es unmöglich zu versuchen, durch die schmale Einfahrt hineinzugelangen. Die Kontrolle über unser Boot zu verlieren und auf die Felsen gesetzt zu werden, wäre die schlimmste Variante. Falls der Sturm anhielt, müssten wir also auf See zurückkehren oder sogar unseren Weg nach Norden zum nächsten Hafen fortsetzen – ein Weg von zweihundert Meilen.

Das Eine wie das Andere bedeutete weitere Tage auf See. Schon der Gedanke daran erfüllte uns mit Verzweiflung.

Gegen Mitternacht machte sich unser Inmarsat bemerkbar. Mit einem Sprung war ich am Gerät, voller Hoffnung auf Neuigkeiten, und ich hätte das Teil küssen können, als ich las, dass der Sturm von uns abdrehen und der Wind innerhalb der nächsten sechs Stunden abflauen würde. Mit dem Wissen, dass ein Ende in Sicht war, waren die wenigen Stunden des Wartens am nächsten Morgen ungleich einfacher zu ertragen. Es sah so aus, als sollte unsere Albtraumpassage bald überstanden sein.

Ich versuchte mich auszuruhen, während Herbert seine Wache übernahm, aber Schlaf war mir nicht vergönnt. Das Beste, was ich zu Stande brachte, war ein sporadisches Dösen. Gegen drei Uhr morgens holte mich unser Inmarsat wieder aus dem Bett; es waren nur noch drei Stunden bis zu unserer Erlösung. Wie liebte ich diese getreuen australischen Wetterfrösche, die auch nachts arbeiteten und die so dringend benötigten Hoffnungsschimmer schickten.

Um fünf Uhr früh nahmen Wind und Wellen deutlich ab und sanken zum ersten Mal seit vierundzwanzig Stunden unter die 20-Knoten-Marke. Wir waren jetzt zwanzig Meilen vor der Küste.

Um sechs Uhr dreißig empfingen wir Brisbane auf UKW und fragten nach den aktuellen Bedingungen, um in den Hafen einzulaufen.

»Keine Sorge«, antwortete der Hafenmeister in seinem schleppenden Queensland-Slang. »Es ist ein großartiger Tag. Der Wind macht fünfzehn Knoten, und ihr werdet keinerlei Probleme haben.«

Herbert und ich waren fast benommen vor Erschöpfung, als Michael in seinem provisorischen Bett im Salon erwachte und strahlend sagte: »Das war eigentlich gar nicht so schrecklich.«

Wir konnten ihn nur stumm vor Erstaunen anstarren und uns dann ins Cockpit verziehen, um die Segel zu setzen und mit unserem lädierten Boot das letzte Stück hinter uns zu bringen.

10
Meuterei der Technik in Australien

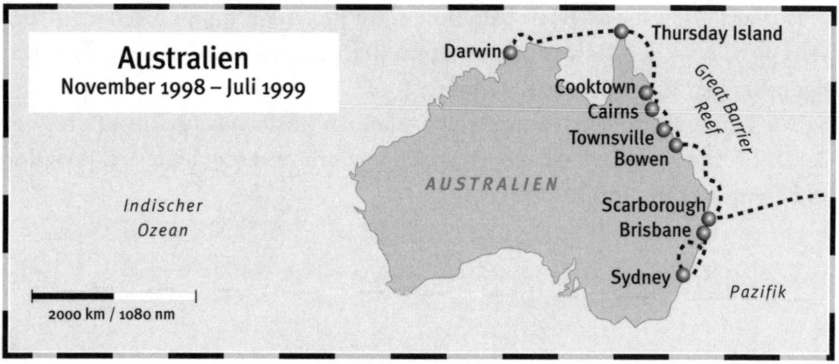

Unsere geplante 7-Tage-Passage von Neukaledonien hatte uns zwölf Tage gekostet. Herbert und ich hatten während der letzten sechsunddreißig Stunden weder geschlafen noch gegessen. Jeder meiner Muskeln von den Zehen bis zu den Schultern war verspannt und tat mir weh. Mein rechter Arm, der die Hauptlast am Ruder während des Sturms und auch während der Monate zuvor auszuhalten hatte, war taub bis zum Handgelenk, und mein rechter Daumen hatte völlig aufgegeben, sodass ich nicht einmal einen Kugelschreiber halten konnte. Die Probleme mit dem Arm blieben mir einen geschlagenen Monat lang erhalten.

Obwohl ich nicht einmal im schlimmsten Sturm seekrank geworden war – dem Adrenalin sei Dank, vielleicht –, hing ich an diesem Morgen in den Fängen der Übelkeit und über der Toilette. Wir brauchten noch siebzehn Stunden, um das letzte Wegstück durch das Riff und in den sicheren Hafen hinter uns zu bringen.

Dann sprangen wir auf die Pier, um uns die Beine zu vertreten und nach einem geeigneten Fleckchen Ausschau zu halten, um den Boden zu küssen.

Ein rotblonder Mann mit einem imponierenden Schnurrbart kam angeschlendert und begrüßte uns durch einen Zaum hindurch. »Willkommen in Australien«, strahlte er uns mit seinem unfehlbaren Aussie-Akzent an. »Ihr seid am Ziel.«

»Wir sind unvorstellbar glücklich, dass wir endlich da sind«, antworteten wir mit einem bedeutungsvollen Lächeln. »Sie haben keine Ahnung, was wir durchgemacht haben.«

»O doch«, hielt er dagegen, und sein Lächeln wich plötzlich einem Gesichtsausdruck, der mich ins Herz traf. »Ihr habt euch mitten durch ein paar wirklich ernste Stürme gearbeitet und könnt euch gratulieren, dass ihr es geschafft habt. Andere Boote hatten nicht so viel Glück. Wir haben vier Boote verloren, und vier Menschen sind umgekommen.«

Diese Worte trafen uns wie ein Schlag. Bis zu diesem Augenblick war die Dimension unseres Erlebnisses gar nicht durch die Schleier der Müdigkeit bis zu uns vorgedrungen. Ich schreckte zurück, als Fragen über Fragen in mir auftauchten. Wer war tot? Kannten wir sie? Was war aus ihren Booten geworden? Hatten wir wirklich so knapp ein totales Desaster gestreift? Die NORTHERN MAGIC, unser zähes und robustes kleines Schiff, hatte unsere Familie unversehrt durchgebracht. Nun hatten wir sicheren australischen Boden unter den Füßen, und Herbert und mich erfasste bei dem Gedanken Schwindel.

Die Winde hatten die NORTHERN MAGIC nach Scarborough versetzt, nördlich von Brisbane, eine zauberhafte kleine Stadt an der Westküste von Queensland. Wir waren nun schon zwei Tage in Australien, und wir litten immer noch unter Müdigkeit, Schock und Desorientierung als Spätfolgen der schwierigen Passage, besonders nachdem wir erfahren hatten, dass eines der verlorenen Boote Freunden von uns gehörte. Sie selbst waren per Hubschrauber gerettet worden, als sie schon knietief im eindringenden Wasser in ihrem sinkenden Boot standen.

Es klopfte an der NORTHERN MAGIC, und ein freundlicher Gentleman namens Brian Shoobert stellte sich vor. Er war ein Abgesandter des örtlichen Rotary Clubs und bot seine Hilfe an. (Mein Vater ist Rotarier in Calgary, und er hatte eine E-Mail mit der Nachricht unserer Ankunft an die Niederlassung in Australien geschickt.) Während der nächsten Tage stellte sich Robert tatsächlich völlig zu unserer Verfügung und erwies uns alle nur möglichen Gefallen.

Aber der größte Dienst, den uns Brian erwies, bestand darin, uns mit Steven und Melissa Griffith bekannt zu machen. Ein paar Tage nach unserem ersten Zusammentreffen stöberte uns Brian während unseres frühen Morgenlaufs am Strand auf. Von seinem Auto aus winkend, stellte er uns einem lächelnden Paar in den Dreißigern vor. Die schmachtenden Blicke, die sich die beiden zuwarfen, ließen keinen Zweifel daran, dass sie Hals über Kopf ineinander verliebten waren. Von diesem Tag an nahmen uns Steve und Melissa bei Apfelkuchen und Schokoladenmilch unter ihre Fittiche.

Steve war ein Chiropraktiker im Studentenlook, mit einem Sinn für Understatement und verschmitztem Humor. Melissa war eine prächtige, dralle Blondine, die Warmherzigkeit und Großzügigkeit verströmte und ihre Sätze mit Wörtern wie »Liebling« und »göttlich« spickte. Die beiden luden uns zum Dinner in ihr »Liebesnest« ein, ein zauberhafter Bungalow mit zwei Schlafzimmern. Dann überließen sie uns den Schlüssel für ihr Haus, sodass wir es uns dort gemütlich machen konnten, während sie bei der Arbeit waren und alles Mögliche zu erledigen hatten. Zuerst wagten wir es kaum, ihr Haus in ihrer Abwesenheit zu betreten, aber Melissa bestand darauf, dass ihr Haus auch das Unsrige sei und dass sie es als Kränkung auffassen würde, wenn ich weiterhin die Wäsche per Hand auf dem Boot wusch, statt ihre Waschmaschine und die Trockenleine im Hinterhof zu verwenden.

Und es war ein großer Genuss, Melissas Waschmaschine die Arbeit erledigen zu lassen nach einem Jahr der Schinderei per Hand. Vieles, was wir zu Hause als selbstverständlich hingenommen hatten, empfanden wir nun in Australien als große Vergünstigung: Grapefruits, frische Milch, Cracker, die noch nicht durchweicht waren, tiefgefrorene Waffeln und als Krönung eine lange heiße Dusche. Das Segeln hatte uns die Wertschätzung für einen Luxus zurückgegeben, der uns früher einfach nur dringend notwendig erschienen war.

Ein paar Tage vor Weihnachten, an einem heißen, feuchten Queensland-Sommertag, hörten wir wieder jemanden an unsere Bordwand klopfen. Als ich durch den Niedergang ins helle Tageslicht hinausblickte, sah ich draußen eine junge Frau mit einem strahlenden Lächeln im Gesicht.

»Ich bin Laura«, stellte sie sich vor, »aber nicht die Freundin Ihrer Schwester. Ich heiße Laura Robin, arbeite für den *Ottawa Citizen* und bin gekommen, um Ihnen die Post zu bringen.« In der Hand hielt sie einen riesigen Plastiksack mit hunderten von Briefen, die von einer enormen Samtschleife zusammengehalten wurden.

»Okay«, gab ich mit einem zynischen Grinsen zurück. Eine welterfahrene Reisende wie mich konnte man nicht so einfach hereinlegen.

»Nein, wirklich, ich arbeite tatsächlich für den *Ottawa Citizen*«, beharrte sie.

»Das kann ich nicht glauben«, gab ich zur Antwort. Doch erste Zweifel machten sich bereits in mir breit.

»Möchten Sie meinen Ausweis sehen?«, fragte sie und lachte. »Es ist wirklich wahr. Der *Citizen* schickt mich, damit ich Ihnen Ihre Weihnachtspost übergebe. Alle diese Leute haben Ihnen geschrieben.«

Ich schaute nun genauer auf den gewaltigen Bauch des Sackes mit den Briefen, und es schien mir immerhin möglich, dass sie die Wahrheit sagte. Der mit einer Kamera bewehrte Fotograf, der hinter ihr stand und über ihre Schulter blickte, schien ihr ebenfalls Glaubwürdigkeit zu verleihen. Ausschlaggebend aber waren die Briefe. Es stimmte; hunderte von Menschen, die Leser meines wöchentlichen Törnberichts in der Heimat, hatten uns Weihnachtsgrüße geschickt. Ich war baff. Es waren ungefähr sechshundert Briefe.

Während Herbert und ich mit Unterstützung unserer beiden Ältesten diese Post öffneten, liefen uns die Tränen über die Wangen. Durch den Tränenschleier begannen wir zu lesen und konnten nicht mehr aufhören. Manchmal lagen kleine Geschenke dabei. Ich habe noch heute keine Worte, um auszudrücken, wie viel jeder Einzelne dieser Briefe für uns bedeutete. Erst jetzt bekamen wir eine Vorstellung davon, wie sehr die Menschen von unseren Abenteuern in Bann gezogen worden waren, wie sie unsere Hoffnungen teilten und wie sehr sie im Laufe der Monate für uns gebetet hatten. Wir waren unglaublich beeindruckt, und unsere Niedergeschlagenheit, die uns seit dem großen Sturm in ihren Krallen gehalten hatte, war plötzlich wie weggeblasen.

*

Wir blieben vier Monate an unserem Stützpunkt in der Nähe von Brisbane, brachten die NORTHERN MAGIC mithilfe von Farbe und allerlei Reparaturen wieder auf Vordermann und warteten auf das Ende der Zyklonsaison. Während dieser Zeit unternahmen wir eine ausgedehnte Campingtour über Land, erhielten Besuch von meinen Eltern, schlossen Bekanntschaften mit Kängurus, Emus, Opossums und Koalas und schickten die Kinder in eine australische Schule. Unser Leben war ausgefüllt, voller Abenteuer und neuer Freunde.

Allmählich begannen die glühend heißen Tage wegzuschmelzen, bis ein erfrischender Geruch die feuchte Abendluft durchzog. Der Herbst kam nach Australien, und das war das Signal für die Segler, die Leinen loszumachen und sich in alle Winde zu verstreuen. Die sinkenden Temperaturen dämpften die Aktivität der Zyklone in den wärmeren Gewässern in der Nähe des Äquators und machten unsere zukünftige Route etwas sicherer. An unserem letzten Tag in Scarborough feierten wir das Osterfest, um uns dann auf den langen Weg nach Norden zu machen.

Kurz vor dem Auslaufen erreichte uns ein wunderbares Geschenk von meinem Vater: ein 15 000 Dollar wertvolles Ausrüstungsstück, genannt Windhunter.

Es handelte sich um einen so genannten State-of-the-art-Autopiloten, der zusätzlich Energie erzeugen konnte und die Antwort auf alle unsere Träume nach endlosen Stunden am Ruder war.

Wir verließen Scarborough mit großen Erwartungen, aber der Windhunter funktionierte nicht. Was immer wir auch versuchten, das Teil wollte weder steuern noch Energie erzeugen. Und der britische Hersteller versprach nur unwillig seine Hilfe. Dies, verbunden mit einer ganzen Serie von technischen Problemen, die alle im Zusammenhang mit dem brandneuen Equipment standen, das Herbert in Scarborough installiert hatte, machte die nächsten zwei Monate zu einem der quälendsten und frustrierendsten Abschnitte während der gesamten Weltumseglung.

Wir suchten uns verunsichert unseren Weg an der Ostküste Australiens entlang, ständig technischen Problemen oder dem Kampf mit dem Windhunter unterworfen, dazu kamen Seekrankheit und Herzeleid. Schließlich schafften wir es hinter das südlichste Ende des Great Barrier Reefs. Nun schützte uns das größte Korallenriff der Welt vor der Dünung des Pazifiks, die sich aus heftigen, über den weiten Ozean kommenden Winden aufbaut und ungehindert tausende von Kilometern dahinstürmt, ohne von irgendwelchem Land behindert zu werden.

Geschützt durch das Riff, entdeckten wir einen wunderbaren Pazifischen Ozean, der, zum ersten Mal, unseren Vorstellungen entsprach. Bei nahezu Flaute motorten wir Seite an Seite mit springenden Delfinen in einem riesigen spiegelglatten Teich. Das war ein ungewohntes Gefühl, denn auf dem offenen Meer ist immer eine lange Dünung spürbar, sogar bei Flaute. Aber hier war es nun extrem ruhig, nur das dumpfe Röhren des Motors beeinträchtigte ein Gefühl des absoluten Friedens. Christopher erwachte eines Morgens und

1

2

1 *Der erste Tag an Bord: Jonathan und Freund Ian*

2 *Die ersten Freunde in einer langen Kette neuer Freundschaften: Merita und ihre Familie (Kuba)*

3 *Panama: der Hafenkapitän in seiner strahlend weißen Uniform*

4 *Diese Seelöwendame übernachtete gerne in unserem Dingi, leider ohne auf die Hygiene zu achten*

5 *In Panama liegen die Leguane auf der Straße*

6 *Sonnenuntergang im Pazifik*

7 *Panama: Ruinen aus einer vergangenen Zeit*

3

4

5

6

7

8

9

11

10

8 *Verwunschener Teich (Hanamenu Bay)*

9 *Südseeperlen: Tänzerinnen auf Moorea*

10 *Moorea: NORTHERN MAGIC im Hafen*

11 *Metua in ihrer Freiluftküche auf Palmerston Island*

12 *Kokosnüsse überall ...*

12

13 Holzschnitzer verkaufen ihre Kunstwerke (Noumea)

14 Jon hat Spaß mit diesen hölzernen Herren

15 Metua rupft einen Tropikvogel, die nur auf Palmerston Island nicht unter Naturschutz stehen

16 Herbert hat sich in einen Koala verliebt (Australien)

17 Jon nimmt ein aufregendes Bad vor einem Wasserfall

13

14

15

16

18 *Sydney: Die Moderne hat uns wieder*

erzählte schlaftrunken, dass er von einer Nachtfahrt geträumt hätte. »Aber wir waren heute Nacht unterwegs, Sweetie«, sagte ich lächelnd, »und wir sind es immer noch.«

Wir erlebten dann eine aufregende Zeit in dem kleinen Städtchen Bowen, wo wir Zeugen eines schrecklichen Brandes im Hafen wurden. Alles begann auf einem Katamaran und, aufgepeitscht durch starke Winde, griff das Feuer sofort auf sechs Fischtrawler über. Herbert wurde darauf aufmerksam, als der Brand noch im Anfangsstadium war, weil er an Deck eilte, als er ein schussähnliches Geräusch gehört hatte. Ein Boot nach dem Anderen geriet in Flammen, das Feuer fraß sich über die Muringleinen weiter und sprang auf das nächste Boot über oder griff als Folge von explodierenden Propangasflaschen weiter an, die sich wie gigantische propellergetriebene Granaten ihren unheilbringenden Weg auf die nächsten Schiffe suchten. Glücklicherweise lag unser Boot in sicherer Position, aber mein Video von dem Feuer und den gewaltigen Propangasexplosionen wurde den ganzen Tag über von allen australischen Fernsehstationen ausgestrahlt. Schließlich wurde es in die NBC-Reihe der »erstaunlichsten Videos auf der ganzen Welt« aufgenommen.

Nachdem ich den Großbrand gefilmt hatte und ständig im TV interviewt worden war, wurden wir zu richtigen Berühmtheiten. Sogar ein Polizist kam per Jetski zu unserem Boot und fragte, ob er eine Kopie des Videos haben könnte. Die Feuerwehr wollte es bei der Ausbildung einsetzen. Die Lokalzeitung schrieb eine kleine Story über uns unter dem Titel »Feuertaufe für kanadische Besucher«. Ich muss zugeben, dass ich ziemlich stolz in der Stadt herumspazierte, besonders nachdem mich eine Dame vor der Bibliothek mit den Worten angesprochen hatte – und ich scherze wirklich nicht: »Oh, Sie sind doch diese berühmte Persönlichkeit aus dem Fernsehen!«

Wir folgten dann weiter der Küste nach Townsville und Cairns. Wie ein ständig wachsendes Furunkel wuchsen auch die Probleme mit unserer neuen Selbststeueranlage. Wenn uns der Windhunter einmal nicht auf 360-Grad-Törns schickte, ließ er uns von einer Seite auf die andere Seite watscheln wie eine betrunkene Ente. Unsere Kommunikation mit dem Hersteller wurde ziemlicher Belastung ausgesetzt, als man sich dort weigerte, unsere Fragen zu beantworten oder uns bei der Beseitigung unserer Probleme zu helfen. Sie versuchten uns davon abzubringen, ihnen E-Mails zu schicken – unser einziges funktionierendes Kommunikationssystem – und wollten lieber Faxe. Immer wieder versuchten wir mit neuen Einfällen, das Ding zum Funktionieren zu bringen. Unsere täglichen – ach was, stündlichen – Kämpfe und unser Schuldkomplex, weil Dads großzügiges Geschenk uns mehr Qualen als Nutzen bescherte, waren die ständigen Begleiter während dieser problemgeladenen Wochen vor Australiens windreicher Ostküste. Schließlich hatten wir keine andere Wahl, als uns unsere Niederlage einzugestehen.

In Cairns bauten wir den Windhunter wieder aus und ersetzten ihn durch ein anderes Fabrikat, das nur ein Drittel von dem kostete, was mein Vater ausgegeben hatte. Wir entschieden uns für den Autopiloten TQM, eine australische hydraulische Selbststeueranlage, die uns von mehreren Seglern empfohlen worden war. Der schimmernde TQM wurde unser Ritter in glänzender Rüstung, dessen Job es war, uns von der Fron am Rad und vom Windhunter zu erlösen. In einem Anfall von Optimismus entschieden die Jungs, seine Initialen stünden für The Magnificent Q[1], was einerseits unterstellte, dass er unserem originalen alten elektronischen Autopilot überlegen war, andererseits stand Q für den omnipotenten, aber unberechenbaren Helden aus dem Film *Star Trek*.

Den Windhunter (von uns Windblunder[2] genannt) schickten wir nach England und verlangten den vollen Kaufpreis mit der Begründung zurück, dass während der zwei Monate der täglichen Erprobung und zweitausend Kilometern unter Segeln uns das Ding ständig im Kreis herumgeschickt hatte und eindeutig nicht sicher war. Mein Vater recherchierte im Internet und fand mehr als ein Dutzend ähnlich gelagerter Fälle – auch mehrere Ingenieure und ein Raketenspezialist hatten ähnliche Erfahrungen wie wir gemacht. Es waren sogar Demonstrationen von Kunden vor der Fabrik organisiert und die Polizei eingeschaltet worden. Ich war außer mir vor Ärger über die Art, mit der man uns abzuspeisen versucht hatte. Diese Tage waren von hilfloser Wut gezeichnet, dass Vaters großzügiges Geschenk so ein unerfreuliches Ende genommen hatte.

Schließlich erklärte sich die Firma bereit, das Geld zurückzuzahlen. Sie polierten unseren Autopiloten wieder auf und verkauften ihn ein zweites Mal, aber entgegen ihren Versprechungen überwiesen sie meinem Vater nur Dreiviertel des Kaufpreises. Sie schlugen vor, den Rest dann zu bezahlen, wenn ich meine Äußerungen über das Gerät im *Citizen* widerrufen würde. Damit war ich natürlich nicht einverstanden. Bald danach organisierte mein Vater ein

[1] etwa: Der großartige Q (Anm. d. Ü.).
[2] Unübersetzbares Wortspiel, gemeint ist: dieses Mistding von Selbststeueranlage (Anm. d. Ü.).

Dutzend ebenfalls verärgerte ehemalige Windhunter-Besitzer, um einen Rechtsfall daraus zu machen. Die Firma erklärte sich bankrott. Aber natürlich führte sie ihre Geschäfte unter einem neuen Namen weiter. Für meinen Vater endete alles mit einem Verlust von mehr als fünftausend Dollar.

Wir ließen Cairns an einem sonnigen Tag mit angenehmer Brise hinter uns, um während der Nacht nach Cooktown zu segeln. Unsere Stimmung war ebenso fröhlich wie das Wetter. Nun fanden wir erstmals Gelegenheit, den mit so vielen Vorschusslorbeeren bedachten Magnificent Q auszuprobieren und die endlosen Stunden am Rad ad acta zu legen. Wir waren so voller Hoffnung, dass wir keine Minute länger als unbedingt notwendig warten wollten und ihn noch während des Auslaufens aus dem Hafen von Cairns in dem schmalen Fahrwasser in Betrieb nahmen. Wir hielten uns deshalb gemäß der Wegerechtsregel in der Mitte der breiten Avenue zwischen den roten und grünen Markierungen und schalteten den Autopiloten zum ersten Mal ein.

Die NORTHERN MAGIC reagierte, indem sie wie ein Pfeil freudig den Kurs aufnahm. Erleichterung und Freude erfüllten uns, und alle fünf nahmen wir im Cockpit Platz und jauchzten und jubelten vor Vergnügen. Als die grün überwucherten Berge von Cairns hinter uns zurückblieben, gönnten wir uns ein paar Softdrinks und Erdnüsse und feierten eine Spontanparty.

Vom ersten Moment an arbeitete The Magnificent Q tadellos. Drei Jahre lang steuerte er uns fortan den ganzen Weg wieder zurück nach Kanada, ohne mehr als einen Schluckauf zu bekommen. Sogar im Nordatlantik, wo wir von äußerst gewalttätigen Wellen malträtiert und gnadenlos herumgeschleudert wurden, lieferte er eine heroische Vorstellung. Wie liebten wir ihn! Niemals brauchten wir uns mehr Sorgen über unsere Selbststeueranlage zu machen. Und die schrecklichen Erinnerungen an den Ärger und den Kampf mit dem vermaledeiten Windhunter verblassten langsam in der Vergangenheit. Wir schüttelten unsere technischen Probleme aus den Kleidern und lernten wieder, das Leben zu genießen.

Hinter Cairns, wo sich das Great Barrier Reef immer enger an den Kontinent schmiegt, wurde die Navigation zunehmend schwieriger. Der berühmte Navigator James Cook hatte das Gebiet im Jahr 1770 während seiner weltverändernden Fahrt auf der ENDEAVOUR erkundet. Er hatte keine Ahnung von dem Riff und wusste auch nicht, dass er sich mitten in den gefährlichsten Gewässern der Welt herumtrieb. Die ENDEAVOUR segelte genau den Kurs, den wir nun zweihundertneunundzwanzig Jahre später fast auf den Tag genau gewählt hatten. In einer ruhigen, mondhellen Nacht, ähnlich der, die wir soeben genossen, war die ENDEAVOUR auf ein Korallenriff gelaufen, hatte sich ein Loch in ihren Rumpf gerissen, wodurch jene historisch-berühmte Reise fast ihr Ende fand. Im Gegensatz zu Captain Cook hatten wir nun Seekarten, Leuchtfeuer und GPS als Wegweiser, und während wir vorsichtig unseren Weg durch das Labyrinth der Riffe zogen, konnten wir nicht anders, als Captain Cooks navigatorische Meisterleistung zu bewundern. Einmal fanden wir nur eine schmale Passage durch die Korallenbrocken. Gerade als Herbert uns behutsam durch die Dunkelheit lotste, unsere Position ständig überprüfend, liefen die Lichter von zwei Ozeanriesen und eine ganze Schar von Fischerbooten in beängstigender Weise auf uns zu, die alle hinaus aufs Meer drängelten.

In dieser Nacht segelten wir in Sicherheit hinter dem Riff und passierten Landmarken, denen Cook erst ihren Namen gegeben hatte, während er sich mit Mühe und Not und einem Lecksegel vor dem weit klaffenden Loch im Rumpf vorwärts arbeitete. Mount Sorrow, Cape Tribulation und Weary Bay erhielten damals ihre Namen von dem verzweifelten Cook, während er nach einem Hafen suchte, in dem er sein schwer beschädigtes Schiff reparieren konnte. Dann entdeckte er den Flusslauf und landete am 7. Juni 1770 in Cooktown an. Achtundvierzig Tage lang blieben er und seine Männer dort, reparierten die ENDEAVOUR – und gründeten so die erste europäische Niederlassung in Australien. Auch wir warfen Anker in der Mündung des Endeavour-River, und das Nordufer hatte sich seit Cooks Tagen offensichtlich kaum verändert.

Ich war besonders neugierig auf Cooktown, das einst eine blühende Goldgräberstadt gewesen, aber nun kulturell gesehen zur tiefsten Provinz abgestiegen war und mit dem Rest der Zivilisation nur über eine dreckige Straße Verbindung hatte. Bis vor kurzem hatten nur Wagen mit Vierradantrieb die Stadt erreichen können und auch nur bei gutem Wetter. Ich setzte als Erste meinen Fuß an Land, aber der beabsichtigte Effekt meines eleganten Sprungs aus NORTHERN MAGIC JUNIOR war ruiniert, als ich knietief in dem Matsch am Flussufer einsank. Als wir schließlich alle an Land waren und JUNIOR bis hinter den Tidensaum gezogen hatten, sahen wir aus, als hätten wir dicke braune Kniestrümpfe angezogen. So verstand ich plötzlich, warum sich Cook von seinen Männern hatte an Land tragen lassen.

Wie wir so dastanden, über uns selbst lachten und der Morast zwischen unseren Zehen hervorquoll, empfing uns kein Geringerer als John F. Kennedy, seines Zeichens der Hafenmeister. Er mahnte uns zur Vorsicht: Im letzten Monat hatte nämlich ein 4,2 Meter langes Salzwasserkrokodil sein Heim an genau diesem Uferabschnitt eingerichtet, und außerdem lebte in dem morastigen Wasser, in das ich eben so unbedacht hineingesprungen war, der äußerst giftige Stonefish.

»Es ist erst zwei Monate her«, warnte uns Mr. Kennedy, »dass ein Mann hier seinen großen Hund, größer als ihr, an ein Krokodil verloren hat. Diese Krokos verspeisen euch einfach so als kleinen Happen zwischendurch.« Hinter ihm entdeckten wir jetzt ein großes Schild: *Warnung! In dieser Flussmündung gibt es Krokodile.* Wir bewegten unsere dreckgebräunten Beine also eilig in Richtung Hauptstraße, aus der Reichweite der räuberischen Reptilien, wie wir glaubten.

Am nächsten Morgen begannen die zwei Tage dauernden Feierlichkeiten im Gedenken an die Landung von Captain Cooks ENDEAVOUR; das kleine Städtchen mit kaum mehr als tausendfünfhundert Einwohnern lief zur Hochform auf und präsentierte eine gute Show. Es war die trinkfreudige australische Version eines Jahrmarkts. Kaum ein Arm, ob männlich oder weiblich, der nicht von einem Tattoo geschmückt war und an dessen Ende keine Bierflasche hing, war zu sehen. Viele Besucher zogen kleine Kühlgeräte (die die Australier *eskies* nennen) auf Rädern hinter sich her, um sich so auf Schritt und Tritt aus ihrem persönlichen Biervorrat bedienen zu können. Wir sahen sogar einen ganz besonders innovativen Festteilnehmer, der einen Sattelzug aus zwei *eskies* zusammengekoppelt hatte. Auch eine beträchtliche Abordnung von Aborigines war vertreten; sie hielten sich aber etwas abseits in stillen Gruppen wie ein dunkler Schatten.

Die Crew der NORTHERN MAGIC mit ihren frischen Haarschnitten, die wir uns alle noch vor wenigen Tagen im Hafen von Cairns gegönnt hatten, fühlte sich unter diesen rauen lauten Einwohnern von Cooktown ziemlich fehl am Platz. Ich erinnere mich besonders gern an einen zufällig mitgehörten Dialog zwischen zwei Bier trinkenden jungen Muskelmännern voller Tattoos, die auf einen Wet-T-Shirt-Wettbewerb warteten (es gab eine Verzögerung, weil die Veranstalter vergessen hatten, das Wasser bereitzustellen). Für mich verkörperte dieses Gespräch die gesamte Atmosphäre in Cooktown.

Biertrinker 1: »Mensch Meier! Was machst du hier in dieser verlassenen Gegend?«

Biertrinker 2: »Natürlich Titten anschauen!«

Biertrinker 1: (*mit ernstem und verständnisvollem Nicken*)
»Prima. Gibt nichts Besseres!«

*

Früh am nächsten Morgen zogen wir die Segel hoch und folgten den Spuren von Captain Cook tiefer ins Niemandsland im Norden von Australien. Viele Leute hatten uns vor den Winden Queenslands gewarnt. Heftig und unaufhörlich heulen sie Tag und Nacht, und man sagt ihnen nach, sie hätten schon viele verzweifelte Seelen in den Selbstmord getrieben. In Cooktown hatte uns John F. Kennedy geraten, bei einer Wettervorhersage von fünfzehn auf zwanzig Knoten Windgeschwindigkeit immer beide Angaben zusammenzuzählen, dass wir also mit fünfunddreißig Knoten rechnen sollten. Er behielt Recht. Wochenlang hatten wir keinen Wind mit weniger als dreißig Knoten.

Getrieben von diesem endlos vorwärts stürmenden Luftstrom segelten wir im Rekordtempo zur Spitze Australiens. Zwischen diesen heftigen Winden und der beängstigenden Nähe drohender Riffe und Inseln wurde mir immer beklommener zu Mute, wenn es um das Segeln bei Nacht ging. Das Great Barrier Reef ist ein veritabler Schiffsfriedhof. Obwohl Herbert voller Zuversicht war, ja geradezu euphorisch wegen unserer fantastischen Etmale, verfolgten mich nachts Geschichten, die meinen Sinn für Albträume und Katastrophenvisionen weckten und fürchten ließen, dass wir geradezu ins Unglück rasten und mit enormer Geschwindigkeit auf unsichtbare, rasiermesserscharfe Riffe zusteuerten. Während der wachfreien Zeit schlief ich unruhig und ohne mich zu erholen, wälzte mich in schrecklichen Träumen und üblen Vorahnungen hin und her. Ich wusste, dass mich nur die Dunkelheit so beeinflusste und dieser unerbittliche Wind – mit gutem Kartenmaterial und GPS war das Segeln nachts nicht weniger sicher als bei Tage –, aber trotzdem konnte ich das Gefühl eines heraufziehenden Verhängnisses nicht abschütteln.

Während wir weiter nach Norden hielten, Ziel Halbinsel Cape York, wurden gute Ankerplätze immer seltener. Morris Island, wo wir eine Nacht lang Schutz suchen wollten, tauchte nur als winziger Punkt auf unserer Karte auf.

Nach einem weiteren harten Tag auf See, bei sieben oder acht Knoten nur mit dem Vorsegel, kamen wir an einem kleinen Sandfleck vorbei, wo wir nachts bleiben konnten. Darauf stand nur eine einzige verlorene Palme in einsamer

Wacht, von den fauchenden Winden gebeugt, die Tag und Nacht auf sie eintrommelten. Es sah so aus, als hätten wir wirklich das Ende der Welt erreicht.

Aber sogar an diesem verlassenen windgepeitschten Ort wurde für mich die Geschichte lebendig. Die einsame überlebende Kokospalme war als eine von vielen vor hundert Jahren gepflanzt worden, um all die unglücklichen Segler zu ernähren, die nach einem Schiffbruch das Glück hatten, an diese gottverlassene Küste gespült zu werden. Sie wie auch wir sollten hier einen kleinen Hafen in einer feindlichen See voller Riffe finden.

Nach einigen langen Debatten und Zähneknirschen (es handelte sich um meine Zähne) kamen wir überein, in einem einzigen langen Schlag von Morris Island bis zur Spitze von Cape York zu segeln. So konnten wir viele Tage des Unterwegsseins auf einen oder zwei reduzieren und brauchten uns nicht mehr mit den langen Nächten an unerfreulichen Ankerplätzen herumzuschlagen.

Es folgte ein weiterer erbarmungsloser bewölkter Tag. Der Wind blies wieder aus allen Rohren, zwischen fünfundzwanzig und fünfunddreißig Knoten. Die NORTHERN MAGIC flog über das Wasser. Um uns herum lauerten die Gefahren, und ständige erhöhte Wachsamkeit war angesagt. In diesen besonders engen Fahrwassern bestimmten wir unsere Position alle zehn Minuten.

Ich hatte an diesem Tag fast durchgehend gelegen und meinen unruhigen Magen zu überzeugen versucht, nicht gegen die steile und raue See zu rebellieren. Schließlich war ich eingeschlafen. Mitten in einem bizarren und unzusammenhängenden Traum hörte ich Herbert aufschreien: »O nein!« Und dann: »Michael! Den Autopiloten aus! Schnell!«

Ich taumelte zum großen Luk. Mein erster Gedanke war, dass meine Albträume nun wahr wurden: Unser Autopilot war ausgefallen, und wir setzten uns gleich aufs nächste Riff.

Ich streckte meinen Kopf in dem Moment ins Freie, als Herbert das Ruder nahm. Er war gerade unten gewesen und hatte den Kurs mitgekoppelt. Ganz draußen, noch blinzelnd, erfasste ich die Situation: Die grimmige wilde See war jetzt grau, der diesige Himmel war grau, die dahinjagenden Wolken waren grau, und auch das riesige Containerschiff, das direkt auf uns zuhielt, war grau. In weniger als einer Minute würde es uns unter seinem Bug begraben.

»Soll ich ihn über Funk rufen?«, krächzte ich, während Herbert uns aus der Kollisionslinie zu bringen versuchte.

»Ja!«, schrie er über das Heulen des Windes hinweg.

Das Riesenschiff hielt direkt auf uns zu, es fuhr mit etwa doppelt so hoher Geschwindigkeit wie wir. Sein brutaler, metallener Bug schnitt den Ozean wie ein Messer und warf auf jeder Seite eine hohe weiße Welle auf.

Ich hatte keine Zeit, mich erst zu orientieren, wo wir waren, deshalb schrie ich ohne jede Rücksicht auf die üblichen Gepflogenheiten ins Mikrofon: *»Southbound ship, southbound ship, this northbound sailing vessel. Do you read me?«*[3]

Es kam keine Antwort, und ich wartete ein paar Sekunden, ehe ich wieder loslegte, mit einer Stimme, die mir selbst außer Rand und Band und hysterisch vorkam. Dann endlich kam eine Antwort, von einer Stimme mit einem klaren und professionellen britischen Akzent.

»Hier APL EMERALD an Segelyacht. Haben Sie gesagt, dass Sie in nördlicher Position von uns sind?«

»Ja. Direkt vor Ihnen. Was werden Sie unternehmen?«

Es folgte eine Pause, und es war klar, dass der Captain uns auszumachen versuchte. Er hatte offensichtlich keine Ahnung, wo wir seinen Kurs kreuzten. Sein Schiff war so groß, dass er es nicht einmal merken würde, falls er uns auf den Meeresgrund schickte.

Schnell meldete er sich wieder, und seine Stimme klang präzise und nachdrücklich im Gegensatz zu vorher, als er sagte: » Ich ändere meinen Kurs nach Backbord. Ich werde Sie an Steuerbord passieren.«

Wenige Sekunden später passierte uns das Schiff in der Entfernung eines Steinwurfs. Die Luft dröhnte unter dem Hämmern und Stampfen der gewaltigen Maschinen, und wir tanzten auf der Bugwelle dieses von Menschen erschaffenen Meeresungeheuers. Gewissermaßen ein schauriger Widerhall von Captain Cook, war dies unser direktester Zusammenstoß mit dem Desaster, näher waren wir nie dran an einer Kollision. Was wäre geschehen, wenn Herbert unten nur eine einzige Minute länger gebraucht hätte?

In dieser Nacht fand ich keinen Schlaf mehr, und so kuschelte ich mich im Cockpit ein, wiegte mich im Takt der Wellen und wusste, es würde eine lange, lange Nacht werden.

---

[3] Dieser Funkspruch wird üblicherweise immer in englischer Sprache abgegeben und bedeutet in etwa: »Schiff in südlicher Position, Schiff in südlicher Position. Hier spricht eine Segelyacht in nördlicher Position von Ihnen. Hören Sie mich?« (Anm. d. Ü.)

Wenige Tage später rundeten wir Cape York, die nördlichste Spitze des Kontinents Australien. Wir hatten uns selbst als besonderen Genuss für diesen Meilenstein ein Häppchen Marzipan mit Schokoladenguss versprochen, und die Kinder verloren keine Zeit, um meinen Schokoladenvorrat zu plündern. Australien ist ein riesiges Land mit tausenden von Meilen mit rauer, dicht überwucherter und unbesiedelter Wildnis, die sich scheinbar immer direkt vor uns ausbreitete, und wir hatten oft daran gezweifelt, ob wir es schaffen würden, das Land zu runden. Aber wir schafften es doch. Dann steuerten wir wieder Westkurs, ließen die Weite des Pazifiks hinter uns und segelten zu den Wassern des Indischen Ozeans. Wir genossen die Leistung – an meinem vierzigsten Geburtstag!

Wieder fuhren wir im Kielwasser von Captain Cook, der – weil er schon alle Namen, die ihm während seines Entdeckungsmarathons einfielen, verbraten hatte – nun auf die Wochentage zurückgriff, um den Inseln in der nahen Torres Strait zwischen Australien und Neuseeland Namen zu geben. So passierten wir die Tuesday Island und die Wednesday Island, ehe wir schließlich die Thursday Island erreichten, während die Friday Island bereits in Sichtweite war. Anders als Captain Cook kamen wir an einem Mittwoch an.

In den letzten Tagen wurde Herbert von schrecklichen Zahnschmerzen geplagt, die nun unerträglich wurden. Trotz der äußerst starken Schmerzmittel, die wir an Bord hatten, hielt ihn sein klopfender Zahn während der ganzen Nacht wach.

Wir beteten, dass es auf der kleinen Donnerstagsinsel mit ihren drei Quadratkilometern und wenigen tausend Einwohnern einen Zahnarzt geben möge.

Die Bevölkerung in der Torres Strait hat melanesische Vorfahren, und die Besiedlungsform ähnelte mehr derjenigen auf den Fidschis als der australischen. Wie auf den anderen freundlichen melanesischen Inseln nickten und lächelten die Männer, die am Strand unter den Bäumen saßen, um uns willkommen zu heißen. Innerhalb einer Stunde fand ein eingeborener Zahnarzt heraus, dass die Wurzel von einem von Herberts Backenzähnen tot und brandig war. Es handelte sich um denselben Zahn, der Herbert bereits während der stürmischen Passage zu den Fidschis gequält hatte. Nun wurde die Wurzel extrahiert und die Infektion behandelt, was Herbert praktisch sofort Erleichterung verschaffte. Als der Zahn geöffnet wurde, hat es entsetzlich gestunken. Es lässt mich immer noch schaudern, wenn ich mir ausmale, wie sich der Brand im ganzen Mund ausgebreitet hätte, falls wir außerhalb jeder medizinischen Versorgung gewesen wären, denn die nächste Stadt hieß Darwin und war eine ganze Wochenreise auf hoher See von uns entfernt.

Am Empfangstresen der Klinik betrachtete ich ein merkwürdiges Schild, auf dem stand: *»If youpela have an appointment, youpela should go to the reception desk and mepela will help you as quickly as possible.«*[4] Ich hatte schon von dem Pidginenglisch gehört, aber jetzt sah ich es zum ersten Mal in Schriftform.

Von der Donnerstagsinsel aus setzten wir unseren Weg durch den Golf von Carpentaria fort, wo die Kombination aus steifen Winden, Untiefen und dem Aufeinandertreffen von zwei Ozeanen ungewöhnlich steile Wellen erzeugte. Wir wurden erwartungsgemäß heftig gewaschen und durchgeschüttelt und kamen obendrein noch in den Genuss eines Sturms. Von Zeit zu Zeit baute sich eine Einzelgängerwelle auf, brach über uns und überschäumte unser Deck mit Gischt. Das Wasser rauschte über die Laufflächen und – unfähig seinen Weg durch die Speigatten sofort schnell genug wieder hinaus zu finden – sammelte sich im Cockpit.

Zweimal stand die Brühe fast bis hinauf zu den Seitenbänken. Die Wache ähnelte unter diesen Bedingungen einem interessanten Katz- und Mausspiel, in dem diese ausgeflippten Wellen über die Seite ins Boot stiegen und uns Überraschte mit einem Salzwasserguss erwischen wollten. Jedes Mal, wenn wir das Luk öffneten und nervös nach draußen starrten, hieß es, flink zu sein, falls eine Welle gerade wieder ihren Angriff startete. Nur während wir unter Land fuhren, konnten wir unsere Köpfe hinausstrecken, und selbst dann bekamen wir mehrmals eine gewaltige Dusche. Die Jungs hatten großen Spaß daran, den Punktestand festzuhalten, welches Elternteil die besten Güsse abbekam. Gegen drei Uhr morgens jagten die Winde mit vierzig bis fünfundvierzig Knoten über uns weg. Die NORTHERN MAGIC schüttelte sich unter den Schlägen der harten Wellen, die sich unaufhörlich über ihr aufbäumten. In unserem Bett in der Nähe des Bugs klang das so, als lägen wir in einer dahinrasenden Lokomotive. Und es fühlte sich an, als nähmen wir einen kurvenreichen Hochgeschwindigkeitshinderniskurs um Riesen, die Baumstämme wie Baseballschläger schwangen. Ungefähr jede halbe Stunde sprang ich auf und sah immer wieder nach Herbert, der gut verkeilt in Michaels Koje lag. Dort waren sowohl die Bewegung wie auch der Lärm weniger beunruhigend, aber wenn

[4] Dt. etwa: »Wenn Sie einen Termin vereinbart haben, gehen Sie zum Empfangstresen, und dort wird man Ihnen so schnell wie möglich weiterhelfen.« (Anm. d. Ü.)

ich dann in mein Bett zurücktaumelte, konnte ich von Mal zu Mal schlechter einschlafen.

Schließlich beschloss ich, mich neben Michael auf die enge Bank im Salon zu legen. Ich versuchte, mich zusammenzurollen und stemmte mich unter seinen Füßen ab, indem ich sie über mir abknicken ließ und mich darunter schob wie einen Ball. Das war alles andere als bequem, aber ich fühlte mich trotzdem sehr viel besser. Nach fünfzehn oder zwanzig Minuten, die lediglich durch einen gelegentlichen Kampf mit Michaels verschränkten Beinen unterbrochen wurden, merkte ich, wie sich mein müder Körper etwas entspannte und der Schlaf zurückkehrte. (Am nächsten Morgen fragte ich Michael, ob er wüsste, dass er sein schmales Lager mit mir geteilt hatte. »Ich habe mich sehr gewundert«, sagte er, »ich dachte, etwas hätte meine Füße während der Nacht weggeschoben, aber morgens war niemand da, und deshalb hielt ich alles für einen Traum.«) Als wir aus dem Golf von Carpenteria heraus waren, wurde alles zunehmend einfacher, und so verlief unser dritter Segeltag bedeutend angenehmer.

Während der nächsten Nacht segelten wir mit zufrieden stellenden fünfundzwanzig Knoten dahin. Die Kinder waren bereits im Bett, Herbert schlief, und ich kuschelte mich gerade glücklich mit einem Buch hin, als plötzlich die Bewegung des Boots sich dramatisch veränderte. Im nächsten Augenblick schrillte der Alarm des Autopiloten, und ich raste hinunter, um Herbert zu wecken. Irgendetwas stimmte nicht. Zusammen sprangen wir ins Cockpit zurück und entdeckten, dass das Ruder nicht funktionierte. Die NORTHERN MAGIC hatte in den Wind gedreht. Das Ruder bewegte sich außer Kontrolle. Die Verbindung zwischen der Welle des Ruders und dem Ruderkopf schor zum zweiten Mal auf dieser Reise glatt durch.

Herbert erschien umgehend mit jeder Menge Tampen und einer Notpinne aus Stahl, die er auf dem Boden im Cockpit den Erfordernissen anpasste und dann mit einer Menge Tauwerk ähnlich einem Spinnennetz das Rad überwebte. Ehe wir uns in Darwin um unsere Ersatzpinne kümmern konnten, würden wir ohne die Hilfe von TMQ zurechtkommen müssen. Wir hatten keine andere Wahl, als selbst am Ruder zu stehen.

Es wäre nur allzu verständlich gewesen, wenn wir uns über diese neue Katastrophe aufgeregt hätten, die nur die Letzte in einer Reihe von Problemen mit der Ruderanlage war, die uns seit dem ersten Tag unseres Kampfes an der endlosen australischen Küste entlang verfolgten. Tatsächlich aber geschah das

Gegenteil. Aus unerfindlichen Gründen waren wir beide in großartiger Stimmung, ja, triumphierten geradezu, weil wir genau gewusst hatten, was zu tun war, und alles Notwendige trotz der schwierigen Bedingungen schnell und effizient in den Griff bekommen hatten.

Herbert bot an, das Ruder zu übernehmen, aber ich schickte ihn ins Bett zurück, nachdem ich ihn gebeten hatte, für mich etwas Musik zu machen. Bald danach ging der Vollmond auf, und im Konzert vereint mit den Geräuschen des Windes und der Wellen ertönte meine Stimme im Gesang, wie Seeleute auf kleinen Booten im weiten Ozean seit undenklichen Zeiten immer gesungen haben. Mit weit gespreizten Beinen stemmte ich mich gegen das Rollen des Bootes, die Hände fest am Rad, und meine Arme kämpften mit den Wellen, um den Kurs der NORTHERN MAGIC zu halten, während mein Gesicht langsam von einer Salzkruste überzogen wurde. Hin und wieder musste ich einer besonders großen Welle ausweichen, die sich mich als Opfer ausgeguckt und einen Schleichweg durch ein Leck in meine Wettermontur gefunden hatte. Immer wieder wirbelte das Wasser um meine Knöchel. Meine nackten Zehen begannen wie Pflaumen zu schrumpeln.

Ich hatte Wache bis ein Uhr morgens und weckte Herbert jede Stunde, damit er unsere Position feststellte, da unser Weg nahe an den kleinen Inseln zwanzig Meilen vor der australischen Küste im wilden und fast unbewohnten Norden vorbeiführte. Gegen sechs Uhr morgens übernahm ich wieder und hatte das Vergnügen, die Sonne aufgehen zu sehen, die einen wunderschönen goldenen Schimmer über das Boot und die Inseln von Arnhem Land legte, die kaum sichtbar am Horizont erschienen.

Bald tauchte ein kleines Gesichtchen am Luk auf. Es war Christopher, mein kleiner Sonnenschein, mit seinem wunderbaren Lächeln – das ihn immer noch von innen heraus erleuchtet, jeden Morgen. Mein Kosename war an diesem Morgen besonders zutreffend, als sein rundes kleines Kindergesicht den goldenen Glanz einfing. Ich sog die Szene förmlich in mich ein und versuchte, die Erinnerung daran in mein Gedächtnis einzugravieren, sodass ich in den kommenden Jahren davon zehren könnte. Wenige Minuten später tauchte auch Jon auf und informierte mich aufgeregt über den Fortschritt, den er mit dem Puzzle erzielte, das wir am Vortag begonnen hatten. Wir hatten viele glückliche Stunden fest verkeilt in Jons enger Koje verbracht und daran gearbeitet, die zunehmend schwieriger werdenden Probleme in seinem Puzzlebuch zu lösen. Zu meinem größten Vergnügen waren wir ebenbürtige Partner.

Nachdem Jon zu seinem Puzzle zurückgekehrt war, erschien Michael. Wie gewöhnlich fand er als Letzter aus dem Bett, um dann als Erster seinen Hunger anzumelden. Das war ein Problem: Wie konnte ich die Kinder füttern, ohne das Rad zu verlassen oder Herbert zu wecken? Die meisten unserer Schnellgerichte waren schon aufgespachtelt. Aber dann erinnerte ich mich an ein spezielles Gericht, das ich in Scarborough gekauft und aufbewahrt hatte für einen Tag wie diesen: eine teure Box von Fruit Loops[5], das perfekte Essen, um Kinder zum glücklichen Mampfen zu bewegen, ehe ich nach unten konnte, um etwas Besseres zu kochen.

Michael brauchte keine zweite Einladung und verschwand augenblicklich, um die süßen Cerealien an dem geheimen Platz zu suchen und zu finden, wie ich es ihm verraten hatte. Vom Cockpit aus konnte ich die aufgeregten Kommentare hören, als die Kids ihr unerwartetes Geschenk entdeckten. Es war zwei Tage her, dass wir eine richtige Mahlzeit bekommen hatten. Bei zwei günstigen Gelegenheiten hatte ich versucht, etwas Warmes zu kochen, doch die Tortur, die Schüsseln und das Besteck daran zu hindern, durch den Salon zu fliegen, während wir die Inhalte zwischen den einzelnen Berg- und Talfahrten in uns hineinschaufelten, verursachten mehr Probleme, als das Ganze wert war.

Dann tauchte Michael wieder auf und brachte mir eine Schüssel mit Fruit Loops. Zum millionsten Mal wurde ich daran erinnert, wie gesegnet ich mit so wunderbaren Kindern war; wie viele zwölfjährige Jungen sind sensibel genug, mit ihrer nassen, hungrigen Mom, die allein im Cockpit steht, ihre Mahlzeit zu teilen?

Als ich die Fruit Loops auf der Zunge hatte, stand ich immer noch am Rad, und das Wasser wirbelte immer noch um meine Knöchel. Ich fühlte mich sehr stark, sehr glücklich und sehr, sehr lebendig. Was kann man mehr vom Leben erwarten, als mit der Familie an einem so unglaublich schönen, wilden und windgesegneten Tag vor Australien zu segeln?

Wir erreichten schließlich Darwin, müde aber jubelnd, und dort bekamen wir das richtige Ersatzteil für den Autopiloten. Während Herbert am Ruder herumwerkelte, entrostete und Farbe verteilte, in den Mast kletterte und das Rigg inspizierte und die NORTHERN MAGIC im Allgemeinen wieder auf Vordermann brachte, schlüpfte ich wieder einmal in meine Rolle als Versorgungs-

---

[5] Fruit Loops: Süßigkeiten in der Art von Cornflakes etc. (Anm. d. Ü.).

offizier, staute die Lebensmittel bis in die letzte Ecke – inklusive Känguru-fleisch –, die man füllen konnte, ohne dass das Boot sank.

Dann war es Zeit, wieder aufzubrechen. Acht Monate, nachdem wir auf diesem großartigen Kontinent angekommen waren, warfen wir in Australien die Leinen los und nahmen Kurs auf den Indischen Ozean. Es war ein aufregender Moment voller Freude. Als Darwin in der Ferne verschwand, verschwand auch unser Bedauern, nun wieder auf den Komfort verzichten zu müssen, an den wir uns in Australien gewöhnt hatten. Schon bald hatten wir nichts Anderes mehr im Sinn als den 7-Tage-Schlag, der vor uns lag, und die Abenteuer, die auf dem geheimnisvollen und faszinierenden Kontinent Asien auf uns warteten.

11
Das Land der Drachen und des Lächelns

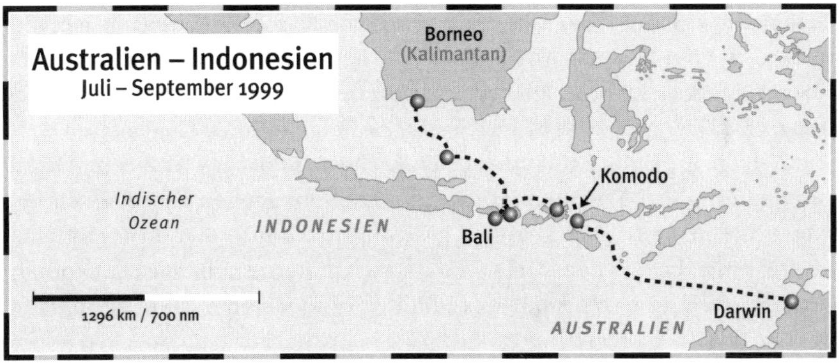

Wir hatten Yves Matson zum ersten Mal auf den Fidschis getroffen, einen witzigen 25-jährigen Kanadier, der Kanada ungefähr zur selben Zeit wie wir mit der Zielvorstellung verlassen hatte, die Welt zu umrunden, ohne ein einziges Flugzeug zu besteigen. Er hatte bisher auf zwei Booten angeheuert, ehe er zu uns stieß, sodass er nun über einen unerschöpflichen Vorrat an komischen Geschichten verfügte, mit denen er uns zum Lachen brachte. Die Kinder liebten ihn ganz besonders, und als sie herausfanden, dass er ein Boot suchte, um nach Indonesien zu kommen, setzten sie sich vehement dafür ein, ihn von Darwin nach Bali mitzunehmen.

Mit einem zusätzlichen Crewmitglied wurde diese Passage ziemlich unproblematisch. Ein weiterer Mann an Bord für die Wache bedeutete acht Stunden ungestörten Schlaf für jeden von uns. Ich fühlte mich geradezu verhätschelt mit einer 4-Stunden-Wache als Ausgleich für meine Haushaltspflichten.

Am besten von allem war aber, dass Yves jede Menge Amusement an Bord brachte. Bei seinen Witzen und wahren Geschichten hielten wir uns den

Bauch vor Lachen. Da gab es zum Beispiel die »Bärengeschichte«, von der die Jungen gar nicht genug bekommen konnten. Und die Geschichte vom »nackten Hintern in der vollen Bar«, die damit endete, dass Yves Eltern ihn in Panik anriefen, nachdem sie (klug ausgedacht) einen fotografischen Beweis erhalten hatten, dass ihr Sohn auf seinen Reisen seinen Lebensunterhalt als Nackttänzer in einer Schwulenbar in Neuseeland verdiente.

Besonders liebten wir jedoch die Geschichte »Der ruinierte Oreo«[1]. Diese Geschichte brachte mich später noch in große Schwierigkeiten, als ich versuchte, sie Freunden um Mitternacht im Dschungel Borneos in einem Boot sitzend weiterzuerzählen. Ich versuchte darzustellen, wie Yves vor der detaillierten Erklärung zurückgescheut hatte, die Schändung des legendären Oreos durch einen Highschoolkumpel – ohne dass er selbst es wusste – im Detail zu erläutern. Sein Widerwillen, mit den Ekel erregenden Einzelheiten herauszurücken, hatte mich geradezu gezwungen, die Information aus ihm herauszuzerren. Und in dem Augenblick, als ich in Borneo mit Yves Antwort als Zitat laut herausplatzte, kam ganz zufällig die allgemeine Unterhaltung um uns herum zum Erliegen, und totale Stille herrschte auf dem Boot, das neben uns lag. Meine unerwartete, ziemlich widerliche Pointe dröhnte hinaus wie eine Kirchenglocke in die dunkle und ruhige Dschungelluft. Fünfzehn Paare mit entsetzten Augen, eingeschlossen die eines ziemlich distinguierten britischen Paares, drehten sich mir augenblicklich vorwurfsvoll zu. Meine Reputation war ebenso ruiniert wie der Oreo. Aber der Rest der Geschichte – wie Yves Rache an dem üblen Schänder nahm – lässt uns heute noch brüllen vor Lachen. Deutlicher kann ich aus geschmacklichen Gründen nicht werden. Alles, was ich hier erzählen kann, ist, dass es etwas zu tun hatte mit einer geöffneten Cola, die sechs Monate lang in einem Spind vor sich hin geschmaddert hatte und der in dieser Zeit ein extravaganter Pelz aus dickem grünen Schleim gewachsen war.

Ich schätzte Yves gute Laune besonders am dritten Tag unseres Schlages nach Indonesien, um meine eigene wiederzubeleben, nachdem ich in die Nasszelle getorkelt war und in die Keramik geopfert hatte – was ich während der nächsten zwei Tage noch mehrmals wiederholen musste. Heute weiß ich, dass das die Strafe dafür war, dass ich Yves gegenüber so geprahlt hatte, der üblicherweise an Seekrankheit litt, mir seien wieder Seebeine gewachsen, und

[1] Oreos: Kekse (Anm. d. Ü.).

ich sei nun immun gegen dieses Leiden. Yves hatte sich solcher Angeberei enthalten und wurde deshalb von meinem würdelosen Schicksal verschont. Als vollendeter Gentleman verlor er aber kein Wort darüber.

Auch unser Skipper erlag seinem Schicksal, verständlicherweise, nachdem er kopfüber wegen einer Reparatur im Motorraum gehangen hatte: erst ging es um einen gerissenen Keilriemen, dann um den defekten Süßwasserzubereiter und schließlich um die Lichtmaschine. Es blieb ihm nichts anders übrig, als während der endlosen Arbeit in guter Stimmung zu bleiben, und er hielt das auch noch durch, als unser Großsegel an der Naht entlang aufriss und er eine Leine einschor und den Druck von dem Riss nahm, damit wir es nicht unterwegs reparieren mussten.

Die heftigste Bö jedoch erwischte uns an unserem fünften Tag auf See, als unser Kühlsystem gerade wieder einmal den Geist aufgab. Sowohl die Kühlbox als auch der Tiefkühler waren randvoll mit dem Fleischvorrat für zwei Monate und Käse und Schinken für ein halbes Jahr – also ein Desaster! Ich entfachte eine Diskussion darum, ob wir, wie geplant, Komodo anlaufen sollten, wo wir keine Aussicht auf Beseitigung des Problems hatten, oder ob wir nicht direkt Bali ansteuern sollten, wo die Reparaturen durchgeführt werden könnten. Schließlich entschieden wir uns dafür, an unserem ursprünglichen Plan festzuhalten, auch wenn es bedeuten sollte, dass wir alle unsere wertvollen Vorräte ins Meer kippen müssten.

Schon der erste flüchtige Blick auf den asiatischen Kontinent ließ uns das rasch auftauende Rind- und Hühnerfleisch vergessen. Die vulkanischen Höhen von Flores Island, die im spitzen Winkel mit ihren scharf umrissenen Zacken durch die Wolken stießen, waren überwältigend. Die Szene mutete so unvergleichlich exotisch an, dass mich ein Schauder durchlief, während mir bewusst wurde, wie weit wir nun von zu Hause entfernt waren.

Als ich am nächsten Morgen die Augen aufschlug, segelten wir an der Südküste von Rinca Island entlang, wo die schartigen Vulkanausläufer direkt neben uns ins Meer ragten. Die Insel zeichnete ihre Umrisse klar in den grauen Dunst des Morgenlichts. Als die Sonne hinter ihr aufging, entstand das Bild eines schlafenden Drachens, der seinen Kopf auf das Meer gebettet hatte, während ein langer Schwanz sich elegant an seinen übrigen Körper schmiegte. Fast sah es aus, als ob die Bestie die Einfahrt zur Insel bewachte, das Heim eines richtigen Komodo-Drachens, und wer dumm genug wäre, sich dort hineinzudrängen, würde sich schnell zwischen den hungrigen Kiefern wiederfinden.

Meine Fantasie schwelgte in dieser urzeitlichen Szene, als die Sonne ihre ersten goldenen Strahlen auf den Rücken des schlafenden Drachens legte und wir uns auf Zehenspitzen weiterschlichen. Das schmale Fahrwasser zwischen Komodo und Rinca Island ist berüchtigt für seine unvorhersehbaren Strömungen, Strudel und seinen Hack. Tatsächlich bauten sich immer wieder Wellen auf, um anschließend auf uns herunterzukrachen, und der Strom bestimmte unseren Weg, als wären Wachtposten am Werk, deren Job nur darin bestand, unerwünschte Besucher zu entmutigen. Aber schließlich, gegen Mittag, liefen wir in die geschützte Bucht von Komodo Island ein.

So ungeduldig wir auch waren, die Warane zu besichtigen, für die diese Insel berühmt ist, so hatte doch der Nachschub an Eis für unseren Tiefkühler erste Priorität. An Land standen ein paar Jungen neben einem kleinen Souvenirstand und hofften auf Touristen, und wir waren die Einzigen weit und breit. Einer von ihnen schickte hilfsbereit seinen Bruder los, um für uns Eis aus dem nächsten Dorf zu holen. In der Zwischenzeit seien wir vielleicht interessiert, das kleine Warenangebot in Augenschein zu nehmen?

Nach langwierigem und intensivem Feilschen kauften wir schließlich einen dieser wunderschön geschnitzten Drachen. Aber der Bote kehrte mit leeren Händen zurück und erläuterte, dass der Stromgenerator im Dorf defekt war. Unsere Gesichter wurden lang und länger. Dann trat einer seiner Kumpels vor und sagte, er kenne jemanden, der uns vielleicht helfen könne ... und in der Zwischenzeit wollten wir uns vielleicht sein Angebot an Muscheln ansehen?

Wir begannen zu vermuten, dass es wahrscheinlich einfacher wäre, einen richtigen Feuer speienden Drachen ausfindig zu machen, als unsere Hände auf einen Eisblock legen zu können. Aber besondere Situationen erfordern besondere Maßnahmen, und deshalb investierten wir drei Dollar in eine Muschel und überredeten unseren neureichen Führer, einen kleinen, lächelnden Mann namens Ardi, uns auf unserer Suche nach dem wertvollen Eis zu begleiten. Wir motorten mit der NORTHERN MAGIC zu dem kleinen Dorf, und unser neuer Freund stand stolz am Bug. Die kleinen Holzhäuser von Komodo Village sahen alle fast gleich aus, auf Stelzen gebaut, aufgereiht am Strand mit einer Flotte von schlanken hölzernen Fischerbooten davor.

Eine Menge zerlumpter Kinder erschien am Strand. Immer wenn einer von uns die Kamera hob, kreischten sie vor Lachen auf und kämpften um einen Platz vor der Linse. Als ich dann auch noch die Videokamera einsetzte, die es den Fotografierten möglich machte, sich selbst während des Filmens zu sehen, erzeugte ich ein veritables Chaos. Zwanzig oder dreißig Kinder brachen in wüstes Geschrei aus und rempelten sich an und schubsten sich gegenseitig weg für die beste Position. Nach nur wenigen Sekunden war ich gezwungen abzubrechen.

Dann machten wir uns auf den Weg zu einem kleinen Lebensmittelgeschäft am anderen Ende des Dorfes. Ardi übersetzte unsere Wünsche, und die Händlerin zeigte uns eine kleine Plastiktasche mit Wasser, die sie bis zum nächsten Morgen einzufrieren versprach. Wir bestellten fünfzehn Stück, ohne auch nur um den Preis zu feilschen. Wir beteten nur, dass der Generator, der den Tiefkühler speiste, seinen Geist nicht aufgeben möge und dass es kein weiterer Trick war, uns und unsere Brieftaschen ein bisschen länger im Dorf zu halten.

Dann bummelten wir durch das Dörfchen, wo hinter jedem Fenster freundliche Gesichter auftauchten und unser Begleittross von Minute zu Minute zahlreicher wurde. Wir kamen an zwei kleinen Moscheen mit silbernen Kuppeln vorbei, von denen eine so aussah, als sei sie aus einer Art verzinnten Folie gemacht, ehe wir zum Haus unseres Führers gelangten. Auf dem Weg sahen wir ein paar Männer, die ein hölzernes Fischerboot bauten, ohne Leim oder Nägel zu benutzen, sondern ausschließlich unter Verwendung von hölzernen Zapfen. Vor einem weiteren kleinen Geschäft bearbeiteten farbenfroh gekleidete Frauen mit den eleganten Bewegungen aller Asiatinnen Kaffeebohnen mithilfe eines riesigen hölzernen Mörsers und Stößels.

Vor Ardis Zuhause, auf Stelzen gebaut wie alle anderen Häuser, zogen wir unsere Sandalen aus und kletterten die Leiter hinauf, ehe wir eintreten konnten.

Dort ließen wir uns im Wohnzimmer auf gewebten Matten nieder und lernten seine scheue, kichernde Ehefrau, seine kleine Tochter, die noch im Babyalter war, und zwei seiner Brüder kennen, die alle kein Wort Englisch sprachen. Als Möblierung des Raumes dienten nur ein kleines Schränkchen und ein Bett. Die Wände bestanden aus gewebten Paneelen, und durch das Palmendach konnte man viel vom Himmel sehen, besonders vom Bett aus. Dennoch wirkte das Haus mit den zwei Zimmern keineswegs ärmlich, sondern hatte mehr den Charakter des Zuhauses eines wohlhabenden Geschäftsmannes. In dem Teakholzschrank standen gläserne Tassen, und Ardis Ehefrau reichte uns süßen schwarzen Kaffee und sehr gut schmeckende, mit Creme gefüllte Kekse.

Auch ich bot von den Süßigkeiten an, die ich mitgebracht hatte. In diesem Moment kam Leben in die Türe und die Fenster durch dutzende von ausgestreckten Armen von Kindern, die draußen standen. Ebenso schnell wurden sie von Ardis Bruder wieder verscheucht. Als Ardi unsere Süßigkeiten auswickelte, warf er die Plastikumhüllung einfach durch die Ritzen im Fußboden, sodass sie auf den Erdboden unter dem Haus fielen, wo sich bereits eine Menge Abfall angesammelt hatte, zur großen Freude der Hühner und Ziegen. Doch noch während der Gasterei übermannte uns die Müdigkeit nach unserem anstrengenden Tag, und wir beschlossen, dass es Zeit sei, uns auf den Weg zurück zum Boot zu machen. Kaum hatten wir Ardis Haus verlassen, waren wir wieder von der Kinderhorde umzingelt. Zu ihrem großen Vergnügen zettelte Christopher die Spiele an, mit denen er auf Tonga und den Fidschis schon so erfolgreich gewesen war.

Irgendwo verloren wir die Spur von Michael, der bereits vorausgegangen war. Plötzlich drang ein seltsames Geräusch vom Strand zu uns, fast wie der Kriegsschrei einer Armee, die losrennt, um einen Feind anzugreifen. Davon abgesehen handelte es sich aber um Kinderstimmen, und sie klangen nicht nach Ärger, sondern nach Entzücken. Als der Lärm näher kam, erschien hinter der Krümmung des Strandes Michael mit großen athletischen Sprüngen und einem enormen Grinsen im Gesicht.

Das Geschrei schwoll an, und nach ein paar Sekunden sahen wir den Grund dafür: eine Horde Kinder in Michaels Kielwasser, die im Laufen johlten und lachten. Unser Pied Piper[2] schien mehr als fünfzig Kinder hinter sich herzuziehen, und eine ungefähr gleich große Schar tanzte um uns herum, winkte und rief uns nach, als wir für diese Nacht zur NORTHERN MAGIC zurückkehrten. Sogar der König von Siam konnte keinen überwältigenderen Empfang genießen wie wir ihn von der schreienden Kinderschar als großartiges Finale unseres ersten Tages auf dem asiatischen Kontinent empfingen.

Gegen sechs Uhr am nächsten Morgen saß Herbert bereits in unserem Dingi und hielt auf das kleine Dorf auf Stelzen zu. Er kehrte triumphierend mit fünfzehn Beuteln voll mit angetautem Eis zurück, die uns einen kleinen Zeitaufschub gewährten.

Ehe wir wieder aufbrachen, hatten wir noch eine wichtige Mission zu erledigen. Wir konnten keinesfalls auf eine Begegnung mit dem legendären

---

[2] Gemeint ist der legendäre Rattenfänger (Anm. d. Ü.).

Komodo-Drachen verzichten, dem lebendigen, riesigen Waran, der vermutlich das Vorbild für die allgegenwärtigen Drachen in den Legenden des Fernen Ostens liefert.

Früher war es üblich, dass die Touristen, die nach Komodo kamen, eine lebende Ziege als Opfergabe darbrachten. Die arme meckernde Kreatur wurde mit einem Strick an einen Baum gebunden und zurückgelassen, während die Menschen sich zurückzogen und dann zuschauten, wie der monströse Waran sie in Stücke riss.

Heute opfern die Menschen keine Ziegen mehr, aber die Warane, die drei Meter Länge bringen und fünfzig Jahre oder älter werden, haben nichts vergessen und versammeln sich immer noch an der früheren Opferstelle, in der Hoffnung auf einen Happen zwischendurch. Man züchtet mittlerweile Wild, und nun müssen die Warane, von denen es nur noch einige tausend Stück gibt, ihre Beute selbst jagen. Komodo-Warane sind geschickte Jäger, die durchaus in der Lage wären, einen ausgewachsenen Wasserbüffel zu erlegen.

Wir heuerten einen jungen Führer an. Er war schwer bewaffnet, um uns vor diesen Fleisch fressenden Ungeheuern zu beschützen – mit einem langen gezinkten Stock. Und er hatte eine gute Nase für Warane und nahm die Spur auf, nachdem er plötzlich die Ohren gestellt hatte wie ein deutscher Schäferhund, während wir nichts gehört oder gerochen hatten.

Zu siebt folgten wir einem schmalen Pfad in einen Orchideenhain und scherzten, wer von uns wohl von einem hungrigen Waran als Delikatesse besonders begehrt wäre. Sie kennen schließlich Menschenfleisch, besonders von kleinen Menschen. Vor ein paar Jahren hatte ein Schweizer den Anschluss an seine Gruppe verloren, und nur noch seine Brille und seine Kamera wurden je wieder gefunden. Ich riss Witze darüber, dass man in Sicherheit sei, solange man nicht am Ende der Gruppe ging. Dies provozierte ein Spiel, bei dem der jeweils Letzte immer versuchte, einen sicheren Platz in der Mitte zu ergattern.

Schließlich erreichten wir den Fütterungsplatz der Warane. Und dort lag tatsächlich ein Tier, zwei Meter lang, genüsslich ausgestreckt im Wald an einem sonnigen Plätzchen, schlafend oder zumindest dösend und die Wärme in sich speichernd wie eine lebende Solaranlage.

Wir näherten uns der großen schwarz-ledrigen Kreatur bis auf wenige Meter, aufmerksam beobachtet von unserem Führer und ebenso aus den großen, starren, schwarzen Waranaugen. Michael benahm sich für meinen

Geschmack etwas zu lässig, und ich musste ihn ermahnen, dem Tier nicht zu nahe zu kommen. Während ich dann den Waran in Großaufnahme mit der Videokamera filmte, nieste er – und ich tat vor Schreck einen Sprung in die Luft. Es staubte bei seinem Schneuzer, als hätte ein veritabler Drachen seinen Rauch ausgeblasen.

*

Ehe wir Komodo verließen, sahen wir noch mehrere Warane. Wir wollten durch die enge Meeresstraße zwischen Komodo und den Rinca Islands segeln und über Nacht der Nordküste der großen Insel Sumbawa folgen.

Doch es war nicht einfach festzustellen, wie wir am besten durch dieses tückische Gewässer kamen. Unser Segelhandbuch zog sich auf den bedrohlichen Standpunkt zurück, dass die Passage »selten oder niemals genutzt wird wegen ihrer starken, kaum berechenbaren Strömungen«. Mit der Hilfe eines Fischers errechneten wir den geeignetsten Zeitpunkt bei Hochwasserstand gegen fünf Uhr nachmittags. Dann brachen wir auf und hofften, bei Sonnenuntergang die engste Stelle bereits passiert zu haben.

Es war ein äußerst ruhiger Tag, und die See lag still, doch als wir aus der Bucht herauskamen, in der wir geankert hatten, trafen wir auf eine stampfende See. Gewaltige Wirbel machten uns das Leben schwer. In der Mitte dieser Wirbel gab es jeweils ein glattes Zentrum, ungefähr fünf Meter im Durchmesser, aber außerhalb dieser Spiegelfläche drehte sich alles wie verrückt. Es reichte, um in uns die Vorstellung wach werden zu lassen, dass wir wie in einer riesigen Toilette in einen Strudel gezogen werden könnten.

Dann folgten die Gezeitenstrudel. Wir sahen eine entfernte, im schrägen Winkel heraufziehende Linie, als würde ein gigantischer Vorhang gezogen. In der Minute, in der wir diesen Vorhang erreichten, wurden wir auch schon herumgewirbelt. Zwischen den unheimlichen, rasenden Strudeln hatte unser Captain alle Hände voll zu tun, die NORTHERN MAGIC auf Kurs zu halten.

Wir motorten mit einer Geschwindigkeit von sechs Knoten, aber in dem Augenblick, als wir den Kurs nach Norden änderten, kamen wir fast zum Stillstand. Herbert drehte den Motor hoch, und obwohl unser Geschwindigkeitsmesser siebeneinhalb Knoten anzeigte, erzählte unser GPS etwas ganz anderes. Verglichen mit dem Landweg hatten wir nur wenig mehr als einen Knoten geschafft, also etwa zwei Stundenkilometer.

Wir dümpelten zwei Stunden lang fast auf der Stelle. Die Aussicht blieb dieselbe, wie wir sie während unseres verzweifelten Motorens beobachtet hatten. Aber was für eine Aussicht! Zwischen tosenden Wirbeln, silbrig glänzenden, sprungfreudigen Tunfischschulen, zerklüfteten Vulkangipfeln und lebenden Dinosauriern, die wir kannten, ragten jene entfernten Anhöhen auf, die uns das Gefühl vermittelten, als befänden wir uns mitten in der Odyssee. Wir wären ganz und gar nicht überrascht gewesen, hätte ein Zyklop seinen Kopf hinter einem der Berge hervorgestreckt und nach uns gegriffen ... bis die Idee in uns wuchs, dass es vielleicht keine schlechte Idee gewesen wäre, auch eine Ziege zu opfern.

Bei Sonnenuntergang begannen wir darüber zu diskutieren, ob wir nicht lieber den Schwanz einziehen sollten. Trotz der beiden Stunden harten Motorens waren wir nicht weit gekommen und würden innerhalb einer halben Stunde wieder im Hafen Anker werfen können. Andererseits: Wenn wir jetzt aufgaben, wer konnte dann eine Prognose stellen, ob wir das nächste Mal bessere Bedingungen hätten? Glücklicherweise war es eine sternklare Nacht mit Vollmond, sodass wir entschieden, obwohl es von kleinen Felsen und Inseln in dem Fahrwasser nur so wimmelte, uns weiter voranzukämpfen.

Aber in jener Nacht lag definitiv ein Zauber in der Luft. Der launische Gott, der uns die Strudel und Strömungen geschickt hatte, entschied nun, dass es amüsanter wäre, eine Finsternis über unseren Weg zu verhängen. Schließlich verdunkelte sich ein Drittel des Mondes, und das reichte aus, um uns nervös auflachen zu lassen über die Spezialitäten, die hier noch für uns bereit lagen.

In der Tat war die Trickkiste noch nicht leer. Im Dunkeln erschienen plötzlich viele kleine Fischerboote aus dem Nichts. Einige hatten Lampen gesetzt, andere nicht, und unser Radar zeigte jede Menge; ob unkartierte Felsen, unbeleuchtete Boote oder etwas ganz anderes konnten wir nur raten. Auf jeden Fall waren wir keineswegs scharf auf einen Zusammenstoß. Deshalb entschlossen wir uns zu einem unregelmäßigen Zickzackkurs, um allen unsichtbaren und vielleicht auch nur eingebildeten Hindernissen auszuweichen.

Yves und die Jungen lagen bereits im Bett, während ich das Boot um die letzten unsichtbaren Fischerboote herum hinaus aufs Meer steuerte. Die zwölf Meilen hatten uns sieben Stunden gekostet, aber schließlich ließen wir die tückische Komodo Strait hinter uns.

*

Nach unserem Anlanden in Bali brachten wir unser angetautes Fleisch sofort in den Tiefkühler von Freunden auf ein amerikanisches Boot. Nach dieser Vorsichtsmaßnahme verließen wir die NORTHERN MAGIC zu Gunsten einer Woche Ferien im Paradies. Meine Schwester Linda und ihre achtjährige Tochter Katie waren angekommen. Mit Geschenken von zu Hause beladen, umarmten sie uns, hatten große Pläne für ihren Aufenthalt und Zimmer in einem Hotel in Ubud für uns reserviert, einem kleinen Dorf im Landesinneren, das berühmt war für sein Kunsthandwerk und die kulturellen Darbietungen.

Entlang der Straße nach Ubud lagen die bildschönen terrassierten Reisfelder, für die Bali so berühmt ist, mit friedlichen Menschen übersät, die unter Kulihüten pflanzten, jäteten und die Spreu vom Weizen trennten. Wunderschöne Frauen in farbenfrohen Sarongs bewegten sich langsam am Straßenrand vorwärts, wobei sie enorme Lasten auf den Köpfen balancierten. Großväter, die fürs Reisfeld zu alt waren, wiegten die Babies auf dem Schoß. Sehr betagte Frauen arbeiteten häufig oben ohne, und ihre alten Brüste schwangen hin und her, während sie die Kleider, das Geschirr oder sich selbst im fließenden Wasser eines Baches neben der Straße wuschen.

Am nächsten Morgen gingen wir von unserem Hotel in das nahe Dorf Keliki, dessen Künstler ganz besonders für ihre Schnitzereien berühmt sind. Als wir die Straßen rauf und runter alle einheimischen Manufakturen und ihre Produkte besichtigten, wurden wir überall mit freundlichem Lächeln und Winken begrüßt. Kleine Kinder erhoben in äußerst melodischem Singsang ihre Stimmchen mit einem »Hello! Hello!«, wohin wir uns auch wendeten. Nachdem wir von Schulkindern, die gerade Ferien hatten, belagert worden waren, erhielten wir eine Einladung in das Heim von Jengki, dessen Familie, wie nahezu jede andere im Dorf, sich damit durchbrachte, Blumen aus Holz zu schnitzen.

Jengkis Tochter, ein ziemlich erwachsener, bildschöner Teenager, führte uns vor, wie sie auf der Drehbank die rohe Blumenform aus dem Holz herausarbeitete. Wir schauten zu, wie sich ein Korb mit unbemalten Blumen langsam füllte. An so einer Blume verdiente die Familie weniger als zwei Cents, und ein geübter Holzschnitzer schaffte zwischen hundert und zweihundert Rohlingen am Tag.

Verlegen realisierte ich, dass ganze Dörfer voller lächelnder, freundlicher Menschen jeden Tag in der Hitze schufteten und dabei nicht mehr verdienten, als wir gedankenlos für ein Eis bezahlten. Falls die Kinder auf dieser Weltumseglung tatsächlich etwas lernten, so war es, wie glücklich sie sich schätzen durften, in Kanada geboren zu sein. In Bali verwickelten Herbert und ich uns in stundenlange Diskussionen, ob es besser war, die Kunstgegenstände dieser hart arbeitenden Menschen mit einer geringen Geldsumme oder einem Lied für ihre Mühe zu entlohnen, oder ob es sich dabei um Ausbeutung handelte. Wir konnten uns während der ganzen Reise und bis heute nicht einigen. Im Laufe der Zeit aber feilschten wir immer weniger um den Preis unserer Souvenirs und erfanden dafür immer mehr Ausreden, um die Produkte hart schuftender Handwerker zu erwerben, auch wenn wir sie gar nicht brauchten.

Auf Bali leben überwiegend Hindus, und der Rest dieses höchst verschiedenartigen Landes wird meistens von Muslimen bevölkert. Später am Tag bereiteten wir uns darauf vor, an einer Zeremonie in einem Hindutempel teilzunehmen. Dafür musste man entsprechend gekleidet sein, was in diesem Fall für beide Geschlechter das Tragen eines Sarongs bedeutete, mit einer Schärpe um die Taille. Männer trugen dazu ein passendes prächtiges Haarband. Unser Hotel staffierte uns aus und verhalf uns zu einem repräsentablen balinesischen Outfit. Unsere Söhne waren allerdings nicht sehr scharf auf den Rock, der zu dem balinesischen Aufzug gehörte, doch ich fand sie bezaubernd.

Als wir uns dem Tempel näherten, sahen wir dutzende von wunderschön gekleideten Frauen mit goldenen Schärpen und durchsichtigen Blusen, die riesige Pyramiden aus Früchten auf ihren Köpfen balancierten. Es handelte sich um Opfergaben, und nachdem sie ihre Lebensmitteltürme auf einem Tisch abgestellt hatten, fielen sie auf die Knie und beteten.

Aber wo waren nur die Männer? Sie versammelten sich auf der anderen Seite der Straße in kleinen Gruppen und wetteten beim Hahnenkampf. Wir verließen den Tempel und beobachteten mit wachsendem Abscheu das blutige Spektakel. Linda, Katie und ich waren die einzigen Frauen in einer Menge von hundert oder mehr erwartungsvollen, sich drängelnden Männern.

Als der Hahnenkampf begann, standen die Männer, die einen Ring bildeten, auf, um die Tiere anzufeuern, und verdeckten damit unser Blickfeld. Das war auch gut so; denn nachdem wir bemerkt hatten, dass man den Hähnen kleine Messer an die Füße gebunden hatte – keine Sporen, wie unser Reiseführer betonte, aber doch richtige, tödlich verletzende Miniaturdolche, die mehrere Zentimeter lang waren –, war ich nicht sicher, ob mein Magen den Anblick von Vögeln ertragen konnte, die sich gegenseitig aufschlitzen.

Der Kampf dauerte eine Minute oder zwei. Am Ende wurden beide Hähne, die zu erschöpft und malträtiert waren, um sich gegenseitig noch bekämpfen zu wollen, in einen engen Stoffkäfig hineingezwungen. In diesem Gefängnis hatten sie keine andere Wahl, als sich so lange zu beharken, bis einer von beiden nicht mehr stehen konnte. Der unterlegene Vogel, schwer verletzt und kaum noch atmend, wurde von seinem Besitzer abgewürgt, dessen beträchtliche Investition in das preisgekrönte Tier nun verloren war und dessen Familie an diesem Abend ein Hähnchen speisen würde. Die Männer, die vorher die Wetten angenommen hatten, teilten die Gewinne in bar in der Menge aus, während die nächsten armen Wettopfer für den folgenden Kampf fertig gemacht wurden. Der Siegerhahn mit seinen weißen Federn, die nun vom Blut rote Flecken hatten, wurde in einem anderen Käfig untergebracht, um seine Wunden zu pflegen. Er war wahrscheinlich dazu bestimmt, an einem anderen Tag weiter zu leiden. Neben ihm wartete ein Dutzend weiterer Vögel auf ihren Ruhm – beziehungsweise den Tod.

Ich konnte nicht anders als die blutrünstige Szene in einen Zusammenhang zu stellen mit den wunderschönen Frauen, die ruhig ihre würdevolle Prozession im Hintergrund arrangierten und ihre Opfergaben in den Tempel trugen. Es lag ein heftiges Missverhältnis über diesem Bild, und ich verließ die Hahnenkämpfe sehr betrübt und schätzte fortan die ansonsten sehr schätzenswerten Balinesen etwas weniger.

An einem anderen Tag gingen wir in einen Wald mit Affen, wo wir mit Hüten auf unseren Köpfen aus lebenden Affenschwänzen herumspazierten. Christopher kicherte ohne Punkt und Komma. Wir hatten einer Hand voll Affen beim Schwimmen und Balgen in einem dekorativen Pool zugesehen, als Michael beobachtete, wie einer der Affen versuchte, einen großen schwarzen Skorpion zu töten. Der Affe hatte sich eine Blattknospe geschnappt und, indem er vorsichtig den Skorpion damit abdeckte, um sich selbst vor dem giftigen Stich zu schützen, schlug nun mit der Faust darauf ein. Wissenschaftler hatten die sensationelle Entdeckung gemacht, dass sowohl Schimpansen als auch Orang-Utans der Umgang mit Werkzeugen durchaus vertraut war, aber hier wurden wir Zeugen, dass dies auch für niedere Affenarten galt. Der zehn Zentimeter lange Skorpion wehrte sich und griff seinerseits an, indem er unter dem Blatt hervorsprang und sein gefährliches Hinterteil in die Luft reckte. Wenn der Skorpion zu nahe herankam, schwang sich der Affe in die Lüfte. Einmal landete der Skorpion einen knappen Meter vor unseren Füßen, sodass wir ebenfalls zur Seite sprangen.

Der Makak[3] schlug auf den Skorpion volle fünf Minuten ein, ehe er siegte und ihn in zwei Stücke riss. Beide Teile der zerstückelten Kreatur bewegten sich noch, als der Affe sie portionierte und ohne weitere Umstände in seinem Mund verschwinden ließ. Wir beobachteten den Sieger beim zufriedenen Mampfen mit erheblicher Geräuschentwicklung, bis der letzte Bissen des noch zuckenden Hinterteiles in der Art eines Spaghettis ebenfalls im Mund verschwand.

Nachdem wir mit einem einheimischen Künstler Freundschaft geschlossen und uns in einem letzten Kaufrausch in die mit Sonderangeboten überfüllten Geschäfte von Ubud gestürzt hatten, wollten wir das übrige Bali erkunden. Wir mieteten einen Van samt Fahrer, der uns zwei Tage lang die Insel zeigen wollte. Als Erstes wollten wir den Ganung Batur besteigen, Balis zweithöchsten Berg, einen aktiven Vulkan. Er ähnelt eigentlich einer zweistöckigen Hochzeitstorte – ein riesiger Vulkan mit türkisfarbenem See und einem kleinen Gipfel.

Wir hielten an einem Tor der Umzäunung, um das geringe Eintrittsgeld zu entrichten, als uns ein halbes Dutzend aggressiver junger Männer auf Motorrädern umringte, die darauf bestanden, dass wir sie als Führer anheuerten. Wir wussten aus unserem Reiseführer und von Freunden, dass ein Führer völlig überflüssig war, deshalb winkten wir ab und fuhren in Richtung des inneren Kraters. Dabei bemerkten wir nicht, dass vier von ihnen auf ihre Motorräder gesprungen waren und uns nun beschatteten.

Dann hielten wir an, um eine mögliche Route den Vulkan hinauf unter die Lupe zu nehmen. Plötzlich umringten die Vier unseren Van. Einer, der eine schwarze Lederjacke trug und klar der Anführer der Bande war, sagte mit unfreundlicher Stimme: »Ihr müsst einen Führer haben. Dies ist unser heiliger Berg, und deshalb geht es nicht ohne Führer.«

»Danke«, antworteten wir. »Aber wir haben keine Verwendung für eure Dienste.«

»Doch, das habt ihr!«, antwortete er ärgerlich, und seine Augen blitzten.

»Ihr steht unter unserer Verantwortung. Wenn ihr dort oben zu Tode kommt, – müssen wir eure Leichen herunterschleppen. Ihr untersteht uns, das ist unser Land, und ihr werdet da nicht hinaufsteigen ohne einen von uns.«

---

[3] Eine katzenartige Affenart (Anm. d. Ü.).

»Entschuldigung, aber wir werden keinen Führer engagieren.«

»Nun, dann habt ihr hier nichts zu suchen. Wir erlauben nicht, dass ihr unseren Berg besteigt! Wir werden das verhindern! Verschwindet!«

»Selbst wenn wir einen Führer bräuchten, würden wir keinen von euch nehmen«, entgegnete Linda ruhig. »Ihr seid zu unhöflich. Wir verhandeln nicht mit so unhöflichen Kerlen!«

Wir wiesen unseren Fahrer an, weiterzufahren, aber als er sein Fenster hochkurbelte, schrie ihm der Anführer mit einer drohenden Geste zu: »Wir lassen euch nicht aus! Wir folgen euch, und ihr werdet nicht auf unseren Berg kommen!«

Wo waren wir da hineingeraten? Während wir über die Straße rumpelten, folgten uns zwei der Motorräder auf dem Fuße. Natürlich wollten wir uns weder mit der örtlichen Mafia anlegen noch unseren Weg auf den Berg gegen ihren Widerstand erkämpfen. Was würde geschehen, wenn wir noch einmal anhielten? Ich holte mein Pfefferspray aus der Tasche, und Herbert verstaute es für alle Fälle in seinem Gürtel.

Als wir die abgelegene Seite des Berges erreicht und den Pfad, den wir suchten, gefunden hatten, verfolgte uns nur noch ein Motorrad. Wir beschlossen, dass ich aussteigen sollte, um mich mit einem Notizblock in der Hand als Journalistin vorzustellen und dann den Namen und die Identifikationsnummer dieses letzten verbleibenden Schlägertyps aufzuschreiben, während Herbert davon ein Video drehte, als wäre es fürs Fernsehen.

Glücklicherweise war es nicht der Grimmige, der vor mir stand, nachdem ich ausgestiegen war. Er schaute fast entschuldigend drein. Ich zückte unsere Geschäftskarte, die ein Bild der NORTHERN MAGIC zierte, und sagte: »Wir sind auf diesem Boot und ohne Führer halb um die Welt gekommen. Wir brauchen ganz bestimmt keinen Führer, um jetzt auf diesen Berg zu steigen.«

Er schaute kurz auf die Visitenkarte, sprang auf sein Motorrad und nahm Reißaus über die rumpelige Straße ohne ein zusätzliches Wort. Ein weiterer Wagen mit vier Touristen war eben vorbeigekommen, und er schien sich entschieden zu haben, dass es sich bei ihnen um willfährigere Ziele handelte als bei uns sturen, selbstständigen Seglern.

Wir begannen also unseren Aufstieg und wanderten durch ein kleines Dorf. Mehrere Dorfbewohner kamen aus ihren Häusern und dienten sich als Führer an, aber wir winkten ab. Einer oder zwei schimpften hinter uns her. Es war ein signifikantes Beispiel dafür, wie der Tourismus eine Gegend verderben kann, besonders wenn der Einkommensunterschied so gravierend ist. Ein Teenager hielt sich fröhlich neben uns.

»Wir wollen keinen Führer«, warnten wir ihn.

»Aber ich bin gar kein Führer«, antwortete er immer noch fröhlich. »Ich schleppe die Getränke auf den Gipfel und verkaufe sie dort.«

Und so schlossen wir uns Wayan an, dessen Name in der balinesischen Sprache »Erstgeborener« bedeutet und deshalb sehr verbreitet ist, und begannen mit dem langen und heißen Aufstieg. Auf den Berghängen lagen unzählige kleine lockere Vulkanbrocken herum, die das Gehen sehr beschwerlich werden ließen, und als wir an Höhe gewonnen hatten, sahen wir, dass wir uns über ein erst kürzlich erstarrtes Lavafeld kämpften: an einigen Stellen war die Lava sogar noch rötlich gefärbt. Der Vulkan war in den vergangenen sechzig Jahren mehrfach ausgebrochen und hatte zweimal sogar Dörfer in Mitleidenschaft gezogen.

Bis zum Gipfel brauchten wir fast drei Stunden, und während dieser Zeit ging unser Sohn Nummer drei, der auf balinesisch Nyoman heißen würde, Hand in Hand mit unserem liebenswürdigen Getränkeverkäufer. Christopher durfte sogar kurzzeitig auf seinen Schultern reiten. Nachdem wir drei Viertel des Weges zurückgelegt hatten, kauften wir ein paar Getränke, obwohl wir unsere eigenen dabei hatten, und legten vergnügt auch noch ein Trinkgeld dazu. Auf dem Gipfel standen vier oder fünf junge Männer herum, aber sonst war niemand zu sehen. Offenbar hatten die Touristen in dem Auto, das wir gesehen hatten, aufgegeben oder schlugen sich noch mit den Vertretern der örtlichen Mafia herum.

Mittlerweile hatten wir einen guten Kontakt zu Wayan und seinen Freunden gewonnen und begannen sie wegen der hohen Colapreise etwas zu piesacken.

»Aber es ist sehr mühsam, alles hier heraufzuschleppen«, verteidigte sich Wayan mit einem Augenzwinkern. »Und ich bin total erschöpft.«

Wir spendierten eine Runde Bonbons für alle, und während die einheimischen Jungmänner sie in ihren Mündern verschwinden ließen, scherzten wir, dass jeder von ihnen uns nun 10 000 Rupien schuldete, weil wir vom Heraufschleppen der Süßigkeiten ebenfalls sehr erschöpft seien. Sie lachten und erhöhten den Preis scherzhaft auf 20 000 Rupien. So schieden wir als Freunde.

Der Blick war sensationell. Obwohl wir keine Lava ausbrechen sahen, stiegen Rauchfahnen aus einigen Kratern auf. Wir wählten unseren Abstieg über die andere Seite am Rand einiger Grotten entlang, wobei wir mehrere Stunden lang über Geröllfelder stolpern mussten, um dann noch einen Teakholzhain, verlassene Tempel und schließlich ein kleines Dorf zu passieren. Dabei merkten wir gar nicht, dass unser Weg nur einen Steinwurf entfernt von der Stelle endete, wo wir ursprünglich in die kleine Auseinandersetzung geraten waren.

Unser Fahrer war nicht da, weil wir ja an einer anderen Stelle zurückgekommen waren, als wir uns verabredet hatten. Linda trampte mit ein paar schwedischen Touristen im Jeep davon und stieg dann auf den Rücksitz des Motorrads eines indonesischen Teenagers um, bevor sie unseren Fahrer und unser Auto wiederfand. Während wir auf Lindas Rückkehr warteten, tauchte ein Motorradfahrer auf und fragte uns nach unserem Führer. Ohne nachzudenken, antwortete ich ihm, wir hätten keinen. Mit einem ausgesprochen feindseligen und finsteren Blick brauste er davon. Als der nächste Motorradtyp auf der Bildfläche erschien und auch wieder fragte, welchen Führer wir angeheuert hätten, antwortete ich einfach »Wayan«, was in Bali, wie ich wusste, keine sehr konkrete Angabe war.

»Wieviel habt ihr ihm bezahlt?«, fragte er gierig. »Hundert US-Dollar?«

Hundert US-Dollar?! Das war das zweifache Monatseinkommen, das ein Balinese im Durchschnitt für harte Arbeit erzielte. Die Führertätigkeit war also in der Tat nichts anderes als ein erpresserisches Wuchergeschäft. Wir waren doppelt zufrieden, dass wir diesen jungen Punkern mit ihren rüpelhaften Methoden nicht nachgegeben hatten.

Nach mehreren Stunden Fahrt entlang der Nordküste von Bali trafen wir auf einen wunderschönen Strand und mieteten ein Häuschen für zwölf Dollar pro Nacht, zu dem auch ein Swimmingpool gehörte, der aus einer natürlichen Quelle gespeist wurde. Beim Schwimmen wuschen wir den Vulkanstaub von unserer Haut, speisten dann in einem kleinen Restaurant, wo wir von dem zauberhaften jungen Ketut bedient wurden.

Mit ihm unterhielten wir uns lange über seine allgemeinen Lebensbedingungen. Der Kontrast zu den Rabauken von der Motorradgang konnte nicht schärfer sein. Dieser junge Mann schuftete das ganze Jahr über in diesem Restaurant für genau die Summe, die die Halbstarken für die Leistung eines Nachmittags aus uns herauszupressen versucht hatten. Der Lohn des Kellners betrug fünfzig Cent pro Tag.

Ketut fragte vieles über Kanada. Obwohl er aus einer armen Familie stammte, bewies er große Intelligenz und einen guten Ehrgeiz, während er zu eruieren versuchte, wie er seine Situation verbessern könnte. Um ihm mit unseren Antworten wirklich zu helfen, versuchten wir, uns in seine Lage zu versetzen. In unserer Heimat hatte ein junger Mann wie er viele Chancen. In Indonesien dagegen waren seine Aussichten ziemlich begrenzt. Das Wissen um sein Dilemma machte uns sehr betroffen.

Zum Abschied schüttelten wir die Hände und wünschten Ketut alles Gute. Irgendwie fanden dann auch noch fünf Dollar diskret aus Herberts Hand in seine. Es belastete uns, dass wir diesem jungen balinesischen Kellner keinen Weg aus dem Teufelskreis seiner Armut hatten öffnen können.

So fanden die Familienferien ihr bittersüßes Ende. Als wir zurück auf der NORTHERN MAGIC waren, eröffnete uns Yves, dass er uns verlassen wollte, um selbst das Land hier zu erkunden. Wir waren traurig, dass er uns nach all dem Spaß, den wir zusammen erlebt hatten, verließ.

Vor Wochen, ungefähr einen oder zwei Tage nachdem er aufgetaucht war, hatte er mich mit Unschuldsmiene gefragt, ob ich eine bestimmte graue Plastiktüte mit Fotos gesehen hätte. Damals hatten wir aus Platzmangel seine Sachen kleckerweise über das ganze Boot verteilt verschwinden lassen. Ich hatte das Ding nicht gesehen, versicherte ihm aber, dass es sicherlich wieder auftauchen würde.

Während der folgenden Wochen hatte er dann immer wieder danach gefragt. Mir war nicht ganz klar, warum ihm das so wichtig war, und vertröstete ihn weiter. Schließlich, am letzten Tag, während er allein mit Herbert an Bord war, fand er die Tüte, und Herbert fragte ihn nach dem Inhalt.

»Fotos von meiner Freundin«, antwortete er.

Wir hatten viel von dem schönen Mädchen gehört, und Herbert wollte nun natürlich wissen, wie sie aussah. Yves kramte in den Fotos herum und gestand dann leicht errötend, dass er die Fotos nicht zeigen könne. Der Grund war offensichtlich. Als ich an Bord zurückkam, flüsterte mir Herbert mit einem gottlosen Grinsen seine Vermutungen über den Inhalt der lange gesuchten Plastiktüte ins Ohr.

Yves saß so im Cockpit, dass er mich sehen konnte, aber nicht Herbert.

»Ach, Yves«, begann ich, »du hast also deine Fotos gefunden.«

Yves schaute mich mit großen Augen an. Ein Engel ging übers Boot. »Hast du einen Blick darauf geworfen?«, fragte er dann mit einem Frosch im Hals.

»Natürlich! Deshalb habe ich sie ja versteckt. Wenn die Kinder sie gefunden hätten! Hast du wirklich geglaubt, ich hätte die ganze Zeit keine Ahnung gehabt, wo sie waren?« Herbert schüttelte sich neben mir in lautlosem Gelächter.

Eine lange Pause trat ein, während Yves die Neuigkeit verdaute, und er errötete leicht. Schließlich sagte er: »Ich stelle mir vor, du hast dich dabei gut amüsiert.«

Ich grinste hexig zurück: »Och, besondere Vorstellungskraft war da eigentlich nicht nötig.«

Yves Gesichtsfarbe wechselte von Pink in Rot. Wieder schien es ihm die Sprache verschlagen zu haben. In der Zwischenzeit plapperte Linda munter in seine Richtung los, ohne seine Verstörung zu bemerken. Herbert konnte sich neben mir vor Lachen kaum noch halten. Mein Gesicht zeigte ein breites Grinsen. Und dann erinnerte sich Herbert auch noch, dass Yves irgendetwas erwähnt hatte, dass seine Freundin auch Bilder von ihm geschossen hatte.

»Besonders mochte ich die Fotos, auf denen man dich sehen kann«, quälte ich ihn weiter und zeigte ein gerissenes, wissendes Lächeln.

Yves schlimmste Befürchtungen schienen sich zu bestätigen. Er sank in sich zusammen, verwandelte sich sozusagen in rotes Ektoplasma auf einem heißen Teakdeck.

Ich ließ ihn ein paar Minuten zappeln. Ich genoss seine Duldungsstarre. Es war meine Rache für all die Scherze, die er mit uns getrieben hatte. Dann, endlich, flüsterte ich mit einem Lächeln und so leise, dass er es kaum hören konnte: »Die Geschichte mit Stumpf und Stiel gefressen!«

*

Ohne Yves war die NORTHERN MAGIC nicht mehr dieselbe. Er hatte es sogar fertig gebracht, uns ein Abschiedsgeschenk zu hinterlassen: das Lachen. In den Monaten mit ihm hatten wir gelernt, wesentlich mehr zu lachen als vorher, und wir behielten es bei. Yves reiste nun über Land weiter, dann auch wieder übers Meer und erlebte fantastische Abenteuer. Wir blieben enge Freunde und tauschten regelmäßig E-Mails aus, besonders Jonathan. Als wir auf dem Schlag über den Nordatlantik waren, mailte uns Yves, er würde wegen uns seine Glück bringende Unterwäsche tragen. Ich mailte zurück, dass so ein

Talisman erst wirken könnte, wenn er uns ein Foto schickte. Es kam keines. Lindas Zeit in Bali ging auch zu Ende, und auf der NORTHERN MAGIC begannen wir mit den Vorbereitungen für unser Auslaufen. Während unseres Aufenthalts in dem Hotel in Ubud hatte Herbert sich zweimal um unseren defekten Tiefkühler bemüht, und nun brummte er wieder aufs Netteste.

Wir segelten zu den Inseln von Lombok und Bawean, trafen dort auf neue Freunde und entdeckten weitere Facetten dieser faszinierenden Ansammlung von Inseln, die Indonesien ausmacht. Wo immer wir stoppten, stand unser siebenjähriger Christopher, der Kleinste von uns, sofort im Mittelpunkt des Interesses. Neugierige Hände streckten sich nach ihm aus, liebkosten seine Wangen und sein blondes Haar oder fassten ihn am Arm. Viele Frauen waren von ihm völlig hingerissen und machten gestisch immer wieder klar, dass sie ihn am liebsten mit nach Hause nehmen würden. Es sah so aus, als würden besonders die zerknitterten alten Tanten, mit Zahnstümpfen im Mund, die vom vielen Betelkauen ganz rot und verrottet waren, unser jüngstes Kind gerne umarmen und herzen und küssen. Christopher tat alles mit einem Achselzucken ab, beäugte jedoch misstrauisch größere Menschenmengen und versteckte sich hinter meinen Röcken, wenn es zu arg wurde.

Wir setzten unseren Weg in die Java-See fort, und das Verlassen der ausgetretenen Touristenpfade erzeugte in uns ein ebenso ungewohntes wie unangenehmes Gefühl von Unsicherheit. Südostasien war zu diesem Zeitpunkt weltweit der Brennpunkt für Piratenaktivitäten, und unsere Bedenken wurden durch Warnmeldungen über tagtägliche Attacken noch verstärkt, die wir über Inmarsat mitbekamen. Erst kürzlich hatte es eine Reihe von Schiffsüberfällen an der Nordküste von Java und der Ostküse von Borneo gegeben, sodass wir während unserer Reise durch dieses gefährdete Revier ständig beunruhigt waren.

Tagsüber fühlten wir uns durchaus sicher, aber nach Einbruch der Dunkelheit krochen Bedenken in uns hoch. Jedes Licht, ob es nun ein hilfreiches Leuchtfeuer oder ein allgemeines Anzeichen menschlichen Lebens war, signalisierte uns eben auch die mögliche Anwesenheit eines Diebes oder Mörders. Vier Tage nach unserem Aufbruch von Barwean griffen Piraten tatsächlich ein Boot in ebendem Hafen an, in dem wir gelegen hatten. Vor der Nordküste von Java hielten sich jede Menge Fischerboote auf, und wir hatten immer mindestens zwei oder drei Lichter im Blickfeld. Gegen drei Uhr morgens riss mich Herbert aus dem Schlaf, weil uns eines dieser Lichter zu folgen schien. Er beobachtete es schon seit über einer Stunde, als es sich erst von achtern genähert und uns dann umrundet hatte. Seitdem folgte es in unserem Kielwasser. Es hielt nun konstant einen Abstand von weniger als einer Meile, sodass wir das Hämmern seines Diesels gut hören konnten. Wir segelten unter Spi mit etwa vier Knoten, und unser Verfolger, falls wir tatsächlich verfolgt wurden, war im Bedarfsfall sicherlich schneller als wir.

Es war natürlich gut möglich, dass es sich nur um einen etwas neugierigen Fischer handelte, aber gesetzt den Fall, dass er uns wirklich verfolgte – was war zu tun, wenn er tatsächlich versuchen sollte, längsseits zu gehen? Sollten wir uns ein Rennen liefern? Sollten wir unsere Signalpistole bereit halten? Sollten wir versuchen, ihn mit unserem Suchscheinwerfer zu blenden? Konnte unser Pfefferspray von großem Nutzen sein? Vielleicht sollten wir mit unserem Stahlrumpf das Holzboot rammen? Oder sollten wir einfach gar nichts unternehmen?

Wir hörten ständig über UKW den Funk ab, und obwohl dort nicht gesprochen wurde, gab es definitiv eine Art von Kommunikation – wir hörten Pfiffe und Antwortpfiffe. Handelte es sich um einen besonderen Code von Pfeifsignalen? Wir hatten solche Pfiffe auch früher schon wahrgenommen, aber gegen drei Uhr morgens sind die Grenzen zwischen Realitätssinn und Verfolgungswahn fließend, wenn man – allein auf der dunklen Java-See – von einem Boot mit unbekannten Absichten verfolgt wird.

Während Herbert den Verfolger im Auge behielt, öffnete ich unten unser E-Mail-Programm. Ich war mir bewusst, dass ich mich vielleicht lächerlich machte, und während ich den Text eingab, war ich drauf und dran, abzubrechen und über diese irreale Situation zu lachen. Mein Text lautete: »03.06 Uhr, Position 6°23'S, 113°38'E, wir werden möglicherweise von Piraten verfolgt. Falls wir uns innerhalb einer Stunde nicht wieder melden, stecken wir in ernsten Schwierigkeiten.« Diese Nachricht schickte ich nicht ab, sondern deponierte sie im Postausgang, von wo sie vom Bildschirm leuchtete und darauf wartete, im Notfall mit einem einzigen Tastendruck versendet zu werden.

Die nächste Segelyacht war mindestens hundert Meilen von uns entfernt, aber es half mir einfach, mir vorzustellen, dass es einen Segelkameraden wenn auch außer Sicht, so doch in Reichweite gab. Oft kann man nur einen hören, wenn sich zwei über Funk unterhalten und sich einer von beiden in großer Entfernung befindet. Ich schnappte mir das Mikrofon und sprach mit heiserer Stimme: »FUTUNA, FUTUNA, hier spricht die NORTHERN MAGIC. Situation

68. Situation 68 ... Roger.« Dieser Trick hat natürlich einen langen Bart, aber damals fiel meinem armen gequälten Verstand mit seinem Schlafdefizit nichts Besseres ein. Schon während des Funkspruchs begann mein Alter Ego sich über diese ebenso lächerliche wie durchsichtige Farce zu amüsieren.

Nach einer Weile beschloss Herbert, dass es an der Zeit sei, den Motor anzuwerfen, die Batterien zu laden, die Kühlbox in Betrieb zu nehmen – und Speed zu geben. Der Verfolger blieb noch längere Zeit hinter uns, ohne in beängstigender Weise seinen Kurs zu ändern, nur die Pfeifsignale hörten wir immer noch auf UKW. Irgendwann verschwand er – um wen auch immer es sich gehandelt hatte – achteraus, und unser Notruf brauchte nicht abgeschickt zu werden. Im Licht des nächsten Morgens erschien uns die ganze Angelegenheit dann nicht mehr so dramatisch und fast ein bisschen lächerlich.

Der Schlag über die Java-See dauerte noch ein paar Tage. Am Morgen unseres letzten Tages knackte es während Herberts Wache bei Sonnenaufgang auf UKW. Es handelte sich um den morgendlichen Gebetsaufruf des Muezzins, der wie üblich über Radio ausgestrahlt wurde. Zum ersten Mal hörten wir ihn auf See. Herbert beobachtete, wie ein halbes Dutzend kleiner Fischerboote simultan den Bug in Richtung Westen drehte, Richtung Mekka also, damit die gläubigen Mannschaften ihre Morgengebete verrichten konnten

Das wilde und geheimnisvolle Borneo lag direkt hinter dem Horizont.

12
In vorderster Linie

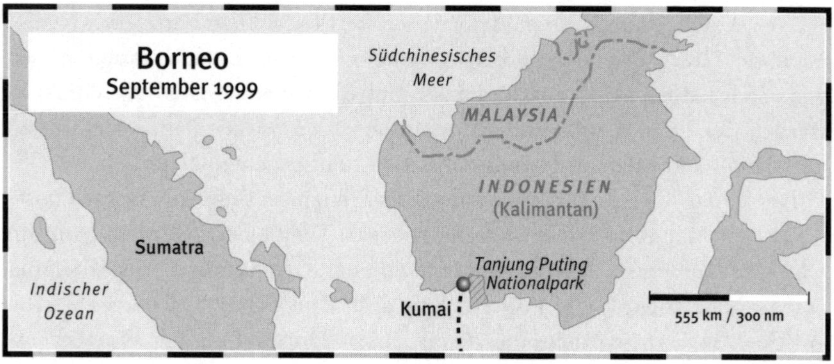

Die mit Dschungel überzogene Silhouette von Borneo wurde erst sichtbar, als wir schon fast angekommen waren. Während wir in die stark bewaldete Mündung des Kumai-River liefen, passierten uns alle nur vorstellbaren Arten von Booten, von der modernsten Passagierfähre bis zum schwächlichsten Einbaum. Wir begegneten enormen Frachtern aus Holz, die aussahen, als stammten sie noch aus der Zeit der portugiesischen Kolonien und transportierten Seiden und Gewürze. Tatsächlich waren sie mit Baumstämmen aus dem Regenwald von Kalimantan beladen, der Republik Indonesien, die den größten Teil Borneos ausmacht. Wir umfuhren diese erstaunlichen, an Archen erinnernden Schiffe und warfen am späten Vormittag Anker vor der geschäftigen Holzfällerstadt Kumai.

Kumai entsprach total der landläufigen Vorstellung von einem gesetzlosen Außenposten, mit einem schokoladenbraunen Fluss und einem seltsamen Sammelsurium von Booten entlang der Uferlinie. Große schwimmende Inseln aus Dschungelgewächsen trieben den Fluss herunter, verhedderten sich an den Ankerketten und mussten mit Bootshaken wieder weitergeschoben werden.

Die Einwohner von Kumai, die sehr viel ungehobelter und wilder aussahen als die wesentlich zivilisierteren Balinesen, waren aber ebenso freundlich.

»Hallo, Meester!», schallte es von überall her, und auf jedem der dunkelhäutigen Gesichter leuchtete unweigerlich ein Lächeln auf, während wir aneinander vorbei gingen. Bald fingen auch wir an, den Kinderpulks ein »Hallo, Meester!« zuzurufen, womit wir dann jedes Mal ein haltloses Gegiggel auslösten.

Die Straßen waren voller Müll. An dem übervollen Markt zog sich ein Abwasserkanal entlang, der der Geruchswolke noch seine ganz persönliche Note hinzufügte, die aus den schmutzigen Verkaufsständen mit überreifen Bananen, verhutzelten Karotten, rohen Meeresfrüchten, ganzen Hühnern samt Köpfen und Beinen und aus den streng riechenden Behältern mit getrocknetem Fisch, der wie Schuhleder aussah, aufstieg.

Jeder Gang über den Markt war eine besondere Erfahrung und beanspruchte alle Sinne.

So ein Markt bot auch jede Menge Überraschungen. Wir sahen ein Kind, das gedankenlos ein kleines braunes Äffchen an einer Kette herumzerrte. Der junge Schwarzhandgibbon war total verängstigt und klammerte sich an allem fest, was er mit seinen langen Armen erwischen konnte, um nicht weiter durch die Mangel dieser Menschenmenge gedreht zu werden. Der kleine Junge aber hatte kein Verständnis für die Panik des Gibbons, riss immer wieder an der Kette, die viel zu kurz um die schmalen Hüften des armen Tieres gebunden war, und schleifte ihn so durch den Dreck. Die Kette hatte das Fell an diesen Stellen bereits völlig aufgerieben.

Wir taten uns mit drei weiteren Segelyachten zu einem Dschungeltrip zusammen: den Freunden von der FUTUNA, einer kanadischen Familie von der NANAMUK und einem pensionierten Paar aus England, das auf der BLUE IBIS unterwegs war. Unser Ziel war der Tanjung Puting Nationalpark, eines der größten Naturreservate überhaupt und das Zuhause einer extrem bedrohten Tierart, dem Orang-Utan.

Seit wir von der Möglichkeit erfahren hatten, diese großen Menschenaffen in ihrer natürlichen Umgebung zu sehen, konnte uns nichts mehr bremsen. Vor vielen Monaten – wir standen gerade auf dem Kai in einem australischen Hafen und hatten uns die neuesten Informationen über die aktuelle Situation in Indonesien besorgt – hatten wir uns noch gefragt, ob wir überhaupt auf Borneo, der größten der Sundainseln, Station machen sollten. Es gab dort eine

Menge potenzieller Probleme: gewalttätige ethnische Auseinandersetzungen in Kalimantan; mögliche kriegerische Attacken in Ost-Timor; politische Unruhen; eine Wirtschaftskrise und nicht zuletzt Piratenüberfälle. Viele Segler wagten sich nur im Verbund in diese Gewässer.

Alle diese Konflikte brachen dann auch während unseres Aufenthaltes dort auf: Direkt in Kumai gab es kriegerische Auseinandersetzungen zwischen Maduresen und Dayaks. Ost-Timor kämpfte um seine Unabhängigkeit gegen die indonesische Armee. Die indonesische Regierung stürzte, und neue Politiker kämpften um ihren Einfluss und Aufstieg. Piraten versuchten das gesamte Archipel unter ihre Herrschaft zu bringen. Die indonesische Wirtschaft lag am Boden. Das Chaos regierte. Doch Indonesien zog uns mit seiner Vielfalt und seinen Mysterien täglich mehr in seinen Bann.

Unsere kleine Gruppe von den vier Yachten charterte also vier kleine Flusskähne, so genannte *kelotoks*, mit vier Skippern, einem Koch, einem Assistenten für den Koch, zwei Fremdenführern, die englisch sprachen, und einem halben Dutzend Helfern aller Art. Außerdem heuerten wir vier Wachen für unsere eigenen Boote an.

Am Morgen unseres Aufbruchs erstanden wir noch den Proviant unter Anleitung unseres Kochs, einem 25-jährigen Jüngling mit dem ausgefallenen Namen No. Während der nächsten drei Tage begeisterte ich mich immer wieder für diesen emsigen und talentierten Mann, der, ausgestattet mit Federschmuck und einem Tomahawk, jedem nordamerikanischen Indianer Konkurrenz gemacht hätte. Sein glänzendes Haar trug er schulterlang, und er hatte hohe Wangenknochen und blitzende dunkle Augen. Mein erster Eindruck von No als Krieger wurde dann später durch die Geschichten bestätigt, die er uns über die Auseinandersetzungen zwischen den Männern von Kumai und denen der Insel Madura erzählte.

Während wir stundenlang Gemüse putzten, berichtete er Einzelheiten über die letzten kriegerischen Aktivitäten. Die Männer von Kumai hatten gesiegt, sagte er, weil ihnen ihr Medizinmann mithilfe von Schwarzer Magie besonderen Mut und außergewöhnliche Tapferkeit zugeschanzt hatte. Wenige Monate vorher hatte ein Racheakt gegen Männer aus Madura stattgefunden, unwillkommenen Zuwanderern von einer Insel in der Nähe von Java, denn einer der Madureser hatte einen Kumai-Mann mit einer Machete verwundet. Im Gegenzug hatten Kumaianer mehrere Madureser ermordet. Nur das Eintreffen der Armee hatte Schlimmeres verhindert.

Wir vier Frauen waren mit No am Tag des Aufbruchs gegen sieben Uhr morgens verabredet gewesen, um Vorräte für uns und die Crew einzukaufen, also für insgesamt fünfunddreißig Personen. Gekleidet in unsere bescheidenen langen Röcke, aber eben doch ziemlich hochgewachsen und auffällig aussehend, folgten wir No über den Markt, während er sachkundig nach den frischesten Lebensmitteln fahndete. Viele Arten hatten wir nie zuvor gesehen. Am Schluss des Abenteuers stellte sich dieser Einkauf als eines der interessantesten Erlebnisse heraus. So kaufte er beispielsweise mehr Knoblauch als Zwiebeln, drei verschiedene Sorten von frischem Ingwer, viele Päckchen Tofu und kleine neonfarbene Shrimpchips, die in der Pfanne aufgingen wie Popcorn. Da wir die Kinder der Marktleute beobachtet hatten, wie sie mit ihren schmutzigen kleinen Füßen beim Spielen in den angebrochenen Reissäcken herumstampften, votierten wir einstimmig dafür, einen noch verschlossenen 25-Kilo-Sack zu erwerben, auch wenn wir ihn nicht aufbrauchen sollten.

Dieser Einkauf kostete uns fünf Stunden. Nachdem wir noch die Wachen auf unseren eigenen Booten eingewiesen hatten, glitten wir endlich sanft in blauen *ketoloks* den Sekonyer-River hinauf. Er erwies sich als temperamentlos, mit schmalem Fahrwasser in der Farbe von Milchschokolade. Üppige Vegetation säumte die Ufer. Die Tour hatte etwas von einem Ritt über einen Dschungelfluss in Disneyland, mit Affen in den Bäumen und farbenprächtigen Vögeln über unseren Köpfen. Es gab nur einen Unterschied: Hier handelte es sich um die Wirklichkeit.

Ich musste mich kneifen, um sicher zu sein, dass ich nicht träumte.

Nach einigen Stunden verengte sich der Flusslauf, eingebettet in immer dichteres Grün, und dann erreichten wir Tanjung Harapan, die erste Station von dreien in diesem Naturschutzgebiet. Ein geselliger Typ begrüßte uns, und er war es, der uns den Zauber von Kalimantan nahe brachte.

Michael Junior erreichte etwa meine Kniehöhe, obwohl er, wenn er sich mit seinen langen, haarigen, braunen Armen zu voller Größe aufrichtete, mindestens zweimal so groß war. Er hatte einen komischen schaukelnden Gang und bog seine Hände an den immer länger werdenden Armen raffiniert nach innen, um nicht über den Grund zu schleifen. Sein Gesicht war braun, pelzig und total hinreißend mit diesen oval geschnittenen weißen Fransen um die Augen. Die Augen selber sahen aus wie riesige kreisrunde Seen aus flüssigem Braun. Michael Junior war ein Gibbon, ein Schwarzhandgibbon, um genau zu sein, und die freundlichste, übermütigste, witzigste und liebenswerteste Kreatur, die man sich vorstellen kann. Er sah wie das Modell eines Affen aus einer Kinderfantasie aus. Trotz dieser Niedlichkeit handelte es sich um einen so hochentwickelten Primaten[1] wie Orang-Utans, Schimpansen und Gorillas. Affen, erfuhren wir, sind beleidigt, wenn man dem nicht Rechnung trägt.

»Wendig« war sicherlich eine zutreffende Vokabel für Michael Juniors körperliches Geschick. Er bewegte sich unglaublich flink, schwang sich von Ast zu Ast mit einer Meisterschaft, wie es unter den Menschen nur Zirkusakrobaten versuchen können. Er wollte mit uns spielen, und wer immer dazu bereit war, musste ihn herumschwingen, Hilfestellung bei Saltos geben und ihn in die Luft werfen, während sich Michael Junior furchtlos mit seinen vier Händen in unterschiedlichen Griffen übte. Er liebte Menschen und sah in ihnen eine wertvolle Erweiterung seiner Möglichkeiten auf dem Dschungelspielplatz. Mit seinen zwei Jahren war er noch ein Teenager und vor sechs Monaten in erbärmlichem Zustand, krank und misshandelt, aus drohender Gefangenschaft gerettet worden. Ehrenamtlich arbeitende Tierliebhaber hatten dazu beigetragen, diese Mitleid erregende geschundene Kreatur in den furchtlosen reizenden Schlawiner zu verwandeln, der jetzt alle entzückte.

Michael Juniors Gefährtin hieß Nyo, eine graue Makakendame mit langem Schwanz und sehr ähnlich den Affen, die wir in den Hainen auf Bali und Lombok gefüttert hatten. Nyo war ebenso vor der Gefangenschaft gerettet worden und hatte in Tanjung Harapan ein Zuhause gefunden. Makaken zeigen oft einen grimmigen, fast aggressiven Gesichtsausdruck, haben Vulcanus-Ohren und deutlich vorstehende Augenbrauen, die sie einsetzen, um freundliche Neugier, Humor und manchmal auch Ärger zum Ausdruck zu bringen.

Christopher machte seine ersten Erfahrungen mit der sprunghaften Natur der Makaken auf die harte Tour. Als unsere Boote anlandeten, hatte sich Nyo zum Entzücken aller sofort in Christophers Schoß gekuschelt. Mit seinen sieben Jahren trug er kein Hemd, und Nyo war sofort von seiner rechten Brustwarze fasziniert, die sie neugierig mit ihren geschickten Fingern untersuchte. Dann kam etwas Unerwartetes. Als hätte sie plötzlich den Verwendungszweck verstanden, legte sie forschend ihren Mund darüber und, zufrieden mit dem Ergebnis, begann sie zu saugen.

---

[1] Herrentiere (Primaten, Primates): Ordnung bezüglich der Gehirnentwicklung sehr hochstehender, in der übrigen Entwicklung jedoch wenig spezialisierter Säugetiere. Man unterscheidet außer dem Menschen rund 170 rezente Arten (zusammengefasst in den Unterordnungen Affen und Halbaffen). Gibbons zählen zu den Hominoidea, Überfamilie geistig höchstentwickelter Affen. (Anm. d. Ü.)

Christopher war davon nicht begeistert, verständlicherweise. Er schubste Nyos hungrigen kleinen Mund weg. Das gefiel nun Nyo nicht. Als ich helfend eingreifen wollte, um die Affendame vom Objekt ihrer Begierde fernzuhalten, fletschte sie die Zähne, beeindruckende Hundefänge, unterstützt von Knurren und Zischen. Nyo schätzte Zurückweisungen ganz und gar nicht. Schließlich blieb uns nichts anderes übrig, als sie von Bord zu jagen, aber das ließ sie erst richtig böse werden. Nach ein paar Minuten kam sie ohne Vorwarnung mit einem großen Satz zurück und biss Christopher in den Knöchel, was er wirklich nicht verdient hatte. Er war nicht ernsthaft verletzt, aber er wollte natürlich für den Rest des Ausflugs nichts mehr mit Nyo oder einem der anderen Makaken zu tun haben.

Auch Nyo war nachtragend. Immer wieder knurrte sie aus verschiedenen Baumwipfeln auf Christopher hinunter. Die restliche Zeit hing Christopher an meinem Rockzipfel und kletterte an mir hoch, wann immer Nyo auftauchte. Um ihr unsere Verbundenheit verständlich zu machen, begann ich ihn wie eine Affenmutter zu lausen. Ich hoffte, dass sie das davon abhalten würde, weitere Attacken gegen mein Baby zu unternehmen, da sie es ja dann erst mit mir zu tun bekäme. Das funktionierte tatsächlich, und Nyo gab auf. Aber alle Jungs achteten in Zukunft sehr sorgfältig darauf, immer wenigstens ein T-Shirt zu tragen.

Unseren nächsten Zwischenstopp, Pondok Tanggui, planten wir für die Abenddämmerung, weil um diese Zeit die Langnasenaffen (Proboscis-Affen) zum Fluss kommen, um zu trinken und zu essen. Und überhaupt bogen sich die Dschungelbäume unter dem Gewicht großer brauner Affen, die sich von Ast zu Ast schwangen.

Langnasenaffen heißen so wegen ihrer exponierten Nasen, die fast die Länge des Zinkens von Pinocchio erreichen, aber da sie aus Fleisch statt aus Holz sind, hängen sie immer irgendwie schlaff herunter. Die Weibchen haben besonders große Nasen, die ziemlich lächerlich wie krumme Würstchen aussehen. Wir sahen hunderte Exemplare dieser gefährdeten Affenart am Flussufer und zählten einmal nicht weniger als siebzehn Affen in einem einzigen Baum.

Während der Nacht rollten unsere Bootsjungen Futons für uns aus und hängten Moskitonetze auf. Michael und Jon beschlossen, in einer schulterhohen Nische unter Deck zu schlafen, während Christopher, Herbert und ich uns oben ein Plätzchen suchten und uns mit dem Sonnensegel zudeckten. Und dort wurden wir von den Geräuschen des nächtlichen Dschungels in den Schlaf gewiegt.

Am nächsten Morgen tauchte der erste Besucher bereits in der frühen Dämmerung auf: Jekky, ein fünfjähriger Orang-Utan. Er schlenderte in der typischen Oran-Utan-Fortbewegungsart auf seinen Fingerknöcheln heran und hoffte, ein paar Bananen abzustauben, die er bei uns vermutete. Verwundert und entzückt näherten wir uns ihm, boten ihm Geschenke an und hatten bald einen guten Kontakt aufgebaut. Er interessierte sich hauptsächlich für das Frühstück, aber er liebte es auch, sich an Händen und Beinen hängend schwingen zu lassen.

Bald erschienen dann auch Rosemary, eine ausgewachsene Orang-Utan-Dame, und ihre beiden Kinder. Als wir Rosemarys Lebensgeschichte hörten, verliebten wir uns stehenden Fußes in sie. Zwei Jahre zuvor hatte Rosemary begonnen, sich für ein kleines Orang-Utan-Waisenkind zu interessieren, das in der Tierklinik aufgezogen wurde. In überschäumender Mutterliebe war sie dann dort eingebrochen und hatte das Kind geraubt, um es in Freiheit aufzuziehen. Als Rosemary später ein eigenes Baby zur Welt brachte, sorgte sie weiter für ihren Adoptivsohn, als wäre er ihr eigener. Deshalb erschien sie jetzt also mit zwei Babies, wobei das Adoptivkind mindestens zweimal so groß war wie ihr eigenes, das erst ein Jahr alt war und sich an der Mutter festklammerte. Das Laufen und Klettern war für Rosemary nicht einfach, da ja zwei schwere Körper sich an sie hängten, sodass sie ihr älteres Kind immer wieder absetzte, damit es eigene Kletterversuche startete. Aber der Kleine ließ sie nicht frei und hielt sich an dem langen Fell fest.

Wir näherten uns ehrfürchtig dem Trio und boten Bananen an, die Rosemary vorkaute, ehe sie sie an die Kleinen weitergab. Wir durften den Nachwuchs sogar streicheln. Dann erschien eine elegante schwarze Katze, die einem der Parkaufseher gehörte, und legte sich auf eine Holzbank in der Nähe. Rosemary entdeckte die Katze und schlenderte langsam auf sie zu, wobei sie das Kleine huckepack trug und ihren Sohn vor der Brust. Die Katze beobachtete diese Annäherung in ziemlicher Gleichgültigkeit. Der große Affe blieb direkt vor der Katze stehen, betrachtete das Tier eine Minute lang eindringlich, streckte den muskulösen, behaarten Arm aus und begann dann mit unglaublicher Zärtlichkeit ihren Rücken zu streicheln. Der Sohn regte sich darüber sehr auf und fuchtelte mit seinen Armen in der Luft herum, als würde auch er die Katze streicheln wollen.

Rosemarie aber packte die schwarze Katze am Schwanz und hob sie hoch, als wollte sie nachsehen, ob es sich um ein Mädchen oder einen Kater handelte. Unglaublicherweise ließ die Katze diese unerfreuliche Untersuchung geduldig über sich ergehen, obwohl es aus ihren Augen blitzte. Als einer unserer Führer dann Lärm machte, ließ Rosemary schuldbewusst das Kätzchen fallen und zog sich mit einem Gesichtsausdruck zurück, den auch ich immer aufsetze, wenn ich mitten in der Nacht beim Naschen erwischt werde. Später erfuhren wir, dass Rosemary als rauflustige Kämpferin gegen erwachsene Oran-Utans vorgeht, aber dass sie sich immer ein Herz für kleine hilflose Kreaturen bewahrt hat.

Nachdem sich die Orang-Utan-Familie davon überzeugt hatte, dass alle Bananen in ihren Mägen gelandet waren, verließ sie uns. Das ermöglichte es Jekky, der sich äußerst vorsichtig in den Hintergrund zurückgezogen hatte und dort herumhing, zur Wasserlinie zurückzukehren. Jekky hatte eine besondere Vorliebe für Herbert gezeigt, ergriff nun seine Hand und führte ihn über die Laufplanke zur Futterstation, die einen oder zwei Kilometer entfernt lag. Dabei zeigte Jekky nicht die geringste Absicht, den ganzen Weg zu laufen. Stattdessen kletterte er ziemlich unverfroren auf Herbert, stützte sich an seinen Hüften ab und schlang seine langen, haarigen Arme ungerührt um Herberts Hals.

Schon nach kurzer Zeit realisierte unser Captain, der sich von der Aufmerksamkeit natürlich sehr geschmeichelt fühlte, wie schwer dieser kräftig gebaute Körper mit seinen dreißig Kilos Lebendgewicht an ihm hing. Aber sobald er Anstalten machte, Jekky abzusetzen, klammerte sich der Orang-Utan mit seinen mächtigen Armen dermaßen an ihn, dass ihm bald klar wurde, dass dies kein einfaches Unterfangen würde. Christopher spielte das auch immer mit mir, wenn ich ihn ins Wasser werfen wollte; er nannte das »die Klette machen«. Herbert blieb also nichts weiter übrig, als mit seiner riesigen, haarigen Klette durch den Dschungel zu stolpern, und sein Gesichtsausdruck zeigte, dass er darüber nicht einmal allzu unglücklich war.

Auf halbem Weg sprang Jekky von seinem Opfer und wollte nun lieber Christophers Hand halten. Wir merkten schnell, was Jekky im Schilde führte. Sobald er Christophers kleine Hand fest in seiner hielt, grapschte der Orang-Utan nach Christophers zweitem Handgelenk und drückte es in Windeseile mit seinen Füßen hinunter zu Christophers Knöcheln. So war Christopher plötzlich mit Hand und Fuß von dem Orang-Utan gefesselt, der ungefähr so groß war wie er selbst. Indem Jekky sich auf den Rücken rollte, zog er Christopher auf seinen Bauch. Er wollte spielen! Christopher giggelte nervös und war ein bisschen überfordert von der Prozedur. Er wusste nicht genau, was von ihm erwartet wurde. Jekky gab schließlich Christophers Hände frei, während er seine Knöchel handschellenartig festhielt und sich auf den Rücken wälzte, die langen Arme hoch über seinem Kopf ausgestreckt. Das schien eine Aufforderung zum Kitzeln zu sein, und Christopher tat ihm den Gefallen. Dann wurde der kleine Ringkampf ernst, weil Jekky Christopher mit seinen unglaublich kräftigen Armen über sich zog, bis sich beide auf dem weichen Dschungelboden wälzten. Christopher, das muss zu seiner Ehre gesagt werden, bewies ein unglaubliches Einfühlungsvermögen und zeigte keinerlei Panik, während er von dem wilden Affen immer wieder sehr ruppig behandelt wurde. Dem Orang-Utan war klar, dass die kleineren menschlichen Wesen Kinder waren wie er selbst, und betrachtete sie deshalb als potentielle Spielgefährten, wenn sie auch sehr spillerig und schwächlich waren.

Nachdem Christopher einmal zu oft auf den Dschungelboden gestürzt war, beschloss er, dass er genug von dem Spiel hatte. Herbert und ich trennten vorsichtig die beiden Ringer. Im Gegensatz zur launischen Nyo akzeptierte Jekky das Ende des Spiels mit großer Würde. Es gibt wahrscheinlich nicht viele Siebenjährige auf der Welt, die von sich sagen können, dass sie sich mit einem wilden Orang-Utan einen Ringkampf geliefert haben. An Christopher aber schien dies spurlos vorüberzugehen. Er wurde mit allem so souverän fertig, als erlebte er Vergleichbares jeden Tag.

Wir waren von unserem Führer und dem Rest der Gruppe getrennt worden, aber noch nicht weit entfernt, als Jekky uns signalisierte, dass wir auf dem falschen Weg waren. Wie ein kleiner Junge vor der Süßigkeitentheke begann er mit Nachdruck an Herberts Hand zu zerren und führte uns über den direkten Pfad zur Fütterungsstation für Orang-Utans. Dann ließ er Herberts Hand los, verschwand im Dschungel und ließ uns zwischen wilden Orchideen, fleischfressenden Pflanzen und Lianen zurück.

Doch schon kam der nächste Weggefährte auf seinen Knöcheln daher: Toyo, ein Baby-Orang-Utan, der etwas kleiner als Christopher war. Zweifellos hatten er und Jekky sich über uns ausgetauscht, denn nun wollte Toyo mit diesen kleinen menschlichen Besuchern spielen, wie sie hier nicht jeden Tag vorbeikamen. Toyo hielt also ohne Umwege auf unsere Jungen zu, und ein weiterer Orang-Utan-Ringkampf war unumgänglich.

Bald trafen die Park-Rangers ein, brachten Bananen und gesüßte Milch mit, und Orang-Utans aller Größen und Gestalten brachen nach den Lockrufen der Ranger von den Bäumen herunter. In größerer Entfernung gerieten alle Baumwipfel in Bewegung, und Affen mit fünfzig bis hundert Kilogramm Gewicht schwangen sich auf die erhöhte Plattform des Fütterungsplatzes. Sie nutzten Lianen und sich biegende Äste, um sich in wahrer Profimanier unter dem Dach des Dschungels vorwärts zu schwingen. Ein Dutzend wahrer »Georges of the Jungle«[2] sammelten sich blitzschnell, schoben sich die Bananen in den Hals und formten ihre Hände zu Tassen, aus denen sie die süße Milch schlürften.

Wir beschlossen diesen Tag mit einem wunderbaren Bad in dem kühlen, teefarbenen Wasser, während unsere Mannschaft nach Krokodilen Ausschau hielt.

*

Am nächsten Tag wollten wir eine der berüchtigten illegalen Goldminen aufsuchen. Einige der Eingeborenen auf unserem Boot waren sehr nervös geworden, als wir das Thema ansprachen, und einer der Führer weigerte sich sogar, uns dorthin zu bringen, aber Andi, den wir ohnehin am liebsten mochten, versicherte uns, dass wir dort willkommen wären, vorausgesetzt, wir brächten Zigaretten, Zucker, Kaffee und Süßigkeiten als Geschenke mit. Wir fuhren also in unseren schmalen Holzbooten den Fluss hinauf, um uns die Minen anzuschauen, die die Regierung und internationale Umweltorganisationen wie Greenpeace vergeblich zu schließen versucht hatten. Unterwegs stoppten wir an einer wackligen hölzernen Verkaufsbude auf Stelzen, die ein nahe gelegenes Camp mit dem Notwendigsten versorgte, und deckten uns mit Geschenken ein.

Die Mine lag ganz am Ende des schiffbaren Abschnitts des Seykonyer-River. Je weiter wir kamen, desto mehr Äste und riesige Wedel schlugen gegen die kleinen Boote, und die Blätter fielen durch die Fenster ins Innere, wo die fünf Kinder sich die Zeit mit Kartenspielen vertrieben und hin und wieder einen Blick auf die Umgebung warfen und nach Affen Ausschau hielten.

Die Mine selbst sah aus wie eine riesige Wunde, eine Mondlandschaft ohne

---

[2] Walt-Disney-Filmheld, vergleichbar mit Tarzan (Anm. d. Ü.).

jegliche Vegetation. Die Männer, Frauen und Kinder, die im Staub und Dreck unter erbärmlichen Verhältnissen in diesem Revier des Nationalparks hausten, setzten täglich ihr Leben aufs Spiel, um für ein paar Dollar Gold aus der geschundenen Erde zu holen. Unter dieser Misshandlung hatte sich der Regenwald in eine ausgetrocknete Wüstenei verwandelt. Nachdem die Bäume gefällt worden waren, war der Mutterboden sofort weggespült worden und hatte eine hässliche kahle Sandwüste entstehen lassen, sodass es ein paar Jahrhunderte dauern würde, bis dort wieder etwas wuchs. Es war das komplette Gegenteil einer Oase: eine Wüste mitten im Regenwald.

Durch einen gigantischen Schlauch jagten die Mineros eine riesige Druckwelle über das Erdreich und schufen so einen schlammigen Pool, der dann von einer Pumpe leergeschlürft wurde. Der so gewonnene wässrige Quast wurde über ein ganz gewöhnliches Stück Teppich und dann über eine Rinne geleitet, wo es sich in einem Teich sammelte, der einen Ausgang zum Fluss hatte. Die Männer standen dabei in der ausgewaschenen Sandgrube, die ständig tiefer und tiefer sackte. Und je tiefer sie sanken, desto höher wurde das Risiko, dass die Sandlast auf sie herunterbrach. Wenn dies geschah, und es geschah regelmäßig, dann starb jeder der Unglücklichen, der zufällig am falschen Fleck stand. In dieser Mine und ebenso in den umliegenden Minen verlor im Schnitt pro Monat ein Mann sein Leben, also hatte hochgerechnet eine Belegschaft von dreihundert Mann jedes Jahr zwölf Todesopfer zu beklagen. Dazu kamen natürlich noch die Langzeitopfer durch die Giftstoffe, die zum Trennen des Goldes vom Schlamm verwendet wurden.

Diese spezielle Mine stand kurz vor dem Aus, da sie nur noch sieben Gramm Gold pro Tag hergab, das entsprach einem Einkommen von etwa siebzig Dollar. Die Hälfte davon beanspruchte ein Boss in Kumai, der das Kapital für den Schlauch, die Pumpe und den Dieselgenerator vorgeschossen hatte. Die restlichen fünfunddreißig Dollar blieben für die ungefähr vierzig Männer, Frauen und Kinder. Die Kinder hatten natürlich keinerlei Aussicht auf irgendeine Schulausbildung; sie schufteten ab dem achten oder zehnten Lebensjahr ebenfalls in den Minen, und so würde es bis zu ihrem Tod auch bleiben.

Immer wenn die Teppiche unter die Wasseroberfläche getaucht worden waren, damit die Goldreste an den Fasern hängen blieben, schöpften die Goldschürfer die sandigen Rückstände in Eimern mit Wasser ab, denen sie ein halbes Fläschchen pures Quecksilber zusetzten. Während sie dann das flüssige Quecksilber durch ihre Finger rinnen ließen, ergab sich eine chemische Verbindung mit den nahezu unsichtbaren Goldkörnchen. Die Mineros, denen wir zuschauten, schienen nicht die geringste Ahnung zu haben, dass das Quecksilber in ihren Händen sie langsam aber unaufhaltsam vergiftete.

Sobald ein kleiner, zuckender, silberfarbener Tropfen eines Goldkörnchens in seiner Hand zuckte, kippte der Mann den Rest der Mixtur aus Sand, Wasser und Quecksilber im Eimer in den gestauten Teich, von wo alles direkt in den Fluss gelangte und auf diesem Weg durch den Nationalpark. Noch vor wenigen Jahren hatte der Fluss ganz klares Wasser geführt. Nun zeigte er aufgrund der Rückstände aus der Mine ein undurchdringliches Braun, und jedes Leben in ihm war tot oder kurz davor. Die Freiwilligen in der ersten Station des Parks waren gezwungen, das quecksilberhaltige Wasser zum Baden, ja manchmal sogar zum Trinken zu verwenden. Niemand weiß, welche Auswirkungen es auf die Orang-Utans und alle Tiere haben wird, die kein anderes Wasser zur Verfügung haben.

Wir schauten auch zu, wie das Gold eingeschmolzen wurde. Das war die gefährlichste Phase. Mithilfe eines Blasebalgs und einer Lötlampe brannte eine junge Frau, die vermutlich im sechsten Monat schwanger war, das Quecksilber heraus, bis nur noch ein flüssiger Tropfen Gold übrig blieb. Hielt sie dann einen rotglühenden Tropfen Flüssigkeit in ihrem Löffel, tauchte sie den Löffel im nächsten Moment in eine Schüssel mit Wasser, und der Tropfen verwandelte sich wie von Zauberhand in ein schimmerndes 7-Gramm-Korn reines Gold. Wahrscheinlich hatte sie keine Ahnung davon, dass sie das Quecksilber während dieses Arbeitsganges einatmete und sich und ihr Baby vergiftete. Neben ihr standen zwei kleine Kinder, die von dem Quecksilber noch mehr Schaden nahmen als die Mutter.

In einer der illegalen Goldminen kam zu dieser Zeit ein schwer vom Quecksilber missgebildetes Baby zur Welt, das bald nach der Geburt starb. Nur Gott wusste, welches Schicksal das ungeborene Kind der jungen Mutter hier erwartete.

Wir hielten jeder ehrfürchtig ein noch warmes Goldnugget in der Hand und staunten, wie schwer so ein kleines Ding doch war. Dieses verlockende kleine Bröckchen Gold war unverkennbar ein bedrohliches Symbol.

*

Nachdem wir die Goldmine wieder verlassen hatten und in unserem blau-weißen Boot stromabwärts fuhren, kamen wir an vielen frisch geschlagenen Wunden in diesem Dschungel von Kalimantan vorbei. Die Narben in dem sonst so wunderschönen Gesicht des Regenwaldes waren allerdings nicht zu vergleichen mit den Goldminen; hier handelte es sich um die Spuren des Holzschlags; ganze Ketten von frisch geschlagenen Bäumen führten in parallelen Linien aus dem Dschungel, verbunden durch eine Menge kleinerer Baumstämme ähnlich überdimensionalen Eisenbahnschienen. Die Schienen dienten dazu, riesige Baumstämme aus der Tiefe des Dschungels, wo siebzig oder achtzig Jahre alte Edelhölzer gefällt wurden, zum Fluss zu schieben. Wir sahen Flöße von fünfhundert Meter langen Stämmen auf ihrem Weg zu den gefräßigen Sägewerken von Kumai. Jede Nacht, die wir auf dem Fluß verbrachten, wurden wir von diesen Konvois geweckt, deren enge Spur von Petroleumlampen ausgeleuchtet wurde. Die langen Flöße, illegale Raubzüge aus dem Dschungel, wurden stets im Schutz der Nacht zum Markt verschoben.

Hier wurde nicht nur der wertvolle Regenwald zerstört, sondern man nahm sich auch den Nationalpark vor, ein geschütztes Gebiet und das Juwel der indonesischen Wälder. Und das alles geschah direkt vor unseren Augen. Auch der natürliche Lebensraum der letzten wild lebenden Orang-Utans wurde dabei zerstört. Hunderttausende von Orang-Utans hatten einst in Südostasien gelebt. Aber der Mensch, einer der engsten Verwandten dieser Tiere, erwies sich als übermächtiger Feind. Während er sich als Herr über die Wälder aufspielte, vernichtete er die letzten Refugien der Orang-Utans. Einige Wissenschaftler prophezeien, dass diese Spezies in weniger als zehn Jahren ausgelöscht sein wird. Der Orang-Utan ist in höchster Not, und die Holzindustrie ist sein schlimmster Feind.

Andi, unser Führer, gehörte zum Stamm der Dayak und war im tiefsten Dschungel aufgewachsen, sechs Stunden Fußmarsch vom nächsten Dorf entfernt.

In den vergangenen drei Tagen hatten wir Andi nicht nur als sehr intelligenten, ernsthaften, kritisch denkenden und intellektuellen Mann schätzen gelernt, sondern er war auch bestens informiert. Beruflich (er war Ende dreißig) hatte er sich als Fischer, Goldschürfer, Holzfäller, Maurer und zur Zeit als Touristenführer versucht.

Im Herzen ein Umwelt- und Tierschützer, beteiligte er sich nun aktiv an Tierschutzprogrammen, hatte auch enge Verbindungen zu den Menschen auf der anderen Seite des Zauns, weswegen wir ihn besonders schätzten. Sein fundiertes Wissen über alle aktuellen Probleme machten ihn zum perfekten Führer. Es war Andi, der uns – entgegen den Einwänden der übrigen Crew – zu den Goldminen gebracht hatte, und er war es auch, der uns fragte, ob wir ein illegales Holzfällercamp besuchen wollten.

Wir hielten bei einer Sammlung baufälliger Hütten auf hohen Stelzen am oberen Flusslauf. Dort lebte ein halbes Dutzend Holzfäller mit ihren Familien, während sie die Holzbestände der unmittelbaren Umgebung ausbeuteten. Die Häuser lagen außerhalb des Nationalparks, jenseits eines engen Flusslaufs, aber jeden Tag überquerten die Männer das Wasser und fällten die Bäume im Naturschutzgebiet. So ging das schon seit zwei Jahren. Kleine Kinder mit gefälschten Designeruhren an den Ärmchen lächelten uns von wackligen Veranden aus zu, die zu den derb gezimmerten Häusern gehörten. Schmale Einbäume dienten als Verkehrsmittel zwischen diesen elenden Siedlungen und setzten die Männer ans andere Flussufer über.

Wir saßen vor einer dieser Hütten und verteilten Süßigkeiten, während Andi unsere Fragen übersetzte. Doch die Menschen dort waren nicht einverstanden, uns zu einem der illegalen Holzlager in dem Nationalpark zu führen, blieben aber freundlich und beantworteten alle unsere Fragen. In einem zweiten Lager, wo wir Zucker, Kaffee und Zigaretten verteilten, hatten wir mehr Glück. Wir schauten zu, während ein riesiger, illegal geschlagener Baum den Fluss hinuntertransportiert wurde. Wir sahen auch ein mächtiges Boot mit bewaffneten Polizisten heranrauschen, deren Aufgabe es war, ebensolche Vorgänge zu verhindern. Unsere Holzfäller waren aber keineswegs beunruhigt. Die Polizisten kämen nicht, um einen von ihnen festzunehmen, sondern um ihren Anteil zu kassieren, erklärten sie uns.

Allmählich öffneten sich unsere Augen für den Horror, den wir in dieser Woche zu sehen bekommen hatten. Zuvor waren wir fasziniert gewesen von dem geschäftigen Treiben auf dem Kumai-River, wo dutzende gewaltiger Frachtkähne mit fünfzehn Metern Breite und dreimal so lang mit riesigen roten Baumstämmen beladen wurden. Aber nun dämmerte es uns langsam, dass wir Zeugen von permanenten Diebstählen aus dem Nationalpark waren. Und alles geschah völlig öffentlich unter den Augen derjenigen, die dafür bezahlt wurden, die Natur zu schützen.

Wir fragten Andi, wie hoch der Anteil der gestohlenen Bäume war, in Relation zu der Menge, die wir in Kumai gesehen hatten. Andi schaute mich an, als würde er an meinem Verstand zweifeln.

»Alle sind gestohlen«, sagte er dann.

»Du willst sagen, alle gefällten Bäume stammen aus dem Nationalpark?«

»Alle Bäume, die man legal fällen durfte, sind längst geschlagen. Nahezu fünfundneunzig Prozent des Holzes kommt jetzt aus dem Reservat«, erklärte er mir.

Nachdem wir alles Wesentliche gesehen hatten, kehrten wir auf unsere Boote zurück, winkten noch einmal und fuhren weiter den Fluss hinunter. In meinem Kopf drehte sich alles. Zur Rechten, auf der Seite, die nicht zum Nationalpark gehörte, sahen wir die Baumstämme, die als Schienen für den Holztransport längst ausgedient hatten, weil es kein wertvolles Holz mehr gab. Am linken Fluss-ufer führten die frisch ausgelegten Stämme direkt in das geschützte Gebiet, und wir sahen jede Menge illegale Flöße den Kunai-River hinunterfahren, wo die Sägewerke und Lastkähne ungeduldig auf sie warteten.

Ein ganz neu gebautes Baumschienensystem zeigte an, dass wir uns Natai Lengkuas näherten. Dort hatte vor wenigen Wochen eine große Zahl von Holzfällern mit Macheten amerikanische Forscher bedroht und verjagt, sodass sie jetzt ungestört ihrem Werk der Zerstörung nachgehen konnten. Unser Ausflug führte direkt an die Front des Holzkampfes, und die Spuren der letzten Schlacht waren noch ganz frisch. Wir kamen zu dem verlassenen Camp der Forscher. Soweit ich weiß, waren wir die ersten Außenseiter, die das hier zu sehen bekamen. Unsere Crew war voll Angst, denn die Holzfäller hatten sie ausdrücklich davor gewarnt, Touristen hierher zu führen.

Wir legten an einer hölzernen Pier an, die so aussah, wie alle anderen bisher auch. Hier standen allerdings keine freundlichen Affen zum Empfang bereit; stattdessen fanden wir die Scherben einer Informationstafel, die in ihren Einzelteilen aus der Erde ragte. Von einem menschlichen Wesen oder einem Tier war weit und breit nichts zu sehen.

Wir betraten ein kleines Holzhaus, an dem ein weißes Brett mit dem Dienstplan für diesen Tag – mit einem Filzstift geschrieben – hing. In dem vorderen Fenster gab es ein großes Loch, der Türrahmen war zertrümmert und hing nach innen in den Angeln. Der Fußboden war mit Papieren übersät. Ein leerer Eierkarton und Essensreste zeugten von einem eiligen Aufbruch; auf einer zerrissenen Fotografie sahen wir einen jungen Indonesier, der verloren an einem Sierra-Club-Naturschutzposter lehnte.

Unsere Jungen hoben ein paar Notizbücher auf, die sie auf dem Boden fanden, und brachten sie mir. Es zog mir die Kehle zu, als ich sah, dass darin Forschungsarbeiten dokumentiert waren. Die Kinder sammelten alle Papiere auf, die sie finden konnten, und wir legten sie in eine sichere Box. Dann fanden wir an einem Haus das Schild »William Mason Center for the Natural Sciences«[3] und enterten es durch ein zerbrochenes Fenster. Alles, was für sie auch nur den geringsten Wert hatte, war von den Holzfällern mitgenommen worden, nur die medizinischen Vorräte, die Laborausrüstung und die Papiere lagen über den Fußboden verstreut.

Als der Angriff stattfand, am 8. Juli 1999, arbeiteten hier sechzehn Menschen, meist ehrenamtlich. Fast alle gehörten zu der Expedition von Umweltschützern, die erst am Tag zuvor wegen eines neuen Forschungsprojektes angekommen war. Ich hob einen der Prospekte der Earthwatch Volunteers auf, in dem ihr Vorhaben zur Rettung des Regenwaldes auf Borneo beschrieben war, fand auch die Visitenkarten von Dr. Yeager und ihrem Mann, Trevor Blondal, in dem Müll auf dem Boden und steckte sie ein. Aber was wir im nächsten Raum fanden, brach uns fast das Herz. Das Tohuwabohu lag kniehoch: Umschläge mit Samenproben, die sorgfältig katalogisiert und etikettiert waren. Tausende von Umschlägen waren aus den Wandregalen gezerrt und zerrissen worden, die Arbeit von mindestens zehn Jahren lag zertrampelt auf den hölzernen Dielen, ein Lebenswerk in den Dreck gezerrt, ich hätte am liebsten geheult.

Wir inspizierten das ganze Ausmaß an Vandalismus in diesem Haus und waren entsetzt über diese sinnlose Zerstörungswut. Einige der grinsenden Holzfäller, mit denen wir noch vor wenigen Stunden unsere Süßigkeiten geteilt hatten, gehörten zu den Übeltätern. Ich fragte Andi, ob Dr. Yeager hierher zurückkehren würde und was dann zu erwarten war.

»Ach, das ist überhaupt kein Problem«, erklärte er mir. »Bis dahin sind die Holzfäller mit der Arbeit fertig.«

Ehe wir auf die NORTHERN MAGIC zurückkehrten, hielten wir noch einmal an, um die Geräuschkulisse des Dschungels für alle Zeiten in uns aufzunehmen: ein hohes Summen, den schwachen aber unüberhörbaren Ton einer Kettensäge.

---

[3] William Mason Forschungscenter für Naturwissenschaften (Anm. d. Ü.)

13
Liebeskummer im Dschungel von Borneo

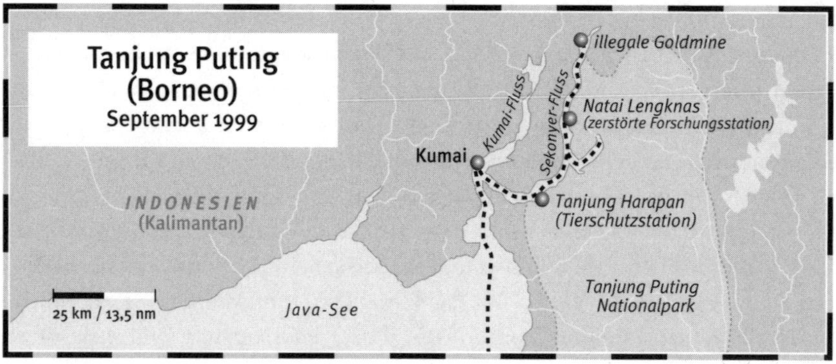

Nach Abschluss unserer Expedition traf unsere gesamte Familie eine Entscheidung: Wir wollten dem Regenwald von Borneo etwas dafür zurückgeben, dass man uns dort die Augen und die Herzen geöffnet hatte. Herbert und ich führten lange Diskussionen mit Andi, der ehrenamtlich im Nationalpark arbeitete, über einen sinnvollen Beitrag. Dann machte Andi einen Vorschlag.

Wir hatten erfahren, dass die Menschen, die sich um Michael Junior kümmerten, für ihn eine Gefährtin suchten. Das Ziel war, dass Michael eine eigene Familie gründen sollte, um wieder ausgewildert zu werden. Und nachdem wir den Tierarzt der Station und die Nationalpark-Verwaltung aufgesucht hatten, um sicher zu gehen, dass sie die Idee positiv begleiteten (»itu bagus«, hatte der Ranger genickt, »das ist wunderbar«), beschlossen wir, einen Affen zu kaufen.

Nachdem wir so viel über die Rettung bedrohter Tierarten erfahren haben, bin ich heute der Meinung, dass wir damals einen Fehler begangen haben. Natürlich hatten wir die offizielle Zustimmung, und wir gingen den normalen Weg, auf dem in Indonesien ein solcher Tierkauf abgewickelt wird, auch von Privatpersonen; aber wir haben damit eben doch den Gibbonhandel unterstützt, der nur dazu führt, dass immer mehr Tiere eingefangen werden. Wir waren entsetzt, als wir hörten, dass für jedes gefangene Tier, das die Jagd überlebt und dann als Haustier gehalten wird, im Durchschnitt neun weitere abgeschlachtet worden sind. Die meisten Gibbonbabies sterben, wenn ihre Mütter aus den Bäumen geschossen werden. Die anderen sterben während der traumatisierten ersten Tage und Wochen nach der Gefangennahme.

Aber damals hatten wir davon keine Ahnung. Wir hofften und glaubten, etwas Positives beizutragen. Und, ja, einem einzigen Gibbon schenkten wir die Chance für ein besseres Leben. Am späten Nachmittag folgten wir Andi durch die Hauptstraße von Kumai, mieteten für acht Dollar zwei Motorräder und begaben uns auf die Suche nach einem Gibbon. Andi und ein Freund fuhren das eine Motorrad, Herbert und ich setzten uns auf das andere.

Nach fünfzehn Minuten kamen wir zu einem wohlhabend aussehenden weißen Anwesen mit einem langen Zaun und einem roten Ziegeldach. Drei Kinder, zwei Jungen und ein Mädchen, spielten in einem kargen Vorgarten. Mitten auf der staubigen Fahrbahn stand ein Holzpfosten, und daran hing an einer Kette ein verlorener kleiner Gibbon.

Das Affenmädchen war nicht ganz ein Jahr alt, also noch nicht ausgewachsen und ähnelte im Format einer großen, aber sehr dünnen Katze. Sie hatte lange, lange Arme, feingliedrige schwarze Finger und das liebenswerte runde Gesicht, das uns an Michael Junior so begeisterte. Süß und neugierig mit riesigen runden Augen – zauberte sie ein Lächeln auf unsere Gesichter. Aber diese bemitleidenswerte Kreatur hatte selbst keinen Grund zum Lächeln, wie sie so im Staub zu unseren Füßen lag. Ihre Ähnlichkeit mit Michael Junior war rein körperlich; der totale Gegensatz zu dem zutraulichen, geselligen, urkomischen Kerl machte deutlich, dass dieser Gibbon hier im ganzen bisherigen Leben noch nichts anderes kennen gelernt hatte als Angst.

Es stellte sich heraus, dass es sich um denselben Gibbon handelte, den wir schon früher auf dem Markt gesehen hatten: zu Tode verängstigt, verdreckt und am Ende einer langen Kette von einem Jungen hinter sich her gezerrt, während er sich ängstlich an alles geklammert hatte, was in seine Reichweite gekommen war. Der kleine Junge starrte uns nun mit einem unergründlichen Gesichtsausdruck an. Wir sahen, dass nicht einmal der Besitzer an die Gibbonäffin herankam, ohne dass sie die Zähne fletschte und bis ans äußerste Ende ihrer kurzen Kette zurückwich. Der Mann erzählte uns, irgendwelche Freunde hätten sie vor sechs Monaten verlassen im Dschungel gefunden. Wir wussten jedoch, dass die einzige Möglichkeit, sie von ihrer Mutter zu trennen, darin bestanden haben konnte, diese zu töten und das Baby von ihrem toten Körper herunterzureißen.

Magic – so tauften wir sie später – schrie wie am Spieß, als ihre Kette gelöst wurde. Vielleicht hatte sie Angst, getötet zu werden. Aber als dann die ekelhafte Kette weg war, kauerte sich der Gibbon zusammen, schlang die langen Arme um die Knie und schaute in die Welt wie ein verschrecktes kleines Mädchen. Die großen runden Augen wanderten zwischen den bedrohlichen Menschen hin und her, die sich über Magic auftürmten. Sie war viel zu verängstigt, um einen Fluchtversuch zu wagen, und hockte nur passiv auf der Stelle, als erwarte sie jeden Augenblick, durch das Fallbeil zu sterben.

Der Besitzer des Gibbons brachte einen Pappkarton, und ich konnte mir nicht vorstellen, wie wir das Tier dort hineinbugsieren könnten. Aber Magic war dankbar für ein Refugium und kletterte freiwillig hinein, obwohl sie ihr pelziges schwarzweißes Gesichtchen schnell noch einmal durch die Laschen schob, ehe wir sie schlossen. Als wir dann die Laschen mit Kordeln festschnürten, langten fünf lange elegante Finger mit perfekten schwarzen Fingernägeln heraus und versuchten sie wieder aufzudröseln.

Wir hatten die Kinder für diesen Nachmittag zum Spielen bei ihren Freunden auf der NANAMUK zurückgelassen, ohne sicher zu sein, dass der Kauf an diesem Tag gelingen würde, und deshalb hatten wir auch nicht darüber nachgedacht, dass wir das Äffchen eventuell auf die NORTHERN MAGIC mitbringen würden. Aber genau so kamen wir dann an, mit einem Schwarzhandgibbon in einer Pappschachtel der Marke *Mi Goreng Ayam – Hühnchen mit Nudeln.*

Unsere drei Kinder und dazu die beiden von der NANAMUK quietschten vor Aufregung, als sie entdeckten, dass wir den Kauf getätigt hatten, und schon hieß der Gibbon Magic, nach unserem Boot. Wir öffneten die Box und vertäuten Magic mit ihrer Leine im Cockpit. Sofort enterte sie in das Stahlrigg des Besanmasts und kletterte so hoch hinauf, wie die Leine es zuließ. An einer Hand und einem Fuß über unseren Köpfen schaukelnd, sah sie so aus, als gefiele es ihr, während sie ihre neue Umgebung nervös, aber mit offensichtlichem Interesse begutachtete. Sie wollte mit keinem von uns näheren Kontakt aufnehmen, aber schien glücklich dabei, sich mit ihren langen Armen von einem Stag zum anderen zu schwingen, als wäre sie auf einem Segelboot aufgewachsen.

Bald war Magic nicht mehr das verschreckte kleine Mädchen mit den großen runden Augen, sondern ein richtiger Affe. Jonathan suchte sich ein Plätzchen neben ihr auf dem Auslieger, schaute ihr geduldig zu, bot ihr Bananen an und wies meine Versuche zurück, ihn zum Essen nach unten zu locken. Schließlich begann Magic sich ihm zu nähern, und als er zu Bett sollte, saß sie auf seinem Schoß und ließ sich von ihm lausen, wie wir es so oft bei wildlebenden Affen beobachtet hatten. Magic blieb großen Menschen gegenüber weiter misstrauisch, aber Schritt für Schritt gewannen erst Jonathan und dann die anderen Kinder ihr Vertrauen.

Wir richteten für Magic einen kleinen Unterschlupf zum Schlafen, aber sie suchte sich ihr eigenes Nest, wo der Auslieger und der Mast eine Art Astgabel bildeten. Obwohl sie dort auf dem relativ weichen Segel saß, hatte sie keinerlei Schutz vor Kälte oder Regen. Als wir zu Bett gingen, zerriss es mir fast das Herz, Magic zusammengekauert neben dem Mast zu sehen, die Arme ebenso um die Knie geschlungen, wie es mich schon beim ersten Mal zu Tränen gerührt hatte. Als ich Jon in seine gemütliche Koje verholte, sah ich, dass es ihm ebenso erging.

»Der Schlafplatz von Magic ist schrecklich, Mom«, flüsterte er unendlich traurig. »Das ist überhaupt kein richtiges Bett. Sie wird sich da draußen allein fühlen und frieren.«

»Das glaube ich nicht«, antwortete ich und suchte nach einem Ausweg, um meinen zartbesaiteten Sohn – und mich selbst – zu trösten. »Wo, glaubst du, schlafen Gibbons im Wald? Auf Bäumen natürlich. Aber da, wo Magic bisher war, hatte sie nicht einmal einen Kletterbaum, sondern nur eine schreckliche Holzbox auf einem Pfahl. Jetzt hat sie zum ersten Mal, seit sie ein Baby war, eine Art Baum gefunden – unseren Mast. Und so hat sie eine gemütliche Astgabel zum Schlafen – unseren Auslieger. Und da wir im Wasser schwoien, bewegt sich der Auslieger, so wie ein Ast im Wind. Deshalb sagen ihr alle ihre Instinkte, dass sie den perfekten Schlafplatz gefunden hat.«

Am nächsten Morgen lief die NORTHERN MAGIC mit unserer kleinen Gibbonfreundin, die im Rigg herumturnte, flussaufwärts auf der gleichen Route, die wir das letzte Mal auf den Charterbooten in den Dschungel genommen hatten. Hinter uns motorten Grace und Rob Dodge aus British Columbia auf der NANAMUK.

Andi begleitete uns und ebenfalls ein ehrenamtlicher Mitarbeiter der Nationalpark-Verwaltung. Soweit wir wissen, ist niemals ein Segelboot dieses enge unkartierte Fahrwasser weiter hinaufgefahren als wir und die NANAMUK. Auf jeden Fall aber waren wir die Ersten mit einem lebhaften Schwarzhandgibbon an Bord, der am Mast schaukelte.

Einen wunderbaren Tag lang hatten wir unseren eigenen kleinen Affen. Es wärmte unsere Herzen, Magics Verwandlung von der verschreckten Kreatur in eine neugierige Persönlichkeit zuzuschauen, die den Dschungel von ihrem bevorzugten Aussichtsplatz aus vorüberziehen sah, während sie unter dem Sonnensegel hing. Obwohl ihr die Nähe der Erwachsenen immer noch Unbehagen bereitete, war sie bereits sehr vertraut mit den Kindern. Es war aufregend, sie in den Dschungel zurückzubringen und zu wissen, dass sie nach dem traumatischen Start ins Leben nun doch noch eine Chance zum Glück hatte. Magics wilde Verwandten, die Proboscis-Affen, beobachteten uns aus den Baumwipfeln, während wir den engen, braunen Fluss mit den Inseln aus Dschungelkraut hinauffuhren.

Nach drei Stunden machten wir an der hölzernen Pier der ersten Station fest, in Tanjung Harapan. Die Mannschaft dort erwartete uns, und es dauerte keine zwei Minuten, bis Michael Junior sich bei uns an Deck geschwungen hatte, um seine neue Spielgefährtin zu begutachten. Wir hatten stundenlang darüber spekuliert, wie es wohl sein würde, wenn unsere beiden Liebesvögelchen sich das erste Mal begegneten. Michael Junior enttäuschte uns nicht. Er fand es so aufregend, Magic kennen zu lernen, dass er erst ein paar Luftsprünge hinlegte, dann losrannte, um sie genau zu sehen, während sie sich unsicher unter den Cockpittisch geflüchtet hatte, und sie dann leicht an der Schulter tätschelte, so wie Gibbons Fangen spielen.

Magic tätschelte zurück, aber nicht nur freundlich, und jedes Mal, wenn sich Michael Junior näherte, scheuchte Magic ihn weg. Sie setzten dieses Spiel im Rigg fort, wo Michael Junior enorm im Vorteil war, da er ja nicht an der Leine hing. Schließlich verlegte er sich auf eine besondere Taktik, setzte sich still neben Magic und bot ihr seinen Rücken – eine typische Freundschaftsgeste. Magic sollte ihm dafür ebenfalls Freundlichkeiten anbieten, aber sie verstand den Wink mit dem Zaunpfahl nicht und verschmähte seine Avancen weiter. Es war also nicht ganz das frohe erste Treffen, von dem wir geträumt hatten, aber es war immerhin ein Anfang.

Als es Zeit wurde, Magic in ihr neues Zuhause am Ufer zu bringen, wollte sie nicht von Bord. Da es auf dem Boot in Hülle und Fülle Gegenstände zum Festklammern gab, war es keine leichte Aufgabe, sie zum Abschied nehmen zu bewegen. Schließlich redete ihr Freund Jonathan gut zu. Einmal aus dem Rigg gepflückt, grapschte sie sich ihre Leine, als würde sie jemanden an der Hand nehmen, und wackelte auf Gibbonart neben Jon her. Sie gaben ein sehr komisches Paar ab, als sie zusammen über den Dschungelpfad trotteten, wobei Magic im Stehen kaum über Jonathans Knie reichte.

Nach einer kleinen Ruhepause in einem Baum wurde es für Magic Zeit, den ersten Gesundheitscheck bei Dr. Gede Suasadana zu absolvieren, einem schlanken jungen Tierarzt aus Bali, dessen Name korrekt wie »G'day« ausgesprochen wird. Gede war der erste Erwachsene, dem es gelang, die arme Magic zu beruhigen, die sich zunächst wieder voller Furcht zusammengeduckt hatte. Gede wurde von Andi assistiert, dessen Körperbau bestens geeignet erschien, einen verängstigten kleinen Affen zu besänftigen, so wie er auch wilde Boas mit einem Blasrohr jagen konnte – was er schon getan hatte, gelegentlich. Die beiden Männer waren geduldig eine ganze Weile damit beschäftigt, Magics überstrapazierte Nerven zu beruhigen. Sie brauchte eine Wurmkur und eine Spritze. Beide Männer bewiesen unendliche Geduld, sprachen freundlich auf Magic ein, tätschelten sie, und sie wurde tatsächlich ruhiger, ehe Gede sie, in einer so flinken Bewegung, dass sie kaum wahrnehmbar war, auf den Behandlungstisch packte und ihr die notwendige Spritze verabreichte.

Magic schrie diesmal nicht, sondern gab keinen Laut von sich. In einer Minute war alles vorbei, und sie durfte wieder nach draußen, wo Andi erst sorgfältig mehrere Stellen ausprobierte, ehe er sie auf einem Stuhl am Rande der Lichtung fixierte. Für einen ehemaligen Holzfäller und Dschungelbewohner, dessen Vorfahren traditionell Orang-Utans auf ihrem Speisezettel führten, ging Andi bewundernswert einfühlsam mit Magic um. Ich musste ihn dafür einfach gern haben.

Magic griff nach den Bäumen und kauerte sich in die Äste, und dabei schaute sie unverwandt auf uns herunter. Der Plan sah vor, sie ein paar Tage an die Leine zu legen, bis sie realisiert hatte, dass Essen hier immer für sie erreichbar war, und sie dann frei zu lassen. Michael Junior legte täglich einen Zahn zu, um Magic zu imponieren. Je mehr er sich anstrengte, desto mehr zog Magic sich zurück. Erstaunlicherweise war es dann Nyo, der Makake, der als Erster Magics Herz gewann. Wir waren ganz sicher, als wir eines Morgens beim Sonnenaufgang die beiden sich gegenseitig lausen sahen.

Die erhoffte Liebe zwischen Michael Junior und Magic stellte sich nicht ein. Sie wollte einfach nichts mit ihm zu tun haben. Schließlich war sie gezwungen, vor Michaels übereifrigen Anbändeleien Zuflucht im Haus des Rangers zu suchen. Wir versuchten seine überschüssigen Energien zu kanalisieren, indem wir ihn in die Luft warfen und wieder fingen, bis ihm schwindlig war und er auf der Waldlichtung herumtaumelte wie ein betrunkener Seemann. Schon am nächsten Tag wurde uns klar, warum der Funken zwischen Michael und Magic nicht zündete. Die Entdeckung von Dr. Gede schlug ein wie eine Bombe. Unsere kleine Magic war überhaupt kein Mädchen! Sie war ein Mann!

Die wunderbare Idee, Taufpaten einer ganzen Horde von anbetungswürdigen Gibbonbabies zu werden, zerbrach in tausend Stücke. Magic – ein Mann? Aber, aber, aber – wir hatten doch nachgefragt! Man hatte uns versichert, sie sei ein Mädchen! Bald begannen wir ungläubig zu lachen. Was für Schurken! An Stelle einer Gefährtin hatten wir Michael Junior einen Rivalen ins Haus gebracht! Kein Wunder, dass sich Magic so unbehaglich gefühlt hatte.

Schließlich wurde Magic für fit befunden, total gesund und mit so vielen urwüchsigen Instinkten ausgestattet, dass er seinen ersten selbstständigen Auswilderungsversuch unternehmen konnte. Mehrere Monate lang gab es kein Lebenszeichen, und wir fürchteten schon, er hätte nicht überlebt. Aber ein Jahr später kehrte ein junger männlicher Gibbon in die Station zurück, von dem der Tierarzt mit an Sicherheit grenzender Wahrscheinlichkeit annahm, dass es sich um Magic handelte. So fühlten wir uns getröstet, dass wir immerhin für ein Tier die Lebensbedingungen zum Besseren gewendet hatten.

Wir waren von der Fürsorge für Magic so beeindruckt, dass Herbert und ich an Dr. Gede herantraten und unsere Hilfe für seine Arbeit anboten. Wir erfuhren, dass Gedes Praxis von einer kleinen Wohltätigkeitsorganisation namens *Friends of the National Parks* finanziert wurde. Die Gruppe lebte von der Hand in den Mund mit einem monatlichen Budget von weniger als vierhundert Dollar aus Spenden von durchreisenden Touristen und ein paar Umweltschützer-Reisebüros. Wir fragten nach den dringendsten Nöten, und ich ging davon aus, dass Gede Medikamente oder spezielle Gerätschaften brauchte, aber seine Wunschliste war viel simpler.

»Wir brauchen Nahrungsmittel«, sagte er ohne Zögern. »Nicht für die Tiere, sondern für uns. Wir müssen etwas essen. Für uns gibt es nur Reis und nicht einmal davon genug.«

Wir waren schockiert, als wir entdeckten, dass Gede, ein gut ausgebildeter Tierarzt, sieben Tage pro Woche im Nationalpark in einem einfachen kommunalen Holzhaus für nicht mehr als einen Teller Reis am Ende des Tages schuftete. Dass das dringendste Bedürfnis etwas so Elementares wie Nahrung für ihn und die anderen Ehrenamtlichen war, machte uns sprachlos.

Während unserer Zeit in Tanjung Harapan hatten wir Gede recht gut kennen gelernt, und ebenso Wanto, einen Volontär Anfang zwanzig. Anders als der sanfte Gede, wirkte Wanto auf den ersten Blick etwas bedrohlich mit seiner enormen Tolle aus lang wehendem schwarzen Haar, das er meist offen über die Schultern hängen ließ, und einem geschnitzten Stoßzahn aus Elfenbein, den er um den Hals trug. Wir neckten Wanto immer wieder, dass er das Urbild des wilden Mannes von Borneo verkörperte, bis wir herausfanden, dass er einen Universitätsabschluss in Wirtschaftswissenschaften hatte. Er hatte die Welt der großen Industrie hinter sich gelassen, um ganz für seine Ambitionen im Nationalpark zu leben.

Die Abende verbrachten Gede und Wanto bei der Crew der Nanamuk und bei uns im Cockpit. Wir mochten beide je länger desto lieber. Bei all dem Tohuwabohu in Indonesien hielten Herbert und ich die persönlichen und materiellen Opfer dieser jungen Männer aus reiner Tierliebe für etwas unendlich Wertvolles. Nachdem wir die Goldschürfer und die Holzfäller und all den Dreck und den Müll in Kumai gesehen hatten, wussten wir, dass solche hingebungsvollen und zukunftsorientierten jungen Männer, die persönliche Opfer der Umwelt zuliebe akzeptierten – unser alle Umwelt –, das reinste Wunder waren. Wir hielten es für lebenswichtig, solche Menschen zu unterstützen, zu hegen und zu pflegen, wenn die Natur eine Überlebenschance haben soll gegen den Anschlag so vieler Menschen, die immer nur an den kurzfristigen Profit und ihr Überleben bis zum nächsten Tag denken. An jenem Tag versprachen wir ihnen, uns darum zu kümmern, außerhalb Borneos Sponsoren für sie zu finden, die ihrer Arbeit die so dringend benötigte Unterstützung zukommen lassen würden. An dieses Versprechen fühlen wir uns seitdem gebunden, und bis heute arbeiten wir ständig daran, Spendengelder aufzutreiben.

Während unserer Tage in Tanjung Harapan machten es sich Michael Junior und Nyo zunehmend auf unserem Boot gemütlich und flitzten für Raubzüge um unser Obst kurz nach unten, um sich dann wieder kühn ins Rigg zu schwingen und die Northern Magic ganz allgemein in einen Affenspielplatz umzufunktionieren.

Alle fünf Kinder hielten sich wieder einmal in unserem Salon auf, total vertieft in das Spiel Risiko, als Nyo einen ihrer überraschenden Angriffe startete. Sie klaute eine Hand voll Plastikspielsteine, stopfte sie wie ein Eichhörnchen in ihre Backentaschen, schwang sich vom Boot und verschwand blitzschnell auf einem Baum. Dann saß sie dort oben und ließ die Plastikartillerie, Kavallery und Infanterie aus ihren Fängen zum Einsatz nach unten knallen, als handelte es sich um Nüsse. Ihre buschigen Augenbrauen hoben und senkten sich ununterbrochen und ließen sie abwechselnd schockiert und dann wieder voller Forschungsdrang aussehen. Alle paar Minuten beschloss sie, weiter ein paar übel zugerichtete Plastiksteine auszuspucken, und sie ließ sie als farbenprächtige rote, blaue und grüne Brocken ins Wasser unter ihrem hochgelegenen Sitzplatz stürzen. Nyo bereitete dies eine enorme Befriedigung, und sie machte ihre Augenbrauengymnastik während des ganzen Abends – und am nächsten Morgen hatte sie immer noch ein paar zermampfte Steine in ihrem Maul.

Michael Juniors ungezogene Neigungen waren nicht so destruktiv und liefen mehr in die Richtung von Mundraub und dem Buhlen nach Aufmerksamkeit. Er war in beidem bewundernswert erfolgreich. Als wir aufbrachen, hatte Michael jeden von uns lebenslang in einen Gibbonfan verwandelt. Immer wenn wir abends mit Robert, Grace, Gede und Wanto im Cockpit zusammensaßen, kam Klein-Michael, um sich in einen Schoß zu kuscheln und in tiefen Schlaf zu fallen. Das waren goldene Augenblicke, die unsere Herzen fest mit diesem Fleckchen Erde verbanden.

14
Wasserhosen und Blitzschläge

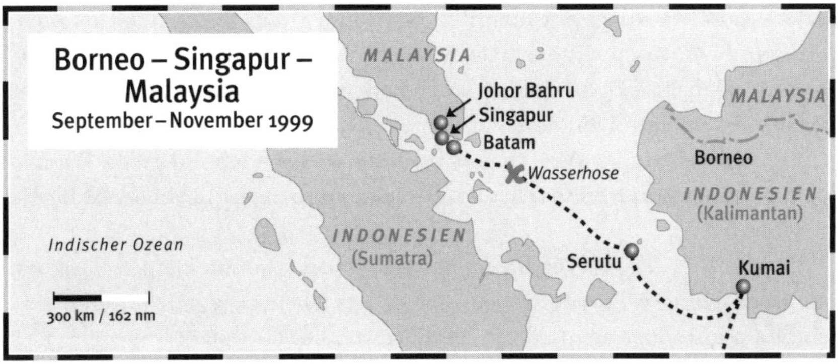

Wir verließen Borneo für eine 2-Tages-Tour, angetörnt von der Entdeckung lebhafter Maden in unseren Kumai-Gurken und einem heftigen Regenguss samt Gewitter. In Begleitung unserer kanadischen Freunde von der NANAMUK legten wir vor der Insel Serutu, fast schon auf dem halben Weg nach Singapur, eine Pause ein. Obwohl es in der Nähe ein Dorf gab, war die Bucht, die wir ausgewählt hatten, völlig menschenleer und wunderschön. Das makellose Wasser war kristallklar und voller durchsichtiger, sich im Wasser wiegender Quallen und Massen von kleinen Tintenfischchen. Papageien und Affen bewohnten die Bäume, die bis zum Sandstrand standen. In einem Süßwasserflüsschen, das zum Schwimmen geradezu einlud, spülten wir in dem erfrischendsten kalten Bad, das man sich vorstellen kann, den Borneo-Schmutz von unserer Haut. Weit und breit war niemand zu sehen. So ein ungestörtes Fleckchen Paradies war genau das, was wir brauchten.

Während wir badeten, flitzten kleine tropische Fische, wie man sie aus unseren Aquarien kennt, um uns herum. Fische mit seltsamen Atemgewohnheiten, die wir für Mudskipper[1] hielten, tobten um die Felsen am Strand herum und flohen in Wellenlinien oder tauchten weg, sobald wir uns näherten. Als wir dem Flusslauf folgten, entdeckten wir einen kleinen Wasserfall, unter dem wir uns eine Dusche genehmigten. So halb unter Wasser sitzend, ähnelte der Teich unter dem Wasserfall fast einem Jakuzzi, und die aufsteigenden Blasen prickelten am ganzen Körper. Am liebsten wären wir für immer geblieben.

Herbert und ich holten die schmutzige Wäsche vom Boot und wuschen sie in dem Fluss, wo wir sie auf luxuriöse Weise und großzügigst spülen konnten. Auf dem Boot waren wir normalerweise gezwungen, das Waschwasser so oft zu verwenden, bis es ganz dunkel, trübe und grau war. Schwitzend ins Wasser zu tauchen, während wir wuschen, war so schön, dass ich mir wünschte, wir hätten mehr dreckige Wäsche gehabt. Niemals habe ich die große Wäsche mehr genossen als an diesem heißen, Schweiß treibenden Tag in der Nähe des Äquators.

Am nächsten Tag verabschiedeten wir uns von unserem kleinen Paradies, um in schätzungsweise drei Tagen nach Batam Island zu segeln, unseren letzten Stopp in Indonesien und um die Ecke von der Großstadt Singapur gelegen. Der Wind kam angenehm, und die See war ruhig, sodass die NORTHERN MAGIC unter Spi friedlich dahinzog, als wir den Äquator überquerten und nach achtzehn Monaten wieder die nördliche Hemisphäre erreichten. Praktisch zur selben Zeit hatten wir einen weiteren Meilenstein erreicht: Wir hatten die halbe Erde umrundet. Von nun an brachte uns jede Meile, die wir zurücklegten, der Heimat wieder ein Stückchen näher.

Wir hatten nun ein ausgewiesen gefährliches Piratengewässer vor uns, wo bereits Freunde von uns heftig attackiert worden waren. Wir taten uns deshalb mit der NANAMUK zusammen, aber wir hatten damals keine Ahnung, dass Roberts und Graces Wachsamkeit uns aus einer ganz anderen Gefahr retten würde.

Es war während meiner Wache am Vormittag, einen Tag nachdem wir den Äquator überquert hatten. Ein unruhiger, verschwitzter Schlaf hatte mich immer noch übermüdet aufwachen lassen, deshalb hatte ich meine Jungen gefragt, ob sie meine Wache übernehmen könnten, während ich mir noch etwas Ruhe gönnte.

---

[1] Periophthalmus Modestus; Lebensraum: Mangrovensümpfe, Schlammebenen oder felsige Ufer (Anm. d. Ü.).

Da sie aus dem Kleinkindalter heraus waren, baten wir sie jetzt häufiger, kurze Wachtörns zu übernehmen. Überglücklich zog ich mich für ein Nickerchen in die Naviecke zurück, als es auf UKW direkt neben meinem Ohr zu knistern begann. Es war Grace von der NANAMUK, die eine Viertelmeile backbords von uns Kurs hielt. Sie scheuchte mich auf die Beine und an Deck.

Die Kids spielten noch im Cockpit Karten, es war ein heißer und windstiller Tag, und hielten brav nach Schiffen Ausschau. Aber die dunkle, niedrig hängende Wolke, die sich an Steuerbord zusammenbraute, hatten sie nicht wahrgenommen. (Es handelte sich um eine Wasserhose, groß und bedrohlich, und sie war bereits auf weniger als eine Meile herangezogen.

Wir hatten schon einmal eine solche Wasserhose gesehen, als eine sich rapide aufbauende Wasserspindel sich in den Himmel hinaufdrehte, aber das war eine dürftige, kurzlebige Angelegenheit geblieben. Jetzt war alles anders. Das war ein veritabler Tornado, der aus dem Meer eine dicke graue Säule aufbaute, die bis in die Wolken reichte. Nicht nur der Durchmesser der Hauptsäule vermittelte uns eine Ahnung ihrer enormen Kraft, sondern auch die Wasserwand, die sich wild um den Sockel drehte und ihre gewaltige Power aus dem Zentrum bezog. Der untere Teil des Wasserwirbels schien ungefähr halb so groß wie unser Boot zu sein, und das Ganze schien direkt in Richtung der NANAMUK auf unser Heck zuzuhalten.

Ich gab dem Motor Speed und hoffte so, eine größere Distanz zwischen uns und die Wasserhose zu legen. Mit ein bisschen Glück konnten wir vielleicht entkommen, und kurze Zeit sah es tatsächlich danach aus. Aber kaum hatten wir den Schwanz eingezogen und versucht davonzusegeln, schien uns die Wasserhose zu entdecken. Sie wechselte abrupt die Richtung und richtete sich exakt auf uns aus. In diesem Moment wurde uns klar, in welcher Gefahr wir uns befanden. Wir jagten die drei Jungen unter Deck und warfen zwei Segelsäcke und unsere Cockpitkissen hinterher.

Wir hatten keinen Augenblick länger zur Verfügung, um uns selbst ebenfalls nach unten zu stürzen. Zog die Wasserhose direkt über uns weg, würden wir zweifellos die Segel verloren geben müssen, die locker über dem Ausleger hingen, und wahrscheinlich gab es noch mehr zu beklagen. Vermutlich würde unser Dingi weggerissen werden und auch das Rettungsfloß und überhaupt alles, was im Cockpit in den Seitenbänken gestaut war. Dieser mächtigen Saugdüse würden möglicherweise auch die Hauptluks nicht standhalten, sodass vielleicht alles aus dem Bootsinneren nach draußen flog. Es war nicht vorauszusagen, welchen Verlauf das Chaos um uns herum nehmen würde. Wasserhosen sind in der Lage, auch große Schiffe schwerwiegend zu beschädigen oder sie sogar sinken zu lassen.

Das Sicherste für die Kinder schien uns, wenn Jonathan und Christopher sich in Jonathans mit einem Kojensegel gut gesicherter Koje aneinander kauerten, sodass sie auch vor herumfliegenden Gegenständen geschützt waren. Gott bewahre sie davor, selbst herumzufliegen. Weil Michael bereits ebenso stark und groß war wie ich, blieb er im Salon, um Herbert und mir helfend zur Seite zu springen.

Wir schlossen die beiden noch offenen Luken zum Cockpit. Dann zogen wir die Vorhänge zur Seite und schauten schreckerfüllt zu, wie sich die Wasserhose auf uns zu bewegte. Sie war nur noch ein paar hundert Meter entfernt und in den vergangenen Minuten enorm angewachsen. Der Blick auf die sich wild drehende Wasserwand, die aus dem Zentrum der Wasserhose herauswirbelte, ließ mich zur Salzsäule erstarren. Mein Herz schlug wie wild in meiner Brust.

Plötzlich fiel uns auf, dass wir zwar die Luken geschlossen hatten, aber immer noch die Bullaugen offen standen. Zu Dritt starteten wir aufs Neue durch, um alle Öffnungen sicher zu verrammeln. Dann kehrten wir zu dem großen Fenster im Salon zurück, wo ich ein paar Sekunden lang versuchte, alles auf Video aufzunehmen. Meine Beine schlotterten, während ich das sich nähernde Untier auf den Film zu bannen begann. Ich konnte kaum die Kamera ruhig halten. Der Anblick dieser donnernden, sich drehenden Wassermassen am Fuß der Säule jagte mir die größte Angst ein. Mehr als der obere Teil, der bis in die Wolken reichte, verdeutlichten sie die Kraft dieses hässlichen ekelhaften Ungeheuers. Uns blieb nichts anderes übrig, als auszuhalten. Sogar in den schlimmsten Stürmen hatte mich immer das Gefühl getragen, dass wir gut aufgehoben waren, unser Boot im Griff und Einfluss auf den Ausgang der Dinge hatten. Aber nun, in diesen kurzen Minuten, waren wir komplett hilflos.

Die Wasserhose stand nun direkt neben uns – in einer Entfernung von weniger als hundert Metern. Der Sockel der Säule war jetzt wesentlich breiter. Plötzlich sah es so aus, als könnte die Wucht des Tornados seine sich ständig vergrößernde Basis nicht mehr bewältigen. Direkt vor unseren Augen hob die Wasserhose ab. Dann löste sie sich in der Luft auf, wobei zuerst die Mitte zusammenbrach, dann die Spitze und am Schluss der Fuß. Innerhalb von Sekunden war die Wasserhose verschwunden.

Einen Moment lang trauten wir fast unseren Augen nicht. Wir fragten uns, ob das Ungeheuer vielleicht über uns hinweggesprungen war. Wir wechselten die Seite, rissen die Vorhänge weg, um nachzuschauen. Nichts. Wie ein Wunder hatte sich die Wasserhose kaum einen Steinwurf von uns entfernt aufgelöst.

Uns blieb aber kaum genug Zeit, um Luft zu holen, als die Wetterstörung, die schuld an der Entstehung der Windhose war, voll auf uns einschlug. Der Himmel verdunkelte sich, und eine Sintflut brach mit voller Wucht auf uns nieder, sodass wir keinerlei Sicht mehr hatten. Das ganze Wasser, das die Windhose nach oben gezogen hatte, kehrte nun mit einem Schlag auf die Erde zurück. Und wir wurden darin ertränkt. Das Radar wurde nutzlos. Im ersten Moment saßen wir benommen da und waren völlig damit ausgelastet, die Nerven zu bewahren. Dann versuchten wir einen Kontakt zur NANAMUK über Funk zu bekommen, um mithilfe von deren Position die unsere zu bestimmen und einen Crash der beiden Boote zu vermeiden.

Nach fünfzehn Minuten war der Wolkenbruch vorbei. Unser Herzschlag normalisierte sich. Und noch heute erinnere ich mich in regelmäßigen Abständen daran, was hätte geschehen können, wenn uns die Windhose voll gepackt und wenn uns die NANAMUK nicht rechtzeitig gewarnt hätte. Die Vorstellung von meinen Jungen in den Fängen des Untiers lässt mir jedes Mal das Blut in den Adern gefrieren. Das Schlimmste daran ist, dass es während meiner Wache geschah, dass es meine Pflicht war, auf der Hut zu sein. Das Warten auf die Katastrophe war für mich dabei der quälendste Augenblick der gesamten Weltumseglung.

*

Am nächsten Tag – wir hatten uns von der Aufregung wieder erholt – landeten wir an unserem letzten Stopp in Indonesien an, Batam Island, einem zauberhaften Urlaubsort mit leerer Marina. Abgesehen von einer Hand voll Yachties und ein paar Dutzend Angestellten war niemand da. Die Wirtschaftsrezession in Asien von 1997 und 1998 hatte ihre Spuren hinterlassen. Es war fast schon unheimlich, nachts in dem wunderbaren Pool zu schwimmen, der nur für uns so fantastisch beleuchtet war, und ein aufmerksames Personal in den weißen Uniformen in der Nähe des hellen, aber leeren Restaurants warten zu sehen, wie sie gegen jede Vernunft darauf hofften, dass jemand käme, den sie bedienen könnten. Niemals genossen wir einen Aufenthalt in einer Marina mehr als auf diesem Urlaubsresort, das bedauerlicherweise über den Wartestand nicht hinauskam.

Dann kreuzten wir die Singapore Strait auf dem Weg nach Malaysia, das ein modernes, kultiviertes Land ist und jeden möglichen Service, alle modernen Produkte und jede Annehmlichkeit bietet. Die Kinder waren besonders von den modernen Einkaufszentren fasziniert, in denen zahlreiche kleine Shops raubkopierte Software und die neuesten Videos anboten. Es gab alle Computerprogramme und Filme, die das Herz begehrte, zum Schnäppchenpreis von zwei Dollar.

Obwohl die meisten Einwohnen wie in Indonesien Muslime sind, leben in Malaysia auch sehr viele Chinesen. Dies hat zur Folge, dass wir erstmals seit unserer Abreise aus Australien wieder Schweinefleisch kaufen konnten. Aber als wir unser Schweinefleisch an der Kasse eines großen Supermarktes bezahlen wollten, stürzte das die Kassiererin – eine ernsthafte junge Frau mit traditionellem Kopftuch – in ein großes Dilemma. Sie war ganz offensichtlich neu im Job und hatte noch niemals Schwein zu Gesicht bekommen.

Ihre Verzweiflung war offensichtlich. Nachdem wir unsere Einkäufe auf ihr Band gepackt hatten, versuchte sie uns mit hektischen Gesten zu einem Kollegen weiterzuscheuchen. Da wir weder die örtlichen Sitten noch die Sprache beherrschten, verstanden wir nicht, wo das Problem lag. Wir blieben also, wo wir waren, etwas verwirrt über das, was geschah. Erst nach einigen Minuten verstanden wir, dass unser kleines, in Plastik verpacktes Schweinefleischpäckchen die ganze Aufregung verursachte. Den Muslimen gilt Schweinefleisch als unrein. Das junge Mädchen konnte es deshalb nicht über sich bringen, auch nur die Plastikverpackung des Fleisches anzufassen und auch nicht die zwei Dosen mit gekochtem Schwein, die wir in aller Unschuld vor sie hingelegt hatten. Schließlich rief sie die Aufsicht, die ihr zeigte, wie sie mithilfe einer doppelten Lage von Plastiktüten ihre Hände vor der Berührung schützen konnte. Auf diese Weise geschützt vor jeder Berührung des unreinen Fleisches, war unsere kleine Kassiererin dann in der Lage, schnell und voller Abscheu das Anstoß erregende Schweinefleisch in eine Tüte und damit außer Sicht zu zaubern. Ihr Ekel vor unserer Mahlzeit hinterließ auch bei uns ein besudeltes Gefühl.

Auf der anderen Seite schätzten die Malaysier einige Nahrungsmittel, die wir entsetzt ablehnten. Dazu gehörten Durian-Früchte, groß, grün und stachlig, deren strenger Geruch an eine Kläranlage erinnerte und die auch ungefähr so schmeckten. Aber obwohl Durian-Früchte offiziell an vielen öffentlichen Orten verboten sind – wegen des Geruchs –, wurden sie doch in großen Mengen verzehrt, und zwar in ungewöhnlichen Variationen. Ich halte die Durian-Mousse für die kreativste Art der Zubereitung dieser verderblichen Frucht, die ich in einer Bäckerei entdeckt habe. In der Lebensmittelabteilung gebührt jedoch der erste Platz dem überall erhältlichen malaysischen Favoriten: getrocknete Qualle am Stiel.

Während unseres Aufenthaltes in Malaysia regnete es nahezu ununterbrochen, begleitet von unheimlichen Shows aus Blitz und Donner. Viele Boote sind in diesen Gewässern schon durch Blitzschlag zu Schaden gekommen, wobei normalerweise dann die gesamte Elektronik im Eimer ist. Wir haben selbst Segler kennen gelernt, die daraufhin gezwungen waren, die Fortsetzung ihres Törns in die klimatisch bessere Jahreszeit zu verschieben und die für die Reparatur nach einem Blitzschlag über 70 000 Dollar berappen mussten. Es gibt zwar eine Versicherung für derartige Schäden, aber wir hatten keine. Wie die meisten Langzeitsegler hatten wir überhaupt keine Versicherung; sie sind extrem teuer, und wir fanden uns selbst – aus Mangel an Erfahrung – gar nicht versicherbar.

Herbert und ich ließen die Kinder an einem schwülen Nachmittag an Bord, wo sie mit Alan spielten, dem 13-jährigen Jungen von der NANAMUK, während wir unsere Einkäufe erledigten. In dieser Zeit brach ein kurzes, aber heftiges Gewitter nieder. Als wir den Blitz sahen und im nächsten Moment schon den unheimlichen Donnerschlag hörten, waren Herbert und ich ungefähr eine Meile entfernt und luden gerade unsere triefnassen Lebensmittel in ein Taxi.

»Das war ganz in der Nähe«, kommentierte Herbert.

Grace hatte zuerst gedacht, die NANAMUK, die nur dreißig Meter von der NORTHERN MAGIC entfernt ankerte, sei getroffen worden. Später erzählte sie mir, dass sie den Blitz in ihrem ganzen Körper gefühlt hatte und dass ihr die Haare zu Berge standen. Aber es schien nichts passiert zu sein, und deshalb atmete sie erleichtert auf.

Dann heulte eine Sirene los. Es war der Alarm gegen Einbrecher auf der NORTHERN MAGIC, der signalisierte, dass etwas nicht stimmte. Die NORTHERN MAGIC war getroffen worden.

Von einem anderen Boot aus hatte man genau gesehen, wie unser Großmast getroffen worden war. Der Blitz hatte sich in der Luft gedreht und war dann mit doppelter Energie von seinem ursprünglichen schrägen Winkel vom Boot weg zurückgekehrt, um bei uns einzuschlagen. Ein Schauder lief mir über den Rücken, als ich die Geschichte hörte; das ähnelte sehr der Art und Weise wie die Wasserhose ihren Kurs geändert hatte, um uns den Weg abzuschneiden.

Die vier Jungen konnten später nicht genau sagen, ob es der gewaltige Knall oder ein elektrischer Schlag gewesen war, der sie aufspringen ließ, aber aufgesprungen waren sie. Dann hatten sie alle ein lautes Scheppern gehört, der Windanzeiger war aus dem Masttopp aufs Deck gestürzt. Als Jonathan ihn anfasste, war er noch heiß. Damit war klar, dass der Blitz eingeschlagen hatte. Ehe sie noch einen klaren Gedanken fassen konnten, schrillte der Alarm los, und sie mussten einen Weg finden, ihm den Saft abzudrehen. Obwohl Michael den Schlüssel fand, um den Alarm auszuschalten, gab es keine Reaktion; was er auch versuchte, die Sirene heulte weiter. Jon schrie zur NANAMUK hinüber, sie sollten ans Funkgerät gehen, und Alan erfragte erst mal auf diesem Weg, ob bei seinen Eltern alles in Ordnung war. Erstaunlicherweise funktionierte das Funkgerät, obwohl die Antenne vom Mast heruntergekommen war. Aber um den Alarm zu beenden, waren die Jungen ganz auf sich gestellt. Michael und Alan verfolgten die Leitung zurück bis zum Sicherungskasten und schafften es mithilfe eines Schraubendrehers, die Verbindung zu unterbrechen. Nach zehn Minuten mit diesem schrillen Ton trat endlich Ruhe ein.

Kurz darauf trafen Herbert und ich ein und waren uns überhaupt nicht bewusst, was für ein Drama sich während unserer Abwesenheit abgespielt hatte. Während wir auf die NORTHERN MAGIC zuhielten, sprangen die vier Jungen aufgeregt im Cockpit herum, fuchtelten mit dem geschwärzten Windmesser herum und berichteten stolz, wie sie die Krise gemeistert hatten.

Herbert brach sofort in Aktivität aus. »Habt ihr einen Test gemacht?«, fragte er. »Ist irgendwas defekt?« Natürlich war das alles ein Albtraum, und er inspizierte sofort das ganze Boot, um eventuelle Schäden festzustellen.

Aber wie bei der Wasserhose schien auch jetzt wieder ein Schutzengel über uns gewacht zu haben. Obwohl einige Kosten auf uns zukamen, war unsere Elektronik größtenteils unversehrt geblieben. Vielleicht lag es daran, dass die NORTHERN MAGIC ein gut geerdetes Stahlboot war und dass die meiste Stromenergie mehr außen über den Rumpf als durch die Elektronik gejagt war. Nicht auszudenken, was geschehen wäre, wenn ein paar hundert Volt durch die NORTHERN MAGIC gegangen wären!

Unser Radar war nicht mehr einsatzfähig, die Funkantenne in tausend Stücken, aber wundersamerweise war keines der Funkgeräte defekt. Herbert reparierte den mechanischen Windanzeiger, der aufs Deck heruntergekommen war.

Er wurde wieder funktionstüchtig, wenn auch mit kleinen Abstrichen. Unser elektronischer Windmesser aber verweigerte den Dienst, obwohl alle anderen Windinstrumente in Ordnung waren. Unser kleiner Fernseher hatte Farben und Ton aufgegeben, und zwar für ein paar Monate, obwohl er sich später erholte. Und unsere stählerne Ankerkette war mit einer Lage von ekligem Ruß überzogen.

Eine der gravierendsten Veränderungen, die wir während dieser Reise durchmachten, war, wie Herbert lernte, mit Rückschlägen fertig zu werden, obwohl dies nicht immer seine Stärke war, wie ich zugeben muss. In Anbetracht der Tatsache, dass er Frustrationen niemals besonders gut aushalten konnte, reagierte mein Mann geradezu lässig auf die Erkenntnis, dass der Blitz unser teures Radar zerstört hatte: »Nun, das ist eben ein Teil mehr, das repariert werden muss.«

Das war alles.

Tatsächlich hätte alles viel schlimmer kommen können. Unser Schutzengel hatte gut über uns gewacht.

15
Frauen mit langen Hälsen und andere Besonderheiten

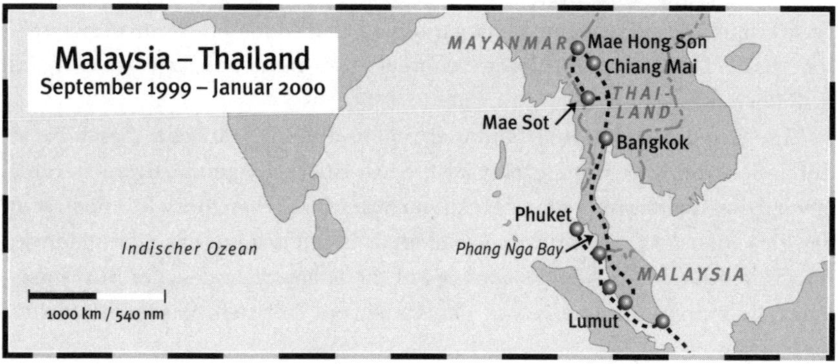

Bald passierten wir die Malacca Strait zwischen Sumatra und der Halbinsel von Malaysia. Unsere erste Herausforderung bestand in der Singapur-Hauptschifffahrtsstraße, einer Art vierspuriger Autobahn auf dem Meer. Wie bei jeder anderen Autobahn gab es Zu- und Abfahrten, untergeordnete Zubringer, Parkplätze und jede Menge Hochgeschwindigkeitsverkehr, der Rohstoffe und Industriegüter zu und aus dem am meisten frequentierten Hafen auf Erden transportierte.

Mitten unter diesen geschäftigen Ungeheuern suchten wir auf Zehenspitzen unseren Weg und fühlten uns manchmal, als müssten wir auf Händen und Füßen über eine mehrspurige Schnellstraße kriechen. Diese rasanten Riesen konnten so ein langsames und verletzliches Boot wie die NORTHERN MAGIC versenken, ohne es auch nur zu merken. Wir waren ganz allein dafür verantwortlich, dass wir ihnen nicht in die Quere kamen.

Auf unserem Törn rund Singapur-Island kamen wir an riesigen Lagerhäusern, Öl- und Gastanks, gewaltigen Werften, außer Dienst gestellten Ölfördertürmen und zahllosen Schiffen vorbei, die entweder vor Anker lagen oder auf dem Weg irgendwohin waren. Aber bei Einbruch der Dunkelheit konnten wir die Hauptstraße verlassen und segelten glücklich in die Nacht, ohne befürchten zu müssen, von einem 300-Meter-Tanker untergemangelt zu werden.

Nach drei Tagen behinderten unzählige Baumstämme unser Vorwärtskommen, und wir legten in einer kleinen Marina in Lumut, ungefähr hundertfünfzig Kilometer nördlich von Kuala Lumpur an.

Ein paar Tage später packten wir fünf an einem typisch schwülen, malaysischen Morgen unsere Rucksäcke und brachen zu einem Überlandtrip nach Thailand auf. Jeder schleppte so viel, wie es seine Konstitution erlaubte. Tatsächlich sahen wir aus wie eine Entenfamilie, die im Gänsemarsch durch die Lande watschelte: der schwer beladene Entenvater vorneweg (ihm hatten wir die Happy-Lappy-Kassetten und mehrere Kameras aufgepackt), dann folgten der Größe nach die Entenkinder (sie trugen die Magic Cards und die Game Boys), und ganz am Ende folgte die Entenmutter (mit den Oreos, den Schokoriegeln und den Honig-Nuss-Cornflakes).

Zuerst saßen wir im Bus und dann zweiundzwanzig Stunden im Zug, und schließlich erreichten wir das riesige, chaotische, unsagbar asiatische Bangkok. Wir waren auf einem anderen Planeten gelandet, wo nur wenige Menschen unsere Sprache beherrschten, die Straßenschilder etc. in einer unverständlichen spiralenartigen Schrift beschrieben waren, und wo niemand zu lächeln schien.

Wir fanden die Menschen in Bangkok missmutig und undurchschaubar. Wahrscheinlich waren wir noch vom freundlichen Indonesien verwöhnt, wo ein Lächeln so selbstverständlich wie das Atmen war. In Bangkok mussten wir uns ständig gegen aufdringliche Taxifahrer und Schlepper verteidigen. Die Architektur jedoch war so beeindruckend wie die Einwohner missmutig waren. Wir bestaunten die wunderschönen buddhistischen Tempel und Paläste, die golden glänzten und sich spiegelten, und mit Pailletten besetzte Wunder, die äußerst kunstvoll geschmückt und verziert waren wie ein Kaufhaus-Weihnachtsbaum.

Um den Rotlichtbezirk zu besichtigen, für den Bangkok so berühmt-berüchtigt ist, ließen wir die Kinder im Hotel. Die Straßen waren von Touristen überschwemmt – und ebenso von Straßenhändlern und Prostituierten und Sex-Shows. Neugierig traten wir irgendwo ein, um uns eine der Shows anzusehen. Die bildschönen Thai-Mädchen sahen so traurig aus, dass wir am Schluss ganz deprimiert waren. Eine Prostituierte kam zu uns und versuchte, einen oder beide von uns für ihre Dienste zu interessieren, und das war so erbärmlich, dass uns fast die Tränen kamen. Wir gewannen jedenfalls den Eindruck, dass kein einziges dieser Mädchen aus freien Stücken hier arbeitete.

Da wir im Schlafwagen auf dem Weg nach Chiang Mai – unserer nächsten Station auf dem Überlandtrip – keine benachbarten Abteile ergattern konnten, schlief Michael schließlich in dem Waggon mit der Aircondition, Jonathan und Herbert nächtigten an gegenüberliegenden Wagenenden, und Christopher und ich verzogen uns in die Koje einer billigeren Klasse, mit einem Ventilator im Waggon und weit weg von den anderen. Die beiden Älteren genossen es natürlich, allein zu reisen und schlossen interessante Bekanntschaften. Jon schloss sich einer Gruppe junger, freundlicher buddhistischer Mönche in orangefarbenen Gewändern an. Zwei sprachen gut englisch und erläuterten ihm bereitwillig die Prinzipien ihrer Religion.

Sie erklärten ihm sogar einige Grundbegriffe der Meditation, die er bis zum heutigen Tag sehr hilfreich findet. Michael erging es ähnlich mit einer Gruppe netter Thai-Großmütter. Herbert freundete sich mit einem Touristenführer an, und Christopher und ich schlossen Bekanntschaft mit ziemlich vielen Kakerlaken, die mit uns unser wenig erstrebenswertes Domizil teilten.

Vor dem Bahnhof von Chiang Mai warteten Taxis, wie wir sie bisher noch nicht gesehen hatten, *songtaos*, kleine Pick-ups mit Bänken auf jeder Seite der Ladefläche. Nach einigen schlechten Erfahrungen mit Taxifahrern in Bangkok verhielten wir uns nun ziemlich reserviert und traten mit grimmigen Gesichtern und kampfbereiten Ellbogen näher. Völlig unnötig, und obwohl wir noch viele *tuk-tuks* und *songtaos* bestiegen, hatten wir niemals mehr eines der Probleme, die im habgierigen Bangkok zur Regel geworden waren. Allmählich entspannten wir uns und begannen unseren Thailand-Ausflug zu genießen, denn die Menschen außerhalb der Hauptstadt waren liebenswürdig und lächelten viel, so wie wir es am Anfang erhofft hatten.

Nachdem wir ein Elefantencamp besichtigt und am jährlichen Loy Kratong Festival teilgenommen hatten, wo wir wie tausend andere Menschen Laternen aus Reispapier entzündeten und sie dann in die Luft bliesen, bestiegen wir einen Bus für einen sechsstündigen zugigen Ritt zu dem kleinen Städtchen Mae Hong Son nahe an der Grenze zu Myanmar, das früher Burma hieß.

Dieser Ort interessierte uns, weil es dort noch Dörfer der so genannten Langhals-Menschen geben sollte, die zum Karen-Stamm gehören. Sie sind berühmt, weil die Frauen hohe Spiralen um die Hälse tragen. Im Laufe der Zeit werden so die Hälse länger und länger gezogen und verleihen den Trägerinnen ein giraffenartiges Erscheinungsbild. Tatsächlich haben Röntgenbilder gezeigt, dass die Hälse nicht länger werden, aber dass das Gewicht des Metalls die Schulterblätter nach unten drückt und die Rippen zusammenpresst, was den Eindruck eines langen Halses provoziert, während in Wirklichkeit der Oberkörper immer mehr deformiert wird.

Wir hatten eine Menge Vorbehalte, diesen Stamm zu besuchen. Das Letzte, was wir beabsichtigten, war, an einer Art Abnormalitätenshow teilzunehmen, und wie sich die Frauen dabei fühlten, war für uns ausschlaggebend. Natürlich würden die Zwänge der modernen Gesellschaft diesem Brauch ohnehin bald ein Ende setzen, und wir wollten nicht etwas verpassen, was in einer weiteren Generation verschwunden sein würde. So stellten wir unsere Bedenken zurück, mieteten einen Vierradantrieb-Suzuki-Jeep (der wie alle anderen Mitwagen nicht versichert war, wie wir herausfanden) und brachen auf.

Nicht versichert zu sein war das geringste Problem dieses Autos: schlimmer war, dass das Gaspedal unglücklicherweise dazu neigte, bei Vollgas zu verklemmen. Das und die Tatsache, dass auch die Bremsen in problematischem Zustand waren, ergänzten sich. Dankbar, ohne weitere Kalamitäten in dem Dorf angekommen zu sein, erreichten wir unser Ziel ein paar Kilometer vor der Grenze zu Burma. Die letzten Meilen zogen sich quälend auf engen, mit kleinen Kratern übersäten, schmutzigen Straßen, die mit Laubwerk bedeckt und von kleinen Flüsschen überschwemmt waren.

Wir mussten zehn Dollar für jeden Erwachsenen bezahlen (unser Reiseführer gab an, dass die Zugänge zum Dorf von Karen-Rebellen kontrolliert würden, die das Geld für ihre illegalen Aktivitäten hinter der Grenze zu Myanmar verwendeten) und näherten uns zögernd einem der typischen Örtchen. Es handelte sich um kleine Ansammlung von blättergedeckten Hütten und einem Badeteich für die Allgemeinheit. Natürlich wollten wir schnell einen Blick auf diese ungewöhnlichen Frauen werfen, und gleichzeitig schämten wir uns.

Dann trafen wir auf eine Frau mittleren Alters mit einem Baby an der Brust. Sie lächelte uns warmherzig zu, während sie an ihrem kleinen Stand Souvenirs anbot – Puppen mit langem Hals, Postkarten, Schmuck und verzierte Dolche. Um den Hals schlang sich eine lange Spirale aus poliertem Messing, die direkt unter dem Kinn ihren Anfang nahm und auf ihrem Oberkörper endete. Tatsächlich waren es zwei Spiralen, wobei der Hauptteil über ihren verlängerten Hals lief und der zweite in Höhe des Schlüsselbeines ausschwang. Die Ringe zwangen ihr eine aufrechte, leicht vorgeneigte Haltung auf, sodass sie ihr Baby gar nicht sehen konnte, das zufrieden an der Brust trank, wie jedes andere Baby auf der Welt das ebenso macht. Ihre Schultern standen merklich dicht zusammen und hingen nach vorne.

Wir hatten Bedenken gehegt, es könnte sich um eine Freakshow handeln oder gar um elende, missbrauchte Frauen, aber die Realität zeigte etwas ganz anderes. Diese Frau war sehr liebenswürdig und würdevoll und beantwortete gerne unsere Fragen. (Sie entfernte sogar ihre untere Halsspirale, um uns die blauen Flecken auf der Haut des Schlüsselbeins zu zeigen, mit ziemlichem Stolz übrigens, die von dem Gewicht der Messingringe herrührten.) Während wir durch das Dorf gingen und mit mehreren Frauen ins Gespräch kamen, merkten wir, dass sie – ohne irgendwie seltsam oder unheimlich zu wirken – auf eine Weise wunderschön waren, wie wir es nicht erwartet hatten. Die langen Hälse und die aufrechte Haltung wirkte sehr elegant, fast aristokratisch.

Wir sahen fünfjährige Mädchen mit kleinen Spiralen ebenso wie zerknitterte Großmütter in den Fünfzigern mit den längsten Hälsen, jede von ihnen mit Blumen auf dem Kopf und mehreren Kilos blank poliertem Messing um den Hals, die Arme und die Beine. Bei manchen der Mädchen konnte man Einkerbungen in den Waden sehen, die die metallenen Gamaschen hinterlassen hatten. Die erwachsenen Frauen schleppten im Durchschnitt an die fünf Kilogramm Metall an sich herum, manche trug sogar mehr als zehn Kilo um den Hals und auf den Schultern. Die Frauen putzten die Spiralen jeden Tag und nahmen sie nicht einmal zum Schlafen ab – nur um sie alle fünf Jahre gegen eine größere auszutauschen. Wir hoben eine Spirale von mittlerer Größe an, und ich hätte eine so schwere Last nicht einmal eine Stunde um meinen Hals ertragen können.

Natürlich konnten sie weder den Hals beugen noch richtig nach unten schauen. Wenn ein Kind ihre Aufmerksamkeit brauchte, musste sich die Mutter in der Taille krümmen, um es zu sehen. Aber alle Frauen, mit denen wir uns unterhielten, schienen stolz auf ihren Halsschmuck zu sein und den enormen Preis ihrer Beeinträchtigung gerne zu zahlen. Ob das alles so stimmt, kann man als Außenstehender natürlich nie mit Sicherheit sagen ...

Der Höhepunkt dieses Besuches war für uns ein bildschönes 14-jähriges

Mädchen, Ma Chok, das gut englisch konnte und uns aufforderte, neben ihr im Schatten des Marktstandes Platz zu nehmen, den es mit der Mutter zusammen betrieb. Die Ringe der Kleinen glänzten nicht ganz so wie die der Anderen, und sie gestand kichernd, sie wäre zu dumm – nein zu faul – gewesen, sie am Morgen aufzupolieren. Ma Chok hatte die liebenswerte Angewohnheit, hinter vorgehaltener Hand zu lachen, und sie lachte ständig. Sie fragte uns über Bangkok aus, und wir fragten zurück, ob sie je dort gewesen sei, bevor wir uns der Tatsache bewusst wurden, dass jede Form von Reisen innerhalb Thailands für sie vollkommen unmöglich war.

Sie brach wieder in ihr Kichern aus und sagte: »Nein, aber vielleicht schaffe ich es morgen.«

Natürlich konnte keine dieser Frauen irgendwohin reisen; sie waren nicht nur staatenlos, sondern ihre selbst auferlegte körperliche Deformierung würde ihnen viel zu viel unerwünschte Aufmerksamkeit einbringen, falls sie es sich überhaupt leisten könnten, ihre kleine geschützte Enklave zu verlassen. Ihre Welt war sehr eng.

Ma Chok war sehr intelligent und hatte viele Fragen. Wir zeigten ihr Fotos von unserem Zuhause. Sie war entzückt und wollte unser Land unbedingt besuchen. Also scherzten wir miteinander: vielleicht morgen ...

Als wir das Dorf verließen, waren wir sehr berührt von der inneren und äußeren Schönheit der Menschen dort. Wir haben viel darüber nachgedacht, ob es in Ordnung ist, »Eintrittsgeld« zu bezahlen. Einerseits tragen die Einkünfte aus dem Tourismusgeschäft zu einem bescheidenen Wohlstand bei und helfen, ihre Kultur zu bewahren. Andererseits ist es eine Unterstützung zur Verstümmelung dieser Frauen, die in vieler Weise unterdrückt werden.

Natürlich handelt es sich um eine über Jahrhunderte gewachsene Tradition. Und unterscheidet es sich wirklich so sehr von den Hammerzehen und vergrößerten Ballen, mit denen die Frauen in Kanada dem Trend zum Stöckelschuh ihren Tribut zahlen? Jedenfalls hinterließ der Besuch in diesem abgelegenen und außerhalb der modernen Zeit existierenden Dorf in uns das Gefühl, enorm privilegiert zu leben.

Unser Reiseführer pries den nächsten Abschnitt unserer Tour als »eine der abenteuerlichsten Reisen in Thailand« an. Das schloss ein, dass wir uns auf wenig befahrenen Straßen von Mae Hong Son südwärts zur Stadt Mae Sot bewegten, wo wir eine private Gibbon-Station in den Hügeln an der Grenze zu Burma aufsuchen wollten. Am ersten Tag benutzten wir einen vollklimatisierten Bus, aber die bergigen und gewundenen Straßen verlangten ihren Wegezoll. Ich verbrachte die halbe Reise mit dem Kopf auf den Knien und einer einsatzbereiten Spucktüte, ein Schicksal, das ich mit der Hälfte der Mitreisenden zu teilen schien.

Am nächsten Tag erwartete uns eine sechsstündige Fahrt nach Mae Sot. Nach den Strapazen des vorigen Tages trotz der Aircondition, erwarteten wir mit gemischten Gefühlen, was uns bevorstand. Wir reisten nun nicht mehr auf gepolsterten Sitzen, sondern auf den harten Bänken eines *songtao*. Zunächst waren wir die einzigen Passagiere, aber der *songtao* hielt ständig an und ließ Leute ein- und aussteigen. Kaum einer fuhr länger als eine Stunde mit, das heißt ein paar Kilometer, von einem Dorf zum nächsten, wobei die Menschen meist riesige Bündel mit Gemüse oder Reis dabeihatten. Es waren Angehörige von farbenfroh gekleideten Bergstämmen: von Neonorange bis Limonengrün. Obwohl sie sich für uns interessierten, war es ihnen nicht angenehm, so nahe an uns seltsam aussehende Ausländer heranzukommen, sodass sie sich lieber ganz am Ende der Ladefläche zusammendrängten oder sogar außen anhängten, als auf den freien Plätzen direkt neben uns zu sitzen.

Wir wussten, dass wir in eine andere Welt eintauchten, als wir riesige braune Hinterlassenschaften – Kuhfladen – mitten auf der Straße bemerkten. Bald begegneten wir der Quelle: ein riesiger Arbeitselefant, der mit seinem Elefantentreiber auf dem Rücken die Straße entlangtrottete. Wie seit Jahrhunderten in diesem Teil der Welt üblich, war es seine Aufgabe, Baumstämme aus dem Regenwald abzutransportieren.

Dann erreichten wir, vom Wind gebeutelt und mit einer Lage braunem Staub gepudert, Mae Sot. Eine elegante Thailänderin, Pharanee Deters, erwartete uns mit ihrem klimatisierten Wagen an der Bushaltestelle, um uns zu der Gibbon-Zuflucht zu bringen, die sie zusammen mit ihrem amerikanischen Ehemann Bill unterhielt. Mindestens fünfzig Kilometer ging es auf einer gewundenen Straße über pittoreske Hügel, die die Grenze zwischen Myanmar und Thailand ziehen. Wir passierten blühende Farmen und wunderschöne Häuser, die fest in der Hand wohlhabender Generäle waren und illegale Arbeiter aus Burma für weniger als zwei Dollar am Tag beschäftigten. Schließlich kamen wir auf der wunderbar gelegenen Highland Farm oben auf dem Berg an, mit einer Aussicht auf Orchideen- und Rosengärten und auf ein kleines Wäldchen.

Wir blieben dort drei Tage in einem wunderschönen kleinen Gästehaus, das wir ganz für uns hatten. Jeden Morgen vor Sonnenaufgang weckten uns die Stimmen der Gibbons, und wir erfuhren, warum sie auch »die singenden Affen« genannt werden. Die kühle Morgenluft vibrierte förmlich unter dem Chorgesang »*whoop-whoop-whoop, wuccka-wuccka-wuccka*«, und die Gibbonlieder entzückten uns und brachten uns immer wieder zum Lachen, während wir uns kummervoll daran erinnerten, dass ihre natürliche Umwelt für immer zerstört war. Christopher hatte mit einem Gibbon, den er Denny nannte, eine spezielle Übereinkunft: Beide saßen jeden Abend Händchen haltend nebeneinander und trennten sich immer nur sehr widerwillig.

Dann brachen wir auf, um das Grenzgebiet Burma zu sehen. Myanmar war einmal einer der wohlhabendsten Landstriche in Asien, aber nach Jahren der Diktatur und Misswirtschaft gehört er nun zu den ärmsten. Unser Reiseführer nannte es geradezu ein Modell für Unfähigkeit. Das Ergebnis dieser ungeheuerlichen Misswirtschaft war, dass praktisch alle Niedriglohnjobs an der Thai-Grenze von illegalen Arbeitern aus Burma für einen oder zwei Dollar am Tag besetzt waren, was immer noch ein oder zwei Dollar mehr waren, als sie zu Hause verdienen konnten. Ein paar Wochen vor unserer Ankunft hatte in Thailand eine Aktion gegen diese illegalen Arbeiter stattgefunden – mit dem Ergebnis, dass alle Farmen in dieser Region zumachen mussten.

Die armen und verzweifelten Burmesen nahmen alle untergeordneten Arbeiten an, zu einem Lohn, der fast null war, und sie waren bereit, unter entsetzlichen Umständen zu leben, gemieden von den viel wohlhabenderen Thai-Arbeitern. Auf der Highland Farm hatte Bill Deters Herbert die Quartiere der burmesischen Arbeiter gezeigt. Es gab eine Hütte für die männlichen Arbeiter und eine andere für zwei scheue, bildhübsche Mädchen, fünfzehn und sechzehn Jahre alt, die als Küchenhilfen arbeiteten. Beide Unterkünfte waren von deprimierender Enge und aus einem Baumaterial aus mit Beton vermischter Schlacke, ungestrichen, mit geflochtenen Matten als Türen, ohne Fenster, ohne Möbel, einer nackten Glühbirne, einem Fußboden aus Beton und gerade genug Platz, dass die Bewohner ihre Schlafmatten nebeneinander ausrollen konnten. Bill aber war stolz auf diese erbärmlichen Unterkünfte. Er sagte, dies läge weit über dem Durchschnitt. Tatsächlich erhielten seine Arbeiter drei Mahlzeiten am Tag, was nach seinen Aussagen nicht der Norm entsprach. Aber er erzählte auch, dass die beiden Küchenhilfen sich unglücklich fühlten und zu ihren Familien zurückkehren wollten. Das war für ihn nicht akzeptabel, denn er brauchte sie, damit sie für uns kochten und putzten.

Ohne auch nur eine Spur von Verlegenheit erzählte er, dass er die Mädchen zum Bleiben bewogen hatte, indem er ihnen drohte, ihre Familien bei den Behörden anzuzeigen. Als wir wussten, dass wir indirekt verantwortlich dafür waren, was da als Dienstvertrag der Mädchen daherkam, fühlten wir uns immer schuldig, wenn wir ihnen begegneten. Am Ende unseres Aufenthaltes – vielleicht um unsere Schuld zu kompensieren – hinterließen wir ihnen ein kleines Geschenk. Aus gutem Grund erledigten wir das hinter Bills Rücken. (Im Mai 2002 erfuhren wir zu unserem Entsetzen, dass Bill Deters von einem früheren Angestellten und vier seiner derzeitigen Arbeiter ermordet worden war. Pharanee überlebte.)

In einem *songtao* rumpelten wir fünf Kilometer weiter zur Brücke von Myanmar. Jeder in dem Truck schien Burmese zu sein, und fast alle schleppten große Pakete mit sich. Eine lange, elegante Brücke spannte sich über den Moi-Fluss , und es herrschte ein reger Grenzverkehr, wobei die Burmesen stets ihre wertvollen Lasten aus Thailand mit sich schleppten, die sie von ihrem mageren Verdienst erworben hatten. Aber es gab keinerlei motorisierten Verkehr, nur diesen langsamen Gänsemarsch der Burmesen. Eine Wolke aus Traurigkeit hing über den gebeugten Rücken der Menschen, die wie Flüchtlinge aussahen, während sie dem Sonnenuntergang in ihrem malträtierten Heimatland entgegentrabten. In Thailand waren sie wirkliche Sklaven. Zu Hause galten sie als wohlhabende Lieferanten der so dringend benötigten Güter. Die Wirtschaft von Myanmar lag so komplett am Boden, dass nichts von dem, was in offiziellen Regierungsunternehmen produziert wurde, auf dem Markt zu haben war. Der Schwarzmarkt machte achtzig Prozent des Bruttosozialprodukts aus. (Burmas Haupteinnahmequelle ist nach wie vor der Anbau von Opium, und die riesigen Mohnfelder im Norden des Landes liefern den Grundstoff für die Hälfte des gesamten Heroins weltweit.)

Wir gingen unter der Brücke am Flussufer entlang, wo es einen blühenden Markt mit Produkten aus Burma gab: wunderschöne, handbemalte Lackarbeiten, Schnitzereien aus Teakholz, kunstvoll gedrechselte Holzmöbel und einzigartige Antiquitäten, die den Glanz vergangener Zeiten eindrucksvoll repräsentierten und zu Schleuderpreisen auf den Markt kamen. Darüber lag das wehmütige Gefühl, dass hier ein Land sein Geburtsrecht für eine Hand voll Reis verkaufte.

*

Zurück aus dem uns völlig fremd gebliebenen Thailand, vermittelte uns das hochentwickelte, fleißige Malaysia das Gefühl, nach Hause zurückzukehren – als kämen wir in ein Kanada Asiens: florierend, angenehm, dem modernen Geschäftsleben gewachsen. Bald erreichten wir die moderne Marina auf der kleinen Insel Rebak, die zur zollfreien Zone von Langkawi gehörte.

Es war der 31. Dezember 1999, und wir hatten den idealen Ort gefunden, um das neue Jahrtausend zu begrüßen. Kleine Lichter leuchteten in einem tropischen Garten, sanfte Wellen liefen den Strand hinauf, in der Ferne erhob sich eine kleine Insel aus dem Ozean, und die Lichter einer Stadt grüßten von einer weit entfernten Küste. Wir waren von perfekter Schönheit umgeben und waren uns dieses Privilegs auch bewusst: hier zu sein, als Familie diesen Meilenstein zu feiern, überhaupt ein so wunderbares Abenteuer zu erleben. Ein wunderbares Feuerwerk katapultierte uns ins neue Jahr. Zwei Tage später setzte die NORTHERN MAGIC ihre Odyssee fort.

Wir segelten nach Phuket, unseren letztem Zwischenstopp in Asien, ehe wir zu dem Schlag über den Indischen Ozean aufbrachen. Auf dem Weg passierten wir eine Menge kleiner Inseln, und wir hüpften täglich von einer zur nächsten. Auf dem unbewohnten Ko Rok Nok sahen wir eine Art Altar am Strand, aus auffallendem, farbenfrohem Material errichtet, das um einen alten Baum gebunden war. Während wir über den felsigen Strand zu dem heiligen Platz kletterten, drehte sich Michael plötzlich um und sagte mit allen Anzeichen der reinen Entrüstung im Gesicht: »O Mann, ist das plump!«

Jon erklärte ihm: »Das ist ein Fruchtbarkeitsaltar!«

Tatsächlich standen wir vor einem riesigen Phallus, der mit dutzenden von geschnitzten, eindeutigen Symbolen dekoriert war. Offensichtlich hatten Fischer, wenn sie sich tagsüber hier die Zeit vertrieben, ihrer Verehrung jahrelang freien Lauf gelassen. Viele der Schnitzereien waren uralt und verwittert, während andere brandneu und wie frisch lackiert aussahen. Einige Darstellungen maßen mehr als einen Meter in der Länge, andere waren noch länger und knallbunt, und während einige sehr aufrecht standen, ragten andere wie aus einem Haufen Brennholz heraus. Unsere Jungen waren entsetzt und konnten nicht schnell genug wegkommen: »Wie kannst du hier rumstehen und dir das angucken, Mom?«

Nach dem eiligen Rückzug unserer Söhne kam eine Gruppe von zehn thailändischen Fischern an. Ich versuchte, mein Grinsen durch einen Ausdruck von Respekt und Bewunderung zu ersetzen. Ein junger Fischer forderte mich auf, ihn per Video aufzunehmen, während er mit betenden Händen in ehrfürchtiger Haltung vor dem Schrein stand und die Augen schloss, ehe er seine Andacht mit einer kleinen Verbeugung beendete.

Einer seiner Kumpel, der einen geschnitzten Phallus um die Hüfte hängen hatte, schob sich ein paar der größeren Exemplare auf die Schulter und demonstrierte mir seine Männlichkeit, indem er sie mit Muskelkraft anzuheben schien. Ich nickte und lächelte beifällig, was ich für eine angemessene Reaktion auf diesen überschwänglichen Beweis von Männlichkeit erachtete. Keiner der jungen Fischer sprach englisch, so konnte ich sie nicht fragen, ob sie um Fruchtbarkeit beteten oder für Potenz und vielleicht sogar um derart majestätische Proportionen. Ich habe natürlich auch nie erfahren, ob ihre Gebete erhört wurden.

Unser Inselhüpfen führte uns schließlich nach Phuket. Wir hatten eine lange Liste lästiger Pflichten abzuhaken, aber zuerst gönnten wir uns ein paar Tage für eine Inselrundfahrt. Als Erstes peilten wir Patong Beach an, Phukets Zentrum für Touristen und quirliges Nachtleben, weltweit bekannt durch Etablissements wie das »Rock-Hard-a-Go-Go«.

Dann kamen wir zu der erstaunlichen Phang Nga Bay, deren Myriaden von kleinen vorgelagerten Inseln dramatisch aus dem Ozean herausbrechen und der Schwerkraft zu trotzen scheinen. Wir passierten besonders asiatisch aussehende Inseln mit senkrecht abfallenden Wänden und am Gipfel abgerundeten Hügeln, Inseln mit pilzartigen Formationen, anwachsenden Stalaktiten und riesigen, felsigen, mächtig aus dem Meer ragenden Salzsäulen. Wir waren überzeugt, an einem der exotischsten Orte der Welt zu sein.

Einen weiteren Stopp legten wir auf Ko Hong ein, eine Ansammlung von drei Inseln. Michael und Jonathan verschwendeten keine Zeit, um unser aufblasbares Kajak in Betrieb zu nehmen, das Michael GOBLIN WAR BUGGY getauft hatte. Die Jungs bettelten, ihre eigene Expedition starten zu dürfen, und ein paar Minuten später paddelten sie davon. Als sie Stunden später zurückkamen und Bericht erstatteten, verloren wir keine Zeit und schlossen uns ihnen an.

Die NORTHERN MAGIC nahm GOBLIN WAR BUGGY ins Schlepptau und brachte uns zu der blauen Lagune, die unsere Söhne gefunden hatten. Es war eine Miniausgabe der Phang Nga Bay samt der Miniinselchen und der Stalaktiten. Wir vertäuten JUNIOR an einer dieser Säulchen und paddelten mit WAR BUGGY in eine kleine Grotte, die kaum größer war als das Kajak selbst. In der Grotte konnten wir unsere Paddel nicht mehr einsetzen, also schoben wir uns mit den Händen an der Wand entlang. An einem Punkt waren wir sogar gezwungen, uns flach auf den Rücken zu legen, während die Stalaktiten fast über unsere Nasen kratzten. Ich wunderte mich, was die Jungen geritten hatte, eine derart klaustrophobische und wenig einladende Höhle bis in diese Tiefe hinein zu erforschen.

Aber als wir den Flaschenhals erst einmal überwunden hatten, kamen wir in eine völlig unerwartete Welt. Wir standen in einem *hong*, das ist das thailändische Wort für Zimmer. Wir waren mitten in einer breiten Grotte, deren Dach der Länge nach eingestürzt war, sodass ein Teil zum Himmel hin offen war. Die Wände des *hong* waren über und über mit Grün bewuchert. Es war wunderschön.

Die Jungen kannten sich gut aus, und so paddelten wir aufgeregt durch die nächste Felsenöffnung. Nachdem wir uns den Weg frei gemacht hatten, fanden wir uns in einem weiteren *hong* wieder, in einem noch spektakuläreren als dem ersten. Auch seine Wände waren über und über mit Pflanzen bewachsen, deren Wurzeln es erstaunlicherweise irgendwie schafften, sich hier festzukrallen. Laubwerk – Bäume, Lianen, Gebüsch und Wildblumen – überall. Und über einer soliden Felswand und all dem Grünzeug spannte sich ein leuchtendblauer Himmel.

Eine einzelne Krähe zog erst ihre Kreise und landete dann am Saum des Wassers, ohne uns einen zweiten Blick zu gönnen. Abgesehen von ihrem gelegentlichen »*Caw, Caw*« waren wir hier völlig allein. Wir hielten die Paddel ganz still und verharrten achtungsvoll, ließen die atemberaubende Szene auf uns wirken und vermieden alles, um die grüne Idylle zu zerstören. Obwohl es draußen ein windiger Tag war, war es im Inneren der Grotte total still.

»Hier fehlen nur noch eine Million kleiner Fische, ein paar Pelikane, Fregattvögel und ein paar Seelöwen«, bemerkte Michael nach einiger Zeit in Erinnerung an eine ähnlich intensive Erfahrung auf den Inseln von Galapagos, in einer ebenso schönen und unberührten Lagune. Das Echo wiederholte seine Wörter, während sie sich ihren Weg über die Felsen hinauf in den offenen Himmel suchten.

»*Row, row, row your boat*«[1], begann Michael vorsichtig zu singen und war mit der akustischen Qualität des Raumes so zufrieden, dass er seine persönliche, aufregendere Version des alten Liedes mit Krokodilen und Hilfeschreien

[1] etwa: Wirf dich in die Riemen und rudere dein Boot ... (Anm. d. Ü.)

anschloss. Jon und ich fielen aus voller Kehle ein, sangen abwechselnd mehrere Strophen und freuten uns dann über das Echo – »*all except the underwear, floating down the stream* ...«[2] und wir fragten uns, wie sich der Gesang wohl von oben am Höhlenrand anhörte. Aber es gab keine Zuhörer, die über uns hätten lachen können außer uns selbst – und dem großen schwarzen Vogel, der dankenswerterweise seine Gedanken für sich behielt.

*

Am nächsten Morgen wollten wir gerade aufbrechen, um eine weitere Insel zu erkunden, als sich ein Fischerboot näherte. Bisher waren immer mal wieder Fischer bei uns längsseit gegangen, um uns frische Krabben und Fisch anzubieten, aber wir waren nicht besonders wild auf Meeresfrüchte und hatten den freundlichen Fischern immer nur ablehnend zugewunken. Der Unterschied an diesem Tag war, dass dieser Fischer englisch sprach. Er hieß Kodah Chotung, und er zeigte stolz seine Brieftasche voller Namen von Yachties, deren er sich im Laufe der Jahre angenommen hatte. Er hatte ein offenes, freundliches Gesicht und lud uns ein, ihn in seinem Zuhause auf einer nahen Insel zu besuchen.

Dieses Angebot war zu verlockend, um es zurückzuweisen. Herbert beschloss, an Bord zu bleiben, da wir von Raubüberfällen in dieser Bucht gehört hatten, aber die Jungen und ich sprangen in Kodahs Boot und setzten uns zu seinen beiden Begleitern, von denen einer verkrüppelt war, als hätte er Kinderlähmung gehabt. Der arme Mann konnte kaum laufen und musste von den anderen auf den Schultern aus dem Boot und ins Boot gehievt werden. Im Boot lag auch der Tagesfang, etwa zwanzig hellblau leuchtende Krabben und eine Hand voll Stachelrochen, denen das Hinterteil fehlte. Die Krabben krochen Mitleid erregend und mit zusammengebundenen Scheren zwischen unseren Füßen herum, während die Babyrochen, nicht größer als ein Dessertteller, barmherzigerweise bereits tot waren und in den paar Inches Wasser auf dem Bootsboden herumschwappten. Zuerst gingen wir an einem Ausflugsboot längsseit, und nach kurzen Verhandlungen wurden die Krabben im Tausch gegen eine kleine Hand voll Banknoten ausgeladen. Dann ging es geräuschvoll rund um mehrere immer noch schönere Inseln zum seichten Ende der

---

[2] etwa: Alles außer der Unterwäsche trieb den Strom hinab ... (Anm. d. Ü.)

Bucht und in die Mündung eines schlammigen Flusses, wo wir mehrere Fischreusen und kleine Fischfarmen passierten. Als der Fluss fast schon zu versickern begann, legten wir an einem Dock vor einem kleinen, dicht bevölkerten Inseldorf mit ungefähr zweihundertfünfzig Fischern und ihren Familien an. Alle besaßen lange hölzerne und grell bemalte Boote, die demjenigen, mit dem wir gerade angekommen waren, sehr ähnlich sahen.

Es handelte sich um ein Dorf von Muslimen, was in Thailand etwas überraschend ist, denn es wird vorrangig von Buddhisten bewohnt. Wieder wurden wir lächelnd begrüßt, während wir durch das Dorf gingen, was unsere früheren Erfahrungen vertreiben half, die wir mit unfreundlichen Thais gesammelt hatten. Kodah brachte uns zu seinem spärlich möblierten, kleinen Haus, wo sich seine würdevolle Ehefrau um den dreijährigen Sohn kümmerte. Das Baby schlief und hing in einer kleinen Hängematte, die aus einem Sarong gefertigt war, von der Zimmerdecke aus Wellblech, die übrigen zwei Kinder waren gerade in der Schule. Während wir in das Haus eintraten, näherten sich ein paar Leute aus dem Dorf und beschauten uns mit verschämtem Interesse.

Ich hatte eine kleine Tasche mit kleinen Geschenken dabei, und es bereitete mir großes Vergnügen, den Frauen zuzuschauen, während sie die Mitbringsel inspizierten: kleine Seifenstücke, Lippenstifte, ein paar Medikamente, ein Malbuch und Buntstifte. Sie begutachteten sorgfältig die eingeweckte Guave aus Malaysia und die kleinen indonesischen Wackelpeter, ehe sie sie akzeptierten und sich vergewisserten, dass sie *halal* waren, es sich also um für Muslims erlaubte Lebensmittel handelte. Dann entdeckten sie ein kleines Fläschchen Parfum, Kodah untersuchte es sorgfältig und fragte mich dann in seinem simplen Englisch etwas, das wie »*Any a ko hon?*« klang.

»Entschuldigung?«, fragte ich zurück.

»*Any a ko hon?*«, wiederholte er. »*Any a ko hon?*«

Schließlich verstand ich die Frage: Er wollte wissen, ob das Fläschchen Alkohol enthielt, der für Muslime streng verboten ist.

»Oh, das ist nicht zum Trinken geeignet«, erklärte ich. »Man riecht nur daran.«

Ich war ihm beim Öffnen behilflich und zeigte ihm, wie man es auf die Handgelenke tupft, was er nur sehr zögernd nachahmte. Ich war sehr davon beeindruckt, wie ernst die Familie ihre Religion nahm, und erinnerte mich daran, wie vor ein paar Tagen unser Gastgeber in einem anderen Dorf sich große Mühe gegeben hatte, uns zu erklären, dass Alkohol hier nicht willkommen war. Vielleicht verstärkte die Tatsache, dass sie in der Minderheit waren, noch den Glauben der Menschen und ihre Ergebenheit an die Religion.

Nachdem Kodah uns zur NORTHERN MAGIC zurückgebracht hatte, schüttelten wir uns gerührt die Hände und bedankten uns für seine Gastfreundschaft, indem wir seine Zeit und den Treibstoff bezahlten. Ich fühlte mich dem Mann sehr verbunden, der den ganzen Tag in seinem offenen Holzboot gearbeitet hatte, um seine Familie durchzubringen, und uns dennoch seine Freundschaft so großzügig entgegengebracht hatte. Ich war sehr stolz, als Jonathan dem jüngsten Fischer seine Baseballkappe schenkte, denn das Käppi des Jungen hatte so viele Löcher, dass es bereits auseinanderzufallen drohte.

Als sie uns verlassen wollten, hielt Kodah ein Stück eines ausgefransten Tampens hoch und fragte, ob wir vielleicht etwas Besseres übrig hätten.

»Ja, ich habe was«, sagte Herbert und begann, in einem der Stauräume im Cockpit herumzuwühlen. Er förderte eine große Rolle einer starken gelben Nylonleine zu Tage, und ich hielt sie hoch und fragte Kodah, wie viel er bräuchte.

»Gib ihm alles«, raunte mir Herbert ins Ohr. »Ich brauche sie nicht wirklich.«

Es war das schönste Erlebnis dieses Tages, das überraschte und entzückte Leuchten auf Kodahs Gesicht zu sehen, als ich ihm die ganze Rolle der brandneuen Leine überreichte. Er war wie ein Kind am Weihnachtsmorgen, und hätte ich in diesem Moment die Videokamera zur Hand gehabt, hätte ich mir sicherlich diesen Augenblick später immer wieder zu Gemüte geführt, wenn ich eine Aufmunterung brauchte. Nachdem er sich überschwänglich bedankt hatte, entfernte sich Kodah in seinem derben Holzboot und winkte, bis er hinter den Felsen von Ko Hong verschwunden war. Für ihn war es ein glücklicher Tag und für uns auch.

16
Und plötzlich starrten wir ins falsche Ende eines Gewehrlaufs

Es war nun schon einige Zeit her, seit wir am Stück einen großen Schlag auf dem Meer hinter uns gebracht hatten, und ich fühlte mich ein wenig ängstlich. Aber nachdem wir uns opulent mit Obst, Gemüse, sechzehn Litern kostbarer Frischmilch und ein paar der raren Packungen mit *Hershey's Kisses* eingedeckt hatten, ließen wir Thailand hinter uns und gingen unsere 1000-Meilen-Passage über den halben Indischen Ozean mit Ziel Sri Lanka an der Südspitze Indiens an.

Schon nach kurzer Zeit erinnerte ich mich wieder, wie befreit man sich so weit weg vom Land und all den drohenden Widrigkeiten der Küsten fühlt. Bald verfielen wir in unseren üblichen Familientrott auf See. Bei einer leichten achterlichen Brise setzten wir unseren Spi, der sich freudig zu einem farbenfrohen Ballon aufblies und uns sanft übers Wasser zog. Abgesehen von unserem langsamen Trab, war die See freundlich, und das Leben war schön.

Michael liebte es, noch lange während meiner Wache aufzubleiben, und während dieser erfreulichen ersten Tage saß er nachts mit mir zusammen an Deck, wenn alle anderen schon schliefen, und wir schauten in die Sterne und die phosporeszierende Gischt am Bug und sprachen über das Leben, die Liebe und geosynchrone Satelliten. All die romantischen Vorstellungen der Menschen rund ums Segeln ranken sich wahrscheinlich darum, wie man genau so in die Nacht hinaus blickt, als hätte sich Gottes ganze Schöpfung nur für einen selbst am Himmel herausgeputzt. Als wir uns zu Anfang den Törn in Gedanken ausgemalt hatten, wie wir als Familie zusammenwachsen würden, spielte auch eine derartige Fantasie eine große Rolle. Und nun war unser Traum wahr geworden.

Während unserer zweiten Nacht drehte der Wind leicht nach Norden. Der Spi, den wir schlaff herunterhängen ließen, zog sich selber wieder nach Backbord, und von den sanften Bedingungen verleitet, gönnten Herbert und ich uns einen moderaten 6-Stunden-Wachturnus. In der Dunkelheit sahen wir beide nicht, dass der Spi am Vorsegel schamfilte, das ordentlich um das Vorstag gerollt war.

Herbert weckte mich am nächsten Morgen gegen sieben Uhr. Er schlüpfte neben mir mit diesem gequälten Gesichtsausdruck ins Bett, der mir immer sofort signalisierte, dass etwas nicht war, wie es sein sollte.

»Schlechte Nachrichten«, sagte er. »Das Vorsegel ist hinüber.«

Zehn oder zwölf Stunden schamfilen hatten nicht nur den Mantel, sondern auch die darunter liegenden Schichten des Segeltuchs wie eine feuchte Rolle Toilettenpapier verschlissen. Unser Vorsegel, das mit Sicherheit unser wichtigstes Segel war, war durch unsere eigene Schuld hinüber.

Herbert blieb im Bett, als ich ins Cockpit stolperte, um den Schaden selbst zu begutachten. Und tatsächlich hing da das Vorsegel in Fetzen. Nicht auszudenken, wie lange eine Reparatur dauern würde.

Es bestand allerdings keine Dringlichkeit, denn zunächst konnten wir den Spi weiter fahren. Aber in dem Augenblick, in dem mehr Wind aufkam oder drehte, würden wir das Vorsegel brauchen, und wir hatten immer noch mehr als achthundert Meilen bis Sri Lanka vor uns. Eine Reparatur unterwegs würde auf jeden Fall eine unangenehme Arbeit, und leider gab es keine Garantie, dass der Wind so lange mitspielen würde.

Ich tat, was jeder umsichtige Segler in dieser Lage getan hätte: Ich wollte eine große Ladung von Tante Lindas exzellenten Schokoladenkeksen backen. Ich war gerade wieder an Deck und rührte einen Teig an, den ich immer wieder probierte, während ich darüber nachdachte, wie man dieses Segel wieder hinkriegen könnte, als meine Träumerei unterbrochen wurde von einem Krachen. In diesem Moment verschwand der Spi, die Ursache unserer Probleme, in der See. Es war, als hätte er, zur Strafe für sein schlechtes Betragen in der Nacht zuvor ehrenhaft beschlossen, Selbstmord zu begehen.

Herbert war mit einem Satz im Cockpit, nachdem ihn das Geräusch aus dem Schlaf gerissen hatte. Dann zerrten er und ich wie die Geisteskranken mit aller Kraft die triefnasse Nylonbahn aus dem Wasser, während die NORTHERN MAGIC wie betrunken zu taumeln begann, beraubt ihrer Stabilität, für die der Spi gesorgt hatte.

»Wie ist das passiert?«, fragte Herbert verblüfft.

Ich hatte keine Ahnung. Soweit ich beobachtet hatte, war der Spi einfach nur über Bord gegangen. Tatsächlich aber war der Block im Masttopp in zwei Teile gebrochen.

So standen jetzt nicht nur die Segelreparaturen auf der Liste, sondern einer musste in den Mast, um einen neuen Block zu montieren. Wir schauten uns an und waren uns einig, dass wir einen Ankerplatz finden mussten.

Unser Kurs führte uns über die Andaman See, nahe an der Nordspitze der indonesischen Insel Sumatra und den Nikobaren, die zu Indien gehören. Dort wollten wir irgendwo ankern. Groß-Nikobar lag direkt auf unserem Kurs, wir verfügten für diese Gewässer über gutes Kartenmaterial, also lag die Entscheidung auf der Hand. Jedoch wies das Segelhandbuch ausdrücklich darauf hin, dass Yachten hier nicht anlegen dürfen. 1997 war ein Boot in polizeilichen Gewahrsam genommen worden, ehe man es aufgefordert hatte, umgehend wieder abzulegen. Andererseits hatte ich gerade vor ein paar Tagen gelesen, dass die Nikobaren sich zu öffnen begannen.

Sumatra hätte einen Umweg bedeutet, und wir hatten weder ausreichendes Kartenmaterial noch waren wir uns darüber im Klaren, wie es mit der Sicherheit bestellt war. Die meisten Piratenüberfälle in indonesischen Gewässern finden vor der Küste Sumatras statt, und schon deswegen glaubten wir, keine Wahl zu haben.

Also entschieden wir uns für die Insel Groß-Nikobar und zogen uns auf die Seefahrertradition zurück, die es Schiffen überall erlaubt, aus Gründen der Sicherheit oder Verzweiflung Zuflucht zu suchen. Wir waren sicher, dass wir willkommen wären, nachdem wir erst einmal unsere missliche Lage erklärt hatten.

Am frühen Morgen erreichten wir die Insel. Zunächst warteten wir draußen fast zwei Stunden, bis wir entschieden, dass es nun ein geeigneter Zeitpunkt wäre, über Funk den Kontakt aufzunehmen und um Erlaubnis zum Ankern zu bitten. Keinesfalls wollten wir uns irgendwie einschleichen, aber nach weiteren eineinhalb Stunden fruchtloser Kontaktversuche liefen wir den nächsten Ankerplatz an. Die Bucht schien menschenleer zu sein. Dann wandten wir uns dem Schaden zu.

Das Segel war wesentlich schlimmer beschädigt, als wir angenommen hatten. Die ersten beiden Lagen waren in mehrere Fetzen gerissen und hingen schlaff herunter. Insgesamt war das Segel an acht Stellen komplett durchgescheuert. Ich machte mich umgehend ans Werk, indem ich Flicken für jeden Riss vorbereitete und mich von innen nach außen an den Rissen entlang vorarbeitete, die zunehmend größer und damit schwieriger zu nähen wurden.

Unsere Nähmaschine war für so massives Segeltuch ohnehin nicht geeignet, also verwendete ich Klebestreifen und Flicken aus neuem Dacron, um sie anschließend mühsam mit der Hand zu umnähen – eine schwierige, mit größter Sorgfalt auszuführende Arbeit, die viel mehr Zeit kostete, als ich erwartet hatte. Gegen Ende des Tages hatte Herbert oben im Mast den Block ersetzt, aber ich hatte nur drei von acht Rissen reparieren können.

Früh am nächsten Morgen setzte ich meine Arbeit fort und freute mich während des Nähens über den Anblick der lieblichen Küste. Während der ganzen Zeit hatten wir niemanden gesehen, außer drei Menschen, die zu Fuß in der Bucht am Strand entlanggingen. Sie schien wirklich nur von Vögeln besucht zu werden, deren fröhliche Lieder in der klaren Morgenluft ertönten.

Gegen Nachmittag war ich immer noch damit beschäftigt, die drei längsten Risse zu nähen. Da ich im Cockpit arbeitete, konnte ich Menschen in der Bucht sehen, die kurze Zeit später in Rufe und Pfiffe ausbrachen.

Herbert kam nach oben und sah durch das Fernglas, dass sie mit den Armen und mit Kleidungsstücken winkten und unmissverständlich einladende Gesten in unsere Richtung machten. Wir hatten nicht vorgehabt, an Land zu gehen, aber die Rufer blieben so hartnäckig, dass wir schließlich das Dingi zu Wasser ließen, um nachzuschauen, was sie wollten. Auf allen Inseln waren die Menschen ohne Ausnahme freundlich zu uns gewesen. Wir hatten also keinen Grund zu der Annahme, dass das hier anders sein könnte.

Während wir die Kinder an Bord ließen, hielten Herbert und ich im Dingi auf den Strand zu, wo drei dunkelhäutige Männer uns erwarteten. Noch bevor wir an Land gingen, merkten wir intuitiv, dass hier etwas im Argen lag.

Dann gingen wir auf die Männer mit ausgestreckten Armen zu, um Hände zu schütteln. Sie nahmen unsere Hände jedoch nur widerwillig und erwiderten unsere Begrüßungsworte und das Lächeln nicht.

In dem Moment, als wir JUNIOR ganz den Strand hinaufgezogen hatten, tauchte ein vierter Mann, der älter als die drei war, aus den Büschen auf und trat mit grimmigem Gesicht und stechendem Blick vor uns hin.

Dann kamen weitere drei Männer aus ihrem Versteck im Gebüsch, wo ihre Militäruniformen in grünlichem Khaki sie perfekt unseren Augen entzogen hatten. Jeder Soldat trug ein Gewehr, lange, überzeugend aussehende Waffen, die im Sonnenschein dunkel schimmerten. Mit steinharten Gesichtern und stählernen Blicken traten die Männer neben ihren Anführer und standen mit leicht gegrätschten Beinen wie eine lebende menschliche Wand vor uns.

Der Mann, den wir für den Anführer hielten, begann zu sprechen. »Was tun Sie hier?«, verlangte er zu wissen. Sein Englisch war gut und hatte einen indischen Akzent.

Wir erklärten ihm unsere Situation und reichten ihm eine Visitenkarte, auf der unser aller Namen standen. Der Mann, dunkel, schlank, mittleren Alters und mit einem dünnen Schnurrbärtchen, wie es 1930 in Hollywood modern gewesen war, studierte sie sorgfältig.

»Sie müssen Ihr Boot zur Campbell's Bay verholen«, kündigte er schließlich an. »Sie können hier nicht bleiben. Und Sie«, er wandte sich an Herbert, »werden bei meinen Männern bleiben. Wir werden Sie im Jeep dorthin bringen.«

»O nein!«, protestierte Herbert. »Wenn wir das Boot verholen müssen, muss ich das erledigen. Meine Frau kann das nicht allein.«

»Was ist mit Ihrer Crew?«

»Aber das sind Kinder!«

Die Information, dass die restlichen drei Namen auf der Visitenkarte nur zu Kindern gehörten, löste unter den Männern eine heftige Diskussion in Hindi aus. Es erging der Beschluss, zwei der Soldaten sollten uns auf die NORTHERN MAGIC folgen und zu dem neuen Ziel geleiten. Gründe dafür wurden uns nicht genannt. Es war ohnehin klar, dass wir keine Wahl hatten.

Als sie auf Zehenspitzen ins Dingi stiegen, als wollten sie keinesfalls Wasser in ihre Armeeboote bringen, entsicherten die Männer ihre Gewehre.

Die Kinder waren unten im Salon und bekamen nicht mit, dass wir Besucher an Bord gebracht hatten, ganz zu schweigen davon, dass es bewaffnete uniformierte Besucher waren. Sie schienen aber nicht allzu überrascht, dass sich unsere Pläne plötzlich geändert hatten. Jeder der Jungen ging ins Cockpit und stellte sich vor, und die Soldaten waren spürbar erleichtert, als sie sahen, dass es sich wirklich um eine junge Familie und nicht um eine Bande von Spionen handelte oder was immer sie sich zusammenfantasiert hatten. Im Cockpit lagen überall die Segel und das Nähmaterial herum, und ich zeigte ihnen, was ich bis jetzt genäht hatte, und die Risse, die ich noch reparieren musste. Sie schienen beeindruckt.

Als wir uns im Cockpit niederließen, fragte ich den Anführer nach seinem Namen.

»Mohammed ... Mohammed Anam«, antwortete er nach kurzem Zögern. »Ich bin Muslim, wissen Sie«, fügte er die belanglose Information hinzu.

»Und was ist Ihr Rang?«, hakte ich nach.

Er zögerte wieder. »So etwas wie ein Polizeioffizier.«

Bis zur Campbell's Bay brauchten wir zwei Stunden. Mr. Anam stellte viele Fragen, aber beantwortete nur wenige. Einige Fragen hatten sehr persönlichen Charakter: nach unseren Finanzen, unserem Glauben, unseren Grundsätzen der Kindererziehung. Das Gespräch wäre für uns wesentlich angenehmer gewesen, wenn wir dabei nicht in das falsche Ende eines Gewehrlaufes gestarrt hätten. Keiner der Soldaten – fitte, junge Inder – sagte ein einziges Wort. Sie standen nur auf Deck herum und achteten darauf, dass ihre Waffen keinen Wasserspritzer abbekamen. Abwechselnd ging einer in den Salon hinunter und sah sich dann unten um.

Herbert und ich versuchten sie wie Gäste zu behandeln, die auf einer Kreuzfahrt waren. Tatsächlich waren wir ziemlich nervös. Wir hatten keine Vorstellung, warum unser Boot eingezogen worden war, warum wir diese Bucht anlaufen sollten, welcher Sinn hinter dieser seltsamen inquisitorischen Fragerei steckte und was uns in naher Zukunft erwartete. Ich begann unter Kopfschmerzen zu leiden.

Mr. Anam wies uns an, in einem Brief an den Polizeichef unsere Situation zu erläutern. Als ich um den Namen des Chefs bat, fuhr er mich an: »An den Chef der Polizei.« Als ich soweit war, das Treffen mit ihm und seinen Männern am Strand zu schildern, bat ich ihn, seinen Namen zu buchstabieren.

»›Ich traf ihn und seine Männer‹ – das reicht völlig«, sagte er mit einigem Unbehagen. Offensichtlich war er selbst der Polizeichef und wollte aus irgendeinem Grund aber nicht, dass wir dahinterkamen.

Schließlich erreichten wir die Bucht, und Herbert und mir wurde übel –

nicht von der Seekrankheit, sondern bei dem Gedanken an eine ungewisse Zukunft als Gefangene unserer unwillkommenen Gäste. Bis zu diesem Augenblick hatten wir immer noch versucht, eine höfliche Konversation am Laufen zu halten, als wären wir alle auf einer Dinnerparty und keine Arrestanten. Der Anführer hatte uns mit Geschichten über andere Yachten zu unterhalten versucht, deren Crews er ins Gefängnis gesetzt hatte und deren Boote konfisziert worden waren. Er zeigte stolz auf fünfzehn oder zwanzig hölzerne Fischerboote, die den Strand verunzierten, Beweisstücke seines außerordentlichen Pflichtbewusstseins, ungebetene Besucher fernzuhalten. Alle hatten einmal so Unglücklichen wie uns gehört, die es gewagt hatten, ohne Erlaubnis in die Hoheitsgewässer der Nikobaren einzudringen.

Wir fragten ihn, warum hier keine Besucher geduldet wurden. Er nannte als Grund, dass es im Dschungel noch einige Eingeborenenstämme gäbe, die dort völlig nackt lebten. Er schien sich sehr mit dem Gedanken an die fehlenden Kleider der Eingeborenen im Inneren der Insel zu beschäftigen, denn er erwähnte es mindestens ein halbes Dutzend Male. Angeblich ging es darum, diese Menschen vor gaffenden Ausländern zu beschützen.

Er wies uns an, den Anker neben einem gelben Fischerboot zu setzen, das den langen Weg aus Sri Lanka gekommen war. »Tatsächlich fand unsere Küstenwache dieses Boot auf See treibend; der Motor war ausgefallen, und so waren sie in unser Hoheitsgebiet getrieben«, erläuterte er. »Wir haben das Boot an die Kette gelegt, und die Crew sitzt seit einem Monat im Gefängnis. In den nächsten Wochen wird sie ihren Prozess bekommen. Natürlich werden alle verurteilt werden.«

»Und wie wird das Urteil ausfallen?«, fragte ich.

»Oh, mindestens sechs Monate Gefängnis.«

Der Polizeichef kassierte unsere Pässe ein und ging von Bord, nachdem er uns versichert hatte, er würde seine Vorgesetzten informieren und dann auf weitere Anweisungen warten. Für mich war es zu spät, die Reparaturen an den Segeln weiter fortzusetzen, deshalb aßen wir und gingen zu Bett. Es wurde eine nervenaufreibende Nacht.

Am nächsten Morgen begann ich meine Näharbeiten mit dem ersten Tageslicht. Als ich ins Cockpit kam, entdeckte ich zu meinem Erstaunen zwei bewaffnete Soldaten auf dem Boot aus Sri Lanka. Offensichtlich hatte der Polizeichef ganz sicher gehen wollen, dass wir uns nicht im Schutz der Nacht davonmachten. Wir standen wirklich unter Hausarrest.

Es dauerte fast den ganzen Tag, bis ich mit der Reparatur der Segel fertig war. Im Laufe des Nachmittags hörten wir erstaunt einen weiteren Segler über UKW mit der Bitte um Genehmigung, hier sein defektes Ruder reparieren zu dürfen. Obwohl die erste Anfrage abschlägig beschieden wurde, wiederholte er seine Bitte so lange, bis die Hafenbehörden einfach nicht mehr antworteten. Wir gingen davon aus, dass zu diesem Zeitpunkt der Polizeichef per Telefon informiert wurde.

Dann ging Herbert ans Funkgerät, obwohl ihm schmerzlich bewusst war, dass natürlich jedes Wort abgehört wurde. Er schilderte kurz unsere Situation und warnte die Yacht, falls ihre Reparatur nicht überlebensnotwendig sei. »Wie wurden hierher verschleppt ... uh ... gegen unseren Willen«, erläuterte er. »Ich kann Sie nur aufs Schärfste davor warnen, ohne Genehmigung zu ankern.«

Später, nachdem sie doch noch die widerwillige Genehmigung der Hafenbehörden erhalten hatte, ankerte die 50-Fuß-Yacht MARCO POLO mit einer italienischen und neuseeländischen Crew neben uns und erhielt umgehend Besuch von Polizeichef Anam und fünf bewaffneten Wächtern. Die Pässe der fünfköpfigen Besatzung wurden wie bei uns sofort eingezogen. Bei Einbruch der Dunkelheit teilten sie unser Dilemma: Sie hatten ebenfalls ihre Reparaturen beendet, unterlagen aber dem strengen Verbot des Auslaufens.

Wir trugen die Situation mit Gleichmut, nicht aber Romano, der impulsive Captain der MARCO POLO. Sowohl wir als auch die vierköpfige Besatzung der MARCO POLO verbrachten den nächsten Tag unter Aufsicht auf unseren Booten, und Romano wurde fuchsteufelswild. Wir hatten keine Vorstellung, wann – und ob – wir freigelassen wurden.

Am späten Abend bekamen wir Besuch vom Polizeichef. Er wurde von einem eingeborenen Insulaner des Nikobaren-Stammes zu uns herüber gerudert (in Shorts gekleidet, Gott sei Dank, anderenfalls hätte ich ihn vielleicht angestarrt, und das hätte mich dann sicherlich in noch größere Schwierigkeiten gebracht). Wir hatten ihn schon leichtfüßig auf eine hohe Kokospalme klettern sehen. Der Polizeichef war dann mit ein paar reifen Bananen gekommen und einigen Trink-Kokosnüssen, die der Eingeborene mit einer Machete geöffnet und herumgereicht hatte.

»Haben Sie Alkohol an Bord?«, fragte der Chef. »Bier oder Whisky?«

Wir erklärten ihm, dass wir zwar über ein paar Dosen Bier verfügten, aber die seien nicht gekühlt.

»Das macht nichts«, befand der Polizeichef und ließ sich mit seinen beiden Kumpanen und den warmen Bieren zufrieden in unserem Cockpit nieder, von wo sie die leeren Dosen dann einfach über die Kante warfen. Der Eingeborene des Nikobaren-Stammes wartete die ganze Zeit in dem Ruderboot.

»Habt ihr auch Whisky?«, fragte der Polizeichef dann.

»Ich glaube, wir haben noch irgendwo eine halbleere, sehr alte Flasche«, antwortete ich ehrlich. »Soll ich sie suchen?«

Er dachte einen Moment nach. »Nein«, entschloss er sich. »Wir nehmen noch ein paar Biere.«

Wir hatten noch ein überzähliges Fernglas an Bord, und Herbert und ich hatten uns entschlossen, es ihm als Zeichen unserer Wertschätzung anzubieten.

»Als Geschenk?«, fragte er nach, als Herbert es ihm überreichte.

Nein, als Bestechung, du Schmarotzer, dachte ich rachsüchtig, lächelte aber: »Natürlich, das ist unser persönliches Geschenk von uns an Sie für Ihre Gastfreundschaft.« Ich legte sehr viel Schmelz in meine Stimme. Und vermied jede Ironie. »Vielleicht ist es Ihnen nützlich, wenn Sie wieder nach illegal ankernden Yachten Ausschau halten müssen.«

Als unser karger Biervorrat endgültig erschöpft war, ruderte der Eingeborene den Chef und seine Adlaten zur MARCO POLO hinüber. Herbert und ich verzogen uns ins Bett und stellten uns die Reaktion der Crew drüben vor, wenn plötzlich eine Happy Hour über sie verhängt wurde.

Am nächsten Morgen fragten wir auf der MARCO POLO nach, wie der späte Besuch abgelaufen war. Steve, der liebenswürdige neuseeländische Skipper, lächelte und zeigte uns gestisch, dass sehr viele Flaschen geöffnet worden waren. Der Polizeichef war dort offensichtlich auf sehr viel umfangreichere Vorräte gestoßen als bei uns.

»Ich habe mich über sein starkes Interesse für Alkohol sehr gewundert«, erwiderte ich. »Er ist doch schließlich Muslime.«

»Das ist seltsam«, wunderte sich Steve. »Mir hat er gesagt, er sei Hindu.«

Am nächsten Tag erhielten wir die Erlaubnis für einen Landgang – ein Tribut an die Kinder, die Bewegung brauchten. Zum verabredeten Zeitpunkt kamen wir mit den Dingi an den Strand und setzten unseren Fuß auf den südlichsten Landpunkt Indiens, während wir neugierige Blicke auf die vielen Menschen warfen, die uns ebenso neugierig beäugten. Darunter waren bildschöne Frauen in farbenfrohen Saris, die große flache Körbe auf den Köpfen balancierten, dunkelhäutige Männer in weißen Unterhemden mit farbigen Punkten auf der Stirn, scheue Kinder in frischen weißen Schuluniformen und zahllose Kühe, Hühner und Enten. Die meisten Rinder hatten schreckliche offene Wunden am Hals, worauf sich Horden von Fliegen niedergelassen hatten. Eines der Tiere lag am Boden, während ein Hahn in dem blutigen Riss herumpickte. Am Strand lag zwischen all dem anderen angeschwemmten Müll eine der indonesischen Bierdosen, mit denen wir den Polizeichef bewirtet hatten.

Während sich die Kinder auf eine Schaukel schwangen, verbrachten Herbert und ich den Morgen auf der Polizeistation, wo wir dem Chef dabei zusahen, wie er unerklärliche Papierberge abarbeitete. Wahrscheinlich sollten wir von der Eleganz, mit der er stempelte und Unterschriften leistete, zutiefst beeindruckt werden. Auch Romano war gezwungen, an diesem Schauspiel bürokratischen Machogehabes teilzunehmen.

Schließlich räusperte sich Herbert und fragte mich: »Müssen die Kinder nicht noch Hausaufgaben machen?«

»Natürlich«, erinnerte ich mich strahlend. »Ich glaube, wir kehren jetzt besser auf die NORTHERN MAGIC zurück. Es ist enorm wichtig, dass die Kinder ihre Pflichten nicht vernachlässigen.«

Romano nahm aus engen Augenschlitzen heraus zur Kenntnis, wie wir die Erlaubnis erhielten, uns zu entfernen. Offensichtlich dachte er darüber nach, welche Ausrede er vortragen könnte, um ebenfalls auf sein Boot zurückkehren zu dürfen.

Ungefähr eine halbe Stunde später klopfte er bei uns an. »Wir müssen etwas unternehmen!«, forderte er wie ein wild gewordener Stier. »Wir können doch nicht einfach weiter hier herumsitzen. Wie lange wollen die uns festhalten? Wir müssen einen Plan entwickeln. Wir brauchen eine Strategie! Wenn ich nur meine Regierung informieren könnte, wäre ich am nächsten Tag hier raus! Das können wir uns nicht gefallen lassen!«

Während wir über diplomatische Interventionen berieten, kam das polizeiliche Ruderboot wieder an. Chef Anam hatte uns mehrmals gefragt, ob wir Obst oder Gemüse haben wollten. Offensichtlich peilte er mit dem Verkauf von Lebensmitteln ein paar Extraeinnahmen an, also hatten wir ihm den Gefallen getan und eine kleine Bestellung aufgegeben. Und nun lieferten seine Soldaten zwei Plastiktüten mit Naturalien aus.

Romano, den unsere passive, höfliche Vorgehensweise ziemlich aufregte, nutzte die Gelegenheit und wandte sich an die Männer: »Ich möchte euren Captain sprechen«, forderte er mit seinem herrlichen, gewaltigen italienischen Akzent, der die meisten Wörter mit überflüssigen Vokalen enden ließ. »Nicht über Boote und nicht über Probleme, versteht ihr«, fuhr er fort, »sondern über das Leben.« Er sprach es »*life-a*« aus.

Die Soldaten starrten ihn äußerst befremdet an. Hinter seinem Rücken machten Herbert und ich mit heftigen Gesten deutlich, dass wir mit diesem seltsamen Kerl nicht das Geringste zu tun hatten.

»Und nun kehrt zu eurem Chef zurück und meldet es ihm«, befahl ihnen Romano herrisch. »Wenn er Zeit hat, könnt ihr mir vom Strand aus winken, dann werde ich übersetzen. Sagt ihm, ich möchte über das Leben sprechen.«

Eine halbe Stunde später erhielt Romano seine Audienz. Während er aufbrach, um über das Leben zu sprechen, debattierten Herbert und ich, ob es klug gewesen war, ihn einfach laufen zu lassen. Wir machten uns Sorgen, wie der verärgerte, temperamentvolle Captain und der Polizeichef mit Napoleonkomplex miteinander auskommen würden.

Nach ein paar Stunden hörten wir es wieder an der Bordwand klopfen. Roman war zurück. Er hatte nichts erreicht und war niedergeschlagen, weil der Polizeichef nicht zu packen war. Dann kehrte er mutlos zu seiner Crew zurück, die kurz vor der Meuterei stand. Später erfuhren wir, dass sich alle dagegen ausgesprochen hatten, die Nikobaren anzulaufen, und Romano das Desaster deshalb ganz allein verantworten musste. Es hatte auch keinen Defekt gegeben, der einer dringenden Reparatur bedurfte. Romano wollte einfach nur Hummer kaufen.

Herbert und ich wollten gerade ins Bett, als es wieder klopfte. Dieses Mal war es der undurchsichtige Polizeichef, wie immer mit Gefolge.

»Hier sind Ihre Pässe. Sie dürfen auslaufen«, verkündete er. »Der Captain der MARCO POLO war am Nachmittag in meinem Büro und lamentierte, dass seine Crew ihre Heimflüge verpassen würde. Deshalb habe ich mich bei meinen Vorgesetzten eingesetzt und die Situation erläutert. Ich war dazu nicht gezwungen«, ergänzte er bedeutungsvoll. »Es gab Gespräche über drohende Anklagen, aber ich habe versichert, dass Sie in Not waren und habe es geschafft, die Zuständigen zu überzeugen, dass Prozesse überflüssig sind.« Hier legte er eine dramatische Pause ein, um uns die Gelegenheit zu geben, die Anstrengungen zu würdigen, die er unseretwegen auf sich genommen hatte. »Sie dürfen also auslaufen. Ich werde am Morgen wieder hier sein.«

Wir waren fassungslos. Romanos Tête-à-Tête hatte tatsächlich funktioniert. Oder war der Polizeichef nach ein paar Stunden des Ärgers über den sturen Italiener zu dem Schluss gekommen, dass es in seinem eigenen Interesse lag, uns so schnell wie möglich loszuwerden – statt sich den ganzen Nachmittag lang Romanos ausufernde Monologe anhören zu müssen? Wie auch immer: Wir waren frei und teilten am Morgen den Kindern die gute Nachricht mit. Jonathan gewann den Jackpot der »Endtermin-der-Gefangenschaft-auf-den-Nikobaren-Lotterie«, die er am Nachmittag zuvor ins Leben gerufen hatte.

Gegen neun Uhr kam unser guter Freund und Polizeichef ein letztes Mal zur NORTHERN MAGIC heraus. Er trug Uniform und war in jovialer Stimmung. Tatsächlich sah er großartig aus, seine Offiziersmütze und die Orden auf der Brust und das kleine, schmucke, schwarze Messing-Offiziersstöckchen waren nicht zu überbieten.

Herbert und ich waren uneinig über die Frage, ob der Polizeichef ein Gauner war, der mit uns seinen Spaß trieb, während er unsere Alkoholvorräte ausraubte und unsere Brieftasche, oder ein anständiger Kerl ohne eigene Befugnisse, der nur seinen Job erledigte. Je nach Tag, Stunde oder Minute konnte beides zutreffen. Er schenkte uns eine schöne Muschel, und unser Urteil neigte sich in Richtung »anständig«.

Aus irgendeinem Grund fühlte ich mich veranlasst, für den Chef und seine Frau ein paar Geschenke zusammenzustellen, als Dank für die »Gastfreundschaft«. Ich konnte mich einfach bis zum Schluss nicht von dem Spiel verabschieden, dass wir seine Gäste waren und nicht seine Gefangenen.

Herbert starrte mich sehr befremdet an und sagte schließlich: »Tu, was du nicht lassen kannst.«

Mit einem Gefühl, als sei ich Patti Hearst[1], überreichte ich ihm die Plastiktüte mit den Gaben. Ein paar Minuten vorher hatte er sich noch geweigert, sich mit uns fotografieren zu lassen, aber nun stellte er sich in Positur und trug sich sogar in unser Gästebuch ein.

Dann kam die letzte Amtshandlung. »Wie viel schulden wir Ihnen für die Lebensmittel?« Ich hatte eine Zwanzig-Dollar-Note in meiner Tasche, was wahrscheinlich dem doppelten oder dreifachen Gegenwert entsprach.

---

[1] Tochter eines amerikanischen Zeitungskönigs, die entführt wurde und im Laufe der Zeit und unter dem Eindruck der Gefangenschaft schließlich Sympathien für ihre »Gastgeber« entwickelte. (Anm. d. Ü.)

»Nach Belieben«, antwortete er großartig. »Das war ein persönlicher Gefallen von mir. Sie sind – trotz allem – meine Gäste.«

»Nun, bei uns würde es keinesfalls mehr kosten«, sagte ich und reichte ihm den Geldschein. »Ist es genug?«

Die Miene des Polizeichefs, die bisher im Widerschein unserer gegenseitigen Freundschaft und Wertschätzung geleuchtet hatte, verdüsterte sich. Es war ganz klar nicht genug. Seine Enttäuschung war wie ein Schlag ins Gesicht.

»Sie müssen verstehen«, sagte er und lehnte sich mit blitzenden Augen vor, »dass meine Männer und ich Ausgaben haben. Ich halte fünfzig Dollar für durchaus angemessener.«

Zehn Minuten später und um fünfzig Dollar ärmer hielt der Bug der NORTHERN MAGIC in die Bay of Bengal hinaus, Kurs Sri Lanka.

17
Der Rorschach-Test

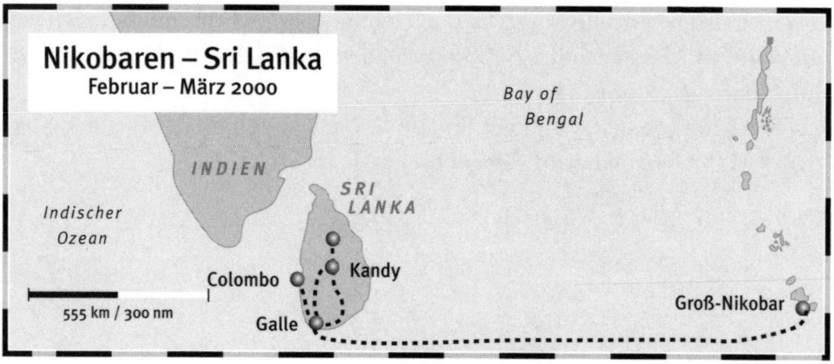

Auf dieser Passage teilten wir zum ersten Mal die beiden älteren Jungen zur regulären Wache ein. Sie hatten immer wieder einmal eine Stunde oder zwei ausgeholfen, wenn einer von uns besonders müde gewesen war, aber nur wenn die Wetterbedingungen stimmten und wir weit vom Festland entfernt waren. Jetzt kam die perfekte Gelegenheit, etwas anspruchsvoller zu werden, die See war ruhig, und es gab wenig Verkehr. So übernahm Jonathan stolz seine erste Wache von sechzehn bis achtzehn Uhr, während Michael seine Zwei-Stunden-Wache morgens ansetzte. Als Folge davon kamen Herbert und ich in den Genuss einer zusätzlichen Stunde Schlaf zu Beginn und am Ende der nächtlichen Wachen – luxuriöse sieben Stunden am Stück im Bett. Schlagartig fühlten wir uns beide wesentlich ausgeruhter und konnten einander mehr Zeit widmen als bisher, da wir uns in bleierner Müdigkeit manchmal nur wie Schiffe in der Nacht begegnet waren.

Die Kinder beschäftigten sich mit Computerspielen und lasen ganze Berge von Büchern, wobei Michael und Jon manchmal einen kompletten Roman pro Tag verschlangen. Ich erfand ein Spiel, das alle drei liebten, indem ich jedem eine Stück Schokolade versprach, der zehn englische Wörter fand, die ich nicht definieren konnte. Plötzlich hatten die Wörterbücher Hochkonjunktur, und die Jungen strolchten durch die Seiten und kamen aufgeregt mit Wörtern an, von denen sie annahmen, dass sie mich auf dem linken Fuß erwischen könnten.

Gegen Ende der Reise führte Christopher mit sechs Punkten Vorsprung durch Wörter wie *bast, barm* und *zucchetto*. Michael und Jon folgten mit je vier Treffern, zum Beispiel *rosaceous, sigil* und *foxing*. Christopher verbrachte viele Stunden neben mir auf Wache und durchforschte aufmerksam das *Oxford Dictionary* in der Hoffnung, einen Preis zu ergattern.

Als die Jungen sich dann in Sri Lanka von einer neben uns ankernden Yacht ein weiteres Wörterbuch ausliehen, war ich gezwungen, das Spiel blitzschnell zu beenden, da sich darin die absurdesten Wörter fanden.

Die Marine kam längsseit, ehe wir noch den Anker im Hafen von Galle richtig ausgebracht hatten. Dort herrschte Bürgerkrieg, und Sicherheit war oberstes Gesetz, sodass wir Spezialpässe brauchten und ständig vom Militär kontrolliert wurden, sobald wir von Bord gingen. Während der Nacht wurden Spezialleinen im Hafen gespannt, um das Einlaufen von größeren Schiffen zu verhindern, kleine Boote wurden mithilfe von Suchscheinwerfern überwacht. Ein Kanonenboot, das vor Waffen starrte, lag an der Pier, und Männer mit automatischen Waffen und Ferngläsern überwachten von verschiedenen Punkten aus den Hafen. Boote ohne Positionslampen, die den Anschein von Fischerbooten haben sollten, aber über Radar verfügten, patrouillierten die ganze Nacht am Ankerplatz.

Besonders störend waren die nächtlichen Unterwasserexplosionen, die in gewissen Abständen gezündet wurden, um die Tamil Tigers – Selbstmordattentäter mit Tauchausrüstung – vom Hafen fernzuhalten. Der Krieg zwischen der Majorität der Bevölkerung, den Singhalesen, und der Minorität, den Tamilen, die hauptsächlich im Norden lebten, operierte mit Terroristenangriffen der Tamil Tigers, Selbstmordattacken und Morde eingeschlossen.

Weil die Hauptstadt Colombo nicht länger sicher war, waren die meisten Munitionsvorräte nach Galle verlegt worden. Die Sicherheitsvorkehrungen galten ihnen – und uns.

Galle war eine interessante Stadt mit vielen Relikten aus der Kolonialzeit – zuerst stand es unter portugiesischer Herrschaft, dann unter holländischer, und schließlich waren die Briten gekommen, sodass wir jetzt keine Kommunikationsschwierigkeiten mit der meist englisch sprechenden, freundlichen, dunkelhäutigen Bevölkerung hatten, die uns auf Schritt und Tritt beobachtete und anlächelte. Kühe trieben sich frei herum, grasten neben den vielbefahrenen Straßen und blockierten den Verkehr, wenn sie die Fahrbahnen überquerten, die ohnehin von Autos, Lastwagen, dreirädrigen *tuk-tuks*, Fahrrädern, Fußgängern, Ziegen, Hunden und gelegentlichen Ochsenkarren verstopft waren.

Wir begaben uns auf eine Überlandreise ins Innere Sri Lankas, aber etwas lag mir schwer auf der Seele: Ich hatte einen Knoten in meiner Brust entdeckt. Seit meiner Krebserkrankung hatte ich meinen Körper stets aufmerksam beobachtet, jede Geschwulst, jeder Schmerz und jedes Stechen konnten sich schließlich als Rezitativ herausstellen. Ich musste das untersuchen lassen. Wenn ich mich hier nicht dem Problem stellte, würde ich erst wieder in zehn Monaten geeignetere Bedingungen finden.

Glücklicherweise hatten wir in Sri Lanka einen wirklichen Freund kennen gelernt, den 27-jährigen *tuk-tuk*-Fahrer Ekka. Wir mochten ihn sehr. Er war uns immer wieder behilflich gewesen, hatte uns herumgefahren und geholfen, bei den Einkäufen sehr viel Geld zu sparen – und sich dann auch noch einer Bezahlung für seine Sonderdienste verweigert. Nun brachte Ekka Herbert und mich zu einem kleinen Hospital. Die beiden Frauen an der Rezeption schienen mein Problem nicht zu verstehen und wagten mir auch nicht direkt in die Augen zu schauen. Wir beschlossen, eine andere Klinik zu suchen.

Beim zweiten Versuch wiederholte sich alles. Jeder schien davon Abstand nehmen zu wollen, mir zu helfen. Ich fühlte mich wie ein Wesen von einem anderen Stern – oder als hätte ich Spinat zwischen den Zähnen. Ekka versuchte sich als Dolmetscher, hatte aber auch keinen Erfolg.

Frustriert starteten wir einen dritten Versuch, wieder mit dem gleichen Ergebnis. Der Mann am Empfang wiederholte hinter seiner dicken Glasscheibe immer wieder einen Satz, der sich so anhörte wie »*doctor on loo*«[1], was er aber wahrscheinlich nicht sagen wollte, außer die gesamte Belegschaft litt an Diarrhoe. Schließlich verstanden wir aber, dass kein Arzt anwesend war. Wir gaben auf und kehrten zur NORTHERN MAGIC zurück, ohne etwas erreicht zu haben. Unser erster Eindruck von der medizinischen Versorgung Sri Lankas war nicht begeisternd.

---

[1] etwa: Der Arzt ist auf der Toilette (Anm. d. Ü.).

Am nächsten Morgen suchten wir noch einmal das zweite Krankenhaus auf, fest entschlossen, einen Arzt aufzutreiben. Da es immer noch ohne Arzt auszukommen schien, begaben wir uns zu dem ersten Hospital, wo ich schließlich den Chefarzt hinter seinem Schreibtisch in einem kleinen schäbigen Büro fand. Er hörte mir wortlos zu, notierte den Namen eines Chirurgen auf einem Zettel und schickte mich zur Rezeption zurück, wo man mich bat, gegen siebzehn Uhr wieder zu kommen. Ich bezahlte zweihundertfünfzig Rupien, etwa fünf Dollar, und erhielt einen Zettel mit der Nummer neunzehn.

Als wir zurückkamen, war das Hospital, das wir bisher ziemlich leer vorgefunden hatten, total überfüllt. Mindestens fünfzig Patienten warteten mit uns in dem kleinen Raum vor Zimmer dreißig – bei erstickender Hitze, geringer Luftzirkulation und durchdringendem Schweißgeruch.

Ich stellte mich auf langes Warten ein, schaffte es, einen Platz ganz oben in einem offenen Treppenhaus zu ergattern, wo ich mich gegen die Wand lehnen konnte. Eine junge Frau stützte sich an mir ab und saß schließlich fast auf meinem Schoß. Eineinhalb Stunden lang schaute ich zu, wie die Menschen kamen und gingen. Abgesehen von der Unbequemlichkeit sahen fast alle erstaunlich vergnügt aus. Jede der Familien, die aus dem Sprechzimmer kam, zeigte ein breites Lächeln auf dem Gesicht.

Gegen zehn vor sieben war ich endlich an der Reihe. Ich bahnte mir meinen Weg durch die Menschenmenge, die in den vergangenen zwei Stunden nicht kleiner geworden war. Der Arzt sprach exzellent englisch und half, meine wachsende Unruhe bezüglich meiner Gesamtsituation zu zerstreuen. Er war auch der Meinung, dass der Knoten untersucht werden müsste und ordnete eine Gewebeentnahme an, die in Galle vorgenommen werden konnte, ebenso wie eine Mammographie, die aber nur in Colombo möglich war. Obwohl ich gewisse Bedenken hatte, willigte ich ein, denn es schien die vernünftigste Vorgehensweise. Ich bin aber ziemlich sicher, dass auf meinem Gesicht kein Lächeln zu sehen war, als ich das Sprechzimmer verließ.

Am Abend speisten wir bei Ekka. Wir wurden wie Könige behandelt von seiner Frau, die herumfuhrwerkte und geschäftig mit den Speisen herumsauste, die sie in einer rückwärtigen Küche zubereitet hatte. Man bot uns ein halbes Dutzend köstlicher Gerichte an, auch Curryhuhn und Büffelkäse mit Honig. Ekka nahm als einziges Familienmitglied an der Mahlzeit teil; die Frauen hatten sich schüchtern zurückgezogen und aßen in einem anderen Zimmer mit den Fingern, wie es allgemein üblich war.

Am nächsten Tag brach ich zur Biopsie auf, die in Hospital Nummer drei stattfand. Der Arzt hatte mich für sechzehn Uhr bestellt. Obwohl Herbert mich begleiten wollte, überredete ich ihn, an Bord zu bleiben und das Abendessen vorzubereiten, sodass es fertig war, wenn ich zurückkam, wann immer das sein würde. Also brach ich für die 15-minütige Fahrt mit dem Dingi quer durch den Schwell im Hafen auf, um mich dann auf den staubigen Fußmarsch zwischen Lastwagen und Rindern im Hafengebiet zu begeben, ein paar Sicherheitschecks von schwer bewaffneten Soldaten über mich ergehen zu lassen, einige Sandsackbarrikaden zu passieren, hinter denen Ekka wie immer geduldig in seinem verbeulten grünen Dreirad wartete. Als ich ihn erreichte, setzte der übliche Nachmittagswolkenbruch ein. Einen Block vom Hospital entfernt starb Ekkas Vehikel ab, und ich ging den Rest zu Fuß.

Tropfnass und etwas erschöpft überreichte ich dem Mädchen am Empfang meine Überweisung.

»Der Arzt ist heute nicht da. Kommen Sie morgen wieder.«

Das war die ganze Auskunft. Als ich sie fragte, ob ich einen festen Termin bekommen könnte, schüttelte sie nur den Kopf. Hätte ich ein paar Abführmittel in der Tasche gehabt, hätte ich sie nach ihr geworfen.

Ich stürzte aus dem Hospital und traf glücklicherweise auf Ekka, der mit seinem *tuk-tuk* kämpfte. Er hatte auch einen schlechten Tag. Nach zwanzig Minuten konnten wir endlich auf seinem kleinen Gefährt zum Markt aufbrechen, ein ziemlich niedergeschlagenes Paar.

In der Bäckerei kam ich zu dem Schluss, dass wir uns beide mithilfe eines Kuchens wesentlich besser fühlen würden, den Ekka mit nach Hause nehmen sollte. Als ich ihn nach seinen Wünschen fragte, deutete er auf den Bescheidensten und Billigsten. Ich kaufte die aufwändigste Schokoladenkreation, und meine Investition hatte sich schon ausgezahlt, als ich Ekkas Millionen-Rupien-Lächeln sah.

Zurück im Hafen, wollte JUNIOR nicht anspringen. Ich brauchte mehr als zehn Minuten und riss bestimmt mehr als dreißig- oder vierzigmal an der Starterleine, bevor ich endlich unterwegs war. Während ich dagegen kämpfte, weiter und weiter vom Dock abgetrieben zu werden, merkte ich ganz genau, dass die gesamte Mannschaft eines indonesischen Frachters über meine Anstrengungen lachte. Und inzwischen hatte der Himmel alle Schleusen geöffnet.

Während der Fahrt musste ich das Boot ausösen, aber der Himmel kippte das Wasser schneller wieder hinein, als *Donovan Bailer*, wie wir unseren Plastikeimer nannten, es wieder herausschöpfen konnte. Die Karotten und Kartoffeln, die ich auf dem Markt gekauft hatte, fielen aus den Tüten und schwammen in dem vier Inches hoch stehenden Wasser herum.

Als ich mich langsam der NORTHERN MAGIC näherte, bemerkte ich ein kleines Fischerboot mit zwei Männern, die Kurs auf unseren Ankerplatz hielten und den Wolkenbruch unter einer dünnen blauen Plane abwarteten.

Gerade als ich aufstand, um nach dem Relingsdraht der NORTHERN MAGIC zu greifen, um mich gegen den Schwell des Indischen Ozeans zu stemmen, fuhren ein blendender Blitz und ein entsetzlicher Donner direkt über mir aus den Wolken. Ich merkte, dass ich das Metall festhielt, und ließ los, viel zu spät natürlich. Aber ich war nicht getroffen, nur deshalb war ich noch am Leben.

Als ich zu den Fischern hinüberschaute, die ziemlich nahe bei mir waren, starrten sie mich voller Verwunderung an und hoben ihre Hände zum Gebet gen Himmel. Ich tat es ihnen nach, und wir grinsten uns zu in dem Gefühl, dass wir gerade nochmals Gottes Zorn entkommen waren. Dann schleppte ich mich und meine durchweichten Gemüse an Bord der NORTHERN MAGIC. Wäre ich in voller Montur beim Schwimmen gewesen, hätte ich nicht mehr Wasser in den Kleidern gehabt.

In den Nachrichten nach Hause erwähnte ich von all dem kein Wort. Dad schickte uns wie immer den Wetterbericht per E-Mail, und wir hielten uns bedeckt, warum wir keines der Wetterfenster nutzten, um auszulaufen. Ich hoffte, die Probleme verschweigen zu können, in der Annahme, dass es sich um falschen Alarm handelte. Ich wollte nicht, dass meine Mom mehr litt, als unbedingt notwendig.

Am nächsten Nachmittag nahm ich alle Kraft zusammen und brach wieder auf. Glücklicherweise legte das tägliche Gewitter erst los, als ich schon in Ekkas *tuk-tuk* saß. Ich wies sein Angebot zurück, auf mich zu warten. Am Empfang legte ich wieder meinen Zettel vor. Die Frau, die ich mittlerweile hasste, schaute kurz darauf.

»Es ist kein Doktor bis Freitag da«, sagte sie.

Heute war Mittwoch.

»Das kann nicht sein«, widersprach ich verzweifelt. »Gestern sagten Sie mir, der Doktor sei heute da!«

Aber der Arzt war nicht da, und daran konnte ich nichts ändern. Die Frau schob mir meinen Zettel wieder zu und wandte sich ab.

Zu meiner Beschämung brach ich in Tränen aus. Ich eilte zum Ausgang, aber Ekka war bereits abgefahren. So stand ich da einen Moment, gegen eine Betonsäule gelehnt, schniefte und wischte mir immer wieder die Tränen ab, wobei ich merkte, dass mir mindestens zwanzig Personen zusahen. Nach so vielen fruchtlosen Besuchen in diesen Hospitälern ohne Ärzte fühlte ich mich, als steckte ich in einer Zeitmaschine fest, in meiner ganz persönlichen verrückten Version des Filmes *Und täglich grüßt das Murmeltier*.

Ich bestieg irgendein *tuk-tuk*, das sofort losraste. Meine Gedanken waren genauso schwarz wie die Wolken über mir. Auf den schlüpfrigen, mit Schlaglöchern übersäten Straßen zum Hafen schnitt ein Radfahrer völlig unerwartet unseren Kurs. Mein Fahrer musste scharf auf ein Grundstück ausweichen, um eine Kollision zu vermeiden. Als wir mit quietschenden Bremsen zum Stehen kamen, nur wenige Fuß vor einer Hauswand, starrte ich direkt in die Augen eines sehr dünnen, sehr alten Mannes.

Er lag in Seitenlage im Schlamm unter einem Erker des Gebäudes, um vor dem Regen Schutz zu suchen. In den zwei oder drei Sekunden, die wir auf ihn zugeschliddert waren, waren sich seine dunklen stoischen Augen und meine verweinten blauen begegnet. In diesem Moment fühlte ich, wie lächerlich meine Demonstration des Selbstmitleids war. Was auch immer die Tests ergeben mochten, wie oft ich auch den nassen Weg mit dem Dingi zum Hospital nehmen musste, um einen nicht existierenden Arzt aufzusuchen – mit diesem alten Mann wollte ich nicht tauschen.

Im nächsten Moment kehrten wir auf die Straße zurück und setzten unseren Weg fort. Aber dank des wortlosen Geschenks eines zerlumpten alten Mannes waren meine Augen jetzt trocken.

Aber wir hatten nun keine andere Wahl mehr, als Dad und Mom in die Gründe für das verschobene Auslaufen einzuweihen. Meine E-Mail an Dad entfesselte eine Welle an Besorgnis in Kanada. Dad hatte einen Freund, dessen Schwager ein prominenter Anwalt in Colombo war. Dieser sollte für mich einen Termin bei dem besten Krebsspezialisten in Colombo arrangieren, und ich sollte sogar während der Behandlung bei ihm wohnen.

Entgegen Herberts Wunsch bestand ich darauf, allein nach Colombo zu fahren. Der Anwalt würde mein Bundesgenosse sein. Es machte keinen Sinn, die Kinder den ganzen Weg in diese unangenehme und gefährliche Großstadt zu zerren. Außerdem wollten wir unseren unbekannten Wohltäter nicht mit der ganzen Familie überfallen. Zwei Tage später saß ich im Zug in die Hauptstadt.

Der Zug lieferte mich noch vor Mittag in Colombo ab, also hatte ich eine

Menge Zeit totzuschlagen. Mein Termin im Krankenhaus war für sechzehn Uhr anberaumt. Stundenlang wanderte ich über einen Markt und gab vor, dass der Matchsack über meiner Schulter wesentlich weniger wog, als es tatsächlich der Fall war, um die Schlepper auf Kundenfang zu verscheuchen. Es war ein chaotisches Durcheinander von miteinander konkurrierenden Händlern, die alles feilboten: vom Korb stinkender getrockneter Fischchen bis zu ausrangierten billigen elektronischen Geräten und Bleistiftstummeln.

Am Nachmittag fand ich ein Taxi und ließ mich zum Haus des Anwalts fahren, einem großen, zweistöckigen Gebäude innerhalb eines gesicherten Geländes mit teuren Autos in der Einfahrt und einer Menge Diener. Ich folgte dem Anwalt in seinen Garten, wo er mir keine Fragen stellte, sondern mich eine halbe Stunde lang mit der Geschichte zu amüsieren versuchte, wie er neunhundert Dollar in einer einzigen Nacht beim Pokern verloren hatte. Er war in seinen Siebzigern, sprach fehlerloses Englisch und rühmte sich seines Ansehens als Kronanwalt. Dann rief er mir ein Taxi, und ich fuhr ins Krankenhaus.

Es war erheblich größer und nicht so überfüllt wie die Häuser in Galle. Die Ärztin – eine kultiviert aussehende Dame in einem eleganten Sari – flößte mir sofort Vertrauen ein. Obwohl sie glaubte, dass der Knoten untypisch für Krebs sei, empfahl sie mir in Anbetracht meiner Krankengeschichte eine Lumpektomie, die mich für den Rest der Reise von allen Sorgen befreien würde. Und obwohl ich nur für eine Biopsie und eine Mammographie gekommen war, stimmte ich der Operation zu, die in zwei Tagen stattfinden sollte.

Ich kehrte zum Haus des Anwalts zurück. Ich fühlte mich unsicher, weil er mich weder deutlich willkommen geheißen noch erwähnt hatte, dass ich bei ihm wohnen sollte. Wieder wurde ich in den kleinen Garten geführt, und wieder hörte ich ihm zu. Im Haus richtete man eine große Tafel her, aber nichts deutete darauf hin, dass ich eingeladen war.

Er stellte mich auch nicht seiner Tochter vor, die ungefähr in meinem Alter war, und auch nicht seiner Frau, als sie durch ein Nebenzimmer ging. Ich hörte ihrem Smalltalk zu. Schließlich fragte mich die Tochter, wo ich wohnen würde.

»Das weiß ich noch nicht«, antwortete ich.

Der Anwalt holte ein Telefonbuch und suchte die Nummer eines Fünf-Sterne-Hotels heraus. Obwohl ich mir eine solche Ausgabe nicht leisten konnte, stimmte ich zu, als er fragte, ob einer seiner Diener mich dorthin fahren sollte. Ich wollte nur dieses Haus verlassen.

Der Fahrer setzte mich in dem Hotel ab, das nicht nur teuer, sondern auch ausgebucht war. Die Sonne verschwand am Horizont, als ich wieder auf die Straße trat und mir ein *tuk-tuk* heranwinkte. Ich nannte dem Fahrer einen Stadtteil als Ziel, den mein Reiseführer wegen seiner preiswerten Übernachtungsmöglichkeiten empfahl. Alles, was ich wollte, war ein sicherer Platz zum Schlafen.

Nach zwei vergeblichen Versuchen fand ich ein kleines Gästehaus. Kaum hatte ich gezahlt, brach ich auf meinem Bett zusammen, und dann sah ich die Flecken an der Wand um mich herum. Es handelte sich um lebhafte dunkle Handabdrücke, von denen viele fünf gespreizte Finger zeigten. Noch mehr erstaunten mich die deutlichen schwarzen Fußspuren, von denen manche die halbe Wand hoch liefen. Im Großen und Ganzen wirkte das Zimmer wie eine veritable Mördergrube.

Das Hotel stellte auch keine Leintücher zum Zudecken zur Verfügung. Also zog ich das untere Laken von dem überzähligen Bett ab und brachte eine ganze Palette dunkler Flecken auf der Matratze zum Vorschein. Zusammen mit der Wandgestaltung ergab sich eine Art Rorschachtest für meinen Geisteszustand, während ich in einem schmuddeligen Hotel in einer Großstadt in einem fremden Land, das vom Bürgerkrieg geschüttelt wurde, auf die Operation wartete.

In Colombo waren die Zeichen nicht zu übersehen: Militärpolizei stand an jeder oder zumindest an jeder zweiten Straßenecke, sie patrouillierten mit automatischen Waffen durch die Stadt und stoppten Autos, um sie zu kontrollieren. Immer wenn ich in ein Taxi stieg, wurde ich für mindestens eine Kontrolle aus dem Verkehr gezogen.

Am nächsten Morgen suchte ich ein Internet Café zum Frühstücken, fand aber keines in akzeptabler Entfernung. Das Hotel behauptete auf seinem Schild, über ein Restaurant zu verfügen, aber das stimmte nicht. Also besorgte ich mir eine kleine Packung Arrowroot-Kekse und H-Milch und bummelte über eine von Colombos Hauptstraßen. Ich bestaunte eine Gruppe von acht kleinen Ziegen, die vor einem Restaurant herumliefen und darauf warteten, dass sie die Straße überqueren konnten. Ich sah Straßenhändler und Bettler, Kirchen und Tempel und riss viele Meilen auf meinen lädierten, alten Sandalen herunter. Fast die ganzen zwei nächsten Tage wanderte ich so umher. Es gab eine Menge Lokalitäten, die einen Internetzugang versprachen, aber ich ging meilenweit und hatte nicht weniger als fünf Fehlversuche, bis ich endlich auf eine wirklich vielversprechende Örtlichkeit stieß. Auf mehreren Computern prangte das Schild »Außer Betrieb«, und frustrierenderweise kannte das Personal das Zugangspasswort für die beiden funktionierenden Computer nicht.

»Kennen Sie es denn nicht?«, flehte mich der Mann an.

Da ich während meines Aufenthalts kein Restaurant fand, das morgens etwas anderes zu essen anbot als Curryhuhn oder Fisch, verzichtete ich auf das Frühstück – und auch auf das Abendessen, wie sich bald herausstellte. Ich begnügte mich mit Orangen und Arrowroot-Keksen, die ich lieber auf meiner schrecklichen Matratze sitzend verzehrte, als nach Einbruch der Dunkelheit allein durch die Straßen zu wandern. Ich sprach fast mit niemandem. Abends, wenn ich hungrig unter meinem Moskitonetz im Bett lag und auf die Fußabdrücke starrte, vermisste ich meine vier Männer sehr. Ich konnte mit Herbert nur über das Internet Kontakt aufnehmen, sodass ich immer einen Tag im Rückstand war. Herbert ärgerte sich über sich selbst, dass er mich allein hatte gehen lassen. Es lief nicht so, wie wir uns das vorgestellt hatten.

Meine Operation fand dann gegen sechs Uhr abends statt. Ich hatte keine so perfekte Ausstattung erwartet: einen sterilen Operationssaal, mehrere OP-Schwestern und zwei Chirurgen. Ich zitterte ein wenig unter dem überwältigenden Gefühl, dass es sich hier um eine richtige Operation handelte und nicht um ein kleines Schnippschnapp in einem Untersuchungszimmer. Die Chirurgin stocherte lange herum und fischte am Ende sogar zwei Tumoren heraus.

Nachdem ich mein Krankenhaushemd wieder durch meine eigenen Kleider ersetzt hatte, kehrte ich in das Zimmer zurück, in dem ich zu Beginn auf einer hölzernen Schulbank gewartet hatte. Dort saß bereits eine alte Dame in einem dieser Krankenhaushemden und mit einem idiotischen Papierhut auf dem Kopf, die ihre Papiere umklammert hielt, als wäre sie schon an der Reihe gewesen. Sie trug dieselben albernen Plastik-Flip-Flops mit knalligen Plastikblumen garniert, wie sie auch zu meinem Hospitaloutfit gehört hatten. Wir befanden uns in einer Art Mehrzweckraum, mit Schwestern, die hin und her eilten, drei Schreibtischen, die über und über mit Papieren bedeckt waren, und einem Arzt mit einer Gesichtsmaske, der hin und wieder auftauchte. Wir beiden Patientinnen saßen verlegen da und fühlten uns wie Eindringlinge in dieser geschäftigen Welt.

Auf einem Schreibtisch stand ein Plastikgefäß, das die extrahierten Körperteile eines Patienten enthielt: längliche, bohnenfarbene Knötchen in einer Formaldehydlösung. Während ich wartete mit einem Pochen in der Brust, nachdem sich die Narkose verflüchtigt hatte – konnte ich meine Augen nicht von diesem Gefäß lösen und dachte darüber nach, wessen Knötchen das wohl waren und warum sie hier, unbeachtet, mitten in diesem Durcheinander herumstanden.

Dann stellte eine Schwester dort ein zweites Gefäß ab. Die Papiere, die sie daneben legte, waren meine. Plötzlich verstand ich, dass die Körperteile in dem zweiten Gefäß meine waren, zwei kleine weißliche Polypen in der Größe von Murmeln. Jeder war mit einem schrecklichen langen schwarzen Streifen durchzogen. Ich starrte darauf mit einer makabren Faszination.

Dann zahlte ich hundertfünfzig Dollar für die Operation, und die Schwester überreichte mir sowohl meine Akte als auch das Gefäß und sagte mir, dass ich nun damit ein Labor aufsuchen müsste. Fünfzehn Minuten lang umrundete ich das Krankenhaus, stieg die Treppen hinauf und hinunter, irrte durch ein Labyrinth von Fluren und fand das Ziel nicht. Als ich endlich doch noch vor dem Labor stand, schickten sie mich zurück zur Kasse, ein Stockwerk tiefer, wo ich für die Tests Vorkasse leisten musste.

Während ich durch diese schmuddeligen Korridore wanderte, mit den eigenen kleinen Kügelchen, die im Gefäß herumkollerten, in der Hand, kam mir der Gedanke, dass ich eine Menge zartbesaitete Menschen kannte, die umgekippt wären, wenn man sie so mit ihren eigenen Innereien konfrontiert und sie dann – noch schlimmer – aufgefordert hätte, damit durch das ganze Krankenhaus zu ziehen. In mir stieg Galgenhumor auf. Ich malte mir aus, wie Amputierte mit ihrem abgetrennten Bein über der Schulter herumhüpften, um wie ich das Labor zu suchen, aber niemals ankamen.

Das Labor war gerammelt voll; es gab nur ein paar Patienten, aber sehr viel Personal, wobei sich die Verwaltungsangestellten die Schreibtische mit den Laboranten teilen mussten. Es gab aber nur für die Hälfte Stühle. Keine einzige Schreibtischplatte war unter dem Wust von Papieren und Gewebeproben sichtbar, die sich in verschiedenen Stadien der Untersuchung befanden. Am liebsten hätte ich laut geschrien und wäre dann davongelaufen. Aber stattdessen übergab ich das Gefäß und begab mich dann zur Apotheke, um mein Rezept für ein Schmerzmittel einzulösen.

Dort musste ich wieder in einer langen Schlange warten. Wann immer noch jemand eintrat, wurde ich zur Seite gerempelt und so allmählich immer mehr in den Hintergrund geschubst. Unter anderen Umständen hätte ich mich sicherlich besser gehalten, aber, frisch operiert und todmüde, war ich ziemlich wehrlos. Schließlich ließ ich das Rezept in meiner Tasche verschwinden und ging einfach weg. Draußen suchte ich nach einem *tuk-tuk*, das mich in mein Hotel bringen sollte, ungeachtet der Flecken und Fußspuren in meinem Zimmer.

Auf dem Weg reagierte mein malträtierter Körper auf jedes Schlagloch und jeden Schlenker. Nach Einbruch der Dunkelheit sieht Colombo ganz anders aus als tagsüber, irgendwie bedrohlich, fand ich. Der Fahrer wählte einen Weg, den ich nicht kannte, durch enge, kleine Gässchen in einem Wohngebiet. Ich fühlte mich sehr verletzlich und allein, kramte in meiner Tasche nach dem Pfefferspray und verstaute es griffbereit.

Im Hotel flog ich geradezu in mein Zimmer und schlief wie ein Stein bis zum Morgengrauen, als die vorbeifahrenden Fischverkäufer ihre fröhlichen Morgengesänge anstimmten: »*All-lo! All-lo!*« Ich wollte eigentlich an diesem Morgen in den Zug nach Galle steigen, aber in mir befanden sich noch die Plastikröhrchen der Drainage, welche die Chirurgen gegen etwaige innere Blutungen gelegt hatten. So war ich gezwungen, noch einen weiteren Tag zu bleiben. Ich hatte kein gutes Gefühl, denn Herbert würde sich im Laufe des Tages immer schlimmere Sorgen machen, wenn ich nicht, wie verabredet, eintraf. Schließlich, das wusste ich, würde er sich ins Dingi schwingen, um nachzuschauen, ob in der Stadt eine E-Mail von mir eingegangen war.

Ich war innerlich total auf die Abreise an diesem Tag fixiert, und deshalb ärgerte ich mich wirklich über den mehrere Meilen langen, mühseligen Marsch zum Internet Café. Ich brauchte einfach ein Frühstück mit Schinken, Eiern und gebratenen Leckereien, stattdessen musste ich mich aber wieder mit drögen Arrowroot-Keksen begnügen. In Sri Lanka gibt es wirklich hervorragende Kekse, aber ich hatte sie jetzt ziemlich satt. Die Laufereien und die Eine-Mahlzeit-pro-Tag-Kur hatten mich in den vier Tagen merklich dünner werden lassen.

Am Abend fuhr ich zum letzten Mal ins Hospital. Ich stand in mehreren Schlangen, suchte zweimal die Kasse auf, ging in die Apotheke und wieder hinaus, ohne mein neues Rezept, und war eine freie Frau. Früh am nächsten Morgen bestieg ich den Rumpelbus für die dreistündige Fahrt nach Galle. Und die engen Straßen, die Kühe auf der Fahrbahn, die Schuhmacher, die aufgereiht unter Sonnenschirmen saßen, die Ananasverkäufer hinter ihren aufgeschichteten Waren, ja sogar die Soldaten am Checkpoint im Hafen kamen mir nun ganz vertraut und freundlich vor.

Es machte keinen Sinn, unser Auslaufen weiter zu verschieben, um auf die Laborergebnisse zu warten. Das konnte eine Woche oder länger dauern. Natürlich aber wäre bei einer unerfreulichen Diagnose unser Törn zu Ende gewesen. Wir vereinbarten, dass wir die Ergebnisse per E-Mail erhalten sollten, und bereiteten auf dem Boot alles für den Schlag nach Afrika vor.

Einen Tag reservierten wir noch für Ekkas Einladung bei den Schwiegereltern auf dem Land. Ekka und seine Frau waren uns täglich mehr ans Herz gewachsen, ein Licht in der Dunkelheit dieser problematischen Tage, das wir so dringend gebraucht hatten. Dieser wunderbare *tuk-tuk*-Fahrer Ekka in seiner kleinen Hütte voller Warmherzigkeit und Liebe gewann haushoch im Vergleich mit diesem eingebildeten und mit sich selbst beschäftigten Anwalt in seinem unterkühlten Anwesen. Später erfuhren wir noch, dass Ekka und seine Frau einmal im Monat ein Waisenhaus aufsuchten, um Spenden für die Kinder abzuliefern. Mich beeindruckt so etwas wesentlich mehr, als der Verlust von neunhundert Dollar beim Poker. Beim Abschied hatten Ekka und ich Tränen in den Augen.

18
Letzter Platz bei der Fischer-Olympiade auf Chagos

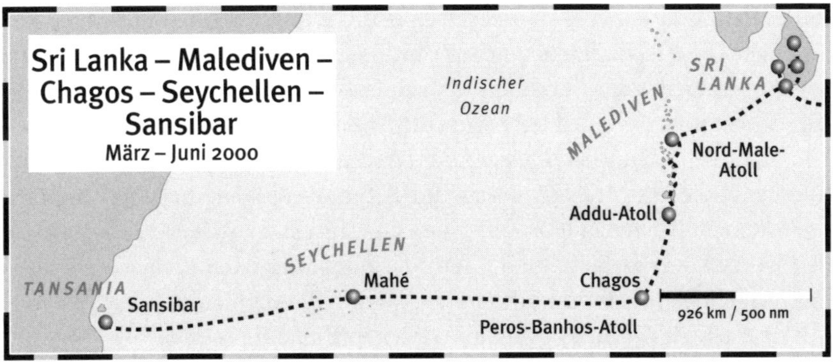

Auf unserem Schlag mit Ziel Malediven hatte Christopher darum gebeten, ebenfalls offiziell in das Wachsystem einbezogen zu werden. Also bekam er die Morgenwache von acht bis neun Uhr zugeteilt, unter Beaufsichtigung. Das Privileg solcher Verantwortung ließ unseren Achtjährigen mit vor Stolz geschwellter Brust aufblühen, als er die erste Wache übernahm.

Nach drei Tagen auf See sichteten wir die Malediven. Sie tauchten als rauchblaue Flecken am Horizont auf, sodass wir erst glaubten, es handele sich um Schiffe in der Ferne. Dann machten wir Palmen aus auf diesen Inseln, die kaum mehr als einen oder zwei Meter über dem Meeresspiegel erreichten und deshalb verborgen blieben, bis wir fast schon aufliefen. Die früheren Seeleute entdeckten sie oft zu spät, weshalb die spektakulären azurblauen Gewässer mit Schiffwracks gespickt sind. Sollte sich im Laufe der globalen Erwärmung der Meeresspiegel heben, werden die Malediven verschwinden.

Wir hatten primitive Inseln erwartet und waren deshalb sehr erstaunt über die mächtigen Gebäude von Male, einer Stadt mit 65 000 Einwohnern. Es gab vier- bis fünfstöckige Häuser, die brandneu und in den vollen Farben der Korallen angestrichen waren, auf denen diese Inseln aufsitzen: rosa, aquamarinblau, weiß und gelb. Die goldene Kuppel der Moschee leuchtete hell in der Nachmittagssonne.

Male ist eine sehr pittoreske Stadt mit ziemlich ähnlich aussehenden, engen, gepflasterten Gässchen und Gebäuden aus Korallensteinen. Die farbenprächtige Architektur, das quirlige Leben und die Amtssprache Divehi, die nur hier gesprochen wird, liefern das Drehbuch für diese Stadt und den sehr angenehmen, exotischen Eindruck. Wir brachen mittags auf, um Male zu erforschen, und lauschten entzückt dem Ruf des Muezzin zum Gebet, der durch die Gassen schallte und in uns Fantasien in Richtung des noch weit entfernten Arabien wach werden ließ. Dann beobachteten wir erstaunt, wie vor den Geschäften die Rollläden herunter gingen, die Türen zugesperrt wurden und überall der Hinweis *Während der Gebetszeit geschlossen* auftauchte. Die Männer eilten zur Moschee, wo sie ihre Schuhe auszogen, ihre Füße sorgfältig in kleinen Bächen und Brunnen wuschen, die extra zu diesem Zweck angelegt worden waren, dann eine Kopfbedeckung aufsetzten und sich auf den Fußboden in dem schönen luftdurchwehten Inneren knieten.

Wir mussten für unsere nachmittäglichen Einkäufe immer diese Gebetszeiten einkalkulieren, wollten wir nicht aus einem Geschäft hinaus komplimentiert werden, weil der Inhaber zur Moschee eilen musste. Da fast alles zwischen zwölf Uhr und fünfzehn Uhr dreißig rund um diese halbstündigen Gebetsphasen geschlossen wurde, blieb uns nichts anderes übrig, als zu warten, bis die Männer wieder in umgekehrter Richtung durch die Straßen eilten und ihre Geschäfte wieder öffneten. Obwohl wir das in gewisser Weise lästig fanden, bewunderten wir doch die tiefe Ergebenheit der Malediver an ihren Glauben.

»Es sieht so aus, als ob Muslime sich erheblich tiefer in ihre Religion ergeben als Christen«, beobachtete Michael.

Die Malediver schenkten uns die Pause, die wir dringend brauchten. Sri Lanka und die Schwierigkeiten dort waren uns nicht gut bekommen, wir waren griesgrämig und litten unter Heimweh, hatten die extreme Hitze satt und das ewige Rollen des Bootes, waren drei Monate lang nicht in den Genuss eines ruhigen Ankerplatzes und tiefen nächtlichen Schlafes gekommen. Die Termine für die Laborergebnisse waren zweimal verstrichen. Erst am Morgen unserer Ankunft auf den Malediven traf die E-Mail ein, die wir so dringend erwartet hatten. Die Testergebnisse waren eindeutig: Es gab keinerlei Anzeichen von Krebs.

*

Manchmal merkt man erst, wenn sich die Wolken verzogen haben und die Sonne wieder scheint, wie schwer sie auf einem lasteten. Wir hatten also einen wunderschönen Tag, gingen ankerauf und nahmen Kurs auf eine kleine Insel in der Ferne, unser eigenes kleines Paradies.

Wir entschlossen uns zum Inselhüpfen, wollten jeden Tag zwanzig oder dreißig Meilen segeln, nachmittags eine Schwimmstunde einlegen und dann zu Abend essen und den nächtlichen Schlaf genießen. Um das südlichste Atoll auf diese Weise zu erreichen, veranschlagten wir zehn bis fünfzehn Tage, aber es war so schön, dass wir uns einfach viel Zeit ließen. Also steckten wir eine Route ab, die wir untereinander aushandelten. Christopher hatte sich freiwillig für die Aufgabe zur Verfügung gestellt, in unseren schwarz-weiß-kopierten Karten die wichtigsten Riffe und Untiefen farbig zu markieren, eine unerlässliche Aufgabe, die er mit peinlicher Genauigkeit hervorragend ausführte. Michael kletterte in den Mast und lotste uns von seinem Platz an der Saling aus, Jonathan stand am Bug oder am GPS und sang die jeweilige Position für den Captain aus, der am Ruder stand, während ich vom Vordeck aus dafür Sorge trug, dass die Kommunikation unter der Mannschaft auch tatsächlich funktionierte. An den Ankerplätzen genossen wir das Schnorcheln und äußerten immer wieder Bewunderung für diese einzigartige Unterwasserwelt.

Beim Mulaku-Atoll ankerten wir vor einem kleinen Dorf. Es schien ein glücklicher Ort zu sein, Kinder spielten am Strand, und die Luft war erfüllt vom Lachen. Wir hatten uns in der Zwischenzeit daran gewöhnt, wohin immer wir kamen, zum Objekt freundlicher Neugierde zu werden, aber auf den enthusiastischen Empfang hier waren wir nicht vorbereitet. Hier hatte man kaum je ein weißes Gesicht gesehen. Jeder Kopf drehte sich neugierig in unsere Richtung, und jeder Blick von uns wurde mit einem strahlenden Lächeln beantwortet.

Die Kinder reagierten am überraschendsten, sie lachten und machten uns den Weg frei, als wären wir Wesen von einem fremden Stern: seltsam und niedlich, aber doch von so anderer Gestalt, dass sie sich ein bisschen fürchteten. Die Jungen im Schulalter lachten offen, die Mädchen hinter vorgehaltener Hand, mit scheuen Seitenblicken, wenn sie glaubten, wir würden nicht hinschauen, und sie brachen immer wieder in lautes Gelächter aus, wenn sich unsere Blicke trafen. Die kleineren Kinder versteckten sich hinter den Häusern, wenn wir in ihre Richtung schauten, und folgten uns tapfer, sobald wir ihnen den Rücken zudrehten. Sobald wir uns umdrehten, rannten sie davon und schüttelten sich vor Lachen. Schließlich erfanden wir ein Spiel, indem wir uns hinter die nächste Ecke duckten und mit einem lauten Schrei hervorsprangen, woraufhin sie sich unter lautem Giggeln in alle Winde verstreuten.

Dann kamen wir nach Addu, das letzte Atoll in der Kette. Wie überall auf den Malediven war die ganze Insel von untadeliger Ordentlichkeit, und die Bewohner lächelten, als warteten sie auf eine Inspektion Ihrer Majestät, die niemals kam.

Auf Addu hatten wir zwei Dinge zu erledigen. Zunächst mussten wir unsere Vorräte ergänzen, ehe wir nach Chagos ausliefen, ein unbewohntes Archipel, ungefähr fünfhundert Kilometer in Richtung Süden. Wir wollten mehrere Wochen dort bleiben, auf das Einsetzen des Monsuns warten und auf die Passatwinde für unseren weiteren Törn nach Afrika.

Auch zu den besten Jahreszeiten gibt es nicht viele frische Lebensmittel auf den Malediven; dort wächst kaum etwas anderes als Bananen und Papayas. Wir hatten unser Bestes in Male versucht, um unsere Vorräte zu ergänzen, aber als wir später Addu erreichten, waren wir ganz ausgehungert nach frischem Obst. Dort hatte jeder einen Obstgarten, in dem wuchs, was sein Besitzer gern haben wollte, und so erledigten wir die Einkäufe, indem wir von Haus zu Haus gingen und das erwarben, was in dem jeweiligen Garten zur Verfügung stand. Diese Methode kostete etwas mehr Zeit als ein Besuch im Supermarkt, hatte aber eine Menge soziale Vorteile.

Als Zweites mussten wir Jonathans zwölften Geburtstag vorbereiten. Wochenlang hatten wir ihn immer wieder damit auf den Arm genommen, dass wir ihm weiszumachen versuchten, es gäbe in diesem Jahr keine Geschenke. Das war nicht so absonderlich, wie es jetzt klingt, schließlich hatten wir uns monatelang in Gegenden aufgehalten, wo es kein einziges vernünftiges Geschäft gab. Aber während unseres Überlandtrips in Sri Lanka hatte jeder von uns ein Souvenir für Jon erstanden: Herbert und ich hatten einen Messingdolch gekauft, Michael eine geschnitzte Maske und Christopher eine bemalte Trommel. Als nun der Geburtstag gekommen war, hatten wir ihn so erstklassig auf die Enttäuschung vorbereitet, dass er wirklich mit einem simplen 4-Dollar-Päckchen Magic Cards zufrieden gewesen wäre.

Am Abend vor dem großen Tag gingen wir zu den üblichen Zeiten zu Bett, und als wir alle eine halbe Stunde nach Mitternacht tief schliefen, hatten wir nicht die geringsten Skrupel wegen des Tricks, den wir für unseren kleinen, nichts ahnenden Jungen vorbereitet hatten. Bald würde sich alles in Wohlgefallen auflösen.

Dann riss mich etwas aus meinem Tiefschlaf. Es war dunkel, mitten in der Nacht, und draußen ertönte Krawall. Ich hörte männliche Stimmen, rüttelte Herbert wach, kletterte über ihn weg und taumelte zum Hauptluk. Aufs Höchste alarmiert, bemerkte ich Männer in unserem Cockpit, und das waren keine Yachties. Ein dunkles Gesicht mit einem schwarzen Schnurrbart starrte zu uns herunter, der Mann hielt eine Taschenlampe in der Hand. Hinter ihm sah ich die Umrisse von weiteren vier, größeren, dunkelhäutigen Fremden. Ich konnte kein Wort von dem verstehen, was sie einander zumurmelten. Die Männer rückten etwas näher zusammen, als sie mich den Niedergang heraufkommen sahen. Als ich oben war, sah ich, dass der mit der Taschenlampe noch etwas Langes und Röhrenförmiges in der anderen Hand hatte. Ein Zweiter hielt etwas Flaches, Rundes, das seltsam glänzte. Die Männer waren groß, muskulös und Malediver, trugen T-Shirts und Jeans, und ich kannte keinen von ihnen.

»Was ist denn hier los?«, fragte ich mit krächzender, schlaftrunkener Stimme.

»Überraschung!«, schrien sie. »Dies ist eine Geburtstagsüberraschung!«

Ich schüttelte den Kopf, während Herbert hinter mir auftauchte und unsere Begriffsstutzigkeit sich langsam verflüchtigte. Was die Männer in ihren Händen hielten – das waren Geschenke. Auf ihren Gesichtern stand ein breites Lachen.

»Wir wissen, dass euer Sohn heute Geburtstag hat«, erläuterte der Mann mit der Taschenlampe. »Wir sind von der Küstenwache, und einem von uns ist das Datum in den Pässen aufgefallen, als ihr angekommen seid. Wir haben einen Kuchen für ihn gebacken.«

Herbert und ich fingen an zu lachen. Das war wirklich eine gelungene Überraschung. Nur auf den Malediven brechen mehrere Fremde nachts in das Heim von jemanden ein, um ihm zum Geburtstag zu gratulieren. Während Herbert sich im Cockpit um unsere Gäste kümmerte, eilte ich nach unten, um das Geburtstagskind wachzurütteln.

»Wach auf, Jon!«, sagte ich lachend. »Da ist eine Schar Geburtstagsgäste für dich angekommen, die dir eine Überraschungsparty bieten wollen.«

Jonathan kroch aus der Koje, verschwitzt und zerzaust und kaum in der Lage zu verstehen, dass fünf erwachsene Männer zur NORTHERN MAGIC gekommen waren, um ihm mitten in der Nacht zum Geburtstag zu gratulieren. Ich war in der Zwischenzeit ziemlich wach, konnte es aber selbst kaum glauben. Jon fehlten zunächst die Worte, er saß nur voller Erstaunen da, während ihm die fünf Männer, die bis auf einen Offiziere der Küstenwache waren, fröhlich die Geschenke überreichten: einen pinkfarbenen, auf ihrem Schiff, das in der Nähe Anker geworfen hatte, selbst gebackenen Geburtstagskuchen und eine Flasche Fruchtsaft, beides in Metallicgeschenkpapier. Die Komik der Situation ließ mich alle paar Minuten wieder in Gelächter ausbrechen. Wir hatten keinen der Männer je vorher gesehen, nur den netten jungen Immigration Officer, der am Tag unserer Ankunft aufs Boot gekommen war und der für die Überraschung verantwortlich zeichnete.

»Aber warum seid ihr mitten in der Nacht gekommen?«, fragte ich Captain Hassan.

»Weil es eine wirkliche Überraschung werden sollte«, antwortete er grinsend.

»Das ist euch gelungen«, nickte ich und fragte mich, ob ihm klar war, dass auf vielen Booten und an vielen Orten diese Form der Überraschung vor Gewehrläufen ihr Ende gefunden hätte. Aber wir hatten wieder etwas von den friedlichen und großzügigen Malediviern gelernt, die wahrscheinlich niemals eine solche Alternative auch nur in Erwägung zogen.

Jon erwachte am Morgen mit einem Grinsen im Gesicht und konnte es kaum erwarten, seinen Brüdern von der nächtlichen Überraschung zu erzählen. Die staunten nicht schlecht, es war ja auch wie ein seltsamer, doch sehr vergnüglicher Traum. Den ganzen Tag lang kicherte ich immer wieder los. Am Abend, nachdem der traditionelle Käsekuchen verzehrt war, sagte ich meinem Geburtstagskind: »Ist es nicht toll, dass die Küstenwache Geschenke geliefert hat, wenn wir schon in diesem Jahr nichts für dich finden konnten?«

»Warum schaust du nicht noch einmal nach, Mom?«, fragte Herbert. »Ich glaube, es gibt doch eine Kleinigkeit.«

»Natürlich, die Magic Cards«, antwortete ich, spurtete los und kehrte mit einem schmalen Päckchen mit fünfzehn Karten zurück – einem wirklich alten Spiel, das nicht sehr aktuell war. Jon packte aus und brachte es fertig, in Entzückungsschreie über das einzige Geschenk auszubrechen, das ja doch sehr schmuck war. Er gab jedem von uns einen dicken Schmatz und versicherte, dass es viel besser als nichts sei. Er ist eben ein wunderbarer Junge, mein Jon ...

»Ach ja«, sagte ich schließlich. »Ich hab's ja ganz vergessen, da war doch noch was ...«

Später, als er mit dem Auspacken fertig war, fragte ich meinen freudig strahlenden Sohn, ob er wirklich geglaubt habe, dass wir vergessen hätten, Geschenke für ihn zu besorgen.

»Ich war nicht sicher«, sagte er, »je öfter ihr darüber geredet habt, desto mehr habe ich euch geglaubt. Außerdem konnte ich mir nicht vorstellen, wo ihr die Geschenke hättet kaufen können. Aber jetzt weiß ich natürlich, warum ihr mich in Sri Lanka immer weggezogen habt, wenn ich etwas gesehen habe, das mir gefallen hat.«

Aber im Endeffekt waren es doch die fünf Mitternachtsgratulanten, die den meisten Eindruck gemacht haben.

*

Ein paar Tage später brachen wir nach Chagos auf, die Passage war rau, und wir kämpften gegen Wind und Strom. Nach vier Tagen auf See kamen wir ziemlich lädiert und todmüde an, die Bücher, das ganze Spielzeug und die Küchengeräte hatten ihren Weg aus den Schapps von selbst nach draußen gefunden und lagen auf dem Boden im Salon.

Wir ankerten in unglaublich blauem Wasser an einem Ort, der auf unserer Karte nicht mehr als ein Apostroph mitten im Indischen Ozean war, ein so kleines Fleckchen, dass es auf den meisten Weltkarten nicht einmal eingetragen ist. Dort trafen wir auf andere Segler. Wir entdeckten eine ganz neue Art von überkommenen Hippies, die nur deshalb Kurs auf Chagos genommen hatten, weil hier der Lebensunterhalt sehr billig kam. Sie segelten Jahrzehnte lang zwischen Malaysia und Afrika hin und her und blieben hier drei, fünf, sieben Monate lang, ohne Einheimische, und ernährten sich hauptsächlich von Kokosnüssen, Brotfrucht und natürlich Fisch. Sie lebten so, seit sie erwachsen waren, unterbrachen diese Form der Existenz nur, wenn sie von Zeit zu Zeit Jobs annahmen, verdienten ein paar Dollar und hatten dann wieder eine Basis, um dieses Leben wieder ein oder zwei Jahre fortzusetzen. Alle hatten eine Lederhaut bekommen, und die Männer trugen lange Bärte, aßen selbst gemachtes Müsli zum Frühstück und schluck-ten selbst gebrautes Bier und Wein schon am Nachmittag. Die Kinder waren mit Namen wie »Ozean« und »Wald« gesegnet, und an Bord lebten viele völlig ohne Kleider.

Wir trafen auf zwei ältere Amerikaner mit zwei jungen Lebensgefährtinnen, eine stammte von den San Blas Islands in Panama und die andere aus Thailand. Diese langhaarigen, dunkelhäutigen Schönheiten wurden hauptsächlich für ihre tropischen Fertigkeiten bewundert. Tagsüber sah man sie zwischen halbstabilen Camps, die sie genial am Strand aufgebaut hatten, mit Tischen aus Bambus und handgeflochtenen Matten aus Palmwedeln, einer Schaukel, die von den Bäumen hing, und den leeren Schalen von Trinkkokosnüssen, die überall herumlagen. Während einer Strandparty trugen sie sogar handgeflochtene Hüte.

Außerdem gab es noch zwei britische Paare, die alle Verbindungen nach zu Hause abgebrochen hatten. Das eine Paar hatte drei ältere Söhne, die lange Haare trugen, ihre Zeit hauptsächlich beim Surfen herumbrachten und keinen Gedanken an eine Schulausbildung verschwendeten. Das zweite Paar bestand aus einer hübschen Dreißigjährigen und einem Ehemann mit schlechten Zähnen. Er erzählte mir, dass sie in England noch über Besitz verfügten, aber die Mieter seien vor einem Jahr ausgezogen, und sie hätten sich noch nicht um eine Weitervermietung gekümmert. Möglicherweise sei das Haus in der Zwischenzeit besetzt worden, aber sie wussten es nicht und kümmerten sich auch nicht darum. Im letzten Jahr waren sie mit einem Motordefekt und nicht mehr als zwanzig Dollar in Tansania angekommen. Ich konnte mich nicht entscheiden, ob ich das ernst nehmen sollte, aber sie behaupteten, dass sie im Jahr nicht mehr als tausend Dollar für ihr Auskommen bräuchten. Das entsprach in etwa meinem Jahresbudget für Schokolade.

Die Familie mit den Kindern sprach sehr abfällig über die Verwandten zu Hause, die sich um Dinge wie Ersparnisse und Renten sorgten.

»Ich halte Renten für nichts als eine Ladung Müll«, sagte der Ehemann heftig. »Zugegeben, wenn wir erst mal alt sind, werden wir wahrscheinlich auf der Straße leben«, ergänzte seine Frau kichernd.

Am nächsten befreundeten wir uns mit einem amerikanischen Paar, das wir schon in Sri Lanka kennen gelernt hatten und dessen zwölfjähriger Sohn Falcon noch nie irgendwo anders als auf einem Boot gelebt hatte. Falcon und Jon verbrachten viel Zeit miteinander beim Schwimmen, und sie bauten geheime Baumhäuser. Falcon war ein fanatischer Fischer. Seine Mutter erzählte mir, dass er sich in den vergangenen zwei Tagen von gedörrtem Tunfisch ernährt hatte – zusätzlich zu den regulären Mahlzeiten, die aus Fisch und Reis bestanden.

Das interessanteste Boot aber war ein kleiner 26-Fußer, auf dem ein australisches Paar seit acht Jahren lebte. Das Boot verfügte nicht einmal über Stehhöhe für den Mann, der mittlerweile an Rückenproblemen litt. Sie hatten weder einen Herd noch eine Toilette (»Wir haben einen Eimer!«) und verwendeten ihre ganzen Energien darauf, Essbares zu sammeln und es auf einem Lagerfeuer am Strand zuzubereiten, seit sie für ihren einflammigen Campingkocher kein Benzin mehr hatten.

Zwischen diesen eklektischen Menschen waren wir langweilige, konventionelle Mittelklassetypen zu einem ketzerischen und schamhaften Eingeständnis gezwungen, das uns bei den übrigen ziemlich verdächtig aussehen ließ: Wir mochten keinen Fisch.

Dies war bisher nie von besonderer Bedeutung für uns gewesen. Auf Chagos jedoch stempelte uns die Tatsache, dass wir Fisch verschmähten, zu Außenseitern. Wir liefen Spießruten unter den Fragen, warum wir nicht fischten, warum wir keinen Fisch aßen, und was mit uns nicht stimmte, weil wir daran keinen Spaß fanden. Die ganze Existenz auf Chagos stand und fiel mit dem Fisch.

»Wir lieben das Fischen über alles«, erzählte uns Falcons langbärtiger Vater und schaute extrem zufrieden drein, während er sich in einem zerrissenen T-Shirt unter einer Palme räkelte. Dann erklärte er weitschweifig, wie er all die verschiedenen Fische zubereiten wollte, die er am Morgen gefangen hatte. »Ich weiß gar nicht, was wir lieber mögen: Fische essen oder Fische töten!«

Unser blutdürstiger Freund hatte an diesem Morgen einen besonders guten Fang gemacht, sodass der stolze Fischer am Abend ein allgemeines Barbecue am Strand veranstaltete, um mit der Beute zu renommieren. Es existierte eine Art Punktesystem, das wettbewerbsmäßig festlegte, wer das Barbecue ansagen durfte – eine Art Chagos-Olympiade mit den Disziplinen: über Fisch zu sprechen, ihn zu fangen, ihn zuzubereiten und wer am meisten essen konnte.

Als alle Athleten zur festgelegten Stunde am Strand versammelt waren, bliesen sich die Männer zum Start der olympischen Wettbewerbe auf und ließen ihre Muskeln spielen, seit undenklichen Zeiten ein übliches Ritual unter allen Jägern.

»Ich habe heute fünf Tunfische gefangen«, verkündete unser amerikanischer Freund voller Stolz. »Ich habe drei *rock cods*[1] herausgeholt«, hielt ein

[1] Kleine rötliche oder braune Fische (Anm. d. Ü.).

anderer dagegen. Und ein Dritter blies sich auf: »Mein *grounder*[2] hat fünfzehn Pfund auf die Waage gebracht!«

Herbert konnte mit seinem Beitrag wenig Staat machen: »Ich habe heute die Bilge gesäubert.«

Als Nächstes wurde von den Frauen eine Kavalkade Fisch präsentiert, und jede stellte ihre eigene Spezialität vor. Entscheidend waren nicht nur der Geschmack oder die fantasievolle Zubereitung, sondern auch die Länge. Herbert verweigerte sich diesem Schaukampf total, aber ich gab mein Bestes, zeigte mich interessiert an Fisch mit Tomatensauce, gebratenem Fisch, gegrilltem Fisch, getrocknetem Fisch und rohem Fisch ... Nein, an rohem Fisch vielleicht doch nicht. Ich mag Wettbewerbe, aber man kann die Dinge auch zu weit treiben.

»Ist es nicht wunderbar?«, fragten alle immer wieder voller Begeisterung und fischten sich ein weiteres Stück aus dem Bratfett. Man konnte förmlich zusehen, wie die jeweilige Punktezahl anstieg.

Ich nickte enthusiastisch, konnte aber die Juroren nicht täuschen. Es sah nicht gut aus für das Team der NORTHERN MAGIC. Wir waren überhaupt nur wegen Christopher noch im Rennen, der ein Stück nach dem anderen von dem in Kokosmilch marinierten Fisch hinunterschlang.

Ich hatte bereits aufgegeben. Der Mangel an weiterem frischem fischigem Rohmaterial zwang mich in andere Höhen. Schamlos hatte ich meine Kochbücher nach dem großen Wurf durchforstet – im übertragenen Sinn natürlich. Und nun stellte ich stolz meinen Beitrag vor: einen zweistöckigen Bananenkuchen mit echten Bananen zwischen den einzelnen Lagen (und dabei konnte ich praktischerweise unsere Restbestände aus dem Ast verarbeiten, den Addu uns geschenkt hatte und die alle siebzig zur gleichen Zeit reif geworden waren und bereits braune Flecken aufwiesen). »Oooohs« und »Aaaahs« ertönten, und ein Raunen lief durch die Menge. Frische Früchte! Die Juroren sahen sehr beeindruckt aus. Und der Kuchen verschwand wie Schnee in der Sonne; alle anderen hatten schon einen Monat lang keine Bananen mehr.

Mein Bananenbeitrag war natürlich ein kühner Schritt gewesen, und – leider – gewann das Mädchen aus Panama mit großem Vorsprung für ihre erschreckend aussehende Kollektion roter Fangarme, garniert mit einem Salat

---

[2] Eine Fischart, die hauptsächlich in den Gewässern um Neuseeland zu Hause ist (Anm. d. Ü.).

aus echten Palmenherzen, wobei sie die Palme eigenhändig ausgesucht und gefällt hatte.

Zwei Wochen nach unserer Ankunft auf Chagos zog eine Wetterfront durch, und als alles vorbei war, zeigten alle Boote mit dem Bug nach Süden. Die Passatwinde hatten eingesetzt.

Wir brachen zu unserem 1000-Meilen-Schlag mit Ziel Seychellen auf, nachdem wir in einem verlassenen Dorf noch unsere Wasservorräte aus einem aufgelassenen Brunnen ergänzt und uns eine letzte wunderbare kalte Dusche aus Kübeln gegönnt hatten. Wir waren bereit, wie man nur bereit sein kann: Zimtbrötchen waren gebacken, drei komplette Mahlzeiten warteten im Tiefkühler und Pizzastücke in der Kühlbox, das Boot war geschrubbt und gepönt.

Wir freuten uns sehr auf einen Stopp mit einem richtigen Lebensmittelgeschäft. Unsere vierzig Kilo Addu-Kartoffeln waren verfault, stanken und fanden nach und nach ihren Weg auf den Meeresgrund. Unser Mehl war aufgebraucht, und wir hatten nur noch etwas klumpiges Kenia-Mehl mit ziemlich strengem Geruch, das wir von den Australiern geschnorrt hatten. Tomaten, Äpfel, Orangen und Bananen waren natürlich aus. Butter, Käse und Haferflocken gingen zur Neige. Als wir tiefer in unsere Langzeitvorräte einstiegen, fanden wir heraus, dass viele Lebensmittel, auf die wir gezählt hatten, nicht mehr in einwandfreiem Zustand waren: australische Dosenfrüchte schmeckten sauer, abgepackte Nudeln zeigten einen Nachgeschmack, die H-Milch war geronnen und molkig. Und unsere allerletzten Tacos, die wir für eine besondere Gelegenheit aufgehoben hatten, waren verschimmelt. So hatten wir nur noch unsere geliebten frischen Karotten, die wir auf Addu aufgespürt hatten – ungefähr ein Kilo, nur ein ganz kleines bisschen schleimig und erst kurz davor auszutreiben.

Auf halber Strecke setzten wir den Spi, er zog uns mit vier Knoten gut voran, und das ewige Rollen hörte fast völlig auf. Dann erwischte uns eine Regenfront, und Wind kam auf. Obwohl Jonathan Wache hatte, blieben Herbert und ich an Deck und beobachteten voll Sorge, wie der Wind auf zehn Knoten zulegte. Das war nichts für unsere üblichen Dacronsegel, aber der leichte Nylon-Spi zog das 20-Tonnen-Boot hervorragend. Die NORTHERN MAGIC rauschte mit mehr als fünf Knoten durchs Wasser.

Herbert und ich kauten nervös auf der Unterlippe. Es war natürlich zu viel Wind für den Spi, aber andererseits würde der Wind in zirka zehn Minuten wieder auf die üblichen fünf bis maximal acht Knoten zurückfallen. Also holten wir den Spi erst mal ein, um ihn im richtigen Augenblick wieder zu setzen. Als wir ihn dann wieder fliegen ließen, beteten wir, dass alles gut gehen möge. Aber genau das ist das Problem: Wie soll man die Entscheidung treffen, dass es zu viel Wind ist, ehe es zu spät ist?

Und dann war es zu spät. Mit einem lauten Ratsch riss der Stoff von oben bis unten, als hätten ihn zwei lange Reißverschlüsse plötzlich geteilt. Von dem mehrere tausend Dollar teuren Segel blieben nichts als große Fetzen rotes Tuch, die im Wind auswehten.

Kommentarlos holten wir reuevoll die Überreste ein und setzten dafür Vor- und Großsegel, wodurch natürlich das ewige Rollen sofort wieder begann. Immer wieder drohte das Vorsegel gegen die Saling zu donnern, und wir mussten auch den Baum sichern, um zu verhindern, dass das Groß ständig von einer Seite auf die andere schlug.

»Glücklicherweise habt ihr noch Segel in Reserve«, antwortete mein Dad optimistisch per E-Mail, als wir ihn über das Ableben des Spis informierten.

Als hätte er damit das Schicksal herausgefordert, wurde am nächsten Tag das Großsegel von einer ähnlichen Pleite ereilt. Es riss aber nicht von oben nach unten, sondern zu drei Vierteln quer entlang einer Naht. Genauso plötzlich flatterte es in zwei Bahnen herum, die nur noch von den Lieks gehalten wurden.

»Nun, dann schlagt doch jetzt einfach eure Pyjamas an«, riet unser stets auf einen Ausweg bedachter Dad in seiner nächsten E-Mail, »nachdem ihr daraus ein neues Segel genäht habt. Aber verwendet nur die von Michael, Jonathan und Christopher und keinesfalls den Schlafanzug von Herbert, denn der Gedanke würde uns sehr missfallen, dass er mitten in der Nacht nackt übers Deck rennt.«

Ich musste Vater darauf hinweisen, dass ich als Einzige an Bord einen Pyjama trug und deshalb den Plan ablehnte.

Stattdessen kramte Herbert in unserer Segelkiste und förderte ein uraltes Großsegel zu Tage, das wir als eiserne Ration mit auf die Reise genommen hatten. Und dieses dreißig Jahre alte Tuch belohnte uns dann mit einem Knoten Geschwindigkeit extra. Es war aus sehr viel leichterem Material als unser Unglückssegel und kam deshalb viel besser mit den aktuellen Bedingungen zurecht. Es nahm mehr Wind auf, und als dieser achterlich einfiel, stand es recht stabil.

Während der nächsten Tage kam der Wind ständig aus Südost und nahm weiter zu, bis unsere Segel bauchig wurden und nicht mehr bei jedem Roller von einer Seite zur anderen schlugen. Wir machten Lage und schafften wieder beachtliche vier bis fünf Knoten. Als der Wind weiter zulegte, holten wir schließlich sogar das Groß ganz ein, um es nicht zu sehr zu strapazieren. Insgesamt war es eine schwierige Passage, physisch und psychisch belastend.

Gegen Ende klagten wir alle über schlaffe Beine. Die Oberkörper werden an Bord immer irgendwie trainiert; an Winschen und Schoten und indem man sich irgendwo abstützt oder festklammert. Das beste Trainingsgerät für die Armmuskeln ist zweifellos die Pumpe in der Toilette, die eine Energie verzehrende, wenn auch nicht amüsante Aktivität auslöst und die Christopher noch nicht allein bewältigte, weswegen es unverhältnismäßig oft Herbert oder mich traf.

Unter der Gürtellinie sah es lascher aus, sodass sich meine Beine bald wie an Marionettenfäden aufgehängt anfühlten, und meine mittlere Hälfte, als flatterten darin Hühner herum.

Während meiner letzten Wache trainierte ich nachts immer meinen Körper mit tiefen Kniebeugen, Rumpfbeugen oder Übungen für meine Unterschenkel, sobald ich den Horizont ausmachen konnte, um mich einerseits fit und andererseits wach zu halten. Das klingt nach keiner besonderen Leistung, aber auf einem Boot, das bockt und ständig überholt, braucht man ein zuverlässiges Körpergefühl und muss sich gut abstützen, um auch nur die einfachsten Übungen hinzubekommen. Abhängig von der Bewegung des Bootes, waren meine Übungen entweder ganz einfach oder fast unmöglich auszuführen, besonders wenn die Berg- und Talfahrten sich mitten in der Übung ins Gegenteil verkehrten.

Natürlich lagen wir insgesamt viel zu viel herum. Wenn man wegen des Rollens nicht mehr sitzen kann und sich mit beiden Armen abstützen muss, bleiben einem manchmal nur noch die Rückenlage und der Schlaf oder wenigstens der Versuch zu schlafen oder zu lesen.

Gemüt und Körper begannen zu rebellieren. Diese Passage schien nie mehr zu enden, und manchmal jammerten wir um die Dinge, die zu Hause selbstverständlich gewesen waren.

»Ich möchte einen Schoko-Karamel-Riegel«, träumte Michael.

»Und ich einen Schokoladen-Trüffel-Kuchen«, fügte ich mit einem wehmütigen Seufzer hinzu.

»Und ich will ein Spülklosett«, brummelte unser Skipper unzufrieden.

Als Michael und ich an unserem neunten Morgen auf See einander ablösten, entdeckte ich Aufregendes: Mahé erhob sich stolz am Horizont, umgeben von den vielen kleinen Inseln der Seychellen, doch ihre grünen Hügelspitzen hüllten sich in Dunst. Im Gegensatz zu den flachen Atollen der Malediven und Chagos handelte es sich hier um eine große gebirgige Insel mit steil abfallenden, schwarzen und braunen Felsen an ihren Flanken. Ich war ganz entzückt von diesem majestätischen Panorama. *Land in Sicht!*

Wir gingen an einem unerwartet florierenden Landstrich von Bord, der uns an die piekfeinen französischen Inseln der Karibik erinnerte. Blitzende weiße Häuser mit roten Dächern zogen sich an den Hängen der Hügel hinauf. Brunnen und Statuen und ein reich verzierter silberner Uhrturm beherrschten die geschäftige Stadt. Die Menschen hatten Handys und fuhren schöne Autos. Im Supermarkt erwarben wir Baguettes, Knoblauchsauce und Käse, und da unsere Seebeine dringend eine Pause brauchten, ließen wir uns auf einer Parkbank mitten in der lebhaften Geräuschkulisse für ein Festessen nieder. Wir genossen wie immer das Triumphgefühl, endlich angekommen zu sein – nur Herberts Blick hielt mich davon ab, den Boden unter meinen Füßen zu küssen.

Die Seychellen waren früher britische und französische Kolonien und sind heute farbenprächtige Melangen afrikanischer, asiatischer und europäischer kultureller Einflüsse. Die Mode war eindeutig französisch geprägt mit eleganten, schlanken, jungen Damen in Stöckelschuhen und körperbetonten Outfits neben kräftigen Afrikanerinnen mit breitkrempigen Hüten und geblümten Kleidern im Kolonialstil. Rasta-Beat lag in der Luft, und viele der Straßenhändler, die Muscheln, Schnitzereien aus Kokosnuss und uns unbekannte Früchte verkauften, trugen ihre unförmigen Lockenfrisuren unter voluminösen gestrickten Kopfbedeckungen.

Gesprochen wurde kreolisch, ein faszinierender Mischmasch aus afrikanischen Sprachen und Französisch, wobei die Seychellen tatsächlich dreisprachig sind und man überall mit Französisch oder Englisch durchkommt. Jeden Tag gingen die Kinder und ich in irgendein Museum und auf den Markt von Victoria; die täglichen Schularbeiten erledigten wir in der wunderschönen neuen Bibliothek.

Herbert war nicht ganz so glücklich. Wie immer war es seine Aufgabe, die NORTHERN MAGIC flott zu halten, und es sah so aus, als hätte die lange Passage das Boot ebenso mitgenommen wie uns. Unser armer Captain raufte sich die Haare, während er sich mit einer endlos scheinenden Reihe von kleineren Problemen herumzuschlagen hatte: ein Leck in der Propangasleitung, mehrere kleine Lecks in der Leitung für das Frischwasser, ein defekter Schalter bei der Wasserpumpe, ein defekter Tiefkühler, zwei nicht funktionierende CD-ROM-Laufwerke und so weiter.

Der arme Herbert arbeitete den größten Teil der Woche, um alles wieder zum Laufen zu bringen, und wechselte verzweifelt zwischen dem widerspenstigen Computer und undichten Leitungen hin und her. Als sowohl der Joystick als auch die Maus einpackten, war den Kindern klar, dass es besser war, dies ihrem ziemlich ungehalten dreinschauenden Vater gegenüber nicht zu erwähnen, sondern es lieber mir ins Ohr zu flüstern.

Wir sahen damals alle etwas nervös unserer Rückkehr auf das Meer entgegen. Aber der festgesetzte Tag kam, ob wir uns der Aufgabe gewachsen fühlten oder nicht, und so liefen wir aus. Es war ein wunderschöner Tag mit mäßigem Wind und freundlichem Meer, und mein Körper kam mit der Anpassung gut zurecht. Deshalb war ich nicht im Geringsten auf die enorme Lethargie vorbereitet, die mich überfiel, kaum dass wir die offene See erreicht hatten.

»Wenn die ganze Überfahrt so bleibt«, hatte ich noch am Morgen strahlend verkündet, »dann werden wir keinerlei Grund zur Beunruhigung haben. Einfach wunderbar!«

Gegen Ende des zweiten Tages jedoch packte der Wind an. Herbert und ich berieten, wie wir uns verhalten sollten. Zu meinem Erstaunen steckte Herbert zwei Reffs ins Hauptsegel. Ich hielt das zunächst für übervorsichtig, es entpuppte sich aber innerhalb der nächsten Stunden als richtige Maßnahme.

Dann legte der Wind ordentlich zu. Zwanzig, fünfundzwanzig, dreißig Knoten und mehr – wir hatten einen Sturm zu bestehen. Statt aus der NORTHERN MAGIC so viel Geschwindigkeit wie möglich herauszuholen, mussten wir sie nun daran hindern loszupreschen. Im Inneren rumpelte sie wie ein voll beladener Güterzug .

Mit dem Wind steilten sich auch die Wellen auf, hässliche, bösartige, übel wollende Wellen. Es nahm mir fast den Atem, wenn ich zuschaute, wie sie mit ihren weißen Kämmen, die im wächsernen Mondlicht schimmerten, auf uns herunterbrachen. Sie kamen kurz hintereinander, Breitseite für Breitseite, sodass wir uns in dem scharfen Winkel, in dem sie uns angingen, stark überlegten. Von einer Minute zur anderen rauschten sie dann aus verschiedenen Winkeln heran. Zusammen konnte daraus jederzeit eine Riesenwelle werden, die im Moment ihres Aufeinandertreffens brechen, mit Wahnsinnsgewalt auf uns herunterknallen und sintflutartig über das Deck rauschen würde.

Wir blieben unten, da das Deck und auch die Kajüttopps regelmäßig total unter den Wassermassen begraben wurden. Alle paar Minuten mussten wir aber das Luk öffnen, um nach Schiffen Ausschau zu halten und zu checken, ob der Himmel irgendwelche Anzeichen für eine Wetterbesserung verriet. Es wurde ein Spiel voller grimmigem Ernst daraus vorauszuberechnen, wann wieder einer dieser haushohen Kavenzmänner über das Boot herfallen würde, um den Salon mit Tonnen von Wasser zu überschwemmen und uns bis auf die Haut nass werden zu lassen.

Die NORTHERN MAGIC kam wie üblich ohne Probleme mit diesen rauen Bedingungen zurecht, hielt Kurs und reagierte sehr sportlich auf jeden dieser Angriffe. Wir hatten das Vorsegel auf Taschentuchgröße reduziert, konnten eine Geschwindigkeit von ungefähr sechs Knoten halten und wollten kein größeres Wagnis eingehen.

Unten im Boot war allerdings das Chaos ausgebrochen. Der Kajütboden war unter lauter nassen Klamotten, dampfenden Handtüchern, einem Wirrwarr aus Büchern, Spielzeugen und Videobändern kaum noch zu sehen. In Jons Kajüte war die Tür eines großen Schapps aufgesprungen, und der Inhalt verteilte sich davor. Die Situation ließ jedoch nichts anderes zu, als da zu bleiben, wo wir saßen oder lagen.

Sogar Christopher, der den härtesten Magen von uns allen hatte und unter den übelsten Bedingungen auf den Beinen blieb oder weiter mit seinem Computer spielte, wurde zum Opfer. Zum ersten Mal seit Jahren übergab er sich und traf seinen geliebten Stoffgibbon, Denny, den er nach seinem pelzigen Freund auf der Highland Farm benannt hatte. In jeder besonders heftigen Bewegung nach Steuerbord drohten das Bilgenwasser bis zum Boden der Pantry heraufzusteigen und das Wasser aus der Toilette auf der anderen Seite des Bootes unter der Tür durchzuschwappen, um sich dort wieder zu einer einzigen Brühe vereinen.

Essen war unmöglich, aber daran dachte ohnehin keiner. Mir war es auch unmöglich, eine Mütze voll Schlaf zu nehmen, und als Herbert mir gegen ein Uhr morgens zu Hilfe eilte, lag ich in meiner Koje, die Zähne zusammengebissen, die Augen in der Dunkelheit weit aufgerissen, völlig verängstigt und verkrampft, während mein Körper gegen die Seekrankheit kämpfte, die immer heftiger nach mir griff.

Christopher hatte es für unmöglich erklärt, in seiner Vorderkajüte Schlaf zu finden, wo die Bewegung natürlich am heftigsten war. Er hatte sich neben mich gekuschelt, was er bisher noch nie für notwendig befunden hatte. Die ganze Nacht lang behielt ich meinen Kleinen in meinen Armen, wo er selbstvergessen einschlief. Als der Morgen kam, war ich immer noch wach.

Ich kämpfte mit mir, und auch Herbert war bei dem Gedanken nicht ganz wohl, was wir hier durchzustehen hatten. Wir waren schon in schlimmeren Situationen gewesen und nicht in wirklich ernster Gefahr, aber die fiese Wut dieser Wellen und das Heulen des Windes ließen uns sehr unsicher fühlen und weckten wieder alle Ängste und Bedenken hinsichtlich dieser Passage. Wir waren uns immer einig gewesen, dass wir kein unbilliges Risiko eingingen, wenn wir unsere Kinder diesem Abenteuer aussetzten, doch nun, mitten in dieser stockfinsteren Nacht, unter dem Eindruck dieser brüllenden Wellen, die da auf uns heruntersausten, als ob sie uns persönlich etwas Übles antun wollten, fragten wir uns, ob wir nicht vielleicht doch einen Fehler gemacht hätten.

Wir mussten diesen Sturm im Indischen Ozean ungefähr vierundzwanzig Stunden ausreiten, ehe der Wind abnahm. Allmählich bekamen wir wieder Appetit und holten den verlorenen Schlaf nach. Herbert und ich bewegten uns wie Zombies. Wegen der außergewöhnlichen Umstände befreiten wir die Kinder von der Wache. Fröhlich und unverwüstlich wie immer, war kein Wort der Klage über ihre Lippen gekommen.

Kaum hatten wir das Bergfest hinter uns gebracht, fiel unsere Lichtmaschine aus. Sie war brandneu, wir hatten sie erst in Thailand gekauft. Das fraß unsere Batterien leer, deshalb war sie eines der wichtigsten Ausrüstungsstücke an Bord. Wir hatten keine Ausgabe gescheut, eine wirklich erstklassige Qualität zu erwerben – zum zweiten Mal.

Herbert hatte sich die alte Lichtmaschine vorgenommen und brachte sie wieder zum Funktionieren, obwohl er fast nicht daran geglaubt hatte. Dann sollte sie sich ihrem ersten Test unterziehen und Herbert mit ihr. Mit dem Kopf nach unten in dem stinkenden Motorraum zu hängen, während das Boot auf die Wellen schlug, war ein todsicheres Rezept, um Übelkeit zu erzeugen – sogar für einen Magen, der so belastbar war wie der unseres Captains. Herbert verzog sich einen Augenblick lang in Michaels Koje, um sich wieder zu wappnen.

Die Kinder hatten sich aufs Vordeck verzogen, um ihren Dad nicht bei der Arbeit zu behelligen. Ich richtete mich zwischen dem Werkzeugschapp, um ihm die benötigten Handwerkszeuge zuzureichen, und dem Hauptluk ein, um seine Arbeit im Auge zu behalten. Während er immer wieder auftauchte, um nach diversen Schraubenschlüsseln zu fragen, wurde Herberts Gesicht grau und grauer und zeigte einen ungesunden Glanz. Ich rannte nach einer Schüssel, aber er schaffte es, seine Arbeit zu vollenden, sogar als die Berg- und Talfahrt des Bootes seine Werkzeuge von Zeit zu Zeit im dunklen Abgrund des Motorraumes verschwinden ließ.

Bis alles wieder zusammengebaut war, war eine Stunde vergangen. Als der Motor ansprang, tauchten die Kinder wieder aus ihrem Versteck auf und waren begeistert. Sie zeigten immer ein vitales Interesse an der Unversehrtheit unserer Versorgungssysteme, weil es davon abhing, ob sie ihre Computerspiele zur Verfügung hatten oder nicht. Wir starrten alle darauf, als das grüne Lämpchen aufleuchtete, und die Kinder und ich spendeten heftigen Applaus in Anerkennung der Leistung unseres Captains. Herbert stand mit grünem Gesicht und auf wackeligen Beinen da und griff nach dem Handlauf über ihm, während auch er beobachtete, ob Leben in die kleinen Lämpchen kam.

»Heil dem Sieger!«, sang Michael triumphierend.

Aber kaum war die Lobpreisung verklungen, als ein absterbendes Geräusch aus dem Motorraum zu uns heraufdrang. Die fröhlichen kleinen grünen Lämpchen flackerten und gingen aus. Nur zehn Minuten nach der Operation war die Ersatzmaschine wieder abgestorben. Die ganze Mühe war vergebens gewesen. Herberts Miene zeigte Verzweiflung. Die Kinder verdrückten sich wieder, ich ließ den Kopf sinken. Es war so ungerecht.

Es gab eine letzte Ausweichmöglichkeit, aber als Herbert Anstalten machte, das Teil auszugraben, setzte ich meine ganze Autorität als Sanitätsoffizier ein und schickte ihn erst einmal ins Bett. Es wurde bereits dunkel, er hatte seine 6-Uhr-Wache hinter sich, und er war krank und müde. Es machte einfach mehr Sinn, wenn er erst einmal etwas schlief, ehe er sich wieder in den Motorraum hängte.

Die Kinder wurden nach einer schnellen Abendwäsche ebenfalls ins Bett verfrachtet – Leselampen oder Ventilatoren zu benützen war verboten, um Strom zu sparen. Kaum waren sie eingeschlafen, holte ich meine letzte Packung *Hershey's Kisses* aus dem Versteck, die ich in Thailand erworben hatte. Ich hatte einen berechtigten Anspruch darauf.

Schweren Herzens weckte ich Herbert um zwei Uhr morgens, wobei ich mir der Tortur sehr bewusst war, die auf ihn wartete. Ich hielt die Taschenlampe, reichte die Werkzeuge zu und übernahm die Wache, während Herbert unser drittes und letztes Ersatzteil einbaute. Aber als er das Teil befestigte, gab es einen Funken. Der Strom im Boot fiel aus. Einen Moment lang fühlte es sich an, als wäre der Sturm zurückgekehrt, denn das Boot begann wie wild herumzutanzen, und die Geräusche von schlagenden Segeln folgten auf dem Fuß. Ohne Saft für den Autopiloten drehte die NORTHERN MAGIC einfach die Nase in den Wind.

Ich sprang ins Cockpit, um das Ruder zu übernehmen. Unten war es total dunkel, und ich wunderte mich, wie Herbert herausfinden konnte, was geschehen war. Auch das Kompasslicht war natürlich aus, so konnte ich mich nur am Mond und an der Windrichtung orientieren, und ich fror. Außerdem war ich wütend. Das hatte Herbert nicht verdient. Ich begann zu frösteln, denn natürlich hatte ich nicht daran gedacht, meine Jacke mit nach oben zu nehmen.

Zehn Minuten später hatten wir wieder Strom, und ich flüchtete dankbar nach unten, durchgefroren und durchnässt. Wie Herbert das Kunststück bewältigt hatte, den Strom wieder in Gang zu bringen in dieser Dunkelheit im rollenden Boot nur mithilfe einer funzeligen Taschenlampe – ich weiß es bis heute nicht. Der Kurzschluss hatte die Hauptsicherung gekillt, Herbert hatte vorsichtshalber und in weiser Voraussicht einen Sicherungsautomaten installiert.

Grimmig nahm er die Lichtmaschine wieder in Betrieb und fuhr dann sorgfältig einen Testlauf nach dem anderen. Ich wartete ganz still und wagte kein Wort zu sagen, neben ihm zusammengekauert im Niedergang sitzend. Ich betete, dass das Problem gelöst war, ehe wir keinen Strom mehr hatten. Ich hatte schon nach den zehn Minuten genug davon, das Ruder selbst zu bedienen, und wollte den Rest der Passage nicht dazu gezwungen sein.

Er arbeitete und testete, und eine Stunde verging. Schließlich startete er einen neuen Probelauf. Unsere Herzen klopften bis zum Hals. Um wieder Strom fließen zu lassen, war Herbert gezwungen, der durchgebrannten Sicherung einen Bypass zu legen, sodass jetzt die Möglichkeit bestand, dass wir ein Feuerwerk zu sehen bekämen. Ich stand neben dem Schalter der Batteriebank, bereit sofort einzugreifen, falls ein erstes Anzeichen von Problemen auftauchte. Meine Wetterjacke hing griffbereit im Cockpit für den Fall der Fälle.

Aber es gab keinen Kurzschluss, und als Herbert den Motor startete, funktionierte die Lichtmaschine. Sie brachte nur wenig Leistung, aber es war besser als nichts. Herbert schloss müde die Luke zum Motorraum, und wir schauten zu, wie die Lämpchen auf der Batteriebank allmählich heller leuchteten. Ich riskierte ein Lächeln. Natürlich brauchten wir eine neue Lichtmaschine, aber mit diesem Teil würden wir bis Sansibar kommen, das nur noch wenige Tagesreisen entfernt war.

Doch ich hatte zu früh gelächelt. Innerhalb von fünf Minuten brach die Stromversorgung wieder zusammen. Mir fehlt das Zeug zum Schriftsteller, um auch nur annähernd zu beschreiben, wie wir uns fühlten.

Von irgendwo aus dem Inneren der NORTHERN MAGIC herbeieilend, riss Herbert die Luke wieder auf, steckte seinen Kopf wieder in das schwankende finstere Loch und richtete nun seine Aufmerksamkeit nicht mehr auf die Lichtmaschine, sondern auf den Regler. Vielleicht lag das Problem überhaupt nicht mehr an der Lichtmaschine? Kaum hatte er die Lichtmaschine direkt an die Batterien angeschlossen, flackerten die Lämpchen zu unserer grenzenlosen Erleichterung wieder auf – und blieben stabil.

Es war fünf Uhr morgens. Nun ertönte kein Siegeschor der Kinder, um den Vater zu preisen, aber der Mangel an Applaus schmälerte seine Leistung nicht.

Der Rest der Überfahrt verlief flott und ohne weitere Zwischenfälle. Acht Tage, nachdem wir von den Seychellen ausgelaufen waren, tauchte Land am Horizont auf. Es war Sansibar.

19
Afrika erwacht

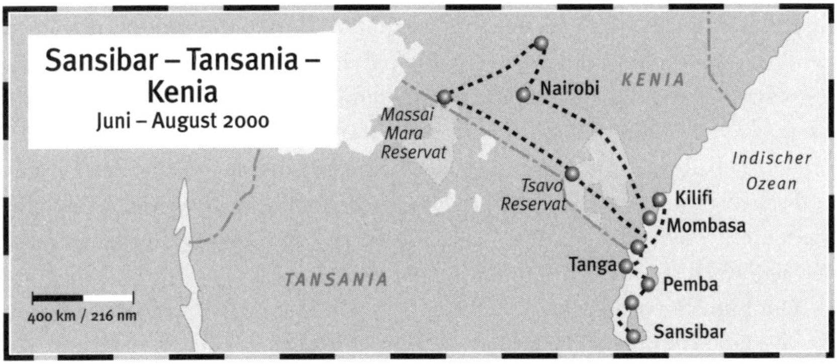

Seit dem Tag, an dem Herbert und ich zum ersten Mal auf unserem Weltatlas auf diese Insel gedeutet haben, die nicht weit von unserem geplanten Kurs nach Kenia entfernt lag, hatten wir uns immer wieder angeschaut und gesagt: »Es ist ausgeschlossen, so nahe an einem Ort vorbeizusegeln, der Sansibar heißt.« Also hatten wir beschlossen, dort anzulegen, ohne darüber viel mehr als den exotischen Namen gehört zu haben.

Dann hatten wir die Stadt erreicht. Sie lag malerisch in der späten Morgensonne: mit großen Gebäuden im Kolonialstil mit reich verzierten Balkonen, einem Uhrenturm und den Ruinen eines portugiesischen Forts. Sansibar-Stadt passte nicht in das einundzwanzigste Jahrhundert und im Hafen lagen, abgesehen von ein paar modernen Schiffen, hauptsächlich Dhaus, die emsig hin und her liefen. Wir ankerten vor einem Strand, zirka zwei Meilen von der Hauptstadt entfernt.

Am nächsten Morgen quetschten wir uns alle fünf in höchster Neugierde in ein Taxi nach Stonetown, dem ältesten und interessantesten Teil von Sansibar-Stadt, einer kleinen City mit hunderttausend Einwohnern. Aus dem Taxi traten wir direkt in eine Welt voller Magie, Geheimnisse und einem Hauch Gefahr. Große, weiß getünchte steinerne Gebäude, vom Verfall gezeichnet, reihten sich rechts und links der gewundenen schmalen Gässchen auf, die so eng waren, dass sich die Menschen in den oberen Stockwerken von gegenüberliegenden Häusern praktisch die Hände reichen konnten. Die meisten dieser Gässchen waren auch zu eng für jeden Autoverkehr, aber gut frequentiert von Fußgängern, Fahrrädern und hin und wieder einem Eselskarren.

Einige der Häuser wirkten sehr heruntergekommen, aber immer noch schön, etwa vergleichbar einer eleganten älteren Dame, die ihr langes Leben genossen hat. Manche zierten außergewöhnliche Portale, reich geschnitzte Doppeltüren, üppig dekoriert mit gravierten Messingtafeln und mit Messingdornen übersät. Dabei handelt es sich wahrscheinlich um eine Spielart der indischen Praktik, die Haustüren davor zu schützen, dass sie von Kriegselefanten eingeschlagen werden. Dazu kamen an den meisten Haustüren noch ein halbes Dutzend schwerer Vorhängeschlösser.

Die Einwohner Sansibars stammen von Afrikanern und Arabern ab; jahrhundertelang unterstand Sansibar der Herrschaft Omans, einem Land am Persischen Golf. Heute sind die meisten Sansibaren Muslime. Die Männer tragen wunderschön bestickte Scheitelkäppchen und manche auch lange weiße Hemden. Aber die Frauen machten einen noch tieferen Eindruck auf uns. Während sie still ihren Weg durch die düsteren Gassen in ihren langen schwarzen Gewändern entlanghuschten, die *buis buis* genannt werden und sie von Kopf bis Fuß einhüllen, ließen sie ein Bild aus Tausendundeiner Nacht entstehen. Sogar die modernen Plateauschuhe, die unter ihren Gewändern hervorlugten, schienen denen von Scheherazade zu ähneln. Die Effekte – das verführerische und auch etwas bedrohliche Labyrinth von verfallenden Häusern, der Geruch exotischer Gewürze, der ungewohnte Klang der Swahili-Sprache, die geheimnisvoll gekleideten Frauen und das Gefühl, dass jeden Moment Ali Baba um die Ecke biegen könnte, oder ein Sklavenhändler oder ein Sultan oder ein Dschinn – wirkte wie ein Zauber. Sansibar erschien uns als ein einmaliger Ort, der vielleicht aus einem früheren, fantastischen, halbvergessenen Traum stammt. Aber Sansibar existiert tatsächlich, und wir hatten es gefunden.

Am Ende des ersten Tages wartete ein Mann am Strand in der Nähe des Ankerplatzes der NORTHERN MAGIC. Seine Kleidung war ziemlich zerlumpt, und sein weißer Sansibari war übel lädiert, doch als er uns sah, begann er über das ganze Gesicht zu strahlen. Es handelte sich um Mr. Suleiman, unseren *askari*. Er würde die nächsten acht Nächte in unserem Cockpit verbringen, um uns vor Dieben zu schützen. Mr. Suleiman sprach kein einziges Wort Englisch, und so brauchten wir einen Dolmetscher, um uns miteinander zu verständigen und ihm seine Arbeitszeiten zu erläutern. Wir einigten uns auf dreitausend tansanische Shillings pro Tag, also ungefähr sechs Dollar.

Als alles klar war, nickte Mr. Suleiman, lächelte und antwortete mit zwei Wörtern: »*Hakuna matata*«, was in Swahili etwa »kein Problem« bedeutet. Während der nächsten Woche sollten wir diese Worte noch sehr häufig hören, stets von einem Lächeln begleitet.

Mr. Suleiman, der um die fünfzig Jahre alt zu sein schien, war freundlich und gutmütig. Er bedankte sich überschwänglich für die kleinste Aufmerksamkeit, zum Beispiel für ein Glas Wasser oder einen Regenschutz, als das Wetter schrecklich war. Jeden Tag versuchte er mir ein paar Wörter auf Swahili beizubringen, und so erfuhr ich, dass er verheiratet war und fünf Kinder hatte, und seine nächtliche Anwesenheit verschaffte mir einen entspannten Schlaf.

Herbert schätzte dieses Arrangement allerdings ganz und gar nicht. Er war der Meinung, dass wir ihm zu wenig für seine Dienste bezahlten, obwohl wir nach den örtlichen Gepflogenheiten bereits über Tarif lagen. Aber während dieser Woche war es ziemlich kalt und regnerisch, und der Gedanke, dass dieser nette Mann allein in der Dunkelheit im Nieselregen saß, während wir so bequem schliefen, bedrückte Herbert sehr.

Aber das war nun nicht zu ändern, und ich fand, dass wir offensichtlich einen Beitrag zu seinem Einkommen lieferten, wie mager der Lohn auch aussehen mochte, und das machte es für ihn lohnend. Aber die vielen Löcher in seinem alten Hemd griffen auch mir ans Herz, und so stellte ich ein halbes Dutzend alter Hemden zusammen, die Herbert nicht mehr anzog, und schenkte sie Mr. Suleiman. Er dankte mir mit einem strahlenden Lächeln und einem herzlichen »*Asante sana!*«

Fast jeden Tag machten wir einen kurzen Ausflug nach Sansibar-Stadt, indem wir auf einen der überfüllten Busse, so genannte *dala dala*, sprangen. In Stonetown angekommen, schlenderten wir durch den Irrgarten der kleinen Gassen, kauften frisches Obst auf dem Markt oder schlenderten durch die kleinen Geschäfte, die Schnitzereien und Antiquitäten verkauften.

Unweigerlich verloren wir die Orientierung und wanderten aufs Geratewohl durch die verwirrenden Viertel, eine absolut beeindruckende Sansibar-Erfahrung.

An anderen Tagen besuchten wir Gewürzplantagen, ein Persisches Bad und besichtigten die Paläste der mächtigen Sultane von Sansibar und Oman, von denen einer der mächtigen Herrscher einen Harem mit neunundneunzig Ehefrauen und mehr als hundertdreißig Kinder sein eigen genannt hatte. Einer dieser Paläste lag ganz in der Nähe unseres Ankerplatzes. Er bestand fast nur noch aus Ruinen, ein Großteil seines Daches existierte nicht mehr, und das zweite Stockwerk war fast zusammengebrochen. Aber es war genügend übrig geblieben, um unsere Jungen zum Versteckspiel in diesen massiven, doch zerbröckelnden Mauern zu inspirieren. Während einer zählte und sein Gesicht gegen eine steinerne Säule im Audienzsaal des Sultans presste, rannten die beiden anderen los, um sich in einem kleinen Vorzimmer oder irgendwelchen geheimen Alkoven zu verstecken. Wir strichen dort mit ungetrübter Freude herum und wiegten uns in der Illusion, wir hätten als Erste diesen Schatz entdeckt, denn dort gab es niemanden außer uns: keine Wächter, keine Touristen, keine Einheimischen. Ich genoss alles sehr – wer hätte jemals vorausgesehen, dass meine Kinder eines Tages im Palast des Sultans von Sansibar Versteck spielen würden. Noch heute kann ich es kaum glauben.

Am Abend fanden wir unseren Weg zu einem nächtlichen Markt, wo eine unglaubliche Vielfalt von Sansibars Spezialitäten unseren Mund wässrig werden ließ und auf Verkaufständen direkt an der Wasserlinie angeboten wurden: Kartoffelküchelchen, Sish Kebabs und köstliche Sansibar-Pizzen, die den Fajitas ähnelten. Alle fünf konnten wir uns an einer randvollen Platte mit diesen Köstlichkeiten für nur acht Dollar satt essen. Wir saßen auf rauen Bänken und aßen von Papptellern, und sobald wir fertig waren, erschien eine Horde von zerlumpten Jungen, um mit unseren Resten davonzulaufen, die sie noch im Rennen hinunterschlangen.

An unserem letzten Tag auf Sansibar gingen wir wieder zum Markt und kamen an dem Ort vorbei, wo die Sklaven verkauft worden waren. Wir kauften dort unsere letzten kleinen Laibe des duftigen Sansibar-Brotes und feilschten um den Preis von Ananas und Passionsfrüchten. Sansibar hatte uns verzaubert, und das Auslaufen fiel uns nicht leicht. Wohin immer wir gingen, grüßten uns die Menschen wie stets mit einem Lächeln und einem herzlichen »*Jambo!*«

Wir peilten den Platz an, von wo uns unser Lieblingstaxifahrer zur NOR-

THERN MAGIC zurückbringen sollte. Mr. Davis hatte zwei Ehefrauen (zur selben Zeit) und vierzehn Kinder zu versorgen, also gönnten wir ihm immer das kleine Geschäft. Es war unsere letzte Gelegenheit, Sansibar-Luft zu atmen, voller Gewürze und dem Duft von Sultanen und Sklaven. Wehmütige Nostalgie griff nach uns.

»Wenn wir uns nicht mehr in den Straßen verlaufen, wird es Zeit abzureisen«, bemerkte Michael.

Und so liefen wir dann wirklich aus.

Wir hüpften zu den Inseln, ankerten vor den historischen Grotten, wo die Sklaven vor den britischen Kriegsschiffen versteckt wurden, und entdeckten geheimnisvolle Hütten, aus Korallen erbaut, deren Bewohner es nicht schätzten, fotografiert zu werden. Dann segelten wir nach Pemba Island, das wahrscheinlich noch ärmer war als Sansibar.

Wir beobachteten einige zehn- bis zwölfjährige Jungen, die kleine selbst gemachte Lastwagen aus Holz an einem Stock vorwärts stießen. Diese zerlumpten Kinder hatten rein gar nichts, und diese jämmerlichen Spielzeuge brachen Herbert und mir fast das Herz. Unsere Kinder reagierten anders und bewunderten den Einfallsreichtum.

Wir verließen für einen Spaziergang die Stadt und wurden wie der berühmte Rattenfänger von einer schnell anwachsenden Zahl von Kindern verfolgt. Unsere Jungen fanden auch ein paar Stöcke und entfesselten ein *Star-Wars*-Duell, dem die Kinder von Pemba kichernd zuschauten. Ich freute mich am Anblick der Mädchen, die im Gegensatz zu denjenigen, denen wir bisher begegnet waren, nicht von Kopf bis Fuß verhüllt waren und die deshalb ungehindert spielen konnten. Sie hatten sehr kurze Haare, ein Nest aus schwarzen Wirbeln, das erstaunlich attraktiv und gleichzeitig praktisch aussah. Diese kleinen Mädchen schienen ebenso athletisch wie ihre Brüder, und ich freute mich für sie.

Ich wollte ein paar Kekse verschenken, die aber leider zerkrümelten, als ich die Packung öffnete. Ich bot sie trotzdem an, und nachdem die Kinder gemerkt hatten, worum es sich handelte, teilten sie einfach »nach Gewicht«: zwanzig schmuddlige Händchen pulverisierten das Ganze sofort zu einem Krümelhaufen, der in Sekundenschnelle verschwunden war; stattdessen sah ich strahlende Kindergesichter.

Nachdem wir den Pemba-Kanal überquert und Tanga angelaufen hatten, waren wir auf dem afrikanischen Kontinent angekommen. Es war eine heruntergekommene alte Stadt, deren kolonialer Glanz längst verblichen war und in der viele Gebäude ziemlich baufällig aussahen. Man konnte mitten auf der Hauptstraße umherspazieren, ohne allzu oft von einem Auto belästigt zu werden – obwohl wir einmal erschreckt wegen eines Fahrrads zur Seite sprangen, das über seinem hinteren Rad einen Korb hatte, in dem eine meckernde Ziege festgebunden war.

Wir ankerten in einer stillen Bucht vor dem Tanga Yacht Club, dem Stammlokal einer Ausländerkolonie, die hauptsächlich aus einer internationalen Arbeitnehmerschaft bestand. Praktisch war die gesamte Industrie Tansanias sehr schnell zum Erliegen gekommen, als viele Unternehmen verstaatlicht wurden. Nun zeigte es nur noch einen Schatten seines früheren Wohlstandes. Tanga war von der Entwicklungshilfe und ausländischen Direktinvestitionen abhängig, deren multinationale Geber ihre Verwaltung beherrschten.

Wir waren kaum an Land, als wir auch schon von Rob Jurgens unter seine Fittiche genommen wurden, einem großen, etwa vierzigjährigen Südafrikaner. Ihm oblagen der Aufbau und die Entwicklung der Wasserversorgung. Wohin wir auch kamen, stießen wir auf Aktivitäten seines Teams. Er beschäftigte mehr als vierhundert einheimische Angestellte, sodass die deutsche Muttergesellschaft, für die er arbeitete, der bei weitem größte Arbeitgeber in der Region war. Rob lud uns zu sich nach Hause zum Dinner ein, wo wir auch duschen konnten. Er hatte mehrere Bedienstete – einen Koch, einen Butler und einen Wächter oder zwei –, lebte aber allein in dem einfach möblierten Haus mit vier Schlafzimmern.

»Ich konnte keine Frau finden, die bereit war, diese Art Leben mit mir zu teilen«, erklärte er uns. »Ich habe es versucht, aber keine wollte auf Dauer an Orten wie diesen leben und alle paar Jahre umziehen.«

Robs übliches Outfit, das Baseballcap und sein schulterlanges Haar konnten nicht darüber hinwegtäuschen, dass er sehr schlau und sehr gut in seinem Job war.

Es war seine Aufgabe, die Dinge in diesem zurückgebliebenen Teil der Welt zum Laufen zu bringen, und dafür verdiente er doppelt so viel, wie er in den USA bekommen hätte.

»Wenn man zehn Jahre in Afrika arbeitet und nicht wenigstens eine halbe Million Dollar auf der Bank hat, hat man etwas falsch gemacht«, erklärte er uns. Aber der Preis für seinen finanziellen Erfolg war hoch. Vierzehnmal in fünf Jahren hatte ihn die Malaria erwischt, und die Medikamente gegen diese manchmal tödlich verlaufende Krankheit hatten seine Leber stark in Mitleidenschaft gezogen.

Es war offensichtlich, dass wir mitten in einer Kolonialgesellschaft mit drei hierarchischen Ebenen gelandet waren. Unser großzügiger Gastgeber und seine europäischen Freunde standen ganz oben und genossen einen Lebensstil mit Dienern, von dem wir geglaubt hatten, dass er mit dem Ende des britischen Weltreiches ausgestorben wäre.

»Bis vor kurzer Zeit«, erzählte uns Rob, »lebten alle Weißen, die nur ein bisschen geschickt waren, auf diese Weise. Sogar ein Automechaniker konnte sich ein großes Haus und ein paar Gärtner, Küchenmädchen und Köche leisten.«

Auf dem zweiten Level standen die Inder der zweiten und dritten Generation, denen die meisten Geschäfte und Werkstätten der Stadt gehörten. Es gab auch ein paar wenige gebildete Schwarze in dieser aufblühenden, aber noch dünn gesäten Mittelklasse.

Ganz unten befand sich die Mehrheit der Eingeborenen, die sich schon glücklich fühlen mussten, wenn sie einen Job bei Robs Wasserpipelines für drei Dollar am Tag ergattern konnten, wobei sie noch ihre eigenen Schaufeln mitbringen mussten. Die Frauen bestellten ein kleines Stückchen Land, erzogen und begruben viele Kinder und bauten ihren eigenen Mais an, das Hauptnahrungsmittel. Die meisten waren Analphabeten. Jonathan, der zu Hause zu diesem Zeitpunkt noch die Grundschule besucht hätte und eine Leseratte war, staunte, als er merkte, dass er wahrscheinlich eine Menge mehr wusste als der durchschnittliche Dorfschullehrer hier.

Am nächsten Tag nahm uns Rob, obwohl er wegen seiner Malaria vom Fieber gequält wurde, mit auf eine Überlandtour. Wir fuhren auf einer Straße, die fast nur aus Schlaglöchern bestand, und unsere Jungen wurden auf der Ladefläche von Robs Pick-up mächtig durchgeschüttelt. Außerhalb der Stadt sahen wir kein einziges motorisiertes Fahrzeug mehr. Wir fuhren durch Dörfer, die noch in der Steinzeit zu leben schienen – karge Hütten aus Schlammbrocken gebaut, mit Dächern aus Buschwerk, ohne Wasser und Strom. Wir sahen viele Frauen, die meilenweit mit riesigen Wasserbehältern auf dem Kopf oder mit schweren Holzbündeln unterwegs waren. Die Dörfer sahen trotzdem sauber und freundlich aus. Die Kleider und Turbane der Frauen leuchteten in schönen Farben, die Kinder winkten uns und schrien »*Jambo!*«, während wir vorbeifuhren. Die Einwohner von Tansania sind sehr schöne Menschen, und auch sie lächelten gerne, besonders wenn wir zuerst lächelten.

Der Zustand dieser primitiven Hütten war erschütternd. Uns wurde schmerzhaft bewusst, dass sich hier über Jahrhunderte hinweg, ja vielleicht sogar ein ganzes Jahrtausend, nichts verändert hatte und dass es – fast noch schlimmer – auch kaum Hoffnung für die Zukunft gab. Tansania rangierte auf der Lebensstandardliste der UN ganz unten, während Kanada immer wieder ganz oben war. Die durchschnittliche Lebenserwartung hing bei erschreckenden siebenundvierzig Jahren.

Rob führte uns an einen Fluss, der für Tansanias Wasserversorgung zuständig war. Dort war es wunderschön, hohe Berge ragten im Dunst am Horizont hoch, auf grasigen Wiesen standen Bäume mit schirmartig abgeflachten Kronen, und der zauberhafte Fluss ging in mehrere Wasserfälle über.

»Ist das hier nicht großartig?«, fragte Rob mit ausgebreiteten Armen. »Hier seht ihr, warum ich Afrika so liebe.«

Er zeigte uns weiße Eisvögel, die wie riesige Kolibris übers Wasser schwebten und nur darauf warteten, nach einem Fisch zu tauchen. Andere Wasserräuber – Störche, Reiher und Ibisse – staksten im Seichten herum. Große goldfarbene Fischadler schwangen sich in den Himmel hinauf. Herbert hatte schon einmal einen dieser Räuber herunter stoßen sehen, der nur mit knapper Not einen Mungo verfehlte, welcher ins Gebüsch flüchtete.

»Geht nicht so nah ans Wasser«, warnte Rob die Jungen. »Es gibt hier jede Menge Krokodile. Große, mit acht Metern Länge, und auch weiße Nil-Krokodile.«

Wir beobachteten, wie ein Mann mit einem Fahrrad seinen Weg durch den Fluss suchte, wobei man ihn unter einem riesigen Heubündel kaum noch sehen konnte.

»Er hält nach Krokodilen Ausschau«, erklärte uns Rob.

Wir hielten den Atem an und waren sehr erleichtert, nachdem er sicher die andere Seite erreicht hatte.

Auf unserem Weg zurück in die Stadt hielt Rob an einer Seilerei am Straßenrand. Sisal ist eine große Pflanze, die dem oberen Ende einer riesigen Ananas ähnelt, mit festen, stacheligen Blättern. Die Fasern werden zu Seilen und Matten verarbeitet. Am Feldrand stand eine Reihe Metallpfosten, die verhindern sollten, dass die Fasern und fertigen Seile am Boden schleiften, und am Ende gab es eine Kurbel, die dazu diente, das Seil erst mal grob zu schlagen.

Rob verhandelte über den Kauf einer Rolle Seil, und zwar der größtmöglichen, und der Seiler schien sein Glück kaum fassen zu können – so ein 40-

Dollar-Geschäft war offensichtlich nicht alltäglich. Er rannte aufgeregt herum, um sicher zu gehen, dass er genug Rohmaterial hatte, um den Auftrag bis zum nächsten Nachmittag ausführen zu können.

»Wenn es bis morgen nicht zu schaffen ist, dann reicht es auch noch nächste Woche«, sagte Rob zur Erleichterung des Seilers, der uns beim Wegfahren mit dem Geld in der Hand heftig nachwinkte und strahlte.

»Eigentlich brauche ich das Seil gar nicht«, gestand uns Rob. »Aber die Geschäfte hier laufen so schlecht, dass es wichtig ist, die Menschen mit Eigeninitiative zu unterstützen. Es sind gute Arbeiter, aber sie können nicht vorankommen.«

Wir verbrachten eine wunderbare Woche in Tanga mit unvergesslichen Erlebnissen dank Robs außerordentlicher Freundlichkeit und Gastfreundschaft. Aber unser erster Eindruck vom Kontinent Afrika war unvergleichlich. Wohin wir uns auch wandten, waren wir mit dem enormen Gefälle zwischen den Besitzenden und denen, die nichts hatten, konfrontiert. Noch nie zuvor hatten wir einen Leprakranken gesehen oder einen Bettler mit Elefantitis, eine Krankheit, die die Beine und Füße des armen Mannes so deformiert hatte, dass seine Gliedmaßen denen des Tieres sehr ähnelten, nach dem die Krankheit benannt wurde. Beim Abendbrot diskutierten wir über die Möglichkeiten des Westens, Hilfe zu leisten, und mitten in der Nacht schreckten wir aus dem Schlaf, weil wir uns im Unterbewusstsein weiter mit den enormen Problemen herumschlugen und mit der Schwierigkeit, Antworten zu finden. Jede mögliche Lösung konnte selbstverständlich erst Generationen später ihre Wirkung zeigen.

Die Menschen hatten so wenig, nicht genug Geld, nicht genug Ausbildung und – am schwerwiegendsten – nicht genug Hoffnung, dass sich irgendwann etwas ändern könnte. Wir schlossen Tanga und seine lächelnden Einwohner ins Herz, aber was wir sahen, schmerzte. Wieder einmal fühlten wir uns beschämt wegen unseres unverdient glücklichen Schicksals und weil wir so wenig zurückgaben.

*

Von Tanga aus segelten wir nach Norden und überquerten die Grenze nach Kenia. Ein paar Tage später warfen wir Anker in der Mündung des Kilifi-Flusses, nördlich von Mombasa.

Kurz nach unserer Ankunft näherten sich uns eines Tages zwei freundliche junge Männer, als wir aus unserem Dingi stiegen. Sie hatten eine kleine zerfledderte Plastiktüte dabei, in der sich dutzende von verknöcherten Haifischzähnen in den Farben Kupfer und Schwarz befanden. Sie hofften, uns einige verkaufen zu können. Wir hatten jedoch eine bessere Idee und fragten sie, ob sie uns nicht zu den Plätzen bringen könnten, wo wir sie selbst sammeln könnten. Dafür boten wir natürlich ein Entgelt an, aber sie wollten keinen Preis festlegen, sondern überließen uns die Höhe des Betrages.

Am nächsten Morgen kamen unsere beiden neuen Freunde, der sechzehnjährige Boniface und der achtzehnjährige Hamisi, und zeigten uns, wie man die glänzenden, zwanzig Millionen Jahre alten Zähne aufspürte, die an dem steinigen Strand mit jeder Flut angespült wurden. Das Unternehmen erforderte einige Übung, und unsere Experten entdeckten mit ihren Adleraugen zehn Stück für jeden Zahn, den wir ausfindig machten. Boniface und Hamisi überließen uns die gesamte Ausbeute dieses Morgens: mehrere Dutzend. Ich erwischte sie auch dabei, wie sie einige Zähne im Sand versteckten, damit wir in den Genuss des Jagdfiebers kamen.

Beide waren mit der Schule fertig, aber Hamisi war über die Grundschule nicht hinausgekommen, und Boniface gestand, dass er gezwungen gewesen war, die Sekundarstufe vor ein paar Monaten zu verlassen. Seine Familie konnte die Schulgebühren nicht länger aufbringen. Sie waren intelligente junge Männer, die gut englisch sprachen, und wir genossen ihre Gesellschaft.

Am nächsten Tag führten uns Boniface und Hamisi durch eine Allee aus Cashew-Nussbäumen zu ihren Dörfern. Hamisis Zuhause wirkte fast wie ausgestorben, weil seine Mutter und seine Schwester auf der *shamba*, den Feldern der Familie, arbeiteten, die bis zu dreißig Kilometer weit weg waren. Wie die meisten Bauern in Kenia bauten sie Mais, das Hauptnahrungsmittel in Afrika, ausschließlich für den Eigenbedarf an.

Das Dorf bestand aus einem Ring von einem Dutzend Hütten, die aus Mangroven und getrocknetem Schlamm gebaut waren und zirka drei mal vier Fuß maßen. Alles war handgefertigt, auch die Matten, die als Dächer dienten, und aus einem Material, das hier in der Natur vorkam und deshalb nichts kostete. Dabei wurde kein einziger Nagel verwendet. Die Familie verfügte über keinerlei Besitztümer – in den Häusern gab es nur ein Bett und eine Bank aus hartem Schlamm an der Wand. Natürlich gab es auch keinen Strom oder Wasserleitungen, ja nicht einmal Klos.

Hamisi zeigte uns stolz das Haus, das er gerade für sich selbst errichtete, was hier jeder männliche Jugendliche tat. Dann zeigte er uns die tiefe Grube, aus der er den festen roten Schlamm für die Wände holte, den er in die Spalten zwischen dem Flechtwerk stopfte. Während wir alles besichtigten, sagte Jonathan begeistert: »Es ist wirklich schön und groß!«, gestand mir aber später, dass er nur Hamisi eine Freude machen wollte. Herbert und ich waren froh, dass wir die Jungen am Tag zuvor großzügig entlohnt hatten. Langsam dämmerte uns, dass sie – wie die meisten Kenianer – tatsächlich ein Leben außerhalb des Geldverkehrs führten, indem sie ihre Nahrung selbst zogen und nichts käuflich erwarben.

Hamisi wollte uns unbedingt noch etwas Besonderes am Rand des Dorfes zeigen, einen heiligen Baum, wo sein Bruder, ein Medizinmann, seine Kunst ausübte. Er führte uns in einen Hain, wo in diesem Moment der Bruder eine Zeremonie für eine einheimische Frau abhielt.

Die Frau in mittleren Jahren kauerte am Fuß eines riesigen Affenbrotbaumes, dessen grauer, zigarrenförmiger Stamm behängt war mit leuchtenden Kleidern in unterschiedlicher Länge. Um den Baum herum standen hunderte von Flaschen mit Flüssigkeiten in verschiedenen Farben, einige nur halb gefüllt. Weihrauch stieg auf. Die Augen der Frau waren geschlossen, und sie leierte einen langen Monolog herunter. Hamisi erklärte uns, dass sie mit den Geistern kommunizierte, die an diesem heiligen Ort wohnten, um sie bei der Lösung eines persönlichen Problems um Unterstützung zu bitten.

Neben ihr stand Hamisis Bruder, ein dünner Mann Anfang vierzig, und hielt ein flatterndes weißes Huhn an den Füßen ein paar Inches über das gebeugte Haupt der Frau. Das Ganze sah aus wie ein großer Strauß aus Federn. Schon Hamisis Vater war Medizinmann gewesen, und er hatte sein Wissen an seinen ältesten Sohn weitergegeben, ehe er starb. Auch Hamisi war in die Geheimnisse eingeweiht worden.

Die Frau fuhr mit ihrem Sermon fort. Als sie ihre Bitte komplett vorgetragen hatte, hielt der Medizinmann das Huhn neben dem Baum über einen Teller und schnitt ihm die Kehle durch, wie wir es befürchtet hatten. Das Blut fing er geschickt in einer Schüssel auf. Dann warf er das noch schwach flatternde Bündel zur Seite, wo es kurz vor unseren Füßen landete. Ohne das sterbende Tier weiter zu beachten, mischte er das Blut mit einem Zaubertrank aus einer der unzähligen Flaschen und besprenkelte dann alles mit der roten Flüssigkeit. Die Frau schien zufrieden und ging lächelnd davon. Vor uns blieb sie einen Augenblick stehen und bedankte sich für unsere Anwesenheit.

Wir konnten es kaum glauben, dass man uns gestattet hatte, an der Zeremonie teilzunehmen. Oder fand sie immer öffentlich statt? Hamisi riet uns, dem Medizinmann hundert Shilling oder zwei Dollar zu überreichen, wie das auch die Frau getan hatte.

Von Hamisis zehn Brüdern hatten nur drei – der Medizinmann eingeschlossen – einen Job. Die beiden anderen verdienten sechzig Dollar im Monat in einem entfernt gelegenen Hotel. Alle dreißig Familienmitglieder existierten also von monatlichen zweihundert Dollar. Allmählich verstanden wir, warum Hamisi die Schule nicht hatte beenden können: Die Sekundarstufe kostete nämlich fünfhundert Dollar pro Kind und Jahr.

Wir gingen nun zum Dorf von Bonifaces Familie, es war nur ein kurzer Weg. Die Siedlung war praktisch identisch mit dem Dorf, aus dem wir kamen. Als wir uns in der Mitte der roten Hütten niedersetzten, um uns mit Bonifaces Brüdern zu unterhalten, umringten uns im Nu jede Menge Kinder in zerrissenen Kleidern. Bonifaces Verwandte schienen über eine bessere Bildung zu verfügen, obwohl ihr Lebensstandard nicht höher war. Auch in dieser Familie unterstützten drei Angestellte alle anderen finanziell. Wie überall in Afrika traf die Frauen die schwerste Arbeit, denn sie waren für die Ernährung zuständig und den allgemeinen Lebensunterhalt.

Wieder versuchte ich mich in ganz einfachem Englisch verständlich zu machen.

Plötzlich lehnte sich Bonifaces ältester Bruder Andrew vor und sagte sinngemäß: »Ich bin überzeugt, dass wir, die wir heute am Marterpfahl stehen, sehr genau verstanden haben, dass Bildung das einzige Mittel gegen die Armut in Afrika ist.«

Dabei verwendete er englische Vokabeln wie *stakeholders* und *anathema* – ich traute kaum meinen Ohren. Diese Wörter kannten die meisten meiner Bekannten nicht, geschweige denn, dass sie zu ihrem aktiven Wortschatz gehörten. Der Kontrast zwischen dem blutigen Zauber und diesem zukunftsorientierten jungen Mann machte uns schwindlig. Herbert und ich lenkten unser besonderes Augenmerk auf ihn. Bald verstrickten wir uns in eine lange, heftige Diskussion über das politische System in Kenia, über Korruption, Stammesinteressen und den Stellenwert der Bildung.

»Die Transparenz der öffentlichen Institutionen ist von höchster Bedeutung«, sagte er. »Ebenso die Ausrottung der Stammespolitik zu Gunsten des Leistungsprinzips.«

Wir standen hier einem Mann gegenüber, der uns intellektuell ebenbürtig war, aber wie Millionen von Afrikanern unabhängig von Begabung und Fähigkeiten seine Kinder in einer Schlammhütte ohne Wasser und Strom aufziehen musste. Plötzlich wurde uns klar, dass auch wir nicht mehr vom Leben bekommen hätten als Andrew, wenn wir in diesem afrikanischen Dorf geboren worden wären. Und auch für uns gäbe es keine Möglichkeit, etwas an den Bedingungen zu ändern.

Als ältester Sohn eines polygam lebenden Analphabeten hatte Andrew Thuvas Schulzeit unter einem Affenbrotbaum begonnen, ohne Dach über dem Kopf und ohne Schreibhefte oder Bücher. Aber von Anfang an war er zum Erfolg bestimmt gewesen. Als er erfuhr, dass der beste Schüler ein YMCA-Stipendium für die Highschool erhielt, träumte er davon, die Sekundarstufe abzuschließen, wofür er hart arbeiten musste und außerfamiliäre Unterstützung brauchte. Sein Vater hatte so gut wie kein Einkommen und konnte ihm nicht helfen. Andrews Ziel, eines Tages in einem Büro zu arbeiten und in einem Auto in das Dorf zurückzukehren, schien so weit entfernt wie der Mond.

Andrew erhielt nicht nur das Stipendium, sondern wurde auch Primus an der Highschool. Ein weiteres Stipendium ermöglichte ihm das College. Er erzählte uns, wie er in Nairobi angekommen war, die Schulgebühren jeden Penny aufgefressen hatten und ihm nur zehn Dollar und die Kleider auf dem Leib blieben. Er hatte gehungert, auf den gefährlichen Straßen geschlafen, tagsüber den Unterricht besucht und gute Noten geschrieben. Dann korrespondierte er mit einem europäischen Paar, das hier seinen Urlaub verbracht hatte, und sie unterstützten ihn finanziell, sodass er sein Essen und ein Dach über dem Kopf während der drei Collegejahre bezahlen konnte.

Nun verdiente der 32-jährige Andrew in einem Hotel monatlich zweihundert Dollar. Aber an Stelle es für seinen eigenen bescheidenen Lebensstandard zu verwenden, setzte er das Geld dafür ein, seine jüngeren Geschwister durch die Sekundarstufe zu bringen. Ihm war klar, dass ihre Zukunft von ihrer Ausbildung abhing. Ngumbao und Mark, der Andrew einen Helden nannte, als er aufzählte, was sein älterer Bruder für ihn getan hatte, waren erfolgreich gewesen. Katana besuchte ebenfalls die Highschool. Aber der Nächste in der Reihe, unser Freund Boniface, hatte nicht so viel Glück. Andrews Mittel gingen zur Neige. Deswegen verhökerte Boniface Haifischzähne am Strand.

Wieder einmal erteilte uns Afrika eine Lehre und rüttelte uns auf. Die Armut Afrikas war unser tägliches Thema beim Abendbrot. Die Bekanntschaft mit Andrew wurde zum Wendepunkt und veränderte unser Leben. Er machte uns klar, dass sich ein zerlumpter Jüngling, der in einer Schlammhütte lebte, in nichts von uns unterschied.

Allmählich, schmerzlich, kamen wir zu einer unvermeidlichen Erkenntnis: Wenn wir diesen Menschen den Rücken zukehrten – deren dringendste Bedürfnisse gleichzeitig so bescheiden und so elementar waren –, wenn wir also ohne einen Beitrag für ihre Zukunft wieder abfuhren, dann hatten wir auf dem Prüfstein der Menschlichkeit versagt.

19

20

19 Unsere Söhne verstehen sich prächtig mit den Aborigines (Cooktown)

20 Australische Salzwasserkrokodile

21

22

23

24

21 *Yves war mehr als nur ein Passagier auf der NORTHERN MAGIC*

22 *Fischerdorf Phang Nga Bay (Thailand)*

23 *Frauen schleppen Fruchtpyramiden als Opfergaben zum Fest (Bali)*

24 *Beeindruckende Tempel in Bangkok*

25 *Hölzerne Zapfen ersetzen beim Bootsbau Leim und Nägel (Komodo Island)*

25

26

27

28

26 *Eine Maske zum Geburtstag (Malediven)*

27 *Rasta-Businessmen: Obstverkäufer auf den Seychellen*

28 *Segler zwischen den Malediven auf einem Dhoni*

29 *Ekkas tuk-tuk in Galle – ein Fleckchen Geborgenheit in schwieriger Zeit*

30 *Jeder Sonnenuntergang malt in anderen Farben*

31 *Wir kaufen Magic, die Kuh, und schaffen damit für Hamishi eine wirtschaftliche Basis (Kenia)*

29

30

31

32 *Von hinreißender Schönheit: Karimosho*

33 *Der Medizinmann bei der Arbeit*

34 *Barke des Pharao im Museum von Gizeh (Ägypten)*

35 *Dachdecker-arbeiten in Kenia*

36 *Der zerbombte Palast von Haile Selassie (Äthiopien)*

32

33

34

35

36

37

38

37 Delphi: ein europäisches Wunder (Griechenland)

38 Auf der Kaimauer von Horta (Azoren) prangt die Route der Northern Magic rund um die Welt

20
Wir bringen einen Stein ins Rollen

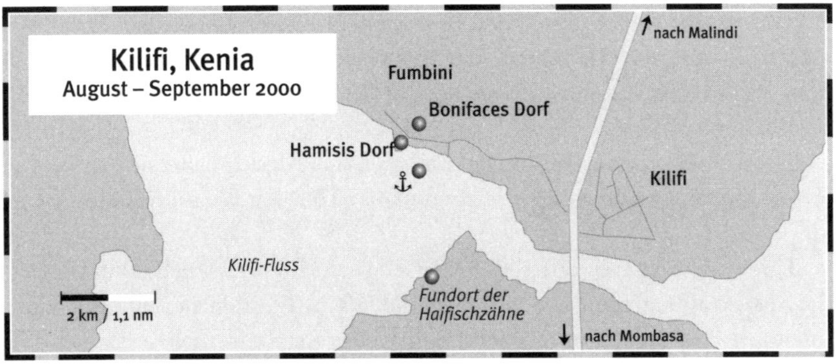

Wir waren uns natürlich darüber im Klaren, dass wir Afrikas Probleme nicht lösen konnten, aber es stand immerhin in unserer Macht, Boniface zu helfen. Wir beschlossen, ihm für den Rest seiner Schulzeit unter die Arme zu greifen. Wir wollten Afrika nicht länger als Außenstehende erleben; der Anstand verlangte es einfach, aktiv zu werden. Wenn wir die Mittel für Bonifaces Ausbildung zur Verfügung stellten, konnte er später mit seinem Job seine Kinder aus der Armut holen, und wir hätten tatsächlich die Welt verändert: die Welt von Boniface und seiner Nachkommen. Das war nicht viel, ein kleiner Kieselstein wurde angestoßen und rollte den Berghang hinunter, aber es war besser als nichts.

Wir brachen für eine zweiwöchige Safari ins Hinterland auf. Ständig hielten wir uns dabei vor Augen, dass die Summe, die diese Safari kostete, Bonifaces gesamte Familie über Jahre hinweg auf die sichere Seite bringen würde. Ein paar Tage nach unserer Rückkehr – noch ehe wir Boniface über unsere Absichten informieren konnten – erwähnte er, dass sich der Zustand seines kranken Vaters verschlimmert hatte, und obwohl er uns nicht direkt fragte, schien Boniface implizit um Hilfe zu bitten. Unsicher, wie wir uns verhalten sollten, baten wir Boniface, uns zu seinem Vater zu bringen.

Wir gingen zu dem Dorf. Kitsao, der Vater, lag zur Seite gedreht auf einer geflochtenen Matte auf der gefegten Erde, ein runzliger, verschrumpelter, in ein Stück Tuch gehüllter Mann. Seine Augen waren geschlossen, sein Kopf lag auf den knochigen Armen. Er war erst fünfundfünfzig Jahre alt, sah aber aus wie siebzig. Sein ausgezehrter Körper wurde von Krämpfen geschüttelt, obwohl es ein warmer Tag war und er in der Sonne lag. Keine Frage – er war sehr krank.

Wir halfen dabei, Kitsao zum Arzt zu bringen, der einen heftigen Anfall von Malaria diagnostizierte. Aber Kitsao litt noch unter einem viel ernsteren Problem: ein großer und schnell wachsender Tumor in der Prostata schnitt den Urinleiter ab.

Der Arzt legte einen vorläufigen Katheter, aber Kitsao musste sich unbedingt einer Operation unterziehen, die mindestens 50 000 Kenia-Shilling kosten würde.

Um mich drehte sich alles, während ich versuchte, den Wechselkurs in Dollar auszurechnen, ohne die Nullen an die falsche Position zu rücken. Zusammen mit Herbert überprüfte ich zweimal das Ergebnis. Er bestätigte meine Befürchtung: Es handelte sich um eintausend Dollar. Das konnte die Familie niemals aufbringen. Sie hatten nicht einmal die zehn Dollar, die der Arzt sofort verlangte. Mein Herz rutschte in meinen Magen und blieb dort wie ein Marmorblock liegen.

Während Kitsao seine Injektionen gegen Malaria erhielt, gab ich flüsternd an Herbert weiter, was mir der Arzt erklärt hatte. Einen Moment lang diskutierten er und ich im Flüsterton, ob wir die Kosten für die Operation übernehmen sollten. Unser erster Impuls: Wir konnten doch nicht diesen Mann seinem Schicksal überlassen. Aber dann wurde uns klar, dass wir nicht alle Probleme dieser Familie auf uns laden konnten. Nach kenianischen Maßstäben war Kitsao ein alter Mann. Wir mussten Prioritäten setzen. Die Summe würde einen weit größeren Effekt haben, wenn wir sie in Boniface investierten.

Plötzlich wurde uns bewusst, dass wir bereits den Entschluss gefasst hatten, dem kranken Mann nicht zu helfen, der zusammengesunken auf einem Stuhl vor uns saß. Herbert und ich kämpften mit den Tränen, damit Mark und Boniface unsere Qualen nicht sahen. Einen Augenblick lang wünschten wir uns, wir hätten uns nicht in alles eingemischt und Kitsao überhaupt nicht zum Arzt gebracht. Aber wenn man erst in einen Apfel vom Baum der Erkenntnis gebissen hat, gibt es kein Entrinnen vor dem Wissen und seinen Konsequenzen.

»Diesen Preis müssen wir zahlen, weil sich unsere Leben begegnet sind«, sagte Herbert betrübt. Tatsächlich war es ein hoher Preis.

Diese Nacht fielen wir wieder nur in einen leichten Schlaf – unseren afrikanischen Schlaf, wie wir das mittlerweile nannten. Wir hielten es für entscheidend, mit Andrew zu sprechen, um sicher zu sein, dass er den Ernst der Situation verstand und alle Geldmittel so schnell wie möglich locker machte. Wir gingen davon aus, dass keinem der Familienmitglieder klar war, wie es um den Vater stand. Mark hatte mit mir den Ausführungen des Arztes zugehört, aber ich bezweifelte, ob er unter all den medizinischen Fachausdrücken begriffen hatte, dass sein Vater ohne Operation sterben würde.

Andrew arbeitete in einem Hotel in der Nähe von Mombasa und kehrte nur sonntags zu Frau und Kindern zurück. An dem nun folgenden Sonntag begleitete Boniface Andrew zu unserem Ankerplatz. Unsere Vermutung bewahrheitete sich: Andrew hatte keine Ahnung. Als wir ihm die Dringlichkeit der Operation und die Kosten schilderten, tauchte sein Gesicht in den Schatten des Mangrovenbaumes, unter dem wir standen, und einen Augenblick lang blieb er ganz still. Wir konnten sehen, dass er weinte.

Eine Minute später fand er seine Beherrschung wieder und dankte uns. Er begann darüber nachzudenken, ob sein Vater eine Unterstützung aus einem medizinischen Fonds erhalten könnte, der wenigstens für einen Teil der Kosten aufkommen würde. Aber es war ein schwerer Schlag für ihn.

Auch uns war es nicht leicht gefallen, die Überbringer schlechter Nachrichten zu sein, aber wir hatten für Andrew auch gute Neuigkeiten. Wir teilten ihm mit, dass wir beschlossen hatten, Boniface während des Besuchs der gesamten Sekundarstufe zu unterstützen, vorausgesetzt, er erklärte sich einverstanden, alles zu tun, dass seine Kinder ebenfalls in den Genuss einer solchen Ausbildung kämen – und das schloss die Verpflichtung ein, nicht mehr Kinder zu haben, als er sich unter diesen Umständen leisten konnte. Herbert nannte als weitere Bedingung, dass Boniface im Rahmen der Möglichkeiten einem weiteren Kind den Schulbesuch sponsern und dass sich dieses Konzept immer wieder fortsetzen sollte.

Boniface stand sehr ernst dabei und schaute verschüchtert, als wagte er nichts zu sagen. Andrews Augen aber begannen wieder zu glänzen, während er zuhörte. Dann wandte er sich an seinen Bruder.

»Hast du die Verpflichtungen verstanden, die du eingehen würdest?«, fragte er den jüngeren Bruder in ernstem Ton. »Sie bieten dir eine unglaubliche

Chance. Aber wenn du akzeptierst, wirst du dich auch den daran geknüpften Bedingungen unterwerfen und überdies sehr hart arbeiten müssen. Sie werden kein Geld in dich investieren, wenn du nicht sehr gute Noten vorweist. Und es handelt sich um eine Menge Geld. Geld, das man nicht einfach so zum Fenster hinauswirft.«

Boniface nickte stumm. Seine Augen waren weit aufgerissen.

»Du musst uns die Antwort nicht heute geben«, sagte Herbert. »Nimm dir Zeit, darüber nachzudenken und entscheide dich, ob du dich diesen Bedingungen gewachsen fühlst.«

Andrew drückte uns die Hände beim Abschied ganz besonders herzlich, und wir verabredeten, uns in einer Woche wieder zu treffen.

Als die Brüder den Strand entlanggingen, konnten wir hören, wie Andrew weiter väterlich auf Boniface einredete. Äußerlich war er klein, aber innerlich war er ein großer Mann. Er stieg weiter in unserer Achtung. Wir kletterten in unser Dingi, kehrten zur NORTHERN MAGIC zurück und schulterten unser eigenes Päckchen mit dieser sonderbaren Mischung aus Kummer und Hoffnung.

*

Es wurde nun Zeit, die NORTHERN MAGIC für ihren langen Schlag zum Roten Meer vorzubereiten. Wir baten Boniface, Hamisi und Mark uns dabei zu helfen, den Unterwasseranstrich zu erneuern. Am verabredeten Tag erschien ein weiterer von Bonifaces vielen Brüdern, Katana. Er war ein besonders dunkelhäutiger junger Mann von neunzehn Jahren, höflich, intelligent und ungewöhnlich gereift. Da wir nicht das Herz hatten, ihn wieder wegzuschicken, arbeitete er als zusätzliches Mitglied in der Mannschaft.

Mit der Flut verholten wir die NORTHERN MAGIC zu einigen Zementpfosten einer längst verrotteten Pier und vertäuten sie so, dass sie sich nicht überlegen konnte. Bei Niedrigwasser kratzten Herbert und unsere afrikanischen Jungs dann den Bewuchs ab und strichen den Rumpf neu. Mark und Katana boten an, nachts als Wächter gegen potentielle Diebe im Cockpit zu bleiben. Nach dem Essen erschienen sie mit einer Art Armbrust und einer Angel bewaffnet, sodass wir unter ihrer Obhut sicher schlafen konnten.

Am nächsten Morgen stand ich vor der Frage, was ich ihnen zum Frühstück anbieten sollte. An Stelle meines nicht mehr ganz taufrischen Maismehls, des afrikanischen Hauptnahrungsmittels, beschloss ich, Haferflocken zu verwenden.

Porridge mit Milch und Zucker waren ein Luxus, den unsere Freunde nicht kannten. Katanas Reaktion auf die Rosinen war besonders interessant. Er konnte gar nicht genug bekommen – sodass er nach der zweiten großen Schüssel Porridge dazu überging, sie sich direkt in den Mund zu schaufeln. Schließlich überreichte ich ihm das ganze Päckchen, und er baggerte sie alle hinunter. Von solchen Leckereien hatte er bisher nicht einmal etwas gehört. Tatsächlich hatte ich die Rosinen in Mombasa erworben, aber die Jungen kauften natürlich üblicherweise nicht im Supermarkt ein.

Alle Vier arbeiteten hart und schafften das Säubern und Abschmirgeln des Rumpfes während des Niedrigwassers des ersten Tages und den kompletten Neuanstrich am zweiten. Ich bereitete einen riesigen Topf Chili zu, über den sie am Ende des Tages im Cockpit wie die Wölfe herfielen. Fleisch war ebenso wie Brot mit Butter eine seltene Freude für unser Team aus hungrigen und mit Farbspritzern verzierten jungen Männern. Ein ganzer Laib verschwand wie der Blitz.

Während wir dann zufrieden und müde zusammensaßen und uns unterhielten, drehte sich Mark mir zu und sagte mit einem großen und freudigen Lachen: »Es ist schon erstaunlich, dass Menschen wie wir hier sitzen und Freundschaft schließen können mit Menschen wie euch.«

»Was meinst du damit?«, fragte Herbert.

»Es gibt einen Unterschied zwischen uns und euch«, antwortete Mark, »und wir sind es nicht gewohnt, dass euresgleichen uns als Freunde behandeln.«

»Und worin besteht der Unterschied zwischen uns?«, fragte Herbert, der natürlich genau wusste, wovon Mark sprach.

Eine Pause trat ein, und es war Katana, der dann mit sanfter Stimme sagte: »Unsere Haut ist schwarz.«

»Das ist aber auch das einzige unterschiedliche Merkmal«, entgegnete Herbert, »und es unterscheidet uns nicht wirklich voneinander.«

Unsere vier Besucher nickten zwar, aber nicht mit großer Zuversicht. Etwas in dieser Unterhaltung ließ mein Herz schwer werden. Warum sollten diese vier intelligenten, fähigen und netten jungen Männer für unsere völlig normale Freundschaft dankbar sein? Der Grund lag natürlich – aus ihrer Sicht – darin, dass die Freundschaft eines Weißen, eines *mzungu*, für sie etwas noch nicht Dagewesenes war.

Die Gemeinde Kilifi bestand aus wenigen relativ wohlhabenden Pensionären, meist britischen Staatsangehörigen, die in feudalen Anwesen residierten, und vielen extrem armen Schwarzen, die von der Hand in den Mund lebten. Es ist natürlich kein Fehler, reich zu sein, aber es steht auf einem anderen Blatt, die anderen als Wesen von untergeordneter Kategorie zu behandeln. Und genau das erlebten wir hier überall und immer wieder.

Es ist natürlich nicht fair, so zu tun, als wären die schlechten Beispiele repräsentativ für die Weißen von Kilifi. Es gab Leute, die jedermann mit Rücksichtnahme behandelten, und es waren dieselben, die auch sonst einen bedeutenden Beitrag für die Gemeinde leisteten. Aber Mark war in dem Gefühl großgezogen worden, dass etwas Unzulängliches und Abstoßendes auf ihm lastete, irgendeine mysteriöse Regel des Universums, die festlegte, dass Weiße automatisch reich waren und Menschen mit schwarzer Haut arm und dazu geboren, angebrüllt, getreten oder davongejagt zu werden.

Ich werde niemals Marks Blick vergessen, als er zum ersten Mal in das enge Innere der NORTHERN MAGIC schaute. Als sie mit ihren Arbeiten am Rumpf fertig waren, hatten unsere Söhne Mark, Boniface, Katana und Hamisi, die nie zuvor einen Computer bedient hatten, ihre Computerspiele gezeigt und erklärt. Mark bestaunte verwundert alles, was wir so im Boot hatten: Bücher, fließendes Wasser, die Toilette, den Herd, den Fernseher, den Videorecorder, den Stereo-CD-Player, zwei Computer und vieles andere. Mark besaß ja nicht viel mehr als die Kleider, die er auf dem Leib trug.

»Ich kann es nicht glauben, dass ihr dieses Boot überhaupt verlasst«, sagte er. »Alles, was ihr braucht, habt ihr da. Warum wollt ihr an Land gehen?«

Boniface und Hamisi hatten uns zu einer Cashew-Nüsse-Rösterei eingeladen, wofür wir uns mit einem Marshmallow-Grillen am Strand revanchieren wollten. Keiner von ihnen hatte je zuvor Marshmallows gesehen. Wir verbrauchten an dem Tag fünf ganze Pakete – und die Dinger wurden gegrapscht, geröstet und verschlungen, kaum dass ich sie aus der Verpackung befreit hatte.

Aber wir boten sogar noch etwas Besseres. Ein paar Tage zuvor hatten wir unseren wöchentlichen Ausflug nach Mombasa absolviert, eineinhalb Stunden mit dem rumpeligen Bus weit weg, um unsere E-Mails auf den Weg zu bringen und Lebensmittel einzukaufen. Und dort hatten wir wundervolle Neuigkeiten erfahren: Drei Leser des *Ottawa Citizen*, gerührt von dem Bericht über den Lebenskampf von Boniface und Hamisi und ihren Familien, wollten sie mit Geld unterstützen. Wir waren hin und weg. Die versprochene Summe belief sich insgesamt auf neunhundert Dollar.

Ein Spender schrieb: »Ich bin mir bewusst, dass diese Zuwendung wie eine symbolische Geste der Güte erscheinen mag, besonders da die Armut so viele Familien in Afrika betrifft, aber ich fühle mich aus ganzem Herzen verpflichtet, irgendetwas zu tun. In meinem Leben gibt es so viel, wofür ich dankbar sein muss – eine gesunde Familie und das Privileg einer besseren Ausbildung. Bitte überbringen Sie beiden Familien meine beste Wünsche. Sagen Sie ihnen, dass jemand auf der anderen Seite des Globus an sie denkt.«

Wir überreichten die Nachricht an Mark und Andrew, und beiden schossen die Tränen in die Augen, während sie lasen.

Im Laufe der folgenden Woche trafen wir uns mehrmals mit Andrew und anderen Familienmitgliedern, um über ihre Vorschläge zu beraten, wie das Geld am besten zu verwenden sei. Bildung stand an oberster Stelle, und es gab viel mehr Ideen, als mit dem vorhandenen Geld umgesetzt werden konnten. Es war nun unsere Aufgabe, alle Möglichkeiten durchzusieben und den besten Plan für eine dauerhafte Lebensverbesserung aller Betroffenen zu erstellen.

Diese Aufgabe war zeitintensiv, aber auch sehr befriedigend. Wie glücklich waren wir, die Gelegenheit zu haben, eine Wende herbeizuführen, wie gering sie auch sein mochte. Wie viel leichter war es jetzt, abends einzuschlafen mit dem Wissen, dass wir etwas bewegten. Unser eigener kleiner Kieselstein hatte weitere Steine ins Rollen gebracht – wunderbar!

Herbert und ich vernachlässigten unsere Kinder in den nächsten paar Wochen, während wir alles abklapperten, um Zukunftsperspektiven zu checken, Highschools zu besichtigen, Rinderfarmen, Ausbildungszentren und Colleges. Üblicherweise legten wir die langen Wege in einem *matatu*, einem der immer schwer überladenen Minilaster zurück. Im Allgemeinen versuchten wir einen unserer Söhne mitzunehmen, obwohl sie nicht allzu wild auf den langen Fußmarsch nach Kilifi waren, um dann noch eine Stunde oder länger in einem der *matatus* zu sitzen, mit einer nackten Achselhöhle vor der Nase, und sich Kopf und Knie anzuschlagen, ehe das Gefährt quietschend zum Stehen kam.

»Ihr fahrt in einem *matatu*?«, fragten uns mehrere weiße Kenianer im Ton höchsten Ekels und als könnten sie es nicht fassen, wenn sie unsere übliche Art der Fortbewegung herausfanden. Aber das gehörte ebenfalls zu unserer Erfahrung in Kenia.

Dann waren wir wieder einmal auf dem Weg zu einer weiteren entfernt gelegenen Schule. Das *matatu* war mit zwanzig Passagieren wie immer hoffnungslos überbesetzt. Die Frauen trugen farbenfrohe Gewänder und hatten sich die Babies auf den Rücken gebunden, einige zeigten die komplizierten Muster von aufgeworfenen Ziernarben im Gesicht. Ein oder zwei Männer hingen aus der Tür.

Als die Menge etwas weniger wurde, bemerkte Christopher plötzlich, dass er Boniface aus den Augen verloren hatte. Unsere Jungen mochten mittlerweile Boniface und Mark unglaublich gerne, denn beide zeigten die Geduld und Gutmütigkeit für endlose Ringkämpfe und Fangspiele am Strand. Wenn Christopher einen von ihnen entdeckte, warf er sich im nächsten Augenblick in seine Arme. Manchmal hatte ich das Gefühl, Mutter von fünf Jungen zu sein.

»*Mom*, wo *is Bonnyboy?*«, schrie Christopher alarmiert, als sein spezieller Freund in der Menschenmenge des *matatu* für immer verloren gegangen zu sein schien.

»Er sitzt direkt neben uns«, antwortete ich und deutete mit dem Kopf nach rechts.

Christopher schaute hin und entdeckte zu seiner Erleichterung, dass Boniface gesund und munter dort saß. Was dann geschah, grub sich für immer in mein Gedächtnis ein.

Christophers sanfte kleine weiße Hand schob sich schnell und still in Bonifaces große braune Hand. Es war die natürlichste Geste der Welt. Als jeder in dem *matatu* auf diesen ungewohnten Anblick starrte, hatte ich das Gefühl, dass für einen kurzen Augenblick die Welt in Ordnung war.

*

Unsere letzten Tage waren gekommen, ehe wir wieder aufs Meer hinaus mussten, und nur wenig auf unserer Liste war noch zu erledigen - Dinge wie »Ölwechsel«, »das Rigg trimmen« und »eine Kuh kaufen«.

Ja, wir waren im Rindergeschäft. Nachdem nun Bonifaces Schulgebühren gesichert waren, hatten wir nach Wegen gesucht, Hamisi ein Einkommen zu verschaffen. Wir halfen ihm, sich in der Haifischzahnschmuck-Branche zu etablieren, indem die wertvollen Fossilien zu Schmuckstücken aufgearbeitet wurden, damit man sie dann für einen höheren Preis verkaufen konnte. Während unseres wöchentlichen Ausflugs nach Mombasa hatten Herbert und ich ein Perlengeschäft gefunden, wo wir mit gut gekleideten, langohrigen und mit

Perlen geschmückten Frauen vom Stamm der Massai in Berührung kamen, die wie wir beim Einkaufen waren.

Wir hatten eine gute Zeit, während wir unter einer großen Vielfalt von Perlen, Metallspangen und Zubehör auswählten, um daraus Ohrringe zu fertigen. Mit großem Einfallsreichtum verwendeten die Massai-Frauen auch Schuhleder und Klebstoff, der aus dem Saft des Cashew-Baumes gewonnen wurde, um kleine Applikationen auf den Knochen-Fossilien anzubringen und sie so in tolle Halsketten und Ohrringe zu verwandeln. Ich stiftete meine alten Sandalen für den Anfang. Wir erstellten und fotokopierten kleine Kärtchen, die den Haifischzähnen beigelegt werden und erläutern sollten, dass es sich um echte, seltene Fossilien handelte. Dazu kauften wir einige Präsentationsutensilien, sodass die Schmuckstücke optimal angeboten werden konnten.

Hamisi, der ernst und still war, schien fast vor Stolz zu platzen, als sein neues Geschäft anlief. Nachdem der erste Schwung Ohrringe ausverkauft war – sowohl an Touristen als auch an Afrikaner – kündigte er an, dass er eines Tages durch ganz Kenia reisen und seine Schmuckstücke an die Läden verkaufen wollte. Wir hatten für das kleine Geschäft alles in allem hundert Dollar investiert, und in der ersten Woche verdiente Hamisi fast dreißig Dollar.

Aber mit den zusätzlichen Geldmitteln, die durch die Leser des *Citizen* angeschwemmt worden waren, sahen wir uns in der Lage, etwas Wesentlicheres zu etablieren. Hamisi interessierte sich nicht für die Schule, und wir waren der Meinung, dass es keinen Sinn machte, einer Familie etwas aufzuzwingen, von dessen Wert sie nicht überzeugt war. Nach vielen Besprechungen und Überlegungen, einschließlich der Ratschläge der Mitarbeiter des örtlichen Büros von Plan International (ein Konzept für Familienbetreuung), die uns tagelang ihre exzellenten Programme zeigten und uns halfen, etwas Ähnliches für unsere Freunde zu entwickeln, beschlossen wir, für Hamisi eine Kuh zu kaufen. Sie sollte der Grundstein für eine Milchtierhaltung sein, die sein Kapital kontinuierlich wachsen lassen und für ein regelmäßiges Einkommen sorgen konnte. Es gab einen großen Bedarf für Milch in Kilifi, und Plan International unterhielt bereits ähnliche Projekte mit ihrer Familienfürsorge, sodass wir alle zu der Überzeugung kamen, dass es funktionieren würde.

Früh an einem Sonntagmorgen überraschten wir Hamisi, indem wir unangemeldet in sein Dorf gingen und fragten, ob er an diesem Tag eine Kuh kaufen wollte. Zu unserer großen Zufriedenheit war er bereits aufgestanden und arbeitete vor seiner Hütte an seinem Haifischzahnschmuck. Hamisi verstaute seine Utensilien. Und dann gingen wir alle entschlossen zum Büro von Plan International, wo Kenneth Muriithi, der Leiter der Niederlassung, und Kalimbo, der Farmspezialist, uns ihren freien Tag zur Verfügung stellten. Kenneth hatte uns die Hilfe dieser Zweigstelle angeboten, obwohl Hamisi außerhalb des Zuständigkeitsbereiches lebte. »Wir helfen gern«, hatte Kenneth betont, »zumal euer Anliegen und unseres genau die gleichen sind.« Kalimbo war mit seinem eigenen Motorrad über Land gefahren, um die perfekte Kuh zu finden.

Als wir in die Straße zum Büro von Plan International einbogen, wandte sich Herbert plötzlich abrupt Hamisi zu und sagte: »Das Geld ist nur geliehen, das weißt du doch?«

Hamisi fiel die Kinnlade herunter, und er riss seine Augen weit auf. Es war das erste Mal, dass jemand über eine »Leihgabe« sprach. Er dachte, dass er die Kuh umsonst bekäme.

»Nun, nichts ist umsonst in der Welt«, fuhr Herbert fort. Ich wagte es nicht, Hamisi anzuschauen, aus Angst in Gelächter auszubrechen und alles zunichte zu machen. Hamisi konnte nicht sehen, was ich sah: dass in Herberts Augen ein Lachen flackerte.

»Also«, sprach Herbert weiter, »es handelt sich um eine Leihgabe. Und ich sage dir, dass du alles eines Tages zurückzahlen musst. Die Rückzahlung erfolgt in der Form, dass du sorgfältig auf diese Kuh aufpasst, dass du daraus eine Herde wachsen lässt und dass du mit dem Verkauf der Milch genug Geld verdienen wirst, um alle deine Kinder in die Schule zu schicken. Du bist nur bis zur achten Klasse gekommen, aber der Sinn hinter dem Kauf dieser Kuh ist, dass deine eigenen Kinder die Highschool bis zum Ende besuchen werden. Wenn du das geschafft hast, ist die Kuh abbezahlt.«

Hamisis Erleichterung war fast mit den Händen greifbar, und er nickte kräftig. Er verfügte nicht über viele Worte, hatte aber die Augen eines kleinen Welpen, wobei ein hängendes Augenlid ihm eine immer traurige Miene bescherte, außer wenn er sein großes strahlendes Lachen aufsetzte. Und jetzt strahlte er.

»Oh, ja, natürlich, ich bin einverstanden«, stieß er eifrig hervor. »Ich will dreißig Kühe daraus machen. Wenn ihr mich das nächste Mal besuchen kommt, werdet ihr das sehen.« Wir mochten Hamisi sehr, der, wie es schien, noch viel ungenutztes Potenzial und Ehrgeiz hinter seinem scheuen, bescheidenen Äußeren hatte. Dabei verhielt er sich stets sehr respektvoll uns gegenüber und sprach mich immer noch mit »Madam« an. Obwohl wir gemeinsam Chili im Cockpit der Northern Magic gegessen hatten, konnte er sich nicht überwinden, mich mit meinem Vornamen anzusprechen. Wir hatten uns dann darauf geeinigt, mich gemäß den Sitten seines Stammes »Mamma Michael« zu nennen, wo Frauen mit dem Namen ihres erstgeborenen Kindes identifiziert werden.

Zwei Tage später wanderten wir alle zu ihm, um die neue Kuh zu besichtigen. Hamisi und ein Bruder hatten am Tag zuvor sechs Meilen zu Fuß hinter sich gebracht, um das Tier in sein neues Zuhause zu führen. Sie war achtzehn Monate alt, also noch nicht ausgewachsen. Die Kuh begrüßte uns mit einem lauten »Muh« und folgte uns vertrauensvoll. Vielleicht waren wir voreingenommen, aber sie schien ein attraktives Tier zu sein, mit großen, glänzenden Augen und einem schönen hellbraunen Fell. Ich möchte sogar so weit gehen, dass ich behaupte: Es war die schönste Kuh, die wir je gekauft haben. Ich fragte Hamisi nach ihrem Namen, und er starrte uns seltsam an. So ergriffen wir die Gelegenheit und tauften sie Magic, ein Name, den sie mit dem kleinen Gibbon auf Borneo teilte.

Für Hamisis Kuh, ein paar tiermedizinische Dinge, und die Grundausstattung für den Schmuckhandel hatten wir ungefähr die Hälfte der Spenden ausgegeben, die exakt tausendundsiebzig Dollar betrugen. Wir entschieden, dass wir den Rest des Geldes am effektivsten für einen Stipendien-Fonds für Bonifaces Familie verwenden könnten, um ihm und seinem Bruder den Zugang zu einer Ausbildung nach der Sekundarstufe zu verhelfen. Innerhalb weniger Wochen begann Mark eine Friseurlehre.

Wir waren nun am Ziel unserer intensiven, manchmal herzzerreißenden und letzten Endes lohnenden Erfahrung im Dorf Kilifi angekommen. Als wir uns von unseren Freunden verabschiedeten, die sich am Strand versammelt hatten, umarmten wir uns, Tränen flossen auf beiden Seiten, und wir versprachen Briefe zu schicken, E-Mails, und sie irgendwann wieder zu besuchen.

Aber das war nur der Anfang. Innerhalb weniger Wochen gingen weitere Leser-Spenden ein, insgesamt mehr als sechstausend Dollar. Darunter war auch der Beitrag einer jungen Familie in Ottawa, die einen Scheck über tausend Dollar schickte, nachdem sie von Kitsaos Elend gelesen hatte, sodass ihm die lebensrettende Operation nicht vorenthalten werden musste. Eine warmherzige Friseurin aus Ottawa reagierte ebenfalls und schickte einen wesentlich höheren Betrag als die Operationskosten. »Die Not des Vaters geht mir nicht aus dem Sinn«, schrieb sie, »und da Weihnachten vor der Tür steht, kann ich es nicht rechtfertigen, Geschenke zu kaufen, wenn man auch sein Leben retten könnte.«

Dank dieser Großzügigkeit wurde Kitsao erfolgreich operiert. Die Tränen, die wir im Hospital vergossen hatten, waren also nicht vergebens gewesen.

Wir waren überwältigt, voller Hochachtung und demütig angesichts des Vertrauens und der Großmut dieser Fremden, die das Leben von Bonifaces Vater retteten. Unser Aufenthalt in Afrika hätte nichts Besseres hervorbringen können. Ich glaube, dass wir in Kenia den tieferen Sinn hinter unserem Törn fanden, den Grund, warum unser wunderbarer Traum uns so kraftvoll hinausgezogen hatte, dass wir unser Zuhause zurückließen und es in unserem kleinen Boot so weit schafften. Vielleicht sollten wir unsere wahre Bestimmung in diesem kleinen staubigen Dorf finden. Vielleicht sollten wir dort etwas von uns zurücklassen. Vielleicht fühlten wir uns deshalb im Herzen nicht mehr so schwer, als wir schließlich aufs Meer zurückkehrten, obwohl wir von den gesamten Erfahrungen zunächst so niedergedrückt worden waren. Und dabei haben wir nur einen kleinen Stein ins Rollen gebracht. Vielleicht löst er eine Lawine aus.

21
Piraten und Terroristen in gesetzloser See

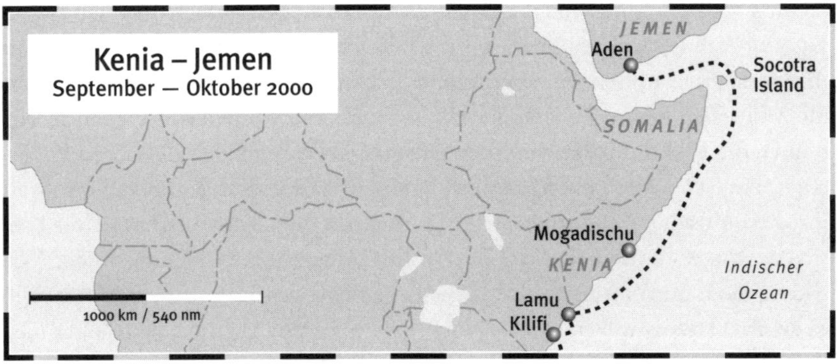

Es war einige Monate her, seit wir auf See gewesen waren. Wir liefen aus mit Ziel Lamu, einer Stadt an der Nordküste Kenias. Zu unserer Bestürzung jedoch mussten wir feststellen, dass uns die Seebeine verloren gegangen waren. Jede einzelne Stunde während dieser nächtlichen Passage zog sich in die Länge und schleppte sich so schwerfällig dahin, als wäre es ein ganzer Tag. Wir dachten bereits an unseren nächsten langen Schlag, der unmittelbar bevorstand: an der somalischen Küste entlang.

Erschöpft, reizbar und als hätten wir einen Sturm hinter uns gebracht, erreichten wir die Hafeneinfahrt von Lamu Island. Unsere Stimmung hatte nichts mit der Realität zu tun, denn tatsächlich war alles glatt verlaufen. Die NORTHERN MAGIC war nahezu über das Wasser geflogen. Unser robustes Boot wurde mit allem fertig; es war die Crew, die durchhing; wir hatten zu lange vor Anker gelegen.

Als wir uns der Küste näherten, hatten wir den Eindruck, ein arabisches Land vor uns zu haben, mit Hügeln aus braunen Sanddünen, auf denen kaum ein Baum stand. Eine schwer beladene Eselskarawane trottete unten entlang, während die Treiber mitleidlos mit Peitschen auf die Tiere einschlugen.

Am nächsten Tag gingen wir zwischen riesigen schimmernden Gebäuden an Land, die sich an der Wasserlinie entlangzogen und mit zwiebelförmigen Rundbögen und strahlend weißen Fassaden arabischen Palästen ähnelten. Lamu war hinsichtlich der arabischen Architektur mit Sansibar vergleichbar. Es wies ein ähnliches Labyrinth aus zwei- und dreistöckigen Gebäuden auf, die sich gegeneinander zu lehnen schienen, als stützten sie sich über den engen Durchgängen. Die Frauen waren ganz in Schwarz gekleidet und bedeckten ihre Gesichter, wenn sie bemerkten, dass man sie ansah. Es gab keine Autos, die Menschen bewegten sich per Dhau, zu Fuß oder auf Eseln vorwärts. Wir liebten die Esel mit ihren albernen Ohren und ihren meist erfolglosen Versuchen, langsamer zu gehen, als ihre Treiber das von ihnen verlangten. Man musste höllisch aufpassen, wenn ein heftig mit der Gerte misshandelter Esel sich unversehens seinen Weg durch das Gewirr der Gässchen brach. Wir waren von Lamu ganz bezaubert. Aber irgendwie genossen wir es nicht so, wie es zu erwarten gewesen wäre. Etwas lastete schwer auf uns, bedrückte uns, und wir konnten uns dem nicht entziehen. Mit jedem Tag, der vorbeiging, erschien uns die Aussicht auf die bevorstehende Passage bedrohlicher, bis es so aussah, als bestünde hier ein Zusammenhang mit unserer allgemeinen Unruhe.

Es gab mehr als einen Grund, diesen Schlag zu fürchten. Da war zunächst die Länge von tausendsechshundert Seemeilen, es handelte sich also um die zweitlängste Etappe unserer gesamten Weltumseglung. Und unsere Erfahrung mit dem brutalen und rauen Indischen Ozean verschaffte uns auch keinen freundlichen Ausblick auf die zu erwartende Tortur.

Das zweite Problem war das Wetter: Wir mussten uns darauf gefasst machen, am Wind segeln zu müssen, der besonders am Horn von Afrika stark aufkommen konnte. Es war sogar mit einem Zyklon zu rechnen.

Doch das wirkliche Schreckgespenst waren die Piraten. Wir hatten Erfahrung mit Piratenrevieren in Indonesien und in der Malacca Strait gesammelt, aber jene armen indonesischen Fischer wirkten wie Kindergartenschüler mit ihren Messern im Vergleich zu den zu allem entschlossenen Somalis mit ihren AK-47-Schnellfeuergewehren, die die Küste und auch das Rote Meer im Griff hatten. In den vergangenen zwölf Monaten waren mindestens acht Angriffe auf private Yachten bekannt geworden, bei zweien waren Schüsse aus Schnellfeuerwaffen abgegeben worden. Ein paar Jahre vorher war eine Yacht sogar Mörserfeuer ausgesetzt und nur deshalb unbeschadet entkommen, weil in letzter Minute die FREDERICTION von der kanadischen Marine zu Hilfe kam. Angriffe auf Handelsschiffe schienen an der Tagesordnung. Mehr als einmal stellten wir uns die Frage, ob unsere Entscheidung richtig gewesen war, abseits der gängigen Routen zu segeln, was uns nun zu einem Kurs tausend Meilen entlang der gesetzlosen somalischen Küste zwang. Hätte wir die übliche Route gewählt, hätten wir zusammen mit anderen Seglern direkten Kurs aufs Rote Meer nehmen können und wären möglichen Gefahren nicht allein ausgesetzt gewesen.

Aber nun hatten wir keine andere Wahl mehr, als das auf unserer Seekarte mit vielen »x« markierte Gebiet hinter uns zu bringen. Ein »x« pro kürzlich überfallener Yacht oder angegriffenem Handelsschiff hatte ich eingezeichnet, so wie wir es dem täglichen Bericht des International Piracy Centre entnahmen, den wir über Inmarsat empfingen. Wir mussten den Fehdehandschuh aufnehmen und das Beste hoffen.

Nie zuvor hatten uns die Vorbereitungen auf eine neue Etappe so belastet wie jetzt. Wir entschlossen uns, den Radarreflektor zu entfernen und weder unser UKW zu benutzen noch nachts unsere Positionslampen einzuschalten, um uns möglichst unsichtbar zu machen. Wir dachten uns Verstecke aus, um die wichtigsten Ausrüstungsgegenstände auf dem Boot zu schützen. In einem kleinen Fach unter Michaels Koje, das die Piraten eigentlich nicht finden konnten, ließen wir unser Handheld-GPS, unser Handheld-UKW-Funkgerät, unsere Kamera und unseren Laptop mit dem E-Mail-Programm verschwinden. Wir veranstalteten sogar einen Probelauf, um genau zu wissen, wie lange wir dazu brauchten, die Dinge zu verstauen, sobald Gefahr drohte. In einem anderen Versteck, das nicht einfacher zu finden war, deponierten wir unsere Eheringe und das meiste Bargeld. Eine kleinere Summe und die Travellerschecks versteckten wir, um sie im Bedarfsfall zu »opfern«.

Dann wollten wir nur noch aufbrechen und die Sache hinter uns bringen. Nachdem wir alle Eventualitäten ins Kalkül gezogen hatten und optimal vorbereitet waren, gingen wir ankerauf. Nun konnten wir nur noch beten.

*

Unser Kurs Richtung Jemen und Rotes Meer zwang uns zu einem langen Schlag entlang der Küste Somalias, um das Horn von Afrika und dann ostwärts.

Das Piracy Reporting Centre in Malaysia riet allen Schiffen, Somalia wie die Pest zu meiden und mindestens fünfzig Meilen – hundert wären besser – Abstand von der Küste zu halten. Innerhalb dieser Zone liefe jeder Gefahr, von bewaffneten Somalis ausgeplündert oder als Geisel genommen zu werden. In dieser Region gäbe es seit zehn Jahren weder Recht noch Gesetz.

Andererseits konnten wir, je näher wir unter Land segelten, den Nord gehenden Somalia-Strom umso besser nutzen, wodurch sich unser Törn durch diese problematischen Gewässer um mehrere Tage verkürzen würde. Schließlich einigten wir uns auf eine 60-Meilen-Pufferzone, wo wir einigermaßen in Sicherheit waren und trotzdem von dem Strom mit ein oder zwei zusätzlichen Knoten geschoben wurden. Wir nahmen unsere Wachen extrem ernst und ließen kein Auge von dem nicht sichtbaren unglücklichen Land im Westen.

Bereits am ersten Tag hatte sich Herbert den kleinen Zeh seines linken Fußes gebrochen. Er hatte sich brutal gestoßen, und dann hatte sich der arme Zeh über den nächsten geschoben und grotesk verdreht, sodass der Nagel nach außen zeigte. Wir waren unsicher, ob wir selbst versuchen sollten, ihn wieder geradeaus zu richten, oder ob es besser war, die zwei Wochen bis Aden zu warten, um dann einen Arzt aufzusuchen. Wir überlegten auch umzukehren, aber das hätte einen mehrtägigen Kampf gegen Wind und Strom zurück nach Lamu bedeutet, deshalb stand es außer Frage.

Im Laufe des nächsten Tages richtete der kleine Zeh sich selbst allmählich wieder in eine normalere Position, und nachdem wir über E-Mail Instruktionen bekommen hatten, wie wir ihn behandeln sollten, erledigte sich das Problem praktisch von selbst. Schließlich nahm Herbert seinen ganzen Mut zusammen und drehte den Zeh so, dass der Nagel wieder nach oben zeigte statt nach außen. Als er später geröntgt wurde, erklärte der Arzt den Bruch für sauber eingerichtet. Aber Herbert litt noch wochenlang unter Schmerzen, was wir meist an der Lautstärke seines Aufjaulens bemerkten, wenn einer von uns ihm versehentlich auf den Fuß trat.

Wir hatten achterlichen Wind, und der Strom schob auch, sodass wir quasi an der Küste entlangflogen. Die NORTHERN MAGIC surfte förmlich über die Wellen, und wir kamen mächtig vorwärts. Der Wind zeigte zwar nur um die zehn bis fünfzehn Knoten, aber wir machten einen guten Schnitt, besonders nördlich von Mogadischu, nachdem wir den Äquator überquert hatten und wieder in die nördliche Hemisphäre eingetaucht waren.

Während der sechsten Nacht kam uns ein Schiff auf Kollisionskurs entgegen. Auf Grund unserer Vorbereitungen mussten wir davon ausgehen, dass wir nahezu unsichtbar waren. Wir hatten auch keine Positionslampen gesetzt. Die Last der Unfallvermeidung lag ganz auf unserer Seite.

Das Schiff passierte uns mit sicherem Abstand von zirka eineinhalb Meilen, als plötzlich ein riesiger Scheinwerfer vom Mast leuchtete und den Ozean abzusuchen begann, bis er auf uns stehen blieb. Vermutlich hatte uns der Wachoffizier auf dem Radar entdeckt und sich gefragt, was es mit diesem unbeleuchteten Boot seitab auf sich hatte. Wir schalteten unsere Positionslampen ein, die uns klar als Segelboot auswiesen. Der Suchscheinwerfer ging aus. Es sah so aus, als wären sie auf dem großen Schiff genauso besorgt wegen der Piraten wie wir. Wir fühlten uns nicht ganz wohl in unserer Haut, weil wir ihre Befürchtungen ausgelöst hatten, aber in Anbetracht der Tatsache, dass wir so viel angreifbarer waren als sie, fanden wir unsere Strategie des Unsichtbarbleibens mehr als gerechtfertigt. Wir zogen weiter unseren Weg nach Norden, still und unsichtbar.

Während der nächsten Tage legte der Wind zu. Und die NORTHERN MAGIC nutzte weiter die Gunst der langen Wellen, die unter ihrem Kiel durchrollten. Am achten Tag schafften wir unter ausgebaumten Segeln ein Etmal von hundertvierundachtzig Meilen: unser persönlicher Rekord.

Am neunten Tag näherten wir uns Socotra, unserem ersten wirklichen Gefahrenpunkt. Zweihundertfünfunddreißig Kilometer vor der Küste Somalias, vor der Spitze des Horns von Afrika, lag dieses berüchtigte Piratennest. Schon vor Monaten hatten wir darüber diskutiert, ob wir uns für den westlichen (zwischen Festland und Insel) oder den östlichen Kurs entscheiden sollten, ein Umweg von vermutlich vier Tagen, der uns weiter in den nördlichen Indischen Ozean gezwungen hätte, wo mit Zyklonen zu rechnen war. Die allgemeine Meinung empfahl, die längere Route der Gefahr vorzuziehen, von Piraten ausgemacht zu werden.

Wir folgten dem Rat von Seglern, die dieses Revier kannten, und gingen innen durch; schließlich war es einige Zeit her, seit die letzte Attacke bekannt geworden war. Im Schutz der Dunkelheit wollten wir durchschlüpfen und näherten uns also im ausgehenden Nachmittagslicht, als man Socotras kleine Nachbarinsel schon kaum noch ausmachen konnte. Unsere Nerven waren zum Zerreißen gespannt.

Eine überraschend einsetzende Flaute zwang uns zum Motoren. Am Nachmittag hatte leider die Wasserpumpe aufgegeben, sodass der Motor heiß gelaufen war. Herbert hatte sie jedoch mithilfe eines Ersatzteils wieder funktionstüchtig gemacht, aber wenige Meilen vor Socotra stellten wir fest, dass die neue Wasserpumpe ein Leck hatte. Als Folge davon gelangte Salzwasser direkt zum Motor. Das hatten wir aber erst jetzt gemerkt, weil das Wasser, das sich in der Bilge gesammelt hatte, bereits bis zum Motorblock stieg. Nun war hier natürlich nicht der richtige Ort, um weitere Reparaturen auszuführen, denn ohne Motor wären wir wie eine verwundete Ente in dieser gefährlichen Gegend herumgetrieben. Also zogen wir es vor, die Wasserpumpe so zu belassen, weiter zu motoren und die Bilge alle dreißig Minuten leer zu pumpen.

Mit Einbruch der Dunkelheit, als unsere zweifache Angst – vor Piraten und dem Leck – weiter wuchs, machten wir an Bord einen kleinen Besucher aus: eine zarte grauweiße Bachstelze. Der muntere Vogel landete an Deck und unterzog zu Fuß das gesamte Boot einer Inspektion, ohne dass er uns zur Kenntnis nahm, wobei er uns sogar kühn auf die barfüßigen Zehen trat. Dann flatterte er in den Salon hinunter und setzte dort die Inspektion fort.

Wir nannten unseren neuen Freund Popeye, und er war uns willkommen – ein Bote des Vertrauens. Wenn Ratten das sinkende Schiff verlassen, dann wollten wir es als gutes Zeichen interpretieren, dass ein Vogel an einem gefährlichen Punkt bei uns zustieg.

Manchmal landete Popeye oben auf unseren Köpfen und spazierte dann über die Arme und die ausgestreckten Hände abwärts. Aber er wollte nichts essen – kein Brot, kein Obst, nicht einmal ein kleines Tintenfischchen und auch keinen Fliegenden Fisch, die wir für ihn an Deck holten. Er wollte Insekten, doch die hatten wir nicht zur Verfügung, und so ließ er sich für ein Schlückchen Wasser nieder. Popeye unterhielt uns stundenlang, ehe die Dunkelheit hereinbrach und er sich einen Schlafplatz suchte. Den fand er in Michaels Koje, die wir auf See als Naviecke nutzten, neben dem Niedergang zum Cockpit. Der kleine Federball schlief vertrauensvoll, indem er den Kopf in die Federn steckte und uns vergaß.

In jener Nacht war auch unten im Boot jeder Lichtschein verboten – kein Lesen im Bett, keine Spiele, nur ein kurzer Lichtstrahl beim Zähne putzen. Wir wollten unsere Anwesenheit auch nicht zufällig durch den geringsten Schimmer preisgeben.

Als Jon schon am Einschlafen war, hatte er plötzlich noch einen dringenden Wunsch: »Mom, könntest du bitte die CD aus Biggy nehmen?« Biggy hieß unser großer Computer.

»Warum, Schätzchen?«, fragte ich erstaunt.

»Weil ich gerade *Baldur's Gate* gespielt habe, das Großvater uns gekauft hat und das ich so mag. Wenn die Piraten kommen und Biggie mitnehmen, will ich nicht auch noch mein Lieblingsspiel verlieren.«

Gegen Mitternacht passierten wir Socotra mit weniger als zehn Meilen Entfernung an Steuerbord. Wir schlichen wie ein Dieb in der Nacht auf Zehenspitzen. Als das goldene Morgenlicht aufs Wasser leuchtete, war kein Land mehr in Sicht, und unser Schutzengel Popeye erwachte spät, führte die Morgeninspektion durch, die auch über mich Schlafende hinwegführte, und flog von dannen.

Je weiter wir Richtung Aden schlichen, desto mehr Verkehr vom und zum Suezkanal kam auf. Riesige Tanker, Containerschiffe und Hochseefrachter jeder Art befuhren den Golf von Aden, wo er sich zur südlichen Einfahrt ins Rote Meer verjüngte. Vergleichsweise waren wir nicht mehr als ein Insekt, das sich am äußeren Rand der Schifffahrtsstraßen herumtrieb. Wir nahmen die Wache sehr ernst. Nachts war Aufmerksamkeit besonders wichtig, weil wir immer noch keine Lampen setzten. Dass wir unserem Ziel näher kamen, bedeutete nicht, dass die Piratengefahr ausgestanden war. Vor nicht allzu langer Zeit war eine australische Yacht unter Maschinengewehrfeuer geraten und nur vier Meilen vor der Küste des Jemen geentert worden.

Zwei Tage vor Aden, mitten in einer stinkheißen, tiefblauen Nacht, lief ein großer Tanker mit Kollisionskurs auf uns zu. Unser Radar hatte mich ihn rechtzeitig bemerken lassen, und ich drehte langsam ab. Als wir auf gleicher Höhe waren, mit nur einer Viertelmeile Abstand, ließ er plötzlich seine Suchscheinwerfer aufleuchten. Wie bei der letzten Konfrontation ließ auch er sie auf uns stehen wie Spots auf einer Bühne. Gleichzeitig wurde es im Funk lebendig.

»Schalten Sie Ihre Positionslampen ein!«, röhrte uns jemand von drüben an. »Sie sollten nie ohne Lampen unterwegs sein! Schalten Sie Ihre Positionslampen ein! Schalten Sie Ihre Positionslampen ein!«

Ich kam der Aufforderung nach, antwortete aber nicht. Man konnte nie wissen, wer mithörte. Ich wollte nach wie vor lieber unsichtbar bleiben. Natürlich, wenn wir nur den geringsten Fehler machten, wurden wir überlaufen, und das wäre unser Ende, aber darauf konnten wir wenigstens selbst Einfluss nehmen. Unsichtbarkeit war unsere einzige Chance gegen Piraten.

Kaum war der Tanker außer Sicht, löschte ich die Positionslampen wieder, und wir setzten unseren Weg in der dunklen Arabischen See fort. Erst in der letzten Nacht, als wir den Lichtschein von Aden schon sahen, machten wir uns wieder sichtbar. Wir erreichten Yemen nach dreizehneinhalb nervenzerfetzenden Tagen auf See. Niemals während der gesamten Reise sorgten wir uns mehr als hier.

Während wir auf See waren, war das Pulverfass Mittlerer Osten zur Explosion gekommen. Am 28. September, also nur wenige Tage bevor wir anlandeten, hatte ein provokanter Besuch von Ariel Sharon an Jerusalems heiligstem Platz für Muslime für ein Wiederaufleben der Intifada gesorgt, der Erhebung der Palästinenser gegen Israels Siedlungspolitik. Aufruhr zog sich über die Westbank und Gaza. Israel antwortete mit vernichtender Wucht. Während der nächsten Wochen würden hunderte von Palästinensern sterben. Eine neue Welle der Gewalt kam über den Mittleren Osten, und zwangsvertriebene Palästinenser in der gesamten arabischen Welt erhoben sich. Selbstmordattentäter trainierten in speziellen Camps. Eines der Länder, wo sich viele dieser Palästinenser und der Terroristen versammelten, war der Yemen.

Von alldem hatten wir keine Ahnung. Mein gesamtes Wissen über den Jemen stammte aus der Zeit, als ich im Alter von zwölf Jahren exotische Briefmarken sammelte. Wir sahen staubige, braune Häuser, die sich zwischen der See und steil ansteigenden, felsigen, vulkanischen Gipfeln je nach Tageszeit in verblichenem Pink, Mauve oder Sepia zusammendrängten. Auf diesen Abhängen schienen keinerlei Pflanzen Fuß gefaßt zu haben, und ich stellte mir vor, wie im nächsten Augenblick Lawrence von Arabien als Anführer von Schwert schwingenden Räuberbanden aus der Wüste herausgaloppieren würde.

Zum Einklarieren ließ sich Herbert von einem hilfsbereiten Taxifahrer namens Salem in einer alten Klapperkiste zu den verschiedenen Büros fahren, und der Mann lieh Herbert sogar etwas Geld in der Landeswährung, damit er die entsprechenden Stempel bezahlen konnte. Salem, ungefähr dreißig Jahre alt und fröhlicher Vater von zwei Söhnen, sah ziemlich afrikanisch aus, verglichen mit den falkennasigen Arabern, die man sonst in den Straßen zu sehen bekam, trug aber die landestypische Kleidung mit einem karierten Turban, der locker um seinen Kopf gewunden war, und einen Wickelrock.

Wir lernten Salem lieben; auch er gehörte zu diesen ganz besonderen Menschen, denen wir auf unserer Weltumseglung überall begegneten. Als Herbert ihn für seine Dienste am ersten Tag entlohnen wollte, winkte er ab und sagte, das habe keine Eile, und man würde sich später darüber einigen. Nachdem er uns den ganzen nächsten Tag herumgefahren hatte, entzog er sich erneut jeder Diskussion über die Bezahlung und wollte die Höhe der Summe uns überlassen.

»Und wenn wir nun gar nichts bezahlen wollen?«, fragte ich ihn.

»Dann ist das eben so«, entgegnete er. »Ich möchte helfen. Lächelt, ihr seid im Jemen.«

Salem kutschierte uns herum, damit wir unsere laufenden Besorgungen erledigen konnten, und er fand für uns das frischeste Brot, den billigsten und köstlichsten frischen Orangensaft (der zehn Cent pro Glas kostete), besonders gediegen verzierte Dolche und den schönsten antiken Silberschmuck.

Er brachte uns in seinem brütend heißen Auto auch in den arabischen Teil, wo sich Kamele und Autos die engen Straßen streitig machten. Während unserer Besichtigungstour versuchten wir, die jemenitischen Männer nicht allzu offensichtlich anzustarren, deren Wangen wie Eichhörnchenbacken aufgebläht waren, weil sie dort die rauschgifthaltigen Blätter beim Kauen hineinschoben, die *qat* heißen und ein ortsübliches Suchtmittel sind. Mich faszinierten die Frauen, von denen nur die Modernsten es wagten, ihre Gesichter zwischen schwarzen Kopfbedeckungen und am Kinn beginnenden, bodenlangen, schwarzen Gewändern zu zeigen, während die Mehrzahl nichts als schwarze Augen frei ließ und durch einen schmalen Schlitz in die Welt linste. Die besonders Traditionsgebundenen zeigten keinen einzigen Inch Haut trotz der Hitze von über vierzig Grad und trugen halb durchsichtige Schleier über den Augen, schwarze Handschuhe und blickdichte schwarze Strümpfe. Ich war nicht bereit, mein Gesicht zu verdecken, passte mich aber so weit an, dass ich einen langen Rock und eine langärmlige Bluse trug, wann immer ich von Bord ging.

Als Salem uns zu einer klimatisierten Eisdiele brachte, ließen wir uns in dem vorderen, für die Männer reservierten Teil nieder. Ich war die einzige Frau dort. Die einheimischen Frauen in den schwarzen Gewändern und den mit Henna verzierten Händen waren hinter einem Vorhang im Frauenabteil verborgen, wo sie ihre Schleier abnehmen durften und Eis essen konnten, ohne den Blicken der Männer ausgesetzt zu sein.

Wo wir standen und gingen, zogen wir Schwärme von Neugierigen und lächelnden Bewunderern an, aber auch Bettler. In der Regel handelte es sich dabei um somalische Flüchtlinge, Frauen, die uns hinter langen Wimpern aus traurigen Augen flehend durch die engen Schlitze in ihren Schleiern anschauten. Aden war voll von diesen gespentischen, schwarz gekleideten Erscheinungen. Manchmal waren wir von den ausgestreckten Händen regelrecht umzingelt. Besonders Michael hasste das. Ich wollte die verhüllten Frauen fotografieren, aber sie waren sehr kamerascheu. Also bot ich den Bettlerinnen ein Honorar für die Fotos an, dennoch schüttelten die meisten den Kopf und eilten davon.

Während unserer Fahrten durch Aden begegneten wir zweimal Horden von männlichen Demonstranten. Es war kaum zu unterscheiden, ob die Männer gewalttätig oder nur ausgelassen waren – manchmal wirkte alles wie eine Party, manchmal wie eine beginnende Schlägerei. Man erklärte uns, dass es sich um Palästinenser handelte. Aber da wir nichts über die Neuauflage der Intifada wussten, nichts über die wachsende Feindseligkeit gegen Israel und die westlichen Verbündeten und auch nichts über Osama Bin Laden, der seinen Anhängern einhämmerte, es sei ihre Pflicht, Amerikaner zu töten, wo immer sie auftauchten, betrachteten wir diese Demonstrationen mit naiver Neugierde.

Zwei Tage später, am 12. Oktober 2000, bestiegen wir in Begleitung von Salem einen staubigen, braunen Berg, um ein fünfhundert Jahre altes Fort zu besichtigen. Christopher ging neben Salem und hielt dessen Hand, während wir uns in einem nie versiegenden Redestrom nach oben kämpften – die beiden hatten eine enorme gegenseitige Zuneigung entwickelt. Michael und Jonathan schleppten ihr Laser Tag Game mit und setzten ihre Schieß-ihn-nieder-Spiele lautstark zwischen den Ruinen fort, während sie in Kerker und Verliese hinein und hinaus rannten, ihre Schläge austeilten und bei fünfunddreißig Grad im Schatten immer mehr ins Schwitzen gerieten. Genau in dem Augenblick, als wir den Gipfel erreichten, hörten wir eine enorme Explosion.

»Was kann das nur sein?«, fragten wir und vermuteten, der Bürgerkrieg sei aufs Neue in Gang gekommen. Es hörte sich sehr ähnlich an wie das Mörserfeuer, das wir vor einigen Monaten im vom Krieg zerrissenen Sri Lanka gehört hatten.

»Das ist nichts von Bedeutung ... Lächelt, ihr seid im Jemen!«, sagte Salem mit einem verunsicherten Grinsen.

Als wir zwei Stunden später in den Hafen zurückkehrten, sahen wir überall Uniformierte. Mehrere Soldaten mit Schnellfeuergewehren hielten uns an. So erfuhren wir von der Explosion auf einem amerikanischen Schiff, wussten aber immer noch nichts Genaueres. Salem hatte gehört, es handele sich um einen Zwischenfall im Maschinenraum.

Wir standen mit unseren drei hungrigen Kindern und einem Arm voller Baguettes in einiger Verwirrung herum. »Wir müssen auf unser Boot«, erklärten wir immer wieder den nervösen jungen Soldaten, die kein Englisch sprachen, aber entschlossen waren, uns nicht passieren zu lassen. Nach fünfzehn oder zwanzig Minuten ließ uns ein Vorgesetzter schließlich doch durch. Doch kaum waren wir in unser Dingi gestiegen, als uns zwei weitere Soldaten stoppten und uns – auch ohne entsprechende Sprachkenntnisse – eindringlichst klar machten, dass wir zu warten hatten.

»Da draußen ist mein Boot! Ich muss auf mein Boot!«, wiederholte Herbert immer wieder.

Aber wir wagten nicht, ohne Erlaubnis abzulegen, da unsere Kontrahenten Maschinengewehre in den Händen hielten. Nach weiteren fünf oder zehn Minuten endete die Blockade, und wir wurden zu unserer Erleichterung durchgewunken.

Neben uns lag ein riesiger Tanker, der unseren Blick auf den Rest des Hafens behinderte. Wir wollten natürlich das Schiff sehen, auf dem sich die Explosion ereignet hatte. Michael enterte am Großmast auf und berichtete von der Saling aus, dass er ein großes graues Kriegsschiff mit einem ungeheuren Loch im Rumpf sah.

Als wir ein paar Stunden später eine E-Mail von meinen Eltern bekamen, wussten wir immer noch nicht mehr

»Ist bei euch alles okay?«, fragten sie. »Da hat es doch eine Explosion gegeben.«

Wir konnten uns nicht vorstellen, wie meine Eltern zu dieser Information gekommen waren. Erst durch Dads nächste E-Mail am folgenden Morgen erfuhren wir Näheres. Es handelte sich um USS COLE. Zwei Selbstmordattentäter in einem offenen Boot waren längsseit gegangen, als wären sie ganz normale Schauerleute, hatten sich die Murings gegriffen, dann in Habtachtstellung gestanden, salutiert und sich in die Luft gesprengt. Siebzehn amerikanische Seeleute waren umgekommen. Jemen, dieses fremde, exotische, unbekannte Land, hatte die Weltbühne betreten. Natürlich waren noch keine TV-Kamerateams vor Ort, nicht einmal von CNN. Es gab keine verlässliche Informationsquelle für uns – abgesehen von Salem und meinem Vater.

Damals hatten wir den Namen Osama Bin Laden noch nie gehört, den man allgemein als Verantwortlichen für dieses Attentat ansieht. Doch hatten sich seine und unsere Wege gekreuzt; seine Bombenleger hatten die NORTHERN MAGIC unmittelbar passiert, um die COLE angreifen zu können. Sie hatten am selben Kai angelegt wie NORTHERN MAGIC JUNIOR.

Früh am nächsten Morgen legten Michael und ich im JUNIOR ab, um uns den Schaden genauer anzusehen. Das Schiff, das uns bisher die Sicht blockierte, war ausgelaufen, sodass wir nun ungehindert einen Blick auf die COLE in ein paar hundert Meter Entfernung werfen konnten. Ein riesiges Loch, neun mal zwölf Meter, prangte in ihrem Rumpf und zog sich bis weit unter die Wasserlinie. Die Schiffspumpen beförderten die eindringenden Fluten so schnell hinaus, wie sie einströmten. Das Wasser schoss aus einer sehr großen Öffnung im Schwall heraus wie aus der Hauptleitung einer ganzen Stadt. USS COLE hatte Schlagseite. Für uns wirkte es so, als ob in ihr eine tödliche Wunde klaffte. Später erfuhren wir, dass die COLE tatsächlich zeitweise in Gefahr gewesen war zu sinken.

Wir sprachen den Schweizer Captain einer in der Nähe liegenden Yacht an, der an diesem Morgen an Deck gewesen war und die riesige schwarze Rauchwolke nach der Explosion genau gesehen hatte. Obwohl er die Attentäter im Dingi nicht wahrnahm, wunderte er sich über drei große Stücke eines aufblasbaren Zodiacs, die an unseren Booten vorbeitrieben, möglicherweise die Überreste des Dingis, das am Angriff beteiligt war.

Ich beschloss, mit der COLE Funkkontakt aufzunehmen und bat um Erlaubnis hinüber zu kommen und Fotos zu schießen und vielleicht einige Besatzungsmitglieder für den *Citizen* zu interviewen.

»Ich halte es für unwahrscheinlich, dass Sie in absehbarer Zeit eine Genehmigung erhalten können«, antwortete der Funker. »Aber ich werde bei Charlie Oscar nachfragen.«

Später meldete ich mich noch einmal. Man lehnte mit der Begründung ab, Taucher seien zur Zeit unter Wasser damit beschäftigt, den Schaden zu begutachten. Den Rest des Tages hörten wir dem Funkverkehr der USS COLE mit einlaufenden Schiffen der Marine zu. USS DONALD COOK und HMS MARLBOROUGH, dem Namen und dem Akzent des Funkoffiziers nach entweder australischer oder britischer Herkunft, patrouillierten vor der Hafeneinfahrt. Aus Sicherheitsgründen blieben sie draußen vor dem Hafen.

DONALD COOK und HMS MARLBOROUGH schickten Bootsladungen voller Mannschaften und gewaltige Planen zur COLE, um das Leck abzudichten. Da alle elektrischen Systeme, die Wasserversorgung und die Klimaanlagen zusammengebrochen waren, hatte die Crew ihre Kabinen verlassen und schlief im Freien. Die Männer kämpften hart, um ihr Schiff am Sinken zu hindern. Wir beobachteten hektische Aktivität und sahen viele Bündel auf dem Achterdeck aufgereiht liegen. Dann folgte eine Art Gottesdienst oder militärische Zeremonie.

Schamlos lauschten wir weiter dem Funkverkehr und hörten zu, wie die COLE die Reparaturarbeiten koordinierte. Der Schaden im Inneren war gewaltig. Nur noch wenige Stromkreisläufe schienen intakt, die Mannschaft zu versorgen, war weitgehend unmöglich geworden, und der Kampf gegen den Wassereinbruch schien ein unlösbares Problem. Tag um Tag wurde Nachschub angefordert: Schlauchverbindungen, Batterien, Scheinwerfer, Wäschesäcke, Plastikbecher, Nahrungsmittel, Trinkwasser und Eis. Sie schickten E-Mails an ihre Angehörigen. Auch das erforderte gewaltige koordinatorische Maßnahmen, da die Explosion die Computer entweder völlig zerstört oder zumindest außer Funktion gesetzt hatte.

Gegen Ende des Nachmittags hatte ich immer noch keine Besuchserlaubnis, deshalb kehrte ich zusammen mit Jonathan an die Stelle zurück, von wo aus Michael im Laufe des Tages fotografiert und Videos aufgenommen hatte. Ein großes Containerschiff hatte unseren Blick von der NORTHERN MAGIC aus teilweise verdeckt und war nun verschwunden, und die Plane, die das Leck abdichten sollte, war weggeweht worden, sodass wir nun einen freien Blick auf den Schaden werfen konnten. Wir beschlossen, etwas näher heranzugehen.

Wir kletterten auf eine große Boje. Ich hatte gerade das erste Foto geschossen, als sich ein schnelles Lotsenboot näherte. »Keine Fotos«, hieß es. »Fotografieren verboten. Die Polizei wird kommen. Verschwinden Sie!« Dann rasten sie zur NORTHERN MAGIC hinüber und schrien Herbert zu, dass ich sofort mit dem Fotografieren aufhören sollte, dass ich verrückt sein müsste und verhaftet werden würde. Die Handschellen deuteten sie mit unmissverständlichen Gesten an.

Jon und ich kletterten nervös ins Dingi und kehrten zur NORTHERN MAGIC zurück. Ein Motorboot mit einem einzelnen jemenitischen Marineoffizier in strahlend weißer Uniform fuhr an uns vorbei. Da uns nichts Besseres einfiel, winkten wir ihm fröhlich zu. Erfreulicherweise winkte er zurück und konfiszierte weder meine Kamera, noch wollte er mich ins Gefängnis stecken oder Schlimmeres.

Wir wagten es nicht, weiter zu fotografieren. Herbert sah wegen meines journalistischen Übereifers bereits grau und gestresst aus. Doch meine Vor-Ort-Reportage schaffte es auf die Titelseite des *Ottawa Citizen* und vor dort in alle Agenturen der USA.

Eigentlich wollten wir an diesem Abend zu einer Tanzveranstaltung, aber die Nachricht, dass auf die Britische Botschaft in Sana, der Hauptstadt, ebenfalls ein Anschlag verübt worden und Drohungen gegen alle westlichen Botschaften eingegangen seien, ließ uns davon Abstand nehmen. Ein Gefolgsmann von Osama Bin Laden forderte alle Muslime weltweit zu Attentaten gegen amerikanische und israelische Ziele auf. Als Nordamerikaner waren wir nicht länger sicher. Das kanadische Außenministerium schloss sich mit meiner Familie kurz und riet uns, den Jemen sofort zu verlassen, da wir in der Gefahr schwebten, als Geiseln genommen zu werden.

Wir ließen die Kinder auf dem Boot und gingen zum Internet Café, um Nachrichten an unsere besorgte Familie und unsere Freunde zu schicken. Auf dem Weg trafen wir einen serbischen Yachteigner mit sehr individuellen antiamerikanischen Ansichten, der uns erzählte, mit wie vielen Palästinensern er gerade freundschaftliche Bindungen eingegangen war. Er berichtete Herbert von einem Taxifahrer, der sich damit brüstete, die Botschaft in Sana sei einen Tag vor dem Attentat angegriffen worden. Viele Menschen im Jemen hätten über die Vorgänge Bescheid gewusst, und die Selbstmordattentäter seien keine Einzelgänger.

Es ist auch wirklich unwahrscheinlich, dass der Plan ohne stillschweigendes Einverständnis der Hafenbehörden funktioniert hätte. Tatsächlich war Herbert vom Hafencaptain, mit dem wir täglich sprachen, beiseite genommen worden, und der Mann versuchte ihm lang und breit einzureden, die Explosion wäre an Bord der COLE eventuell von Saboteuren in den eigenen Reihen ausgelöst worden und hätte mit Terrorismus nicht das Geringste zu tun. Obwohl man immer noch die Fetzen des zerrissenen aufblasbaren Dingis am Strand sehen konnte, behauptete er, es gäbe überhaupt keine solchen Dingis in Aden.

Während Salem uns zum Internet Café fuhr, berichtete er von den Glasschäden in seinem Haus und bei vielen anderen. Die Jemeniten seien sehr besorgt, erzählte er uns, denn nicht einmal während des Bürgerkriegs vor sechs Jahren hätte man jemals von einer Explosion wie dieser gehört. Die Regierung behauptete in ihrer offiziellen Stellungnahme, die Explosion hätte sich im Inneren der USS COLE ereignet. Aber Salem hatte auf CNN etwas anderes gehört.

»Das Leben hier wird wieder sehr schwierig werden«, sagte er bedauernd. »Wir erholen uns gerade erst vom Krieg, und jetzt das. Das ist verrückt.«

In dieser Nacht saß ich auf der NORTHERN MAGIC auf Deck und schaute zum Vollmond hinauf, der über die Berggipfeln zog. Lichtfinger aus Anlass des Unabhängigkeitstages des Jemen glitten über große Gebäude und die Hauptstraßen. Aus Lautsprechern ertönten die Gesänge und Gebete der Muezzin, mit denen sie gegeneinander wetteifernd die Gläubigen von ihren hohen schmalen Minaretten aus zusammenriefen. Die Straßen füllten sich mit Männern mit arabischer Haartracht in langen Hemden, die mit Quasten verziert waren. Sie lachten und klatschten in die Hände, während einige besonders auffallend gekrümmte Dolche aus breiten Gürteln ragten. Es war Freitag, das Ende eines heiligen Tages. Einige würden das Desaster, das nur ein paar hundert Meter entfernt zugeschlagen hatte, niemals zur Kenntnis nehmen.

In dem ruhigen Hafen war das Bild alles andere als festlich. Das verwundete amerikanische Kriegsschiff lag mit Schlagseite da, und sein Flutlicht zog alle Aufmerksamkeit auf das klaffende schwarze Loch in der Flanke.

Uns hatte der Jemen mit seinen lächelnden, spitzbübischen Männern und den schweigenden, schwarz gekleideten Frauen gefallen. Wir hatten uns während des sechstägigen Aufenthalts nicht bedroht gefühlt. Im Gegenteil: Wir schienen willkommen zu sein. Nicht einmal der Dreck, die mit Müll übersäten Straßen, die Bettler und der Betonschutt – ob es sich dabei um Vandalismus oder um Überreste aus dem Bürgerkrieg handelte, hatten wir nicht herausfinden können – hatten den Charme des unleugbar exotischen Ortes beeinträchtigen können.

Aber mit dem Wissen um die Anschläge und Attentatspläne gegen alle Angehörigen westlicher Nationen empfanden wir Aden nicht länger als freundlichen Ort.

Drei Tage nach der Explosion liefen wir wieder aus. Während dieser drei Tage erledigten Herbert und ich alles an Land alleine und ließen die Kinder nicht von Bord. Wir fühlten uns plötzlich überall ziemlich auffällig, obwohl wir auch vorher wie Kolibris im Schafstall gewirkt hatten.

Vor dem Möwenpick Hotel hielten wir an, dort hatten sich die Reporter und US-amerikanischen Ermittler einquartiert. Jemenitische Soldaten mit Schnellfeuergewehren waren davor postiert und hielten jeden an, der ins

Hotel wollte. Drin standen Marines mit Automatikgewehren und kontrollierten ebenfalls jeden Eintretenden. Wir sahen riesige Kisten mit Trinkwasser in Flaschen, die für die COLE bestimmt waren, deren Mannschaft es nicht wagte, Wasser zu trinken, das von Einheimischen geliefert wurde. Es war ein Gefühl, als wären wir mitten in einem Kriegsgebiet gelandet.

Keiner der Reporter durfte in den Hafen. Sie hatten keine andere Wahl, als ihre Fotos von der COLE aus den oberen Stockwerken hoher Gebäude in der Stadt zu schießen. Seltsamerweise gingen wir in der verbotenen Zone immer noch ungehindert ein und aus. Herbert gab ein Interview für CBS-TV, die unsere freundliche kanadische Flagge mitten in dem scheinbar feindlichen Gebiet ausgemacht hatten.

Und so blieb eine freundliche Reminiszenz an den Jemen in unseren Herzen: schmutzig, chaotisch, überrannt von Bettlern, aber auch offen, warmherzig und voller unerwarteter Genüsse. Jemen – das ähnelte einem Zug durch einen staubigen Trödelladen, in dem man sich die Hände schmutzig macht, sich durch den Abfall kämpft, aber nie wissen kann, auf welche Schätze man stoßen wird. Jeden Moment konnte Aladins Wunderlampe aufleuchten. Außerdem gab es dort Menschen wie Salem.

22
Raus aus der Bratpfanne und rein ins Feuer

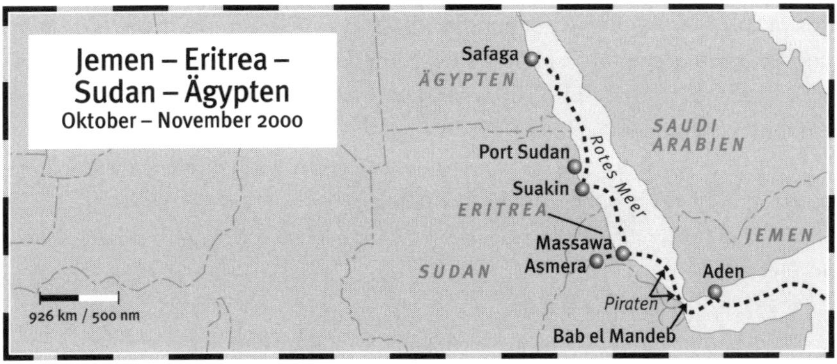

Nachdem wir Benzin und Wasser gebunkert hatten, bereiteten wir uns vor, mit Kurs aufs Rote Meer auszulaufen. Zuerst mussten wir durch die Meerenge von Bab el Mandeb, auch Tor der Tränen genannt – ein sehr treffender Name, bedenkt man die Schwierigkeiten mit den stark aufkommenden vorlichen Winden bei heftiger See, die auf jeden nach Norden laufenden Segler lauerten.

Unsere nächsten Bedenken bezogen sich jedoch nicht auf Wind oder Wellen oder auf Terroristen, sondern wieder einmal auf Piraten. Am Morgen hatte ich alle über Inmarsat erhältlichen Wettervorhersagen heruntergeladen. Dazwischen fand sich auch ein aktueller Bericht über Piraten. Zu meinem Schrecken zählte er nicht weniger als fünf neue Zwischenfälle im Gebiet von Bab el Mandeb und dem südlichen Roten Meer auf – die alle in den vergangenen Tagen und genau auf unserer Route stattgefunden hatten. Plötzlich kroch das Gefühl in uns hoch, aus einer Bratpfanne direkt ins offene Feuer zu springen.

Die Dunkelheit setzte ein, und wir zogen durch den Hafen, passierten die COLE, ein paar Kriegs- und Containerschiffe und einige Öltanker. Der klagende Ruf des Muezzin kehrte als Echo von den Klippen zurück. Wir hielten uns von den Hauptschifffahrtsstraßen fern, schalteten die Positionslampen aus und verschwanden im Dunkel, als könnten wir uns wie somalische Bettlerinnen in schwarze Gewänder hüllen und unsichtbar werden.

Der Wind stand unerwartet günstig, vielleicht schob uns auch ein vorteilhafter Strom – irgendwie jedenfalls schafften wir es, am nächsten Nachmittag sechs Stunden früher als angenommen Bab el Mandeb hinter uns zu lassen. Unsere Strategie fußte auf dem Plan, das Risikogebiet bei Dunkelheit zu passieren, aber das fiel jetzt in die Mittagszeit.

Während wir uns dem Tor der Tränen näherten, schlief ich, doch Herberts eindringlicher Schrei ließ mich hochfahren.

»Komm rauf!«, brüllte er, und ich stand im nächsten Augenblick auch schon an Deck.

»Wo sind wir?«, fragte ich.

»Das ist Bab el Mandeb«, antwortete er kurz angebunden, »und da rast ein Schnellboot auf uns zu.«

Tatsächlich hatten wir in diesem Moment genau die Position erreicht, wo drei Tage zuvor Piraten in einem Schnellboot ein Schiff attackiert hatten. Recht voraus konnte ich ein weiteres kleines Boot ausmachen, das ein gewaltiges Kielwasser zeigte. Es änderte gerade den Kurs, um uns den Weg abzuschneiden.

Wir brachen in Hektik aus: Die Kinder schlossen Happy Lappy weg, wir schalteten den Laptop aus und verstauten alles nach Plan. Ich übernahm die Wache, und Herbert ließ das Übrige eilig in den Geheimfächern verschwinden. Michael startete den großen Computer und gab unsere Position für einen eventuellen Notruf ein, indem er alles so vorbereitete, dass die Meldung wieder mit einem einzigen Knopfdruck über Satellit abgeschickt werden konnte. Ich hielt im Cockpit das tragbare Funkgerät in der Hand. Glücklicherweise tauchte in diesem Moment ein großes Schiff auf; falls es Ärger gäbe, konnten wir sofort unseren Notruf dort hinüber absetzen.

In dem kleinen Speedboot, das den Beschreibungen aus den bisherigen Überfällen sehr ähnelte, saßen sechs Männer. Das Fahrwasser war eng, an Steuerbord lag der Jemen, an Backbord Djibouti, die Küstenlinien waren gut zu erkennen. Das Speedboot rauschte mit mindestens zwanzig Knoten heran. Wir konnten uns weder irgendwo verstecken noch ausweichen. Schweigend und seltsam gelassen warteten wir auf das, was kommen sollte. Es stand außer Frage: Man wollte uns abfangen.

Unsere beiden Ältesten streckten den Kopf aus dem Luk, während Herbert und ich nicht mehr tun konnten, als auf der Hut zu sein. Ein Jahr vorher war schon einmal eine Yacht mit Kindern an Bord angegriffen worden, doch die Piraten reagierten bestürzt, als sie nach dem Entern die Kinder erblickten. Falls der Bericht stimmte, konnte es also nicht von Nachteil sein, deutlich zu demonstrieren, dass es sich bei uns um eine Familie handelte. Vielleicht würde die Anwesenheit von Kindern ein Entern verhindern.

Während das Boot immer näher kam, konnten wir die Gesichter der Männer genau ausmachen. Zwei waren um die achtzehn Jahre alt, die Älteren zeigten mit ihren dunklen Bärten, den langen Röcken und gewickelten Turbanen den typischen Gammellook der Jemeniten, in dem sie schon zusammen mit Lawrence von Arabien Eisenbahnschienen in die Luft gejagt hatten.

Dann verringerte das Boot seine Geschwindigkeit und kam längsseit. Die Männer wirkten keineswegs feindselig, eher neugierig; also winkten wir ihnen zu. Zwei winkten zurück. Dann umkurvten sie uns. Wir entdeckten keinerlei Waffen, aber auch keine Fischerausrüstung. Im Boot waren nur Männer, keine Netze.

Hinter unserem Heck stoppten sie unerwartet. Etwas hatte sich in ihrem Propeller verfangen, und sie machten sich daran zu schaffen. Wir mussten grinsen; sie hatten sich in unseren Angelleinen verfangen und brauchten ein paar Minuten, um wieder frei zu kommen. Kaum geschafft, warfen sie ihre mächtige Maschine wieder an und hielten auf uns zu. Unsere Herztöne, die sich während des komischen Intermezzos etwas beruhigt hatten, klopften wieder bis in den Hals hinauf. Während sie zurückkehrten, kramte einer der Männer auf dem Boden des Bootes herum und tauchte dann mit einem Gegenstand in der Hand wieder auf. Eine Automatikwaffe? Nein, es handelte sich um einen gewaltigen Fisch. Welche Erleichterung! Sie wollten uns nicht ausplündern, es handelte sich vielmehr um freies Unternehmertum.

Wir schüttelten die Köpfe, um deutlich zu machen, dass wir keinen Fisch kaufen wollten. Sie schienen aber vom Gegenteil überzeugt, und wir schüttelten wieder die Köpfe: nein, nein, nein. Wir wollten sie nur so schnell wie möglich los werden. Endlich entfernten sie sich dann in Richtung auf die trost- und baumlose Küste des Jemen.

Handelte es sich um Piraten, die uns nicht für der Mühe Wert befunden hatten? Hatten die Kindergesichter den Ausschlag gegeben? Oder wollten die Männer wirklich nur auf der ausländischen Yacht den schnellen Dollar beim Fischverkauf machen?

Wir werden es natürlich niemals erfahren. Nervös lachend und mit einer Menge Adrenalin in den Adern zogen wir weiter durch die Meerenge von Bab el Mandeb, während der Notruf immer noch darauf wartete, abgeschickt zu werden.

Die Stunden vergingen. Happy Lappy wurde aus seinem Versteck befreit, die Kinder widmeten sich wieder ihren Computerspielen. Herbert und ich hielten immer noch in höchster Aufmerksamkeit im Cockpit Wache. Fast hatten wir das enge Fahrwasser hinter uns und freuten uns auf das Rote Meer, um in dessen Weite zu verschwinden. Solange wir in dem Flaschenhals von beiden Uferseiten aus sichtbar waren, fühlten wir uns wie auf dem Präsentierteller, eine Yacht, die förmlich schrie: »Wir sind ganz allein! Mit reichen Ausländern an Bord! Kommt her und raubt uns aus!« Wie sehr hätten wir uns gewünscht, zu mehreren Yachten im Konvoi zu segeln!

Jetzt mussten wir nur noch durch ein einziges Risikorevier. Der Piratenwarndienst hatte einen Hinweis veröffentlicht: »Personen in kleinen Booten haben versucht, mehrere Schiffe vor Bab el Mandeb an der Südspitze des Roten Meeres zu entern. Die Skipper berichteten, die Boote lauern am Nordende der Schifffahrtsstraße, wo die Geschwindigkeit reduziert werden muss.«

Genau da waren wir jetzt. Und siehe da: In der Ferne tauchte das auf, was wir am meisten fürchteten, doch handelte es sich nicht nur um ein Boot, sondern um zwei. Und sie hielten direkt auf uns zu. Das bekannte Spiel wiederholte sich: Wir ließen die Wertsachen verschwinden und bereiteten den Notruf zum Absenden vor, nachdem wir unsere neue Position eingegeben hatten.

Zwei Boote hielten in einer Linie auf uns zu. Im ersten saßen sieben Männer. Das Boot schnitt vor unserem Bug vorbei, reduzierte die Geschwindigkeit und ging längsseit. Zwei der Männer erhoben sich und schauten zu uns herüber. Auch diesmal handelte es sich nicht um Fischer.

»Zigaretten! Zigaretten!«, schrien sie und rauchten pantomimisch. »Habt ihr Zigaretten?«

»Wir sind Nichtraucher! Wir haben keine Zigaretten!«, schrie Herbert zurück, schüttelte den Kopf und zuckte bedauernd die Schultern. Mit dieser Zigarettenmasche hatten einige Überfälle ihren Anfang genommen, wie wir gehört hatten; auf diese Weise checkten die Piraten erst mal die Yachten. Wieder tauchten die unschuldigen und freundlich lächelnden Köpfe der Jungen aus dem Luk auf.

Das Boot hielt Position, während uns die Kerle ein paar Minuten lang eindringlich musterten. Dann verschwanden sie ohne weiteres Aufhebens mit hoher Geschwindigkeit. Das zweite Boot hatte nicht einmal gestoppt. Wieder war die Panik in uns hochgekrochen, und wieder war nichts passiert. Es kommt sicherlich nicht oft vor, dass sich unterwegs zwei Boote hintereinander innerhalb weniger Stunden annähern, und ausgerechnet am Platz Nummer eins, den Piraten bevorzugen. Wir mussten einfach davon ausgehen, dass es sich um Piraten handelte, die aber vielleicht die Kinder verschonen wollten.

Kaum waren die beiden Boote in der Ferne verschwunden, wollten die Kinder ihren Lappy wiederhaben. Aber wir Eltern fühlten uns noch weich in den Knien, wollten lieber auf Nummer sicher gehen und den Lappy noch lassen, wo er war, nur für den Fall, dass noch ein weiteres kleines Boot uns um etwas bitten wollte. Wer würde der Nächste sein? Ein Staubsaugerverkäufer vielleicht? Eine Avon-Beraterin?

*

Nachdem wir das Tor der Tränen hinter uns gebracht und ins Rote Meer eingelaufen waren, mussten wir uns zwischen verschiedenen Routen entscheiden. Als erster Punkt stand die Frage an, ob wir die Hanish Islands auf Ost- oder Westkurs passieren wollten. Auf keinen Fall durften wir allzu weit unter Land gehen; es gab kriegerische Auseinandersetzungen zwischen Jemen und Eritrea, und schon manche Yacht, die in diese Zone eingedrungen war, war unter Beschuss genommen worden. Wir hatten genug von Piraten, waren es nun eingebildete oder reale, und wollten es nicht auch noch mit schießwütigen Soldaten aufnehmen.

Im letzten Frühjahr waren im Verlauf des Konflikts zwischen Eritrea und Äthiopien auch im eritreischen Hafen von Assab immer wieder Gefechte aufgeflammt. Obwohl die offenen Feindseligkeiten der Vergangenheit angehörten, war Assab immer noch ein ziemlich gesetzloser Fleck auf der Erde. Immer wieder erhielten wir Warnungen von verschiedenen Seiten, uns von dort klar zu halten. Also entschieden wir uns für die etwas längere Route, die östlich um die Inseln führte, näher an der jemenitischen Küste entlang.

Dort hatten wir noch zwei problematische Gebiete hinter uns zu bringen. Das Erste durchquerten wir in dieser Nacht, nachdem wir die Hanish Islands hinter uns gelassen hatten. Nun mussten wir noch die großen Schifffahrtsstraßen in Richtung Eritrea queren. Es war eine dunkle und mondlose Nacht, und ich hatte Wache. Es war ein gutes Gefühl, von der Dunkelheit verschluckt zu werden und zu wissen, dass wir bis zum Morgen unsichtbar bleiben würden. Das Wetter war ebenfalls angenehm. Abgesehen davon, dass wir ziemlich aufgedreht waren und auch nervös, lief alles gut. Natürlich war ich besonders aufmerksam, denn es herrschte nicht nur viel Verkehr, sondern wir mussten auch erneut mit Piratenangriffen rechnen. Ich konnte ein paar Positionslichter sehen und verfolgte ihren Kurs auf dem Radar. Dann tauchten plötzlich zwei winzige Punkte auf dem Bildschirm wie aus dem Nichts in unserer Nähe auf, nicht weiter als zwei Meilen entfernt. Da ich sie nicht früher wahrgenommen hatte, musste es sich um sehr kleine Boote handeln. Ich sprang hinauf ins Cockpit und starrte in die Dunkelheit. Nichts. Eigentlich hätte man sie in dieser Entfernung sehen müssen. Was konnte sie veranlassen, sich mitten in der Nacht zwischen diesem dichten Verkehr herumzutreiben? Ich fand nur eine Erklärung, und die hatte nichts mit der Avon-Beraterin zu tun.

Ich änderte den Kurs um sechzig Grad, um uns weiter von diesen grünen Pünktchen auf dem Radarschirm wegzubringen. Dann holte ich Herbert aus dem Bett. Wieder lief das Programm ab, mit dem er alles Wichtige in Sicherheit brachte. Ich startete in der Zwischenzeit Biggie und stellte den Notruf wieder bereit. Fast schien es unwirklich, wie diese Übung zum dritten Mal wiederholt wurde – aber wir waren nicht weniger beunruhigt. Zählte man alle Fakten zusammen, waren wir diesmal in weit größerer Gefahr als vorher.

Zusammen übernahmen wir die Wache – Herbert draußen, wo er angespannt ins Dunkel starrte, und ich unten, den Blick unverwandt auf dem Radarschirm. Soweit man es beurteilen konnte, hatten uns die unbekannten Boote noch nicht entdeckt. Mit bloßem Auge konnte keiner den anderen ausmachen. Wir blieben mit einer halben Meile Abstand hinter deren Bug.

Am nächsten Morgen wunderten sich die Kinder, dass Happy Lappy nicht an der gewohnten Stelle war. »Noch ein Piratenfall, Mom?«, fragte Michael im abgehobenen Tonfall eines in Krisen gestählten Mannes, mit einer Prise Sarkasmus über der einen hochgezogenen Augenbraue.

Auf unserer Karte war nur noch ein »x« übrig, das das Revier kennzeichnete, wo sich die letzte, offiziell bekannt gewordene Piratenbegegnung abgespielt hatte. »Ein Schiff entdeckte auf dem Radar zwei unbeleuchtete Speedboote«, gab der Bericht an. »Als das Schiff drei Notraketen zündete, zogen sich die Boote zurück.«

Es war eine halbe Stunde nach Mitternacht und natürlich wieder während meiner Wache, als wir notgedrungen die markierte Stelle passierten, und ich machte mir noch mehr Sorgen als üblich. Ich hasste das Rote Meer. Ständig fixierte ich zwei Boote in der Nähe, die sich nicht von der Stelle zu bewegen schienen, was mich erheblich beunruhigte. Plötzlich tauchten zwei weitere Lichter auf, was mich irritierte, denn sie waren nicht in Einklang zu bringen mit den anderen vom Radar erfassten Punkten. Ich konnte nicht einmal klar sagen, ob es sich um ein großes Schiff oder zwei kleine Boote handelte, die dicht beieinander fuhren.

Ich weckte Herbert, und wir änderten den Kurs – weg von den Lichtern. Bald stellten wir fest, dass die beiden Boote weniger als zwei Meilen von uns entfernt waren. Unglücklicherweise fuhren sie in die gleiche Richtung wie wir, was bedeutete, dass wir sie, ehe wir eine beträchtliche Kurskorrektur vornahmen, abhängen mussten, um vor ihnen an dem Punkt anzukommen, wo sie unseren Kurs kreuzen würden.

Hundertmal hatte Herbert mir gesagt: »Versuche niemals den Kurs eines Schiffes vor dem Bug zu kreuzen, geh immer hinten durch«, aber hier mussten wir diese Kardinalregel brechen. Es war vielleicht dumm, dass wir den Motor hochjagten und voll Stoff gaben. Wir konnten es schaffen, aber es würde eng werden. Noch immer konnte man uns von den Booten aus nicht sehen, und in unserem Wunsch, nicht entdeckt zu werden, beschlossen wir weiter unbeleuchtet zu bleiben, damit möglichst niemand erfuhr, dass es uns gab.

»Wenn wir sie sehen können, können sie auch uns sehen«, brummelte Herbert.

Sekunden später leuchtete ein Scheinwerfer in schockierender Helle den Himmel über uns aus; das Boot, das uns am nächsten war, hatte Weißlicht geschossen, das fünfzig Meter hoch stieg, ein kurzes, überirdisches Licht, und wieder verglühte.

Mein überreiztes Gehirn produzierte die Fantasie, dass das Abschießen der Leuchtpistole auf etwas unaussprechlich Verhängnisvolles hindeutete. Zunächst stellte ich mir vor, dass damit unsere Position festgestellt werden sollte, sozusagen als Startschuss für den Sturmangriff der Armada. Zu meiner großen Verlegenheit merkte ich dann, dass eher das Gegenteil wahrscheinlich war. Schließlich waren wir diejenigen, die unbeleuchtet wie Diebe durch die Nacht schlichen. Wahrscheinlich war die Leuchtrakete von einem ganz ordinären Fischerboot voller Angst abgesetzt worden, um Hilfe herbeizurufen und um Übeltäter zu verscheuchen, wie es das Schiff in dem Bericht über die Piraten auch getan hatte. Wie sehr mussten sie sich erschrocken haben, als sie plötzlich ein Boot ohne Positionslichter vor dem Bug entdeckten – an einem Ort, der für Piratenangriffe berüchtigt war und an dem ehrenhafte Menschen nicht ohne Beleuchtung unterwegs waren. Gott sei Dank erkannte uns niemand. Wir flüchteten mit roten Köpfen in die gnädige Dunkelheit und konnten uns nur zu gut vorstellen, wie sehr wir die anderen erschreckt hatten.

»Nun«, begann ich, als wir uns ein paar Minuten später im Cockpit zusammensetzten und uns ziemlich dämlich vorkamen, »weiter geht's. Wir haben eben noch einen Piratenangriff überlebt.«

»Nein«, widersprach Herbert und schaute über die Schulter zu dem Boot zurück, das gerade verschwand, »die dort drüben haben eine Piratenattacke überlebt.«

*

Wir erreichten Massawa nach vier stressigen Tagen. Der Hafen war verblüffend sauber, gut organisiert und modern, und verfügte über Krananlagen, die mit dem Stauen und Löschen mehrerer großer Schiffe beschäftigt waren. Die Bevölkerung von Eritrea ist ein gut aussehendes Volk – dunkelhäutig wie Afrikaner, aber mit fein geschnittenen Gesichtszügen wie Araber oder Inder. Die Frauen sind unglaublich hübsch, groß und schlank und tragen farbenfrohe, lichtdurchlässige Gewänder. Nach den einheitlich vorgeschriebenen, monotonen Kopf-bis-Fuß-Outfits der Jemenitinnen waren diese durchscheinenden eritreischen Schönheiten eine wahre Augenweide.

Wir ankerten in der Nähe eines Palastes mit silberfarbenen Kuppeln, der aussah, als wäre er das Ziel eines Bombenangriffes gewesen. Und so war es tatsächlich. Ursprünglich handelte es sich um den Regierungssitz, aber er war 1990 in einer heftigen Auseinandersetzung schwer beschädigt worden, die nahezu ganz Massawa zerstörte. Mehrere Häuser am Hafen zeigten ähnliche Spuren von Einschlaglöchern und Bomben – auch eine Bank mit prachtvollen Säulen, die selbst ein Palast von eigenen Gnaden gewesen war.

An Land wurden wir automatisch von dem Palast mit den wunderbaren Türmen angezogen. Wir stiegen durch das beeindruckende, gewundene Treppenhaus hinauf zu einem bombastischen Eingang im zweiten Stock und wateten durch Scherben von zertrümmerten Keramikfliesen, die den Palast geschmückt hatten, und durch Marmorbrocken. Die große silberne Kuppel wies Löcher auf und war zu drei Vierteln hinüber. Pockennarben von Gewehrkugeln waren überall zu sehen. Mehrere geschnitzte hölzerne Türen mit reichen Ornamenten hingen in ihren verrostenden Angeln. Wir warfen einen kurzen Blick durch einen der Holzladen und sahen erstaunt, dass die ausgefallene Möblierung des Speisesaals noch vorhanden war – gepolsterte Samtstühle, chinesische Möbel, Serviertische, alles reichlich eingestaubt. Ein Passant erklärte uns, als wir wieder auf der Straße standen, dass es sich um den Palast von Haile Selassie handelte, dem letzten Kaiser von Äthiopien. Herbert und die Jungen kletterten durch ein halb offenes Fenster, aber als auch ich ihnen gerade folgen wollte, kam jemand. Ich tat so, als wollte ich mich nur umschauen, die Keramikscherben betrachten und meine Schuhe richten, bis die anderen zurückkamen. In den Ruinen hatten sie einen schlafenden Hausbesetzer vorgefunden.

Massawa war einmal eine wunderhübsche Stadt und wird es vielleicht auch wieder werden. Jetzt war die Stadt das Opfer einer verfehlten Kolonialpolitik, in deren Verlauf die Briten, die nur die Letzten in einer langen Reihe von Machthabern waren, politische Vorgaben ohne Rücksicht auf ethnische und kulturelle Gegebenheiten durchgesetzt hatten. Eritrea war an Äthiopien auf einem Silbertablett überreicht worden, den sehr viel größeren Nachbarn, der ganz andere kulturelle Wurzeln hatte, und die Beute umbarmherzig unterdrückte, wobei sogar die eigene Sprache für illegal erklärt wurde.

In den beginnenden 1960zigern hatte sich die eritreische Bevölkerung blutig, aber erfolgreich erhoben und die Fesseln Stück für Stück gelockert. 1993 sprachen sich die Eritreer praktisch einstimmig in einem Referendum für die Abtrennung von Äthiopien aus, was in die Selbstständigkeit und zu einem Sitz in den Vereinten Nationen führte. Aber drei Jahre lang hatte Äthiopien weiter Eritrea attackiert, um sich wenigstens die einträglichen Häfen am Roten Meer, Assab und Massawa, zurückzuholen. Der letzte Kampf hatte wenige Monate vor unserer Ankunft stattgefunden, die letzte Waffenruhe war erst wenige Wochen alt.

»Beunruhigt es euch nicht, dass Massawa eine Stadt im Fadenkreuz ist?«, fragte ich einen Mann, dessen Sohn zur Zeit in die Armee eingezogen worden war.

»Unsere Soldaten kämpfen sehr gut, und sie kämpfen für die Heimat«, erklärte er. » Die äthiopischen Soldaten sind nicht sehr engagiert. Sie werden hierher versetzt, und wenn sie nicht kämpfen wollen, erschießt man sie. Sie werden uns niemals besiegen.«

Unser etwa vierzigjähriger Freund in Massawa hieß Weldemicael, kurz: Mike, und zeigte bereits ein erstes Grau in den Locken, fuhr auf einem Fahrrad umher und wohnte in einem typischen, von den Türken im vorigen Jahrhundert erbauten, langsam zerbröckelnden Steinhaus mit zwanzig Fuß hohen Zimmerdecken und vielen Rissen. Nach afrikanischen Maßstäben war er wohlhabend, er verfügte über Strom im Haus, einen Fernseher, einen Kühlschrank, ja sogar eine Waschmaschine, mir der er eine professionelle Wäscherei betrieb. Er schwang sich zu unserem selbst ernannten Führer und Freund auf, zeigte uns den Markt und alles andere, stellte uns sein Telefon zur Verfügung und besorgte uns einen Fahrer nach Asmera, in die Hauptstadt von Eritrea.

Wir wollten so schnell wie möglich zu der 2-Tages-Tour aufbrechen, denn wir hassten die Hitze in Massawa. Manchmal fühlten wir uns wie Hummern im Kochtopf. Natürlich waren alle Läden von zwölf bis sechzehn Uhr geschlossen, aber während sich die Einwohner von Massawa in ihre kühlen Häuser zur Mittagsruhe zurückzogen, schmorten wir in unserem Hummerkochtopf an Bord. Als wir erfuhren, dass Asmera bei kühleren klimatischen Bedingungen hoch in den Bergen lag, konnten wir an nichts anderes mehr denken. Die kanadische Botschaft hatte uns zwar per E-Mail wegen der Kriegsunruhen und der Landminen vor einem Aufenthalt in Eritrea gewarnt, gab aber schließlich zu, dass die Straße von Massawa nach Asmera geräumt war, die einzige sichere Straße im ganzen Land.

Die Landschaft war spektakulär. Ehe wir die Berge erreichten, durchquerten wir eine Wüste und niedriges Buschwerk. Hie und da sahen wir Kamele auf der kargen Grasnarbe eines Wadis grasen, eines ausgetrockneten Flussbettes mitten im Sand voller Felsbrocken und den gebleichten Knochen längst verendeter Tiere, sogar ein oder zwei Skelette verrosteter Panzer entdeckten wir.

Als wir dann die öde Küstenregion hinter uns gebracht hatten, empfing uns kühlere Luft. Auf die Schönheit der Berge waren wir nicht vorbereitet: Zahllose Terrassen zogen sich die Hänge hinauf, Generationen von Farmern hatten sie angelegt, indem sie Stein für Stein aufhoben und sie zu Mäuerchen aufschichteten. Die Leistung, diese hunderte und tausende von Terrassen anzulegen, meilenweit von jedem Dorf und jedem menschlichen Kontakt entfernt, ließ uns ahnen, wie beharrlich die Menschen ihren Lebensunterhalt in dieser unwirtlichen Gegend erwirtschafteten. Es handelte sich um eine der ältesten Ansiedlungen der Welt, die mehr als zwei Jahrtausende Tradition vorweisen kann.

Wir fuhren durch viele einfache Dörfer, wo die Einwohner in Steinhäusern lebten und in ihren pittoresken Gewändern neben ihren hart arbeitenden Kamelen und Eseln hergingen. Von den Gipfeln grüßten Klöster; man konnte sie nur über einen steilen, sieben Kilometer langen Fußweg erreichen – für Frauen verboten. Insgesamt hatte Eritrea damals dreieinhalb Millionen Einwohner, von denen eineinhalb Millionen Kriegsflüchtlinge waren oder wirtschaftliche Opfer der anhaltenden Dürre. Vierzig Prozent der Bevölkerung konnte kaum ihren Lebensunterhalt zusammenkratzen. Wir sahen außerdem zahllose Kriegsveteranen mit nur einem Bein auf hölzernen Krücken umherhumpeln.

Nach zweieinhalb Stunden auf der steilen, kurvenreichen, neuen Straße erreichten wir Asmera kurz unterhalb des höchsten Punktes der Hügelkette, eine charmante, kleine, saubere und ruhige Stadt mit breiten Straßen und vielen Cafés entlang der Hauptstraße, die zu einem sakralen Gebäude führte. Alles schien friedlich und fröhlich. Abends promenierten die Einwohner durch die Straßen, Männer gingen Hand in Hand, Frauen hängten sich ein, und alle lachten und schwatzten und begrüßten sich, indem sie sich immer wieder auf die Schultern schlugen. Unser Freund Mike hatte behauptet, in dieser Stadt könne man gefahrlos die ganze Nacht mit Taschen voller Geld durch die Straßen laufen.

Statt wie sonst in einer verflohten 10-Dollar-Absteige zu übernachten, leisteten wir uns ein gediegenes Hotel. Die letzten Erfahrungen hatten uns etwas erschöpft, und wir brauchten eine Pause. Außerdem hungerten wir nach Nachrichten, wollten wissen, was in der Welt geschah, besonders im Mittleren Osten, und warfen uns in unserer Suite sofort aufs Bett, schalteten den Fernseher ein und wollten nichts anderes mehr. Auf der NORTHERN MAGIC schliefen wir ohne Pyjamas, manchmal sogar ohne Leintuch, und unsere Betten waren jeden Morgen verschwitzt. Hier brauchten wir sogar Decken! Hier hatten wir eine Badewanne! Hier hatten wir CNN!

Ich stand in dieser Nacht nur einmal auf, um nach der Ankerkette zu schauen, und ich fand das Hotel sicher verankert.

Widerwillig checkten wir am nächsten Morgen aus, um die Berge wieder zu verlassen, die uns mit ihrer ehrlichen, zivilisierten und liebenswürdigen Bevölkerung so sehr beeindruckt hatten. Es sah so aus, als wäre Eritrea hier auf dem richtigen Weg und könnte eine Zukunft aufbauen, wenn man ihm nur eine Chance ließ – nach dreißig Jahren verzweifeltem Kampf.

*

Wir setzten unseren Weg durchs Rote Meer fort, aber wir kamen nur langsam voran. Etwas stimmte nicht mit dem Boot. Nach einer enttäuschenden Nachtfahrt entschlossen wir uns, ungefähr vierzig Meilen von Massawa vor Difnein Island einen Stopp einzulegen, damit Herbert und Michael den Grund herausfinden konnten. Bestürzt entdeckten sie einen ganzen Wald von Algen und allerlei Ranken unter der Wasserlinie. Unser Antifoulinganstrich in Kenia taugte nichts. Teilweise war er abgeplatzt, und dort haftete der Bewuchs offensichtlich besser als die Farbe, die wir mithilfe von Boniface und Hamisi vor wenigen Wochen aufgetragen hatten.

Geld und Mühe waren umsonst gewesen – nein, nicht umsonst, denn jetzt waren wir schlechter dran als vorher: Nun musste Herbert einmal pro Woche hinunter tauchen und den Rumpf abkratzen, eine mühselige Arbeit. Hinterher keuchte er immer heftig, fühlte sich schwindlig und hatte auch schlechte Laune.

In Suakin im Sudan liefen wir in einen engen Kanal mit Wachtürmen ein, auf denen Maschinengewehre und Haubitzen in Stellung gebracht worden waren. Das war kein einladender Willkommensgruß. Im fernen Dunst sahen wir ein hohes bräunlich schimmerndes Gebirge, rund um uns herrschte die Wüste. Über uns flog ein Schwarm von pinkfarbenen Flamingos dahin. Dann sahen wir die Ruinen des alten Suakin, eine verlassene Stadt aus Korallensteinen auf einer kleinen Insel mitten im Hafen. Im goldenen Schein der Nachmittagssonne wirkte alles sehr außergewöhnlich und geheimnisvoll, die zerfallenden Minarette und die Halbruinen, die Schuttberge und die windschiefe Mauer, die tapfer standhielt. Wir teilten den Hafen mit einem unglaublich stinkenden Fischerboot, auf dem an der Leine Fische zum Trocknen und dutzende von Haifischflossen aufgehängt waren.

Es machte fast den Eindruck, als wären wir die ersten Ausländer, die hier einklarieren wollten. Wahre Heerscharen von Zöllnern und Immigration Officers eilten durch die verstaubten, meist leeren Verwaltungsgebäude am Hafen, aber niemand schien genau zu wissen, was er mit uns anfangen sollte. Schließlich wurden wir an einen Agenten namens Mohammed verwiesen, und mit seiner Unterstützung erhielten wir schließlich am nächsten Tag die Genehmigung, an Land zu gehen.

Mohammed, ein freundlicher schwarzer Riese mit einer Größe von fünfzehn Fuß in einem langen weißen Gewand, begleitete uns zum Markt. Wir waren mittlerweile an vielen Orten wie diesem gewesen, aber so etwas hatten wir noch nie gesehen. Dabei beeindruckten uns weniger die ausgestellten Waren – sie schienen sogar eher enttäuschend, denn es gab nur die einfachsten Gemüse und Früchte –, vielmehr erstaunten uns die Menschen und die Tiere.

Zwischen Eritrea und Sudan schien sich ein Zeitsprung von tausend Jahren breitzumachen. Hier gab es überall Esel, die laut ihre Auflehnung gegen die mit Peitschen auf sie eindreschenden Führer hinausschrien. Wir sahen zottige Ziegenherden mit langen Ohren, die wie die Pferdeschwänze von jungen Mädchen auf und nieder wippten, während die Tiere vor sich hin trotteten. Einige der Ziegen waren gerissene Diebe, die über den Markt rannten und sich überall ein paar Körner schnappten, die in weiten Körben auf dem Boden lagerten, ehe sie von den schimpfenden Eigentümern weggeknüppelt wurden. Wir sahen Frauen in Gewändern, die von Kopf bis Fuß reichten und die Farben von Edelsteinen hatten: Rubine, Topase und Saphire. Einige trugen Masken wie Ärzte über dem Gesicht, aber wunderbar verziert mit Perlenschnüren. Die Hände wiesen kunstvolle Bemalungen in dunkelrotem Henna auf, und sie trugen auch viele Armbänder aus Gold und Silber. Mohammed erklärte uns, dass sie Angehörige eines afrikanischen Stammes, keine Sudanesinnen und erst vor ungefähr vierhundert Jahren eingewandert waren.

Auch fielen uns große, majestätische schwarze Männer in langen Gewändern, mit langen Schwertern an der Seite und nestartigen Turbanen auf dem Kopf auf. Die meisten zeigten sehr dekorative Narben, drei Parallellinien, auf den Wangen, und einige ritten tatsächlich auf Kamelen. Wenn man nur genau hinschaute, konnte man die heiligen drei Könige um die Ecke biegen sehen, da war ich sicher, mit Weihrauch und Myrrhe, das man hier kaufen konnte und dessen Duftwolke schwer über dem Marktplatz hing.

Und dann die Fliegen! Sie saßen auf allem, auf dem Stapel von Schafhaxen samt Hufen, die vor dem Stand des Lederhändlers verrotteten, der drei verschiedene Sorten von Peitschen feilbot. Natürlich versammelten sie sich auch auf den Abfallbergen überall zwischen den schäbigen Hütten, die aus alten Säcken und dem Blech von Benzinkanistern gebaut waren. Fliegen schwärmten über die Trümmer der Ruinen aus Korallensteinen hin. Fliegen hingen auf den Gesichtern, ja sogar auf den Lippen der Sudanesen, die sie nicht zu bemerken schienen. Fliegen hockten zu hunderten auf den Pita-Broten, den Körben mit Datteln, den Ästen bereits schwarz werdender Bananen und den blutigen Hammelhälften im Verkaufsstand des Metzgers, bei dem die roten und weißen Rippchen mit dem Schimmer von Schwärmen sich bewegender, glitzernder Körper überzogen waren. Viele der aufgehängten Kadaver hatten noch ganze Köpfe, Hufe, Gonaden und lange buschige Schwänze. Ohne Zweifel wurde das zähe Fleisch durch das Bemühen der emsigen Insekten zarter. Es erhielt dank des stetigen Nordwinds zusätzlich eine Marinade aus Wüstensand, Kameldung und pulverisierten Eselsexkrementen. All dies kostete nichts extra, nein, das gab es sogar als Sonderangebot, nur heute, mein Freund.

Suakin war anders als alles, was wir bisher gesehen hatten. Umgeben von Scharen von Männern mit scharfgeschnittenen Gesichtern, Frauen, die Masken trugen, neugierigen Jungen, abtrünnigen Schafen, schreienden Eseln, kampflustigen Kamelen und Fliegenschwärmen schien uns Kanada sehr weit weg.

An unserem ersten Nachmittag ergriffen wir die Gelegenheit, die geheimnisvollen Ruinen zu besichtigen. Die dreitausend Jahre alte Stadt war seit dem Zweiten Weltkrieg verlassen, als sie ihre Spezialität als Zentrum des Sklavenhandels aufgeben musste – dem letzten Sklavenmarkt der Welt. Nun verfielen die Gebäude, doch zwischen den hunderten von Steinhaufen widerstanden einige Häuser, zwei Moscheen mit Minaretten und ein kleiner Palast.

Zwischen den Ruinen verloren wir uns innerhalb von Minuten. Ich versuchte mit Christopher Schritt zu halten, der wie eine Bergziege über vier Meter hohe Steinhaufen kletterte. Ich hielt hinter ihm Spur, behindert durch meinen sittsamen, bodenlangen Rock, den ich aus Achtung für die Gepflogenheiten der muslimischen Gesellschaft trug, in der die meisten Frauen ein Kopftuch trugen, wenn sie nicht sogar ihre Gesichter komplett verhüllten. Irgendwann raffte ich aber meinen voluminösen Rock entgegen der Sitte über einem Arm, schließlich waren wir an diesem Ort ganz alleine und stolperten nur hier und da über die Hufe, die restliche Wolle und die Knochen eines lange verendeten Schafes.

Ich bewunderte eine Mauer, die früher zu einem wunderschönen Haus gehört haben musste, von dem aber nur noch die kunstvoll geschnitzten Fensterrahmen übrig waren. Weit weg hörte ich Michael rufen und sah ihn dann vom höchsten Punkt der Ruinen winken, dem schlanken, leicht schiefen Minarett der antiken Ruine einer Moschee. Mir stockte der Atem, denn er stand auf dem äußeren Sims des Turms, der kein Geländer hatte. Sofort ließ ich meine Mauer Mauer sein und kletterte über Stock und Stein zu dem Platz, wo mein Sohn hoch oben saß. Lange bevor ich ihn erreichte, hatte auch noch mein zweiter Sohn sich seinem Bruder in luftiger Höhe angeschlossen.

Dann kletterten wir alle durch ein schmales Fenster, eine Wendeltreppe hinauf und genossen aus dem Inneren des Turms heraus einen wunderbaren Adlerblick über die Ruinenstadt und auf die NORTHERN MAGIC im Hafen. Wir überzeugten die Jungen, mit uns hinunterzusteigen, wo sie sich im Labyrinth der Straßen zwischen den verfallenen Häusern in ihr Laser-Tag-Spiel stürzten. Christopher skizzierte grob eine Karte, während Herbert und ich damit beschäftigt waren, alle drei – erhitzt, schnaufend und zufrieden – aus den abgelegensten Ecken ihres Reiches wieder einzusammeln, um zur NORTHERN MAGIC zurückzukehren.

*

Zwei Dinge verzögerten unser Auslaufen. Zunächst hatten wir einen Defekt im Getriebe, sodass wir mit dem Bus nach Port Sudan mussten, wo Herbert die Anfertigung eines Ersatzteiles persönlich überwachen wollte, das aus zusammengesetzten Teilen aus dem Getriebe eines alten Autos entstehen sollte. Wir nannten dieses seltsame Ding Frankenstein und hofften, dass es bis Ägypten halten würde, wo ein neues Teil geliefert werden konnte.

Der zweite Hinderungsgrund war der schlimmste Anfall einer Krankheit, der uns auf der NORTHERN MAGIC überhaupt heimsuchte. Mich traf es als Erste. Schauder, Fieber, Schüttelfrost und blutiger Durchfall traten stetig auf, gleichzeitig übergab ich mich, mir war schwindlig, und ich hatte gewaltige Kopfschmerzen zusammen mit Krämpfen, die meinen ganzen Körper alle zehn Minuten attackierten. Noch nie war mir so elend gewesen. Zweimal – während ich in der Nasszelle auf einen weiteren Anfall wartete, überlief es mich eiskalt trotz der unerträglichen Hitze – wurde ich ohnmächtig und kam dann auf dem Fußboden wieder zu mir.

An einem gewissen Punkt wurde mir klar, dass ich das nicht mit Hausmitteln in den Griff bekommen würde. Erst während der Nacht war alles noch schlimmer geworden, sodass sich die Anderen über meinen Zustand gar nicht im Klaren waren. Das erschreckende Wort »Ruhr« setzte sich in meinem Hinterkopf fest. Während der Nachtstunden mit den Krämpfen versuchte mein gequälter Verstand einen Plan zu erstellen. Dann fiel mir Cipro ein. Ciprofloxacin ist ein sehr wirkungsvolles und teures Antibiotikum, das man auch Menschen bei Milzbrand verabreicht. Wir hatten etwas davon an Bord. Kaum war es hell, schaffte ich es, in unserer Bordapotheke das Fläschchen zu finden. Innerhalb weniger Stunden fühlte ich mich wesentlich besser. Innerhalb achtundvierzig Stunden war ich wieder auf den Beinen und in der Lage, etwas Hühnerbrühe bei mir zu behalten. Ich fühlte mich, als hätte Cipro mir das Leben gerettet.

Von mir unbemerkt hatte es Michael ebenfalls in jener ersten Nacht erwischt. Fiebrig hatte er sich ins Cockpit verzogen, wo er sich außenbords übergab und allein und unbemerkt vor sich hin litt. Weil seine Beschwerden zwölf Stunden nach meinen ausbrachen, behandelten wir ihn viel schneller mit den Antibiotika, sodass er zur gleichen Zeit mit mir über den Berg war. Als Herbert einen halben Tag später an der Reihe war, bekam er die Segnungen des Cipro nahezu sofort und erholte sich am schnellsten von uns allen wieder.

Nach drei Tagen Fasten hatten Michael und ich erkennbar abgenommen. Im Gegensatz zu mir war es für Michael nicht von Vorteil. Unser Vierzehnjähriger war ohnehin sehr dünn, und nun war er nur noch Haut und Knochen. Ich konnte seine Beckenknochen und jede einzelne Rippe sehen und schnappte nach Luft. In den nächsten Tagen richtete ich alle Anstrengungen darauf, ihn zu mästen. Als wir Suakin verließen, fühlten wir uns alle drei weich in den Knien, wollten aber unbedingt weg. Herbert und ich schauten auf den goldenen Glanz über der Stadt im frühen Morgenlicht ein letztes Mal zurück.

Selbstgefälligkeit ist des Seglers schlimmster Feind. Beim Einlaufen hatten wir in dem engen Fahrwasser ein Riff bemerkt. Aber nun, in der Morgensonne, war nicht nur das Riff unsichtbar, sondern wir hatten es über unserem nostalgischen Rückblick auch komplett vergessen. Im nächsten Moment saßen wir drauf – peinlich, unnötig, dumm gelaufen.

Unser Captain, der sich immer noch benommen und schwach fühlte und dessen Nerven ohnehin wegen des Getriebes angespannt waren, auch wegen des Antifoulinganstrichs und des allgemeinen Frusts, flippte aus. Von einer Sekunde zur nächsten verwandelte sich unser genialer Captain Herbert in den vor Zorn rasenden Captain Bligh. Wir, die meuternde Mannschaft, waren gezwungen, uns eiligst am Riemen zu reißen. Nachdem wir drei Viertel des Törns um die Welt ohne intime Bekanntschaft mit einem Riff hinter uns gebracht hatten, war dieser Vorfall zutiefst demütigend. Und nachdem wir den Motor erfolglos hochgejagt hatten, wussten wir auch, dass nur größere Anstrengungen uns wieder freikommen ließen.

Aber glücklicherweise hatte unser vor Wut kochender Captain Bligh seinen Einfallsreichtum nicht verloren. Kurz angebunden wies er ein paar junge Matrosen an, ein Beiboot auszusetzen. Zunächst drehte er in Richtung der Ruinenstadt, dann brachte er eine kräftige Ankerleine um ein paar riesige halbüberspülte Felsen aus, die früher einmal als Pfeiler gedient hatten. Wir hielten alle den Atem an, als er versuchte, mithilfe der elektrischen Ankerwinde uns seitwärts von dem Riff ins tiefe Wasser zu ziehen.

Glücklicherweise saßen wir auf dem Ende des Riffs, sodass wir uns bei der Gewaltanwendung gegen diese mürben, wackligen Steinbrocken selbst befreien konnten. Die ganze Rettungsaktion dauerte nicht mehr als zwanzig Minuten, aber Herbert war immer noch wütend und gestresst. Er hatte den Kanal vom Sudan im Allgemeinen gestrichen voll, und das hier war das Tüpfelchen auf dem i gewesen.

»Warum erschießt ihr mich nicht, um mich von meiner Qual zu erlösen?«, moserte er.

»Das war eine der möglichen Lösungen, die ich in Betracht gezogen habe«, erwiderte ich nur.

*

Nach drei Tagen Kurs Nord zwangen uns aufkommende Winde in einer Lagune mitten auf dem Meer Schutz zu suchen, den uns ein u-förmiges Unterwasserriff gewährte. Wir hatten einige Tage schwierige Segelei hinter uns und näherten uns endlich dem Hafen Safaga in Ägypten. Gegen zweiundzwanzig Uhr waren wir noch viereinhalb Meilen oder etwa eine Stunde entfernt von dem Riff, das uns zu einer Kurskorrektur zwang, um einlaufen zu können. Wieder legte der Wind zu.

Um zweiundzwanzig Uhr dreißig hatten wir noch drei Meilen vor uns, aber wir machten nur drei Knoten und würden noch eine weitere Stunde brauchen.

Eine halbe Stunde später fielen wir auf zwei Knoten zurück. Es waren noch zwei Komma zwei Meilen – und immer noch eine Stunde.

Gegen elf Uhr dreißig waren wir noch eineinhalb Meilen von unserem Wegepunkt entfernt, aber unsere Geschwindigkeit betrug nicht einmal mehr zwei Meilen. Wir fühlten uns wie in einer Tretmühle; je näher wir zum Riff kamen, desto langsamer wurden wir – das Riff hing vor unserer Nase wie die Karotte an einer Angel vor dem geduldig seinen Weg trottenden Esel.

Inzwischen hatte der Wind weiter zugelegt, und die NORTHERN MAGIC motorte gegen fast senkrecht hereinbrechende Wellen an. Wir wollten die erste hohe Welle abreiten, der Bug bockte in den Nachthimmel hinauf und sauste dann wieder nach unten, während an Backbord und Steuerbord zwei strahlend weiße Gischtfontänen hochschossen. In diesem Moment bohrten wir unsere Nase bereits in die nächste Welle. Wham! Die Wucht des Zusammenpralls ließ uns zur Seite taumeln. Unser treuer Autopilot, TQM, hatte mächtig zu kämpfen, um Kurs zu halten, während Welle nach Welle auf uns eindrosch. Aber er und die NORTHERN MAGIC leisteten gute Arbeit.

Ich bemerkte, dass die See durch einige Öffnungen ins Boot drang. Das Wasser fand seinen Weg unter unserem Dingi durch und um die Abdichtung einer Deckluke herum, die nicht fest genug zugeschraubt war. Große Menge liefen in den Kettenkasten neben dem Kopfteil von Christophers Bett. Glücklicherweise hatte sich Christopher in unsere Koje verzogen und merkte deshalb nicht, wie die meisten seiner Bücher, Spielsachen, sein Bettzeug und sogar sein Kissen nass und nässer wurden.

Der Motor röhrte, und das Geräusch erinnerte mich an die Probleme mit Frankenstein. Würde das Ding halten? Was war zu tun, falls nicht?

Endlich zeigte uns unser GPS, dass wir unseren Wegepunkt erreicht hatten, aber um sicher zu gehen, wartete ich nochmal schmerzhaft lange zehn Minuten (dreihundert weitere Meter!), bevor ich den Kurs näher unter Land hin korrigierte, wo wir, wie ich hoffte, ein ruhigeres Wasser finden würden.

Herbert übernahm seine Wache. Ich kuschelte mich neben Christopher, der die Augen öffnete und mir ein engelsgleiches Lächeln schenkte, woran er sich natürlich am nächsten Morgen nicht erinnerte. Ich kann nicht begreifen, wie er schlafen konnte, während sich die NORTHERN MAGIC aufführte wie ein wild gewordener Bulle. Am Fußende des Bettes war es nun auch nass.

Der Schlaf mied mich, denn das Geräusch des eindringenden Wassers drang auch in mein Bewusstsein. Von Zeit zu Zeit suchte sich ein weiterer Schwall seinen Weg durch die Öffnungen der Pantry, und ich hörte das Wasser auf dem Boden herumschwappen, ehe es seinen Weg in die Bilge nahm. Das Geschirr klapperte in den Schapps. Wieder einmal hatten wir Sturmstärke erreicht, der Wind heulte im Rigg, die Fallen schlugen gegen den Alu-Mast.

Irgendwann bekam ich ein Häppchen Schlaf, aber schon drei Stunden später war ich wieder hellwach. Um fünf Uhr dreißig beschloss ich, dass es eine Dummheit war, im Bett zu bleiben und ging nach oben, um Herbert zu entlasten, dessen Haar, schwer vom Salzwasser, an seinem Kopf klebte. Das Riff, das wir gegen Ende meiner Wache passierten, also vor viereinhalb Stunden, war nun sieben Meilen achteraus. Wir hatten immer noch dreizehn Meilen vor uns.

Die Sonne ging auf, und die Kinder erwachten eines nach dem anderen. Am Abend zuvor hatten wir ihnen versprochen, am nächsten Morgen am Ziel zu sein, und so wunderten sie sich, dass es so unruhig war.

Die ägyptische Küste war trotzdem wunderbar. Hohe Berge kamen zum Vorschein, atemberaubend nah. Ich wusste, dass sie im Laufes des Tages ein staubiges Braun zeigen würden, aber im Augenblick waren sie Teil einer dem Mars ähnlichen Landschaft, in den Farben Mauve, Rosa und Orange schimmernd. Ich zog den Anblick in mich ein, als könnte ich nie genug davon bekommen, obwohl ich den Wind im Auge behalten musste und Gischtfahnen immer wieder über mein Gesicht wuschen.

Das Meer sprühte, war wild und wunderschön in seinem Temperamentsausbruch. Seen stiegen ein, nicht übermäßig hohe, vielleicht maßen sie zwei Meter vom Scheitel bis zur Sohle, aber sie marschierten aufrecht und stolz wie Soldaten in Reih und Glied. Ihre Kämme schimmerten in brillantem Weiß. Der Wind hob die oberste Lage ab und warf sie wie glitzernde Diamanten über das Wasser. Jeder Quadratzentimeter der NORTHERN MAGIC glitzerte unter den Wassermassen, während wir langsam vorwärts pflügten. Da ich nun im hellen Licht sehen konnte, wogegen der Motor und der Autopilot zu kämpfen hatten, wunderte ich mich, dass wir überhaupt Fortschritte machten.

Schließlich langten wir am frühen Nachmittag am Ziel an, obwohl wir erst zum Einbruch der Dämmerung damit gerechnet hatten. Fünfzehn zermürbende Stunden hatten uns diese letzten vierundzwanzig Meilen gekostet. Als wir im Hafen von Safaga den Anker warfen, waren unsere Gesichter mit einer

Salzkruste paniert, unsere Mägen schrien nach etwas zu essen, unsere Augen waren schwer vor Müdigkeit, und im Inneren des Bootes war es stickig und feucht. Außen trug die NORTHERN MAGIC einen festen Salzmantel, der sich leicht kaustisch und glitschig anfühlte. Oben im Rigg hingen Stalaktiten aus Salz, als wären wir zweiundzwanzig Tage draußen gewesen und nicht zweiundzwanzig Stunden.

Aber das war jetzt ohne Bedeutung. Wir waren in Sicherheit, das Rote Meer lag im Wesentlichen hinter uns, und wir waren endlich in Ägypten angelandet.

23
Der Ärger mit Ägypten

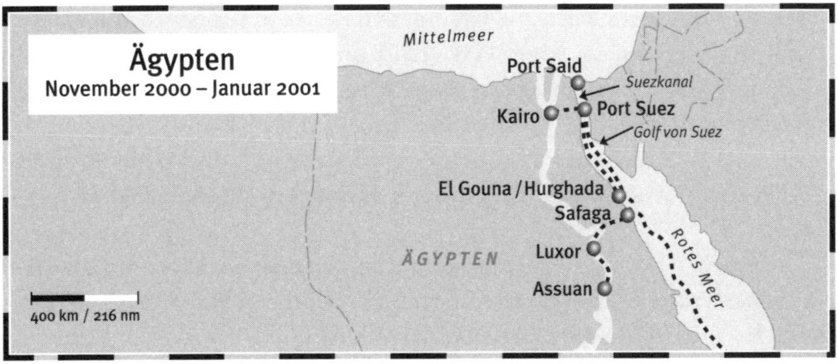

Wenn man per Boot in ein fremdes Land kommt, wird man erst einmal durch die Mangel gedreht. Manchmal läuft das Einklarieren relativ unproblematisch ab, dann kommt eine ganze Bootsladung von Offiziellen an Bord, um die Pässe mit den richtigen Stempeln zu versehen, und ist zehn Minuten später wieder verschwunden. Üblicherweise muss man aber die Behörden in ihren Büros aufsuchen, doch nirgendwo auf der Welt ist die Prozedur eine so ineffiziente und frustrierende Tortur wie in Ägypten.

Wir waren bereits im Besitz von ägyptischen Visa, was die Dinge eigentlich hätte vereinfachen sollen. Gewissenhaft hatten wir sie im Vorhinein bei der sehr unfreundlichen ägyptischen Botschaft in Asmera, Eritrea, besorgt. Es handelte sich um unsere erste Erfahrung mit ägyptischen Behörden auf dieser Reise, und sie war nicht angenehm. Jonathan, der unter heftiger Übelkeit litt, war an Bord geblieben, aber die Beamten bestanden darauf, alle drei Kinder zu sehen. Wir kehrten mit einem unsicher stolpernden, grüngesichtigen Jonathan im Schlepptau zurück, und sobald wir den Wartesaal betreten hatten – einen luxuriösen Raum mit Marmorfußboden und wunderbaren Perserteppichen – drehte sich der arme Jon zu mir und sagte, während schon die Galle in ihm aufstieg: »Mom, ich muss mich übergeben!«

Ich sprang auf, fand den sauer dreinschauenden Beamten, der in einem anderen Zimmer seine Papiere mischte, und fragte in dringendem Ton: »Mein Junge ist krank, wo ist die nächste Toilette?«

Er schaute mich einen Moment lang an, ehe er antwortete: »Nein.« Dann widmete er sich wieder seiner Arbeit. Ich war entlassen.

Ich kehrte zu Jon zurück und bat ihn, sein Bestes zu versuchen, um die Katastrophe zu verhindern, nahm Platz und kochte innerlich. Fast wünschte ich mir, mein Sohn würde den Inhalt seines Magens auf den Teppich entleeren. Irgendwie schaffte Jon es jedoch, sich zu beherrschen, bis wir wieder draußen waren, was ich bedauerte.

Aber das war nur der Anfang unseres Abenteuers mit ägyptischer Bürokratie.

Unser erster Tag in Safaga lässt sich am besten unter dem Titel *Safaga Saga* zusammenfassen. Dabei versuchten wir nichts Anspruchsvolleres, als die notwendigen Stempel in die Pässe zu erhalten und durch den Zoll zu kommen. Das nahm viereinhalb Stunden in Anspruch.

Zunächst hieß es: am richtigen Kai festmachen; den Beamten ansprechen, der uns zum Immigration Officer in ein gelbes Gebäude weiter schickt; Stopp vor dem gelben Gebäude: es ist das Falsche; Stopp vor einem weiteren gelben Gebäude: es ist das Falsche; Stopp vor einem dritten gelben Gebäude: es ist das Richtige, aber die Wachen dort haben keine Ahnung und schicken uns aus dem Hafen hinaus; wir passieren die Sicherheitschecks eins und zwei; nehmen einen Fußmarsch von drei Kilometern in Angriff; Stopps vor vielen gelben Gebäuden; keines ist das Richtige; keiner weiß, wo das Richtige ist; wir gehen in eine Bank, um Geld zu wechseln; auch dort kennt niemand das gelbe Gebäude; wir fragen Polizisten: keine Ahnung; wir fragen Taxifahrer: sie wissen es. Es ist in Hurghada, vierzig Kilometer entfernt; sie möchten uns hinbringen. Wir fragen weitere Leute; ein Mann scheint sich auszukennen; er schickt uns die drei Kilometer zurück, durch die Sicherheitschecks zwei und eins; zum zweiten Mal stehen wir vor dem gelben Gebäude Nummer drei.

Der Mann spricht mit dem Wachtposten, der uns vorher weggeschickt hat, und überzeugt ihn, dass wir am richtigen Ort sind; wir bedanken uns und gehen in den dritten Stock; warten in einem Büro, erhalten viele Formulare; gehen in ein zweites Büro und füllen die Formulare aus; gehen in ein drittes Büro, sprechen zu Grand Poobah[1] *mit goldenen Epauletten, zeigen ihm die Formulare. Es sind nicht die Richtigen; wir kehren ins erste Büro zurück, ergänzen die Formulare, kehren ins dritte Büro zurück (Grand Poobah). Wir erhalten die Stempel.*

Nun geht's zum Zoll – wo immer das sein soll. Grand Poobahs Assistent zeigt aus dem Fenster auf ein weit entferntes Gebäude. Niemand kann das Gebäude genau beschreiben. Wir irren durch drei Flure, einen Kilometer zurück, studieren die Gebäude. Alle Auskunftsschilder sind arabisch. Wir versuchen es irgendwo. Es ist der Zoll, aber das falsche Büro. Wir suchen ein anderes Gebäude auf. Es gehört auch dem Zoll, aber es ist immer noch nicht das richtige Büro. Ein Beamter bringt uns zurück zum Gebäude Nummer drei, nimmt eine Abkürzung auf dem dreckigen Rückweg. Findet das richtige Büro (zwei Stockwerke unter dem Büro von Grand Poobahs Assistenten). Wir füllen Formulare aus. Warten. Brauchen Fotokopien der Visa – sie haben einen Kopierer, aber wir dürfen ihn nicht benützen. Wir gehen den ganzen Weg zum Zollgebäude Nummer zwei zurück, fotokopieren auf einem öffentlichen Kopierer, kehren wieder zurück. Überreichen die Fotokopien. Kehren in das Zollgebäude Nummer zwei zurück, weil dort die Kasse ist. Betreten die gewaltige Zollhalle, kämpfen uns durch einen Schwarm von Pilgern, die gerade aus Mekka zurückkehren und halb Saudi Arabien in Perserteppichbündeln mit sich schleppen.

Stellen uns in der Schlange an, warten, bezahlen. Gehen den Weg zum Gebäude Nummer drei zurück. Bekommen weitere Stempel. Lenken dann unsere Schritte zurück zum Zollgebäude Nummer zwei, um weitere Unterschriften zu ergattern. Erzählen den Kindern, wir wären fast durch. Versuchen die Abkürzung von vorher zu finden, werden diesmal aber von Wächtern mit Maschinengewehren gestoppt. Gehen außen rum. Kehren zum vierten Mal ins Zollgebäude Nummer zwei zurück. Erhalten weitere Unterschriften. Gehen zum Zollgebäude Nummer eins (zum sechsten Mal) zurück, um weitere Unterschriften und Stempel zu holen. Erzählen den Kindern, wir wären fast durch. Kehren zum Zollgebäude Nummer zwei (zum fünften Mal) zurück. Gehen zur Kasse zurück (zum zweiten Mal), kämpfen uns durch die Pilger, um einen weiteren Stempel (den zwölften) zu erhalten. Erzählen den Kindern, dass wir es geschafft haben! Whew!

*

[1] Der bayerische Ausdruck »Großkopferter« entspricht mit seinen Konnotationen wohl am besten dieser Bezeichnung (Anm. d. Ü.).

Wir blieben noch drei Tage in Safaga, füllten unsere Vorräte wieder auf, bunkerten Diesel und vertraten uns gründlich die Beine, nachdem wir ja doch ein Weilchen ausschließlich an Bord gewesen waren. Dann brachten wir schnell die fünfzig Meilen zu einer kleinen Marina hinter uns, die der NORTHERN MAGIC einen sicheren Liegeplatz bot, während wir auf dem Landweg nach Luxor wollten.

Auch dieser Trip stand anfangs unter keinem besonders guten Stern. Trotz unserer Fahrkarten gab es für uns keine Plätze mehr im Bus, der von Hurghada in der Nähe unserer Marina losfuhr, und man ließ uns in dem leeren Busbahnhof stehen, enttäuscht und verloren, umgeben von unserem Gepäck. Doch dann hatten wir eine großartige Idee, was wir mit der so unerwartet gewonnenen Zeit anfangen könnten. In Hurghada gibt es eine sehr interessante Sehenswürdigkeit. Man kann sie nicht wirklich der Zeit der Pharaonen zuordnen, aber sie gilt trotzdem als Symbol einer mächtigen Kultur. Die beiden eleganten und massiv goldfarbenen Wahrzeichen sind in der ganzen Welt berühmt. Während der vergangenen elf Monate hatten wir immer wieder von dem Tag geträumt, an dem wir vor ihnen stehen würden.

Und nun hatten wir es geschafft. Muslime pilgern nach Mekka, aber wir fühlten uns verpflichtet – ja, wir konnten unserem Schicksal nicht entgehen –, den legendären Goldenen Bögen die Ehre zu erweisen. So fanden wir uns am ersten Tag unseres Landausflugs in Ägypten nicht staunend vor Bauwerken aus der Pharaonenzeit, herrlichen Tempeln oder alten Grabanlagen wieder, sondern schwelgten unter vielen »Aaaah!«s und »Oooooh!«s in Big Macs, Pommes frites und Chicken McNuggets.

Nach dem Gelage kämpften wir uns den Weg frei zum nächsten Bus, der uns durch eine gebirgige Wüste und über den Kamm der hohen braunen Berge am Roten Meer entlang transportierte. Der Beginn der Nilebene war exakt auszumachen, denn plötzlich lösten fruchtbare Getreidefelder die öde Wüste ab. Seit alters bezieht die Mehrheit der Bevölkerung Ägyptens ihre Lebenskraft aus diesen wenigen Meilen am Nil.

Weitere Abenteuer per Auto, Minibus und Pferdekarren führten uns nach Luxor, das auf dem ehemaligen Wohngebiet der legendären pharaonischen Hauptstadt Theben liegt. Sooft man auch an diese klassischen Orte zurückkehrt, man kann sich nie satt sehen. Während wir voller Ehrfurcht die gigantischen Säulenwerke und die beeindruckenden Grabmalereien besichtigten und mit unseren Fingern die Namensinschrift eines Pharaos nachzogen, der vor dreitausend Jahren gestorben, aber dessen Macht ungebrochen fühlbar war, stand uns die Menschheitsgeschichte sinnlich vor Augen wie nirgendwo sonst. Es ist ein Ort, den jeder einmal im Leben besuchen sollte.

Unsere Rückkehr nach Luxor war für Herbert und mich in gewisser Weise eine Pilgerreise. Wieder standen wir in der Straße der Sphinxen, wo unsere Reise um die Welt vor fünf Jahren eigentlich ihren wirklichen Anfang genommen hatte. Damals waren unsere Herzen von dem *genius loci* beflügelt und unsere Lebenskraft wieder erweckt worden. Wir waren glücklich, das Erlebnis jetzt mit den Kindern zu teilen: die Grabanlagen der Pharaonen, die Tempelanlagen von Karnak - wo uns einst die Stimmen der verstorbenen Pharaonen die Weisheit aus längst vergangenen Zeiten eingeflüstert hatten – und den Terrassentempel der einzigen weiblichen Pharaonin, Hatschepsut, die sich als Mann ausgeben musste. Ihr Nachfolger ließ nach ihrem Tod ihr Konterfei aus allen Tempelmalereien entfernen und ersetzte es durch sein eigenes. (»Das nenne ich ein gelungenes Beispiel dafür, dass jemand *defaced*[2] wird«, bemerkte Jonathan trocken.

Wir fuhren weiter nach Assuan, das an der ersten Nilstufe liegt, nicht weit von der Grenze zum Sudan. Dort bestaunten wir die Steinbrüche, die das Material für die Bauwerke in Luxor und die Pyramiden lieferten. Wir sahen auch einen unvollendeten Obelisken. Jonathan beschloss sein Leben dem Forschungsthema zu widmen, wie die Ägypter solche monumentalen Bauwerke errichten konnten. Wir besichtigten auch Sarkophage der Noblen, in denen manchmal Skelette ausgestellt wurden, und entdeckten sogar ein herumliegendes Stück eines menschlichen Schädels samt Kieferknochen und Zahn.

Der größte Hit aber war ein Kamelritt zu einem alten Kloster. Christopher kicherte unentwegt auf seinem Reittier, und ich schloss mich ihm an, besonders auf dem Rückweg, als wir unser Kamel zum Traben bringen wollten. Während wir Michael überholten, schlug sein Kamel aus und bremste uns ab. Aber wir lachten nur, setzten unser Rennen fort und gewannen einen Vorsprung vor Jonathan, dessen Kamel wir auf den Namen Spitzbube getauft hatten, wegen seiner Tendenz, seine eigene Wege zu gehen. Christopher juchzte so fröhlich, dass wir anderen keine Wahl hatten, als uns ihm anzuschließen.

Kaum hatte Spitzbube mitbekommen, dass wir den Vorsprung zu ihm vergrößerten, stieg er ins Rennen ein und ließ die Beine fliegen. Michaels Kamel

[2] Unübersetzbares Wortspiel *face – defaced* (das im Deutschen *verunstaltet* bedeutet) (Anm. d. Ü.).

trabte auch los, und unsere armen Kameltreiber, die nebenher liefen, mussten die Beine in die Hand nehmen. Es war ein enormer Spaß, und wir überreichten den gutmütigen jungen Kamelhirten am Schluss ein Extratrinkgeld. (Mein Hinterteil und die Oberschenkel büßten in den nächsten zwei Tagen die Sünden ab, und ebenso hatte Michael Probleme mit seinem Rücken, da er versucht hatte, den Stil des Großwesirs von Ägypten zu imitieren, der mit gekreuzten Beinen zu reiten pflegte.)

Kein Land auf der Welt kann neben den Sehenswürdigkeiten Ägyptens bestehen. Aber nirgendwo auf der Welt wird man auch so geärgert und frustriert. Tourismus – wie Macht – fördert die Korruption, und da Ägypten das Land mit dem größten Fremdenverkehr ist, verwundert es eigentlich nicht, dass es auch eine spezielle Klasse von Schurken hervorbringt – Geschäftemacher, Felukken- und Taxifahrer, Fremdenführer und ganz allgemein tätige Bakschischjäger. Der Weg über den Markt von Assuan oder Luxor war immer ein Spießrutenlaufen, denn die Händler waren so verzweifelt hinter unserem Geld her, dass sie sich an uns klammerten wie Velcro[3].

Als wir am Nil entlanggingen, fielen wir gewissenlosen Schleppern in die Hände, die uns einen Segeltörn in einer Felukke schmackhaft machen wollten, und sie waren wirklich die Übelsten von allen. Ähnlich wie die Taxifahrer, die uns immer weiszumachen versuchten, dass kein Bus fuhr, sobald sie uns warten sahen – und nur die Segel strichen, wenn der Bus in diesem Moment auftauchte –, logen die Typen ohne Rücksicht auf Verluste. Wir schätzten Ägypten weiterhin, obwohl wir zu der Ansicht kamen, dass gerade die Ägypter, die den größten Profit aus dem Tourismus zogen, ihr Möglichstes taten, um ihn kaputt zu machen. Zu unserer Bestürzung verloren wir unsere übliche freundliche Haltung und waren stets und ständig misstrauisch gegen alle, die mit uns ins Gespräch kommen wollten.

Einer der wichtigsten Gründe für unseren Ausflug nach Luxor war ein Paket, das wir dort abholen sollten und das die Weihnachtsgeschenke von zu Hause enthielt: eine Digitalkamera von einem Leser, einige heiß ersehnte Schokoladenspenden und unser dringend benötigtes neues Getriebeteil. Es war in Kanada unter der Prämisse auf den Weg gebracht worden, dass es innerhalb von vier oder fünf Tagen bei uns eintreffen sollte. Seither waren eineinhalb Wochen vergangen. In dieser Zeit hatte uns das Kurierunternehmen auf

---

[3] Klettmaterial (Anm. d. Ü.).

eine fröhliche Jagd geschickt, die sie damit würzte, dass die Angestellten täglich eine neue Ausrede erfanden, warum das Paket immer noch nicht da war. Das alles ähnelte den Geschichten aus 1001 Nacht, war aber bedeutend fantasievoller. Jedes Mal, wenn wir anriefen (und für jeden Anruf mussten wir eine Stunde zum nächsten öffentlichen Telefon gehen und dann noch einmal dreißig Minuten in der Schlange warten), ließen sie sich etwas Neues einfallen. Der Frachtbrief war verloren gegangen. Die Zolldeklaration war verloren gegangen. Das ganze Paket war verloren gegangen. Tatsächlich war der Frachtbrief weg. Wir wiederholten die *Safaga Saga*, aber auf verschärftem Niveau. Schließlich kamen wir zu der Überzeugung, dass wir diesen Schlamassel nur beenden konnten, indem Herbert die zwölf Stunden Weg nach Kairo auf sich nahm, wo das Paket am Flughafen zurückgehalten wurde, und alles persönlich vor Ort klärte.

Der wenig hilfsbereite Angestellte des Kurierunternehmens – der für ein persönliches Gespräch mit Herbert nicht einmal aus seinem Büro kommen wollte – empfahl ihm eine zweistündige Busfahrt nach Port Suez, um alles auf die Reihe zu bringen. Ein brillantes Ablenkungsmanöver. Herbert nahm tatsächlich den Bus nach Port Suez, aber dort schaffte er es nicht einmal, ins Zollgebäude hineinzukommen oder mit einem Zöllner zu sprechen. Nach zwei Tagen massiver Frustration und ohne Fortschritt kehrte Herbert verzweifelt zu uns zurück.

Wir berieten hin und her, ob wir die NORTHERN MAGIC nach Suez verlegen sollten. Aber wir hatten Frankenstein schon auf den sechshundert schwierigen Meilen vom Sudan hierher arg strapaziert und hatten unsere Zweifel, wie lange er noch mitspielen würde. Also entschlossen wir uns zu einem Ausflug mit der ganzen Familie per Bus nach Kairo. Unsere letzte Hoffnung richtete sich auf einen Anruf in der kanadischen Botschaft.

Bald fanden wir uns an einem riesigen Konferenztisch (»Wow! Der Tisch ist so groß wie unser Boot«, murmelte Michael) wieder und wurden vom Botschaftspersonal herzlich willkommen geheißen, sogar vom Botschafter persönlich. Dann brach Aktivität aus. Am nächsten Tag hatten sie unser Getriebeteil frei gekämpft, und einen Tag später gab der Zoll die Weihnachtsgeschenke für die Kinder frei, den selbst gebackenen Kuchen von meiner Mutter und – als Wichtigstes – die Schokolade. Aber die Herausgabe der gebrauchten Digitalkamera verweigerte man, und die hatte der Leser uns zur Verfügung gestellt, damit wir unsere Website bestücken konnten.

Am Ende des langen Liedes wurde die Digitalkamera weiter nach Zypern geschickt, damit wir sie dort in Empfang nehmen sollten. Für dieses Ergebnis hatten wir insgesamt sechs Wochen benötigt. Mäuse hatten sich am Marzipan gütlich getan, und das Geld, das einem Brief beigelegen hatte, fehlte. Aber mit dem Wichtigsten wollten wir wenige Tage später auf unserem Boot unter dem Weihnachtsbaum sitzen: neuen Magic Cards, Büchern, Großmutters Weihnachtskuchen, Keksen (mit doppelter Füllung) und natürlich *Hershey's Kisses.*

Und das klappte auch, nur Großmutters Kuchen schaffte den Weg nicht ganz und wurde bereits in unserem Kairoer Hotelzimmer aufgefuttert. Ich schwöre, dass ich die *Hershey's Kisses* nicht angerührt habe.

Natürlich musste ich einen probieren.

*

Die Wochen anstrengenden Kampfes hatten uns runtergezogen. All die Leute, die uns betrügen wollten, und die Probleme mit dem Paket ließen es uns erheblich schwerer verdauen, dass unsere Mieter in Ottawa, die auch Ägypter waren, ihren Mietvertrag brachen und bei Nacht und Nebel verschwanden. Damit versiegte unsere Haupteinnahmequelle. Einen Ersatz für die sieben Monate zu finden, bis wir nach Haue zurückkehrten, würde sich schwierig gestalten. Die Last der finanziellen Sorgen lag schwer auf uns.

Außerdem war der Ramadan angebrochen. In Malaysia hatten wir kaum etwas davon gemerkt, aber in Ägypten krempelte der heilige Monat nun unseren gesamten Tagesablauf um. Die meisten Restaurants waren von Sonnenaufgang bis siebzehn Uhr zu. Und schlossen wir uns den hungrigen Massen nicht Punkt siebzehn Uhr an, riskierten wir es, überhaupt nicht mehr in den Genuss von etwas Essbarem zu gelangen. Während der Monat des Ramadan voranschritt, wurden die Menschen immer gereizter – schließlich litten sie unter Hunger, Durst und Nikotinentzug. Da ich Schokoladistin bin, hatte ich dafür ein gewisses Verständnis. Jedoch wirkte es sich unerfreulich auf unseren Alltag aus, und ich sah bei vielen Problemen, die mit Taxifahrern und Geschäftsleuten auftauchten, einen direkten Zusammenhang.

In Kairo hatte man uns in das Zuhause von Vizekonsul Nikki Dunn eingeladen, wo wir dann zusammen mit weiteren Botschaftsangehörigen und deren Familien die erfolgreiche Befreiung des Pakets feierten. In jener Nacht wärmte uns die kanadische Gastfreundlichkeit wie eine Decke, die wir auch wirklich nötig hatten. Nikki servierte sogar einen richtig prächtigen Weihnachtsputer.

Wir hatten zwei Tage für die Besichtigung Kairos angehängt. Christopher war von der goldenen Totenmaske des Tutenchamun im Museum beeindruckt mit dessen vielen Schätzen man auch ein halbes Dutzend Museen hätte betreiben können. Jonathans erste Wahl fiel auf den einbalsamierten Ramses II, der sich so gut gehalten hatte, dass nach 3 200 Jahren sogar die Haarfarbe zu erkennen war. Während Michael dann im Schatten der großen Cheopspyramide stand, legte er seine Hand auf einen der riesigen Steinquader und sagte: »Mom und Dad, was immer auf dieser Reise noch kommen wird, mein Traum hat sich bereits erfüllt.« Diese Worte trafen auch auf Herbert und mich zu. Es war ein erhebender Augenblick, wieder neben den Pyramiden zu stehen.

An unserem letzten Tag in Kairo wollten wir unsere Weihnachtseinkäufe auf dem Khan el Khalili Basar erledigen, und es ist erstaunlich, wie viele Varianten von Tutenchamun, der Pyramiden und der Statue des Gottes Anubis den Weg unter unseren kleinen Weihnachtsbaum fanden. Am 23. Dezember nahmen wir den Bus zurück zur NORTHERN MAGIC und schleppten unser hart erkämpftes Paket mit uns. Ein Angestellter der Busgesellschaft warf einen misstrauischen Blick auf den Karton, der über und über mit großen Aufklebern und Stempeln vom Zoll verziert war. Stirnrunzelnd wollte er wissen, was sich darin befand und ob wir die Gebühren bezahlt hätten. Als Herbert ihm einen seiner gewissen Blicke zuwarf, wagte er nichts mehr zu fragen.

Im Bus lernten wir eine Ägypterin kennen, die auch auf dem Weg nach El Gouna war, dem kleinen Erholungsort, wo die NORTHERN MAGIC auf uns wartete. Sie hieß Ekbal El Asyouti und hatte dreiundzwanzig Jahre lang in Ottawa gelebt. Wir litten immer noch unter den wochenlangen Problemen mit Händlern, Schleppern, Taxifahrern, Beamten und Angestellten von Kurierdiensten, und so konnte ich einfach nicht still bleiben, als Ekbal sagte: »Jeder kommt gerne nach Ägypten, weil die Ägypter so freundlich sind.«

»Na ja«, sagte ich möglichst ohne Aggression, wobei ich aber auch nichts beschönigen wollte, »ich glaube nicht, dass die meisten Touristen dem zustimmen werden«, und erzählte ihr von unseren Erfahrungen.

Sie war schockiert. »Die richtigen Ägypter sind ganz anders«, erklärte sie. »Wenn Sie doch noch einmal nach Kairo kommen würden – ich würde Sie in mein Haus einladen und mit meinen Freunden bekannt machen. Das würde Ihren Blickwinkel total verändern.«

Als wir uns am Busbahnhof trennten, zog sie ein wunderbares langes, mit Pailletten besetztes Kleid aus ihrer Tasche und reichte es mir, und ein paar Tage später besuchten sie und zwei Freunde uns auf der NORTHERN MAGIC und schleppten weitere Geschenke an – Schokolade, Wein und Souvenirs für die Kinder.

Damit wollte sie uns beweisen, dass nicht alle Ägypter so habgierig waren, wie wir den Eindruck gewonnen hatten. Wir wussten diese Geste der Freundschaft wirklich zu schätzen.

Eilig erledigten wir die Vorbereitungen für unser viertes und letztes Weihnachten an Bord. Nach unserer langen Busfahrt durch die Wüste am Tag zuvor blieb uns nur noch der Weihnachtsabend, um alles einzupacken und zu dekorieren. Irgendwie kam Weihnachten, abgesehen von unserer Frustration, wie immer und genau richtig.

»Schau dir das an«, sagte Herbert zwei Tage später, als er aus dem Motorraum mit Frankenstein in der Hand auftauchte. »Welch ein Glück, dass wir so hartnäckig um unser Paket gekämpft haben.«

Frankenstein war am Ende. Die Kupplungsscheibe zeigte bereits einen Riss, und mehrere der beschädigten Dämpfungsfedern arbeiteten in der Kupplungsglocke gegeneinander. Es war nur eine Frage der Zeit, wann alles in Einzelstücke zerbrach. Hätten wir ohne das neue Ersatzteil unsere Reise fortgesetzt, wie wir das ernsthaft erwogen hatten, wären wir ganz sicher mit Problemen konfrontiert worden.

Wir tauften Frankensteins Nachfolger auf den Namen Frank, meinem Vater zu Ehren, und teilten es ihm mit. Dad antwortete in seiner nächsten E-Mail: »Nur wenig Bodenpersonal, falls überhaupt, wurde jemals so geehrt! Ich bin sehr, sehr happy als Crewmitglied der NORTHERN MAGIC!«

*

Wir liefen in die Strait of Gubal, die enge Einfahrt zum Suezkanal, und schlossen uns einer ganzen Reihe von großen Schiffen an, die in einer würdevollen Prozession ihren Weg hinein und hinaus suchten. Auf den Suez-Schifffahrtswegen bei Nacht unterwegs zu sein und aus den tausenden von Lichtern, die um uns herum zu sehen waren, schlau werden zu müssen, war eine völlig neue Erfahrung. Wir schauten auf die endlos an uns vorbeiziehenden roten, grünen und weißen Positionslichter, deren dazu gehörige Schiffe uns zu versenken drohten, ohne es auch nur zu merken, wenn wir nicht aufpassten. Man erzählt sich dort immer wieder die wunderbare – angeblich wahre – Geschichte von dem Supertanker, der in Suez einlief und den Mast und die Segel einer Yacht unbemerkt an seinem Buganker auf den Haken genommen hatte. Überall tanzten kleine, knallig beleuchtete Garnelenfischer mit Schleppnetzen herum, und eine Reihe von Leuchttonnen markierten das Fahrwasser. Dazu kamen die Lichter der Dörfer und die Scheinwerfer vorbeifahrender Autos an beiden Ufern. Am beeindruckendsten aber waren die Ölbohrtürme. Tausende weißer Lichter erhellten die Superkonstruktionen, die ihnen das Aussehen von Städten aus Science-Fiction-Filmen verliehen. Dazwischen wurden mit hohen, orangefarbenen Stichflammen die Gase abgefackelt, die direkt vom Meeresboden aus wie gigantische Schweißbrenner vor den Toren der Hölle hochzischten. Da wir diese Infernos in nächster Nähe passierten und von so vielen Lichtern genarrt wurden, waren unsere Nerven zum Zerreißen gespannt, und eine Erleichterung ungekannten Ausmaßes legte sich über uns, als wir am Nachmittag des nächsten Tages in Port Suez festmachten.

Praktisch jede Yacht, die die 2-Tages-Passage durch den Suezkanal bewältigt hat, berichtet von unerfreulichen Erfahrungen. Das Problem sind die Kanallotsen, die man obligatorisch an Bord nehmen muss. Weibliche Crews berichten von Zudringlichkeiten, aber der Hauptgrund zur Klage ist immer wieder die aggressive Forderung nach »Geschenken«. Es gibt sogar Beispiele von Lotsen, die sich mit üblen Methoden rächten, wenn sie nicht bekamen, was sie wollten.

Am Tag vor unserer Passage war ein Beamter der Kanalbehörde eingetroffen. Nachdem er unser Boot vermessen hatte, um danach die Gebühren festzulegen, fragte er, ob wir irgendwelche Probleme mit ägyptischen Behörden gehabt hätten.

Herbert lächelte und rollte nur mit den Augen. In Suez hatten uns Menschen, die kaum recht und schlecht ihre Jobs erfüllten, mit ihren Geldforderungen gequält – und das galt auch für den Mann, der ebendiesen Beamten gerade bei uns an Bord abgeliefert hatte.

»Mir ist zu Ohren gekommen«, sagte Herbert vorsichtig, »dass viele Yachten Probleme mit den Lotsen haben.«

Der Beamte erging sich in einer langen Rede mit dem Tenor, dass niemand verpflichtet wäre, den Lotsen Geschenke oder Ähnliches zukommen zu lassen. Dann ließ er seinen Blick durch den Salon schweifen und fragte: »Haben Sie vielleicht eine Sonnenbrille für mich? Irgendwelche Souvenirs?«

Ägypten!

Am nächsten Tag kam Atia, unser erster Kanallotse an Bord, und wir waren alle auf der Hut. Obwohl wir nicht in Spendierlaune waren, hatten wir die üblichen Stangen Marlboros erworben, um unsere Durchfahrt erträglich zu gestalten. Aber Atia erwies sich als wahrer Gentleman. Er war freundlich und hilfsbereit und bedankte sich überschwänglich für den einfachen Lunch, den ich ihm anbot. Am Ende des ersten Tages, den wir durch den Kanal mit den sandigen Ufern und ohne weitere besondere Merkmale motorten, waren wir ihm freundlich gesonnen. Er hatte nichts gefordert.

So richtete ich gerne eine Tüte mit kleinen Geschenken für ihn und seine Kinder her, wozu auch zwei Stangen Zigaretten gehörten. Er akzeptierte erfreut. Herbert und ich sahen kichernd zu, wie er die unförmigen Stangen unter seiner Jacke zu verstauen suchte und dann tief die Luft einzog, um nicht mit seinen Kollegen teilen zu müssen, nachdem er von Bord gegangen war.

»Wenn unser zweiter Lotse so gut ist wie der erste«, sagte Herbert mit allen Anzeichen der Erleichterung, als wir auf halber Strecke in Ismailia ankerten, »hätten wir großes Glück gehabt. Ich würde Ägypten wirklich gern mit guten Erinnerungen verlassen.«

Am nächsten Morgen erschien unser zweiter Lotse, Mohammed, mit neunzig Minuten Verspätung. Es handelte sich um einen kleinen, drahtigen Mann mit dünnem Schnurrbart. Als Erstes verlangte er die Entlohnung der Männer in dem Boot, das ihn zu uns gebracht hatte. Zähneknirschend steckten wir drei Cokes in eine Plastiktüte und überreichten sie widerwillig als Lösegeld, da wir gehört hatten, dass man sonst mit einer Ramming rechnen musste.

Mohammeds nächste Worte waren: »Und welche Geschenke bekomme ich?«

»Wir wollen jetzt nicht über Geschenke reden.« Herbert schüttelte den Kopf. »Sie haben überhaupt noch nichts geleistet.« Das war natürlich weit entfernt von einem guten Anfang.

Aber Mohammed ließ die Bemerkung an sich abprallen und fuhr mit seinen Belästigungen ungerührt fort. Während der nächsten acht Stunden zeigte er sich, unterbrochen von unablässigen Forderungen nach Geschenken, übermäßig freundlich in einer unterwürfigen, penetranten Weise. Zweimal fasste er mich wie zufällig an, einmal ließ er sich direkt in meinen Schoß fallen, während ich im Schneidersitz an Deck saß. Schließlich flohen die Kinder und ich nach unten, um jeden weiteren Kontakt mit diesem ekelhaften Mann zu vermeiden.

Eine Stunde, ehe wir in Port Said ankamen, wollte Mohammed ein Empfehlungsschreiben ausgestellt bekommen. Herbert verlor keine Zeit und überantwortete mir diese Aufgabe. Der Gute. Eine Weile überlegte ich hin und her, was ich schreiben sollte. Schließlich brachte ich etwas zu Papier und zeigte es Herbert unauffällig, der nickte und es mit einem offiziellen Schnörkel abzeichnete.

Mohammed nahm das Papier und schien zufrieden, nachdem er es gelesen hatte. Dann faltete er es sorgfältig zusammen, bedankte sich und steckte es in seine Tasche.

In Port Said holte ihn ein Boot ab, aber diesmal überreichten wir keine Gabentüten. Herbert flüsterte mir zu, dass er Mohammed gegenüber behauptet hatte, es gäbe keine Zigaretten an Bord. Wir hatten keine Lust, dem schleimigen Kerl auch nur das Geringste zu spendieren.

»So, und wo sind jetzt meine Geschenke?«, insistierte Mohammed noch einmal in seinem hohen, schmeichlerischen Tonfall.

»Es gibt nichts«, belehrte ihn unser Captain. »Wir haben jede Menge Geld für die Passage bezahlt, sodass wir davon ausgehen, dass auch Sie dafür entlohnt wurden.«

»Ihr habt gar nichts für mich?«, fragte Mohammed ungläubig.

»Nein, nichts.«

Er fragte noch viermal nach. Viermal schüttelte Herbert den Kopf und stand wie ein Fels in der Brandung am Rad.

»Habt ihr auch nichts für das Lotsenboot?«, fragte Mohammed verzweifelt, als es längsseits ging.

Wieder schüttelte Herbert den Kopf – lieber riskierte er eine Ramming, als die Gier dieses Mannes auch nur mit einem Zahnstocher zu belohnen.

Schließlich sprang Mohammed ins Lotsenboot, stellte sein Lächeln ein und fuhr ab, ohne unseren Abschiedsgruß zu erwidern oder auch nur zurückzuschauen.

»Ist er weg?«, fragten die Jungen und streckten ihre Köpfe ins Cockpit. »Was für ein Glück!«

Herberts und mein Blick trafen sich, und wir tauschten ein Grinsen.

Als das Lotsenboot in der Ferne verschwand und sich bei uns Erleichterung ausbreitete, zog ich die Kopie des Schreibens aus der Tasche. Es war unser Abschiedsgeschenk für Mohammed und Ägypten:

Mohammed erwies sich als signifikantes Beispiel des professionellen Lotsen, wie wir ihn erwartet hatten, da bereits mehrere Yachten von gleichen Erfahrungen im Suezkanal berichtet haben. Er war freundlich, eifrig und auf Erwerb aus, und wir fanden sein Benehmen an Bord völlig seinen Wünschen entsprechend. Er führte sich wie manch andere Ägypter auf, die wir die Ehre hatten, während unseres Aufenthaltes in diesem schönen Land kennen zu lernen. Wir sind dankbar für so ein passendes Benehmen zum Abschied und denken mit Beklommenheit an einen zukünftigen Besuch des Landes.

Und damit ließen wir Ägypten achteraus zurück und nahmen Kurs auf das Mittelmeer.

24
Kulturschock

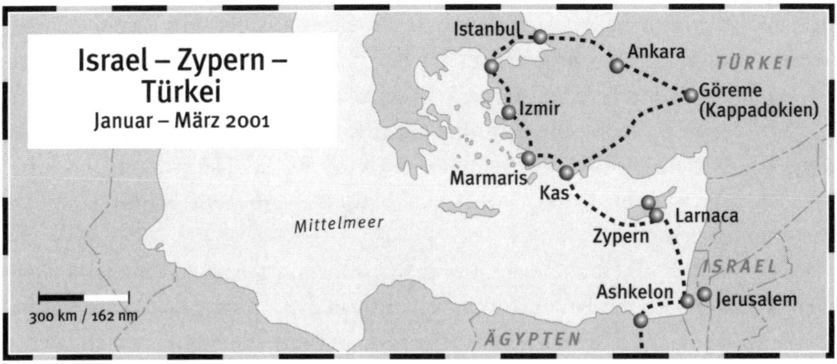

Nach einer ruhigen Nacht erreichten wir unter Motor das hundertzwanzig Meilen entfernte Israel. Wegen der delikaten politischen Situation zwischen Israel und seinen Nachbarn, meist feindlichen Nachbarn, hatten wir uns in Ägypten über dieses Ziel ausgeschwiegen und stattdessen Zypern angegeben.

Auch den Kindern hatten wir eingeschärft, nichts von Israel zu erwähnen, aus Angst, wir könnten ungute Gefühle wecken oder einen Konflikt mit Arabern heraufbeschwören, die eindeutig Israel für den aktuellen Gewaltausbruch verantwortlich machten. Mehrmals hatten wir in Ägypten die Formulierung gehört: »diese Israelis, die unsere Kinder töten«. Vom arabischen Standpunkt aus gab es nur eine Perspektive in dieser Auseinandersetzung. Und wir wollten uns aus der Angelegenheit so weit wie möglich heraushalten. Nachdem wir aus Port Said ausgelaufen und damit außer Hörweite jedes Ägypters waren, stand Michael, der das Geheimnis nicht länger für sich behalten konnte, im Heck, reckte die geballte Faust gen Himmel und rief trotzig: »Wir laufen Israel an!«

Ungefähr zwanzig Meilen vor der israelischen Küste hörten wir einen Funkspruch: »Yacht in Position 31° 32‘ Nord und 34° 21‘ Ost bitte bei der israelischen Marine melden.« Ich checkte unser GPS und merkte, dass sie uns meinten. Sie hatten uns mit ihrem weit reichenden Radar erfasst und wollten mehr über uns wissen.

Zehn Minuten später entdeckte ich eine weiße Feder am Horizont. Bald brachte die enorme Bugwelle ein Kanonenboot der Marine zum Vorschein, das mit Wahnsinnsgeschwindigkeit auf uns zu hielt. Das Boot drehte bei, stoppte und ging mit weniger als zwanzig Meter Abstand neben uns, wobei die Kanonen an Deck von Soldaten mit schwarzen Baseballcaps und kugelsicheren Westen direkt auf uns ausgerichtet wurden. Starke Ferngläser musterten uns. Ich widerstand der Versuchung zu grinsen und zu winken.

Fünf Minuten später entspannten sich die Männer und entließen uns aus dem Fadenkreuz. Einer der Soldaten winkte uns zu. Dann kam der erste Funkspruch: »Vielen Dank, NORTHERN MAGIC«, sagte eine Stimme. »Willkommen in Israel.«

Als wir sicher im Hafen lagen, wofür wir während der letzten Meilen in den Genuss des Geleitschutzes durch ein Schnellboot der Polizei gekommen waren, kam eine schöne junge Sicherheitsoffizierin an Bord, die nicht älter als zwanzig Jahre aussah. Sie überzog uns mit einem Schnellfeuer aus höflichen, aber gezielten Fragen, die besonders darauf abzielten, ob wir in den Ländern, die wir besucht hatten, Kontakt mit einheimischen Muslimen gehabt oder ob sie uns an Bord besucht hätten, und sie interessierte sich sogar für so weit zurückliegende Zeiten wie für unseren Aufenthalt in Malaysia. Natürlich hatten wir die meisten der letzten achtzehn Monate in muslimischen Ländern verbracht. Sie hakte gewissenhaft nach und notierte die Namen aller Freunde, die wir dort kennen gelernt hatten, ganz besonders derjenigen, die uns Geschenke mitgaben. Offensichtlich durchleuchtete sie uns unter dem Gesichtspunkt, dass wir unabsichtlich Waffen mit uns führen könnten. Als wir angaben, niemanden darüber informiert zu haben, dass wir Israel anlaufen wollten, nickte sie. »Das war gescheit.«

Anschließend kamen drei Polizeioffiziere an Bord und forderten uns auf, ihnen zuzuschauen, während sie die NORTHERN MAGIC einer Durchsuchung unterzogen. Jeder schien es sehr zu bedauern, dass wir all diesen Unannehmlichkeiten ausgesetzt waren, aber in Anbetracht der täglichen Attentate hatten wir dafür Verständnis. Ich gewann sogar den Eindruck, Michael hätte es durchaus begrüßt, wenn die Befragung durch die zauberhafte Sicherheitsoffizierin etwas länger gedauert hätte.

Am nächsten Tag gegen Mittag erwarteten wir einen Freund meines Vaters, der in Israel geschäftlich zu tun hatte, als Besucher an Bord. Vater hatte sehr darauf gedrungen zu erfahren, ob wir rechtzeitig ankämen, um seinen Freund persönlich zu treffen, und Herbert und ich fragten uns, ob der Lieferant des versprochenen Pakets nicht vielleicht sogar Vater selbst war. Den Kindern gegenüber erwähnten wir davon nichts, um keine falschen Hoffnungen zu wecken.

Zehn Minuten vor dem Termin am 8. Januar fragte Jonathan: »Mom, hältst du es für möglich, dass unser Besucher vielleicht Großvater selbst ist?«

»Glaube ich nicht«, antwortete ich ohne jede Überzeugung.

Aber Jonathan behielt die Pier im Auge, und zehn Minuten später rief er triumphierend: »Ich hatte Recht! Es ist Großvater!«

Zuerst hielt ich das für einen Scherz. Aber schnell wie der Blitz sprang Jon von Bord und rannte zur Pier. Er schmiss sich dem Großvater in die Arme, dessen schlanke, athletische Gestalt mit der stürmischen Begrüßung gut fertig wurde.

Michael folgte Jon auf den Fersen, und auch er vollführte Freudensprünge und schlang, ihn umklammernd, die Beine um Dads Hüften. Michael war mittlerweile ein oder zwei Inches größer als ich, aber Vater zuckte nicht mit der Wimper. Dann kam Christopher, der mit seinen bald neun Jahren allerdings das geringste Problem darstellte. Schließlich machte ich es meinen Söhnen nach, und Dad bewältigte auch noch diesen Angriff. Als die Reihe an ... o nein ... Herbert kam ... Würde er es wirklich wagen? Nein ... er würde nicht ... oder doch? Er wagte es. Es war ein Bild für Götter, als zweihundert Pfund Captain auf die Pier zurasten und ebenfalls meinen armen Vater ansprangen. Nie wieder wird er uns überraschend besuchen. Dad taumelte etwas, aber nicht einmal jetzt ging er zu Boden und kam ohne innere Verletzungen davon.

Dann gingen wir zum Essen, mein Vater zwischen seinen Enkeln, die um ihn herum hüpften und sprangen, jeder rempelte den Bruder weg, um näher am Großvater dran zu sein und nonstop auf ihn einzureden. Unsere Reise hatte unsere Familienbande sehr gestärkt, und Vater hatte sich als unaufhörlich sprudelnde Hilfsquelle erwiesen.

Dad mietete ein Auto, und am nächsten Tag, Christophers Geburtstag, fuhren wir nach Jerusalem. Wir schlossen uns einer wunderbar geführten Tour durch die Stadt an und kamen gerade rechtzeitig an Bord zurück, um Christophers Lieblingsessen und seinen Geburtstagskuchen zu genießen. Dann packte Großvater seinen Koffer aus. Er war nicht nur mit Geschenken für

Christopher voll gestopft, sondern er enthielt auch sehr spezielle Dinge für uns alle. An der Pier umarmten wir uns an diesem Abend heftig und vergossen Tränen in der Dunkelheit, während wir uns verabschiedeten. Die Gefühle überwältigten uns. Von dem nächsten Wiedersehen trennten uns noch das Mittelmeer und der Atlantik.

Wir unternahmen weitere Besichtigungstouren in Israel – zweimal fuhren wir nach Jerusalem, wir schwammen im Toten Meer und erkletterten zu Fuß die Anhöhe von Massada –, in dieser Zeit schaukelte sich überall und unübersehbar der Konflikt zwischen Palästinensern und Israelis weiter hoch. Bewaffnete Soldaten in Khaki-Uniformen waren allgegenwärtig. Auf jedem öffentlichen Platz, sei es ein Einkaufszentrum oder ein Lebensmittelladen, mussten wir unsere Taschen bewaffneten Sicherheitsorganen vorzeigen. Sogar ehe wir uns der Klagemauer nähern durften, wo seit alters die Juden ihre Gebete verrichten, wurden wir kontrolliert und mussten durch einen Metalldetektor gehen. Auf unserem ersten Trip durch Jerusalem hatte unser Führer, als wir durch die arabischen Viertel gefahren waren, ostentativ eine arabische Kopfbedeckung auf dem Armaturenbrett platziert und muslimische Gebetsschnüre vom Rückspiegel baumeln lassen, um eventuelle Fanatiker davon abzuhalten, den israelischen Mietwagen zu demolieren oder Schlimmeres zu tun.

Auch in der Luft war ein hoher Standard von Alarmbereitschaft offensichtlich. Unsere Marina war nicht weit von Gaza entfernt, ein von den Palästinensern kontrolliertes Gebiet, in dem sich Hauptquartiere der PLO befanden und viele Funktionsträger der Intifada lebten. Zu dieser Zeit hatte die israelische Armee Gaza abgeriegelt und die Palästinenser als Sicherheitsmaßnahme dort eingesperrt. Wann immer Schießereien oder Aufruhr der Palästinenser aufflackerten, verstärkten die Israelis ihre Machtdemonstrationen, und tagelang zogen viele niedrig fliegende Hubschrauber ihre Schleifen, um über Yassir Arafats nur fünfundzwanzig Kilometer entferntem Hauptquartier Präsenz zu zeigen. Große Raketen hingen Unheil verkündend unter ihrem Bauch, und die Hubschrauber zogen ebenso tief über die Marina, dass wir vom Lärm fast taub wurden und fürchteten, sie würden eines Tages über den Masttopp schrammen.

In der Zeitung erschienen täglich lange Listen von Heckenschützengefechten und Schießereien. Einmal war eine Straße abgeriegelt, und wir beobachteten, wie ein Bombenentschärfungsroboter einen Matchsack inspizierte, der an einer Bushaltestelle lehnte. Es war ein ganz kleiner, gelber Roboter auf

Rädern, mit Videokameras, der von einem Polizisten aus fünfzig Metern Entfernung gelenkt wurde. Glücklicherweise enthielt der Matchsack nichts Gefährlicheres als ein Paar alte Cowboystiefel.

Trotz der überall sichtbaren Zeichen der Gefahr gewöhnten wir uns schnell daran und zeigten schon automatisch ein halbes Dutzend Mal pro Tag unsere Rucksäcke zur Inspektion vor, noch ehe wir dazu aufgefordert wurden. Nach einer Weile fielen uns auch kaum noch die Soldaten auf. Einmal wartete eine ganze Busladung voll mit geschultertem Gewehr in einer Schlange vor McDonald's.

Wir fanden Israel sehr sympathisch, und die Zeit flog nur so dahin, bis wir dieses faszinierende Land mit all seinen Schwierigkeiten wieder verlassen mussten. Wieder erfasste uns das Radar der Navy, die uns, als wir Tel Aviv im Laufe der Nacht passierten, plötzlich zu bemerken schienen und fünfzehn Minuten lang über Funk ausquetschten, wer wir waren und wann wir auf die Minute genau Ashkelon verlassen hatten. Aber dieses Mal verzichteten sie darauf, uns ein Kanonenboot zu schicken.

*

Wir wollten nach Zypern, ein Land, über das wir praktisch nichts wussten. Ich erinnerte mich entfernt daran, dass dort ein kanadisches Friedenskorps der UN stationiert war, aber wir hatten tatsächlich keine Ahnung, dass es sich immer noch um ein geteiltes Land handelte, das im Süden von griechischen und im Norden von türkischen Zyprioten bewohnt wurde. Dazwischen gab es eine neutrale, von UN-Truppen kontrollierte Pufferzone.

Wir ankerten im Hafen von Larnaca, also im griechischen Teil der Insel. Larnaca ist eine zauberhafte, kleine, sehr europäische Stadt mit vielen schicken Boutiquen, und noch wichtiger: einem richtigen Supermarkt! Ich muss zugeben, dass ich mich dort zum Narren gemacht habe, wie ich von all den Produkten delirierte, die ich so lange nicht zu Gesicht bekommen hatte. Besonders entzückte mich Schweinefleisch, denn die letzten Brocken kenianischen Schinken hatte ich über die vielen muslimischen Länder und Israel weg strecken müssen.

»Schau nur! Schinken!«, freute ich mich und griff triumphierend nach einer großen rosafarbenen Keule wie Wayne Gretzky nach dem Stanley Cup. »Ich kann es nicht glauben! Und schaut – Pork Chops! Und Nacho Chips! Oh, Shreddies! Und Gummibärchen! Frische Milch! Und ... und ... und ...!« Schließlich machte sich Herbert davon, um auf eigene Faust durch die Gänge zu schleichen, vielleicht aber auch, um sich aus seiner Verlegenheit zu retten.

Wir unternahmen einen Ausflug nach Nicosia und erkundeten beide Teile der fremdartigen Stadt, der letzten geteilten Hauptstadt auf diesem Planeten. Wir bekamen auf diese Weise eine Verschnaufpause und erholten uns von der Reise des letzten Jahres von einem anstrengenden Ort zum anderen. Seit unserem Aufbruch von Kenia waren wir nie auf schlankem Fuß unterwegs gewesen, sondern hatten uns von einer Gefahr in die nächste begeben. Allmählich spürten wir, wie sehr dies alles, besonders der sechswöchige, frustrierende Kampf um unser Paket in Ägypten, an unseren Kräften gezehrt hatten. Es wurde uns bewusst, dass wir nicht mehr so viel lachten wie vorher und dass wir Fremden gegenüber auch nicht mehr so aufgeschlossen waren. Wir waren irgendwie gereizt. Langsam wurde uns deutlich, dass unsere Schutzschilde abzubauen begannen.

In den meisten Ländern, die wir in den vergangenen drei Jahren besucht hatten, hatten wir uns auf einem anderen Niveau bewegt als die Eingeborenen, die uns sogar mit einer gewissen ehrfürchtigen Scheu begegnet waren. Aber auf Zypern waren wir nichts Besonderes mehr. Herbert wirkte in seiner schäbigen, alten, griechischen Kapitänsmütze, die er um die ganze Welt getragen hatte, wie ein Einheimischer, sodass er immer wieder auf griechisch angesprochen wurde. Mir erging es ganz anders: Ohne Make-up und Frisur, mit unmodernen Schuhen und kurzen Hosen hatte ich nichts gemein mit den eleganten Griechinnen. Ich trug nichts Enganliegendes, hatte keine Henna-Lichter in meinem Haar, balancierte nicht auf Stöckelschuhen und zeigte keinen sorgfältig gezogenen Lippenstift ... Man sprach mich in Englisch an.

Voller Erstaunen starrte ich auf feine Krokodillederhandtaschen, die mir so fremd vorkamen wie Schöpfungen von einem fernen Planeten. Ich hatte nur meinen abgetragenen Rucksack wie immer über der Schulter hängen, genäht und ein halbes Dutzend Mal noch einmal übernäht von Schustern in staubigen afrikanischen Städten. Wie viele hundert Kilo Kartoffeln hatte ich darin geschleppt?

Aber in Indonesien, Thailand, Kenia und im Sudan waren wir reich gewesen. Die Tatsache, dass wir in Europa nicht länger mehr bemerkenswert und wohlhabend, sondern vielmehr ohne Bedeutung und relativ schäbig waren, traf uns unvorbereitet hart. Plötzlich fühlten wir uns wie die armen Verwandten. Die modischen Handtäschchen und Seidenanzüge hatten für uns nicht mehr Bedeutung als für einen Beduinen-Kameltreiber. Diese Statussymbole des modernen Lebens erinnerten uns daran, wie wir vor der Reise gewesen waren. Sie sahen zauberhaft aus, aber ähnlich wie die lockenden Gesänge der Sirenen für Odysseus waren sie nicht nur einfach verführerisch. Ihr leiser aber hartnäckiger Ruf warnte uns auch vor dem, was vor uns lag: dem finanziellen und materiellen Druck, dem wir bald wieder ausgesetzt sein würden. Wir konnten uns kaum vorstellen, uns wieder in einem Leben zurechtfinden zu müssen, in dem Steuern, Business-Anzüge und Konferenzen eine Rolle spielten an Stelle der Notwendigkeit, frische Ananas fürs Frühstück aufzutreiben oder die Wolken zu checken, ob sie für ein Auslaufen am frühen Morgen günstig waren. Oder ob dieses eine bestimmte zwinkernde Licht unter Myriaden anderen am brillant leuchtenden Nachthimmel ein Planet war, ein Stern oder das *ka* eines vor langer Zeit verblichenen Pharaos. Nachdem wir so lange unterwegs gewesen waren, waren wir nun in die westliche Welt zurückgekehrt. Wir mussten uns damit abfinden, dass die Reise bald zu Ende sein würde und große Veränderungen auf uns warteten, und wir mussten uns auch damit auseinandersetzen, dass wir uns seit dem Start in dieses Abenteuer vor vier Jahren sehr verändert hatten. Würden wir unser Gleichgewicht finden, fragten wir, wenn wir nach unserer Rückkehr nach Hause all die Großzügigkeit und die Erfahrungen, die wir gewonnen hatten, in unser Leben integrierten?

*

Schließlich nutzten wir wieder ein Wetterfenster, die lockeren weißen Kumuluswolken gaben uns das Signal zum Auslaufen, und wir waren bereit für die nächste Etappe auf See. Wir mussten uns beeilen, um einen sicheren Hafen in der Türkei zu erreichen, ehe der Winter hereinbrach. Und so ließen wir an einem wunderbar sonnigen Tag unsere Erkundungsgänge, unsere Grübeleien und den Tand und die Pracht jener zauberhaften und doch so beunruhigenden Läden hinter uns, verschlossen unsere Ohren vor dem Gesang der Sirenen und segelten westwärts.

Mit der Morgendämmerung passierten wir die Westspitze Zyperns. Gut sichtbar grüßten achteraus die grünen Hügelketten der Insel, und voraus zeichneten sich bereits die hohen Gebirgsketten der Türkei in etwa achtzig

Meilen Entfernung am Horizont ab. Wir motorten den ganzen Tag, Zypern verschwand aus dem Blickfeld, und die Berge erschienen uns von Stunde zu Stunde höher und atemberaubender. Als Herbert mich nach der zweiten Nacht auf See für meine Morgenwache weckte, flüsterte er: »Schau nach draußen. Du kannst den Schnee sehen.«

Ich traute kaum meinen Ohren. Schnee? Aber Backbord voraus überzogen tatsächlich massive Schneedecken die höchsten Berggipfel. Eine halbe Stunde später erwachte Jonathan, streckte seinen Kopf ins Cockpit und schrie: »Schnee, ho!« Den letzten hatte er vor vier Jahren gesehen.

Wir liefen eine Stadt namens Kas an, einen erstaunlich schönen Ort, mit malerischen mehrstöckigen Häusern, die sich an den steilen Hängen eines grünen Tales hinunter zogen. Das leuchtende Weiß der Gebäude, das Schimmern der hölzernen Fischerboote, das einsame, bleistiftdünne Minarett und der dunkelgrüne Wald erweckten den Eindruck, dass wir ein kleines Paradies gefunden hatten. Aber wir hatten nicht mehr als zwei Tage für die Erkundung der Stadt und das gut erhaltene Amphitheater zur Verfügung, dann mussten wir weiter, um nicht in schweres Wetter zu geraten.

Wir liefen am späten Vormittag aus und nutzten die Landabdeckung der griechischen Insel Nisos Kastellorizon, ungefähr drei Meilen von der türkischen Küste. So fanden wir Schutz vor den gewaltigen Wellen der offenen See und eilten mit fast sieben Knoten dahin. »Davon träumen alle Segler, wenn sie von einem Törn im Mittelmeer sprechen«, sagte ich, als wir Kastellorizon zirka fünfzig Meter backbords und die hohen türkischen Gebirge an Steuerbord passierten.

»Das stimmt«, antwortete Herbert, »und wenn ein Törn um die Welt immer so wäre wie jetzt, würde sich jeder Segler aufmachen.«

Wir erreichten Rhodos nach Einbruch der Dunkelheit. Fast hatten wir das Gefühl, wieder in der Singapore Strait oder im Golf von Suez zu segeln, so heftig war der Schiffsverkehr, wobei scheinbar alle direkt auf uns zu hielten. Die kleineren Frachter schossen geradezu aus dem Flaschenhals vor der Nordspitze von Rhodos heraus, und wir fanden uns während dieser Nacht mindestens ein halbes Dutzend Mal unversehens auf Kollisionskurs mit einem einlaufenden Schiff wieder. Der ständige Ausweichkurs und das Sich-Durchschlängeln-müssen ließ uns diese Wache mit höchster Aufmerksamkeit und ohne das geringste Verlangen nach einem Nickerchen durchstehen.

Unter Segeln und Motor rundeten wir Rhodos in dieser Nacht, ohne von dieser Fabelinsel mehr als eine Myriade von Lichtern zu erkennen. Wir bemerkten keinerlei Anzeichen für einen heraufziehenden Sturm, obwohl der Wetterbericht alle paar Stunden über UKW unheilverkündende Warnungen absetzte. Am Morgen lag Rhodos achteraus, und wir hielten mit Kurs Nord auf ein Labyrinth immer kleiner werdender Buchten zu, um schließlich unser Ziel, das kleine Dorf Orhaniya, zu erreichen. Durch ruhiges Wasser suchten wir unsere immer enger werdende Fahrrinne vor hoch aufragenden, mit Pinienwäldern bewachsenen Hügeln. Fast erwartete ich, dass mongolische Horden, Männer mit buschigen Augenbrauen und Krummschwertern, die Abhänge herabstürmten.

In dieser Nacht begannen unsere Fallen zu klappern, im Rigg heulte ein jämmerliches Lied, und die Masten waren eisigem Wind und Regen ausgesetzt. Aber wir sorgten uns nicht, sondern kuschelten uns in unsere Betten unter warme Decken und fühlten uns an unserem Liegeplatz sicher.

*

Zwei Tage nach unserer Ankunft in der Türkei ließen wir die NORTHERN MAGIC auskranen und neben den Ruinen einer interessanten antiken Mauer in der Marina an Land setzen. Tag um Tag und Schicht und Schicht entfernte unser Captain den alten Anstrich und trug einen neuen auf. Um aufs Boot zu kommen, mussten wir ein Metallgerüst erklimmen.

Bei ihren Landgängen spielten die Kinder während der Unterrichtspausen innerhalb der Mauerreste Soccer. Während die Jungen eine dieser Mußestunden genossen und ich Herbert bei seinen Reparaturen im Motorraum behilflich zu sein versuchte, ertönte plötzlich von draußen ein lautes Poltern, gefolgt von einem Schrei. An dem schrillen, ununterbrochenen Schmerzensschrei erkannte ich sofort, um welchen meiner Jungen es sich handelte. Was immer geschehen war, das Wehklagen klang ernst.

Ich schwang mich, die oberen Halteschienen packend, aus dem Motorraum durch Michaels Luke hinauf an Deck – Herbert kniete vornüber gekrümmt ganz unten und konnte nicht so schnell folgen –, um zu entdecken, dass es um Jonathan ging. Er lag bewegungslos auf dem Rücken neben der NORTHERN MAGIC, während der schreckliche Schrei noch durch die Luft schnitt. Er war von der Leiter gefallen.

Mich mit einer Hand am Boot festklammernd, lehnte ich mich vor und packte mit der anderen das Metallgerüst, um nach unten zu klettern. In diesem Moment fuhr ein gewaltiger elektrischer Schlag durch meinen Körper. Im Reflex ließ ich das Gerüst los und schüttelte die Hand aus, während der Schmerz bis zum Handgelenk reichte. Nun wusste ich, was dem armen Jon widerfahren war, und es war wesentlich ernster, als wenn er nur gefallen wäre. Ein elektrischer Schlag hatte ihn von der Leiter geschleudert.

»Liebling! Weg da! Das Boot steht unter Strom! Sofort weg!«, schrie ich. Wir hatten einen Kurzschluss! Verband jemand das Boot mit der Erde über die Metallleiter, schloss sich der Stromkreis über den Körper mit zweihundertvierzig Volt. So lange unsere Metallteile an Deck, die Reling und der Relingsdraht unter Strom standen, konnte ich nicht nach unten, um Jon zu helfen.

Im nächsten Moment sprang Michael auf. Kaum hatte er gesehen, was geschehen war, hatte er die Geistesgegenwart, zu dem Kasten zu rennen, der uns mit Strom versorgte. Kaum hatte er den Stecker gezogen, als ich auch schon die Leiter packte. Diesmal bekam ich keinen Schlag, ich raste nach unten und kniete neben dem armen Jon nieder.

»Mom, ich habe einen Schlag bekommen«, war alles, was er sagen konnte.

Die ganze Marina hatte die Aufregung mitbekommen, und wir waren im Nu von besorgten Menschen umringt. Ohne Jon von dem nassen Boden aufzuheben, tasteten Herbert und ich ihn sorgfältig ab, testeten, ob er die Zehen bewegen konnte und alle seine Körperteile funktionierten, ehe wir ihm aufhalfen. Nachdem er das Metall angefasst hatte und drei Meter tief gefallen war, war er flach auf dem Rücken gelandet. Aber er hatte sich nichts gebrochen, und auch der Schock schien ihn nicht allzusehr in Mitleidenschaft gezogen zu haben.

»Es war, als hätte mich das Boot fünf Sekunden lang festgehalten«, erzählte er mir ein paar Stunden später mit glitzernden Augen und zitternden Lippen in schmerzhafter Erinnerung. »Ich konnte mich nicht bewegen. Mein ganzer Körper stand unter Strom. Dann bin ich gefallen – wie in Zeitlupe –, als wäre ich durch die Luft gewirbelt.«

Jon kletterte tapfer selbst die Leiter hinauf, aß ein paar Geleebonbons und wurde eine Stunde ins Bett gesteckt. Er kam schnell wieder auf die Füße, sauer, aber ohne langfristige Folgen. Sein Schutzengel schien über ihn gewacht zu haben, denn alles hätte auch viel schlimmer ausgehen können.

»Sein Schutzengel muss unter ihm gestanden haben«, korrigierte mich Michael. »Jon fällt besser in nächster Zeit nicht noch einmal, denn sein Engel ist wahrscheinlich zerquetscht.«

Während unser Jüngster sich erholte, versuchte Herbert die Ursache des Kurzschlusses herauszufinden. Sobald das Boot auch nur durch eine Metallstange mit der Erde Verbindung bekam, stand der Rumpf wieder unter Strom. Nach zehn Minuten des Experimentierens stellte sich das Batterieladegerät, das wir vor zwei Wochen brandneu gekauft hatten, als Übeltäter heraus. Herbert entsorgte es, ohne auch nur den Versuch einer Reparatur zu unternehmen. Am nächsten Tag war Jonathan wieder fit für Soccer, kletterte wie ein Äffchen die Leiter hinauf und hinunter, als wäre nichts geschehen. Aber ehe er die Reling anfasste, tippte er immer kurz darauf.

*

Bald war der Rumpf der NORTHERN MAGIC wieder glatt und mit einem neuen Anstrich versehen, sodass sie zurück ins Wasser konnte. Aber jede Menge Widrigkeiten schüttelten sie auf ihrem Weg durchs Mittelmeer. Wir wollten diese schwierige See zwar im Winter hinter uns bringen, wenn nur wenige Segler den gemütlichen Hafen verlassen, aber natürlich wollten wir die Winterstürme vermeiden. Das scheußliche Wetter diente uns als Entschuldigung, um die türkische Küste zu erforschen. So mieteten wir ein Auto und besichtigten Vorderasien, statt Richtung Griechenland abzusegeln.

Wir begegneten vielen Wundern, mehr, als ich hier beschreiben kann. Das Schönste waren jedoch die unterirdischen Städte und Höhlen Kappadokiens. Von außen unsichtbar weisen diese viertausend Jahre alten, unter der Erde liegenden Siedlungen auf verschiedenen Ebenen hunderte von Räumen auf und sind groß genug, um zehntausend Einwohner in diesem überall miteinander verbundenen Labyrinth unterzubringen. Es gibt Ställe, Weinkeller, Küchen, Vorratsräume, Wohnzimmer und Bäder. Wir besichtigten zwei von den mehr als vierzig Höhlenhäusern, die erhalten sind, kletterten durch klaustrophobische Gänge und Tunnels hinauf und hinunter, über enge Vorplätze und gewundene Treppenhäuser, und verloren uns in den vielen Zimmern des achtstöckigen Bauwerks fünfundfünfzig Meter unter der Erde. Das war sicherlich Stoff für Kinderträume.

Wir fuhren weiter nach Kappadokien hinein, sahen die bizarren Ödlandschaften, die von der Erosion geformt sind. Bald erreichten wir die Tufftürme der für Kappadokien so berühmten »Feenkamine«. Vom Gipfel der Hügelkette aus warfen wir einen ersten Blick auf das zauberhafte kleine Göreme, und ich schüttelte mich und konnte mich vor Lachen kaum bremsen. Aufgereiht vor uns lag das perfekte kleine Zwergendorf mit lauter Zwergenhäusern: Schlumpfstadt!

Die Schlumpfhäuser sprossen überall aus der Erde wie Pilze. Es sah so aus, als hätten Gottes Landschaftsarchitekten, während sie eifrig majestätische Berggipfel von Nord bis Süd errichteten, ihre Kinder mit gewaltigen Klumpen von Playdoh[1] und der Anweisung, sich gut zu amüsieren, sich selbst überlassen.

Das Ergebnis war das sicherlich niedlichste, süßeste und entzückendste Dorf, das ich je gesehen hatte. Es gab Feenkamine in allen Formen und Größen: hohe, schlanke, kleine, niedrige, stummelige, gerade, schiefe, sogar ausgesprochen komische mit drei Zipfeln, die aus einem Fundament wuchsen wie aus einer Narrenkappe. Und die Bewohner dieser Aushöhlungsarchitektur hatten kleine Türen und Fenster hineingeschnitten und bewohnten diese Häuschen noch heute.

Wir stiegen ins Tal hinunter, brachen in regelmäßigen Abständen immer wieder in Lachen aus, während wir durch die engen, gewundenen Straßen schlenderten, die von Schlumpfhäusern auf beiden Seiten eingerahmt wurden. Kichernd entdeckten wir in einem der Feenkamine ein wunderbares kleines Hotel für uns und setzten dann auf dem Rücken der Pferde unser Sightseeing zwischen koboldartigen Höhlenhäusern, Kirchen und Klöstern fort.

Auf unserer Tour zu den wichtigsten Sehenswürdigkeiten der Türkei legten wir mehr als tausend Kilometer im Auto zurück. Dieses Land ist ein stark unterbewertetes Juwel! Im großen Basar von Istanbul ertrugen wir die Bemühungen zahlloser Teppichhändler, die uns alle ein ganz besonders gutes Geschäft andienen wollten. Ich erinnerte mich an die Worte eines netten Teppichhändlers in Göreme, nachdem der uns durch die Geschäftsräume seiner Knüpferei und Weberei geführt hatte. Er war vor einem traditionellen Muster stehen geblieben, das die fünf Zeiten symbolisiert, zu denen Muslime täglich zum Gebet gerufen werden.

»Gute Muslime beten fünfmal täglich«, erläuterte er uns grinsend, »schlechte Muslime verkaufen fünfmal täglich einen Teppich.«

Von Istanbul aus begaben wir uns auf die europäische Seite des Marmara-

[1] Knetmasse (Anm. d. Ü.).

meeres, fuhren zu den Schlachtfeldern von Gallipoli und nach Troja, besichtigten die Orte des Trojanischen Krieges und Ephesus, die wichtigsten Ausgrabungsstätten der Türkei. Die beeindruckende Fassade der Bibliothek von Ephesus warf uns um. Ich konnte kaum meinen Blick abwenden, so sehr nahm mich die Schönheit gefangen – immerhin zweitausend Jahre nach ihrer Errichtung.

Wir fuhren weiter in die Stadt mit dem exotischen Namen Izmir, um ein Hotel zum Übernachten zu finden. Aber irgendwie verfuhren wir uns und landeten in einer engen Fußgängerstraße mit Verkaufsständen und Kauflustigen. Über das Kopfsteinpflaster hoppelten wir in eine noch engere Straße, dann in ein noch engeres Gässchen, das kaum breiter war als das Auto. Wir irrten durch das Labyrinth, das einzige Auto weit und breit, und teilten die Fußgängerscharen wie Moses das Rote Meer – die sich allerdings etwas wunderten, was wir hier wollten. Irgendwie fanden wir wieder hinaus, nachdem wir uns fast einen Wolf gelacht hatten.

So erholten wir uns nach und nach, lachten wieder wie früher und spielten dumme Streiche. Aber nachdem wir zur NORTHERN MAGIC zurückgekehrt waren, packte mich endgültig die Melancholie – weil das Ende dieser wunderbaren Reise über Land auch das Ende unserer ganzen Reise symbolisierte. Wenn wir das nächste Mal unsere strapazierten Rucksäcke packten, ging es nach Hause. Es wäre vielleicht alles einfacher gewesen, wenn wir uns nicht so in die Türkei verliebt hätten.

*

Wir verbrachten nun bereits viele Stunden des Tages mit Diskussionen über die Rückkehr in unser Alltagsleben. Herbert war bedeutend begieriger darauf, nach Hause zurückzukehren als ich, denn er war es müde, zusammengepfercht in der Enge mit all den ständigen Sorgen und Reparaturen zu kämpfen. Meine Gefühle waren sehr gemischt. Einerseits würde ich es durchaus zu schätzen wissen, nicht ständig den ölverschmierten Motor zwecks Reparatur mitten in meinem Wohnzimmer vorzufinden, andererseits war ich vier Jahre lang von den vier Menschen umgeben gewesen, die ich am meisten liebte, während ich auch noch das tat, was ich am meisten liebte – die Welt erforschen und die Ergebnisse mit meinen Artikeln der Welt mitzuteilen.

Am Abend nach der Rückkehr von unserer Überlandreise beförderte dieses bedrückte Gefühl eine viel tiefer sitzende Angst an die Oberfläche. Im Dunklen sprang mich eine gewaltige Todesangst an. Ich war nur einmal zuvor so in Panik geraten, und zwar an dem Tag, als ich von meiner Krebserkrankung erfahren hatte. Vielleicht kam es daher, dass ich mit so viel gesegnet worden war, dass das Wissen, alles eines Tages aufgeben zu müssen, sich so schrecklich anfühlte.

Diese Panikattacke verdoppelte mein Verlangen, aus meiner kurzen Zeit auf Erden so viel wie möglich herauszuholen. Mir war klar, dass ich lieber an beiden Enden der Lebenskerze brennen wollte, als in ein Leben zurückzukehren, wie wir es vor dem Törn geführt hatten. Herbert und ich hatten uns gelobt, dass wir nie mehr den sterbenden Regenwald und die dort lebenden Kreaturen aus den Augen verlieren wollten und auch nicht den Lebenskampf der Freunde in Afrika. Wir mussten einen Weg finden, um weiter unseren Beitrag zu leisten. Was hätte es für einen Sinn gehabt, alle diese Erfahrungen auf uns zu laden, wenn wir daraus keine Konsequenzen zogen?

Am nächsten Morgen schaute ich auf unsere drei wundervollen Kinder mit einem großen Kloß im Hals, denn ich war so stolz auf sie und fürchtete mich gleichzeitig unglaublich vor dem Augenblick, in dem ich sie würde aufgeben müssen. Bald würde ich sie mit der Schule, den Freunden und Freundinnen teilen müssen. Und eines Tages würde es einen endgültigen Abschied geben. Würde ich es je ertragen können, sie nicht ständig um mich zu haben, nicht die wichtigste Person in ihren Leben zu sein? Würde ich es ertragen können, die ungeheure Nähe in unserem engen Heim auf dem Wasser aufzugeben?

Michael war während der Reise sehr gewachsen. Vor meinen Augen wurde er bereits zum Mann. Die Reise hatte ihm Selbstvertrauen geschenkt. Er hatte Stürme durchgestanden, uns vom Masttopp aus durch Riffe gelotst und Verantwortung übernommen, als der Blitz eingeschlagen hatte. Er hatte nun große Träume für die Zukunft – ein junger Mann, der mir Blumen schenkte, mir immer wieder sagte, wie schön ich sein, und mir den Rücken stärkte, wenn ich einen schlechten Tag hatte. Er log sogar galant im Hinblick auf die offensichtlichen Auswirkungen meines Schokoladenkonsums auf meinen Bauchumfang. Er konnte sich aber auch sehr streitsüchtig aufführen und brauchte doch seine kleinen Brüder; Michael wirkte wie ein Magnet auf kleine Kinder und verirrte Tiere, die instinktiv sein großes Herz erkannten.

Hinter seiner gespielten Fassade des um sich kreisenden Egoisten namens Magnum Opus oder falls notwendig auch des narzisstischen Glorateus Maximus, die er perfekt aufrecht erhielt, verbarg sich ein feinfühliger, liebevoller und differenzierter junger Mann. Was würde er eines Tages für einen wundervollen Ehemann und Vater abgeben. Ich konnte mir jetzt schon die Schar meiner Enkelkinder ausmalen.

Von uns allen war Michael am begierigsten, nach Hause zu kommen. Wir waren uns von Anfang an darüber im Klaren gewesen, dass wir auf Michael, der nun fast fünfzehn Jahre alt war, den wenigsten Einfluss hatten. Es war völlig richtig gewesen, den Törn so energisch vorwärts getrieben zu haben. Der Lockruf des herannahenden Erwachsenenlebens wäre später trotz dieses wundervollen Abenteuers nicht zu überhören gewesen. Michael träumte oft davon, mit seinen Freunden (und Freundinnen, natürlich, es hatte immer etwas mit Mädchen zu tun) aus der alten Nachbarschaft auf den Fahrrädern herumzustrolchen, aber vor ein paar Wochen, in einem lockeren Augenblick, hatte er gesagt: »Wirklich, Mom, im Vertrauen: Der Trip war nicht schlecht.«

So wie für Jonathan, der demnächst dreizehn wurde, hatte er ein starkes Gefühl der Verantwortlichkeit entwickelt, und ein Bedürfnis, sich um den Rest der Welt zu kümmern. Jonathan, der geborene Weltreisende unter den drei Jungen, hatte wahrscheinlich am meisten Nutzen aus der Weltumseglung gezogen. Wo Michael die Armut bedrückt hatte, war Jon immer in der Lage gewesen, Gemeinsamkeiten mit den anderen Kindern zu finden und danach zu leben. Immer wieder hatte Jonathan Gaben von uns in einem der indonesischen Dörfer überreicht, hatte seine Spielsachen und sogar seine Kappe für ein armes afrikanisches Kind geopfert. Er war immer der Erste, der die Hand zur Freundschaft reichte. Er riss kulturelle Barrieren ein, scherte sich nicht um das Alter oder die Sprache. Jon hatte ein Lächeln, das Herzen öffnete, und wir machten oft davon Gebrauch.

Ernsthaft in der Arbeit, verantwortungsbewusst, fröhlich und immer darauf bedacht, andere zufrieden zu stellen, antwortete er stets: »Natürlich, Dad!« Jons Alter Ego war der unausstehliche Thunderbear, ein Teddybär, den ihm jemand zu Beginn der Reise geschenkt hatte und der sich als Schurke herausstellte. Aber in Wirklichkeit war der mitfühlende, verantwortungsbewusste Jon das genaue Gegenteil.

Christopher war uns manchmal ein Rätsel, blitzschnell wie eine Peitsche, aber störrisch und dickköpfig wie ... nun, ja, wie sein Vater. (Herbert vertrat die Ansicht, dass es hier auch einen Erbteil von mir zu erwähnen gibt. Tatsächlich behauptet er sogar, ich sei ganz allein für diesen Charakterzug verantwortlich. Aber er irrt sich.) Christopher war nun neun Jahre alt. Superschlau in einem, total hilflos in anderem, hatte er noch nicht gelernt, dass er auch über Talente verfügte. Eines Tages, nachdem er sie herausgefunden hat, wird er von niemandem mehr zu bremsen sein.

Christopher war mein Sonnenschein, ein bisschen »babyisch« für sein Alter und seine Rolle als Nesthäkchen weidlich ausnutzend. Er musste dringend zurück in die Schule, um sich an Kinder seines Alters anzupassen. Und gerade bei ihm fürchtete ich mich vor dem Verlust seiner allwährenden Liebe, auch wenn ich eines Tages über seinem nie versiegenden Redestrom den Verstand verlieren sollte.

So wie Michael den egomanischen Magnum Opus spielte, spielte Jon den Rüpel Thunderbear, während Michael einen ganzen Strauß von Rollen zur Verfügung hatte. Manchmal verwandelte er sich in Baelog den Furchtlosen, einem mächtigen Wikinger-Krieger, der mit einem selbst gemachten Schwert (aus dem nächsten Busch) herumfuchtelte. Er und Michael liebten Schwertkämpfe am Strand.

Nach unseren ersten Erfahrungen mit Gibbons verwandelte sich Christopher bevorzugt in Denny den Gibbon, eine fröhliche kleine Seele, der sich an seinen langen Armen auf unserem Boot herumschwang, uns ständig Streiche spielte und ein fröhliches Gibbon-Lachen zeigte. Christopher hatte sich vorgenommen, ein Mittel gegen Aids zu finden, den Nobelpreis zu bekommen und mit dem Preisgeld nach Borneo zurückzukehren und eine Gibbon-Rettungsstation zu gründen.

Später begeisterte er sich für die Pokémons, die ihn in ein liebenswertes, wuscheliges, gelbes Tier mit einem Leuchtschwanz und dem Namen Pikachu verwandelten. Als ich an einem frühen Morgen vor meinem Computer saß, kletterte Christopher mit einem pelzigen, gelben Spielzeug unter dem Arm aus dem Bett und kam zu mir, um mir etwas ins Ohr zu flüstern. »Mom«, sagte er, »Pikachu würde sein Leben für dich geben.«

Wie lebten zusammengepfercht auf einem unbequemen kleinen Boot, das sogar noch kleiner als unser großes Schlafzimmer zu Hause war; wir fürchteten weder Stürme noch Piraten; aber ich wurde gestärkt durch die ständige Kameradschaft eines kleinen, fünfjährigen Jungen mit einer Mob-Frisur, der sich mindestens fünfzigmal am Tag an mich kuschelte und mir sagte, dass er mich liebt. Wie sollte ich da nicht traurig sein, wenn dieser Trip sein Ende fand?

25
Captain Georges Rettungsaktion

Von nun an segelten wir westwärts. Leider hatten wir keinen Stopp mehr auf einer der Inseln im Ägäischen Meer eingeplant, obwohl jede ihre eigene wichtige Rolle in der Geschichte des antiken Griechenlands spielt. Unser langer Aufenthalt in der Türkei ließ uns hinter unserem Fahrplan herhinken, weswegen wir direkten Kurs auf das griechische Festland nahmen.

Auf dieser 2-Tages-Passage machten uns mehr als die üblichen kleineren technischen Probleme zu schaffen, angefangen mit einem gerissenen Keilriemen über eine defekte Bilgenpumpe und dem Ausfall der Pumpe für das Kühlwasser. Während der ersten Nacht auf See gab auch das Großsegel auf. Es riss komplett entlang einer Naht in zwei Teile. So mussten wir auf den Motor vertrauen, trotz des angekratzten Kühlsystems.

Nach zwei Tagen auf See und auf verkehrsreichen Schifffahrtsstraßen mit Containerschiffen und Tankern näherten wir uns der quirligen Hauptstadt Athen, wo sich endlose Siedlungen aus niedrigen weißen Gebäuden über sparsam bewachsene Abhänge zogen, die bergauf im trüben Dunst verschwanden. In diesem Moment verabschiedete sich ein gebrochenes Lager in unserer Wasserpumpe. Irgendwie hatte Herbert es wieder einmal geschafft, alles durch

Notreparaturen am Laufen zu halten, aber nun würde eine Reparatur nicht von langem Nutzen sein. Wir hofften, es noch die zwei Stunden bis in den Hafen zu schaffen.

Zwei Stunden später drehten wir unsere Runden hinter einem Wellenbrecher des Hafens von Piräus. Der Hafenmeister hatte auf unsere Funksprüche überhaupt nicht reagiert, und nachdem wir eingelaufen waren, hatte man uns sehr gemächlich einen Liegeplatz angewiesen. Während wir in das Zentrum der Marina hinkten, mit dem Motor im Leerlauf, dachte ich einen Moment lang, wie komisch es doch wäre, wenn genau in diesem Moment die Wasserpumpe komplett aufgeben würde, so knapp vor dem Ziel. Fünfzehn Minuten später, als wir dem Boot der Marina folgten, das uns endlich zu unserem Liegeplatz bringen sollte, fand ich tatsächlich heraus, wie komisch das ist. Die Wasserpumpe gab nämlich endgültig den Geist auf, der Keilriemen streikte, der Motor überhitzte, und wir mussten zu unserem Liegeplatz geschleppt werden. Zum Schreien komisch!

Nach einem zwei Tage dauernden Kampf um alle offiziellen Erfordernisse zum Check-in, versuchten wir an den folgenden Tagen die benötigten Ersatzteile zu finden. Aber von Tag zu Tag verloren wir mehr Illusionen. Es sah so aus, als wollte uns niemand helfen, ja, man wollte nicht einmal mit uns sprechen. Fragten wir nach dem Weg, schauten wir auf Schultern, die wie Schutzschilde hochgezogen wurden, und die Menschen gingen einfach weiter, indem sie so taten, als hätten sie uns nicht wahrgenommen. Wir fühlten uns wie Parias.

»Wahrscheinlich liegt es nicht an Griechenland«, versuchte Herbert mir ins Gedächtnis zu rufen. »Ganz Europa verhält sich so, besonders die Großstädter. Europäer sind nun mal nicht sehr freundlich.«

Ob das nun zutraf oder nicht: Wir hatten immer weniger Lust auszugehen. Sogar ein Besuch der Akropolis und das architektonische Wunderwerk des Parthenon – für mich die Erfüllung eines Lebenstraumes – konnten uns nicht inspirieren. Nach einem einzigen, sehr ermüdenden Trip durch die City von Athen, einem langen Fußmarsch und einer Fahrt mit der U-Bahn, stimmten wir ab und beschlossen, von weiteren Besichtigungen Abstand zu nehmen. Aber als wir die Nase von Athen so richtig gestrichen voll hatten, änderte sich die Lage.

Von der Türkei aus hatten wir Kontakt mit einem Leser des *Citizen* aufgenommen, mit Paul Dole. Er empfahl uns per E-Mail, einen seiner Freunde zu treffen, einen »hervorragenden Kapitän« und »wunderbaren Mann«: Captain George Kotsovilis. Paul hatte uns bei Captain George bereits telefonisch avisiert.

Am nächsten Sonntagnachmittag war Herbert gerade mit seinem routinemäßigen Ölcheck beschäftigt, und die simple Prozedur hatte sich in einen Marathonlauf von frustrienden und überflüssigen Problemen um den alten Ölfilter ausgeweitet, der sich nicht von der Stelle bewegen ließ. Als Folge einer Stunde Arbeit waren einige Messingbeschläge irreparabel beschädigt, was bedeutete, dass wir weitere Ersatzteile finden mussten und am nächsten Tag ganz bestimmt nicht auslaufen konnten.

Wir hatten gerade zu einem verspäteten Lunch Platz genommen, Herbert war müde und mürrisch, nein, wir alle waren müde und mürrisch, als ein Herr mit einem fröhlichen Gesicht und weißen Haaren an der Pier erschien und dort lächelnd stehen blieb. Er trug mehrere große Geschenkkörbe, die in glänzendes Cellophan gehüllt und mit Schleifen verziert waren.

»Sind Sie Captain George?«, fragte ich.

»Ja«, sagte er. »Sind Sie wirklich mit diesem kleinen Boot über die Meere gesegelt?«

Und dann brach Captain George wie ein Wirbelwind über unser Leben herein. Griechenland wird für uns nie mehr wie vorher sein. Er überschüttete uns mit Geschenken, und ich spreche nicht von einem kleinen Tand in Geschenkpapier oder zwei, ich spreche von Geschenken – in der Größenordnung von Weihnachten oder Nikolaus. Die NORTHERN MAGIC bebte unter der Last der Dinge, die er herangeschleppt hatte: nicht eine, sondern drei Flaschen Wein, einen riesigen Fruchtkorb, eine Olivenpaste, ein Glas mit Gourmet-Gemüse, eine Schachtel mit Schokoladenmandeln und eine mit frisch gebackenen Keksen, eine Halskette, eine Schatzkiste aus Messing, einen wunderbaren Bildband über Griechenland und einen gigantischen Strauß Frühlingsblumen. Wir hatten nichts getan, um diese Großzügigkeit zu verdienen, und sie brachte uns in Verlegenheit. Dazu trugen wir alle unsere schäbigsten Klamotten (Herbert hatte sogar noch Beweisstücke für den soeben erledigten Ölwechsel in den Haaren) und aßen gerade Hühnersuppe mit Nudeln. Captain George nahm in unserem Salon Platz, der schon wegen der Suppenschüssel, der Crackerreste, der Schulbücher, der Spielzeuge und einem Schraubenschlüssel oder auch zwei ziemlich überbelegt war.

George war ein ehemaliger Berufskapitän und hatte für Aristoteles Onassis gearbeitet, ehe er seinen eigenen Frachter erwarb, den ersten von vielen. Nach wenigen Tagen Bekanntschaft mit ihm war unser Bild von einem unfreundlichen Griechenland nicht mehr zu halten. Unser Gastgeber war die personifizierte Großzügigkeit, Hilfsbereitschaft und Gastlichkeit. Er verschob alle seine Geschäftstermine, und statt uns wie bisher allein und verachtet zu fühlen, wurden wir nun umherkutschiert, während George sich um unsere Ersatzteile kümmerte. An Stelle mit den Zähnen zu knirschen, genossen wir nun erlesenes griechisches Essen in einer *taverna*, wo wir mit Blick auf die Akropolis vor der Tür saßen.

Niemals erschien George mit leeren Händen. »Wahrscheinlich ist er ein verkleideter Geheimagent«, mutmaßte Jonathan eines Tages und schüttelte verwundert den Kopf. »Er hat den Auftrag, die NORTHERN MAGIC unter der Last seiner Geschenke zu versenken.«

*

Von Athen aus fuhren wir durch den Isthmus von Korinth und hielten noch einmal an, um das Wunder von Delfi zu bestaunen, und dann segelten wir in Begleitung einer Delfinschule durch den Golf von Korinth. Den letzten Stopp in Griechenland legten wir vor der wunderschönen Insel Kefallonia ein. Dort wurden wir mit Dauerkälte und anhaltendem Regen bestraft, mehreren gnadenlos durchmarschierenden Wetterfronten, die Stürme und umlaufende Winde mit sich brachten. Zehn Tage lagen wir in Wartestellung und hofften auf Besserung. Wir feierten Jonathans Geburtstag mit Kindern von einem belgischen Boot und spielten »Steck den Schwanz an den Esel« am Kai, immer um eine Palme herum.

Am Ostermontagmorgen, während uns die Ostereierschalen nervten und ein paar unentdeckte Ostereier noch durchs Boot kullerten, erhielten wir von Dad folgende E-Mail: »Wind aus Süd für Sizilien und das Ionische Meer. Bei 40° Nord Wind aus Süd mit 35 bis 40 Knoten, Tendenz abnehmend. Ein weiteres Tiefdruckgebiet über Norditalien innerhalb der nächsten achtundvierzig Stunden. Es ist nur eine kleine Verschnaufpause, aber für euch die beste Chance seit zehn Tagen. *You make the call.*«

Innerhalb der nächsten drei Stunden gönnten wir uns einen schnellen Lunch aus Dosenschinken mit Bohnen und räumten fix auf. Kaum war das letzte Geschirr gespült und die letzten Socken von der Trockenleine ins Schapp verholt, als wir auch schon ausliefen. Wir hatten bereits abgelegt, als Bewegung neben dem belgischen Boot sichtbar wurde. Zwei kleine Menschen sprinteten den Kai entlang. Einer kam uns bekannt vor, es war Jonathan.

»Wartet! Wartet!«, schrie er, während er wie besessen winkte.

In der Hektik hatten wir völlig vergessen, dass Jon ein letztes Mal mit seinen Freunden spielen wollte und von Bord gegangen war. Als er atemlos ankam, trieben wir bereits einen Meter vor dem Kai. Der arme Jon musste in einem weiten Satz an Bord springen.

Weiße kleine Wölkchen vor einem blauen Himmel bestätigten Dads Vorhersage. Unter Motor liefen wir ins Jonische Meer, hofften, dass er Recht behielt und wir die fünfhundert Meilen bis Sizilien vor dem nächsten Wettereinbruch hinter uns bringen konnten.

Während des Sonnenuntergangs vor unserer zweiten Nacht auf See hatten wir noch siebzig Meilen bis zum Ziel, sahen aber bereits die Spitze des italienischen Stiefels und den Gipfel des Ätna, Europas höchster aktiver Vulkan, der sein rauchiges Haupt in den niedrig hängenden Wolken vor uns verbarg. In alten Zeiten hatte sein Feuer müden Seglern als Leuchtturm gedient. Wir verringerten unsere Geschwindigkeit, weil wir nicht vor der Morgendämmerung ankommen wollten. Deshalb motorten wir genau in dem Augenblick in den Hafen, als die Sonne über dem Fort aufging, das die Einfahrt von Siracus bewacht.

Siracus erwies sich als hochinteressante Stadt, ein wunderschöner Kaninchenbau mit schmalen Alleen und außergewöhnlicher Architektur, mit Kathedralen, Plätzen, Brunnen, Straßencafés und wunderbar blühenden Bougainvilleen. Wenn wir an einer der zahlreichen *pasticcerias* mit den herrlichsten Kuchen und Marzipanfrüchten vorbeikamen, verlangsamten unsere Füße automatisch unsere Schritte.

Aber wir hatten den Stopp in Siracus nicht wegen der malerischen Altstadt, den gut erhaltenen, weitläufigen griechischen antiken Stätten oder der Schleckereien eingeplant, sondern wir hatten in Australien einen Segler namens Peppino, seine Frau Lucia und seinen damals neunjährigen Sohn Blu kennen gelernt. Seitdem waren zwei Jahre vergangen. Besonders Jonathan wollte unbedingt Blu wiedersehen, denn sie waren gute Freunde gewesen.

Nur Michael war nicht sehr erpicht darauf, Peppino zu besuchen. Er hatte ihn nicht sehr gemocht, seit Peppino ihm im Nacken saß, weil er ihn angeblich nicht richtig grüßte. Tatsächlich wurde der Satz »Du hast vergessen, guten Morgen zu sagen« mit italienischem Akzent auf der NORTHERN MAGIC zum *running gag.*

Wir hatten Peppino per E-Mail über unsere Ankunft im großen Hafen verständigt. Als wir zurückkamen, wartete Peppino bereits: ein muskulöser, robuster Kerl von dreiundfünfzig Jahren mit einem Salz-und-Pfeffer-Bart. Es war definitiv derselbe alte Peppino – gesellig, redselig, mit dem typisch italienischen Temperament. Sofort lud er uns zu sich nach Hause zum Lunch ein. »Ich hasse Restaurants«, sagte er, »nicht wegen des Geldes, sondern weil sie nicht so kochen wie ich.«

Dann saßen wir um den Tisch, sahen Peppino zu, wie er Spaghetti kochte und ergriffen die Gelegenheit, eine lange schwelende Stuemersche Familienauseinandersetzung auszutragen: Messer benutzen oder nicht benutzen, das war die Frage. Jon und Herbert hielten die Spaghetti-um-die-Gabel-wickel-Methode für einzig richtig, Michael und ich glaubten, der Einsatz von Messer und Gabel sei effizienter und zivilisierter. Und nun saßen wir hier, ein waschechter Italiener kochte für uns Spaghetti, und es schien der richtige Moment zu sein, die Frage ein für allemal zu klären.

»Sag mir, Peppino«, wagte ich mich vor, »benutzen die Italiener ein Messer, wenn sie Spaghetti essen?«

Peppino, der gerade eine große Knoblauchzehe klein hackte, wirbelte zu mir herum und seine Augen funkelten. »Messer?«, brüllte er.

Im Raum wurde es ganz still.

Jonathan und sein Vater setzten eine sehr selbstgefällige Miene auf. Ich presste meine Lippen zusammen. Aber später setzten Michael, Christopher und ich trotzig unsere Messer ein. Was verstehen schon Italiener von Spaghetti?

Während der folgenden Tage wirbelte Peppino um uns herum wie ein Tornado. Was Peppino gehörte, gehörte auch uns, sein Auto eingeschlossen, und er bestand darauf, dass wir es während unseres Aufenthaltes benutzten. Wir fuhren damit zu dem rauchenden Ätna hinauf, wo die Kinder zwischen den Kratern herumrannten. Peppino half uns bei den notwendigen Reparaturen am Boot, telefonierte und schickte Faxe, um einem verloren gegangenen Paket von zu Hause auf die Spur zu kommen, sorgte für heiße Duschen und Gelegenheit zum Wäsche waschen, bot uns einen Internet-Zugang und Mahlzeiten und Wein und wundervolle Leckereien namens *cannoli*, die mit Käsekuchencreme und süßem Ricotta gefüllt waren. Hätten wir das Hemd verlangt, das er auf dem Leib trug, er hätte es uns gegeben und gefragt, ob wir auch die Hose wollten.

Eines Abends kam Peppino zu uns zum Abendessen (gegrilltes Huhn mit Kartoffelsalat – Messer erlaubt). Während wir so zusammen saßen, kam das Gespräch auf die Konfrontation mit Michael damals in Australien. »Erinnert ihr euch, wie ich ihn immer darauf aufmerksam gemacht habe, dass er nie guten Morgen sagte?«, fragte er. Wir lächelten und tauschten geheime Blicke miteinander. Natürlich erinnerten wir uns.

»Und dann, eines Tages«, fuhr Peppino fort, »als Michael mit dem riesigen Poster auftauchte, auf dem in allen Sprachen ›Guten Morgen‹ stand? Ich wette, er hielt mich damals für einen gehässigen alten Sizilianer, stimmt's?«

»Stimmt«, antwortete ich. »Aber du hast das ausgeglichen.«

*

Ein Hochdruckgebiet zog über das Mittelmeer, gönnte uns eine Verschnaufpause von dem stürmischen Wetter und lieferte uns die beste Gelegenheit, um in zwei Tagen Sardinien erreichen zu können. Wir hatten eine gute Passage und erreichten die Südspitze von Sardinien, der zweitgrößten Insel im Mittelmeer, am späten Nachmittag. Vor einer wild aussehenden Küste warfen wir Anker zu Füßen einer Steilklippe. Ein kleines Dorf war zu sehen, ein gewagter Pfad führte oben auf der Klippe entlang, und ein alter Burgturm, halb verfallen, grüßte zu uns herunter. Der zerklüftete Felsen zeigte tiefe Einschnitte und leuchtete golden, als wäre er lebendig. Ein Moment lang dachte ich, wir wären in einer komplett anderen Welt gelandet, in längst vergangenen Zeiten mit Faunen und Satyren, Naiaden und Dryaden.

Wir besichtigten den mittelalterlichen Stadtkern von Cagliari, bewunderten die schönen Gebäude, Bastionen, Paläste und Kathedralen und rumpelten hin und wieder mit einem Auto durch die Gegend, das uns kühn durch die Kopfsteinpflasterstraßen transportierte, die kaum breiter als das Fahrzeug selbst waren. Dabei lernten wir nette Leute kennen.

Aber so schön Sardinien auch war, so mussten wir doch mit unserem Zeitplan Schritt halten. Tatsächlich waren wir auf dem Sprung aufzubrechen. Eine Veränderung ging mit uns vor, und plötzlich konnten wir es kaum noch erwarten, unsere Reise fortzusetzen. Obwohl noch Spanien und die Azoren vor uns lagen, war es die Sehnsucht nach Kanada, die uns aufgeregt schnattern ließ.

Ich erinnerte mich daran, dieses Symptom bei Australiern im Südpazifik bemerkt zu haben; während alle die fabelhaften polynesischen Inseln genossen, rissen die Australier nur noch ihre letzten paar tausend Meilen ab. So erging es nun auch uns. Es war Zeit, nach Hause zurückzukehren.

Unter Segeln brauchten wir zwei Tage bis Mallorca, und dann hielten wir auf Gibraltar zu. Wir trafen auf eine zunehmend lange Dünung, und Dad forderte uns per E-Mail auf, so viele Meilen zu fressen, wie wir nur konnten; Winde mit fünfunddreißig Knoten jagten hinter uns her. Eine zwei, manchmal drei Meter hohe Dünung lief unter dem Heck durch und schob uns mächtig voran, was uns bestätigte, dass er Recht hatte. Und wir liefen weiter, freuten uns, dass wir Wegepunkt nach Wegepunkt abhaken konnten, ohne irgendwo Schutz suchen zu müssen, und segelten schließlich mit fast acht Knoten unter Land dahin.

Dies waren unsere letzten Tage im Mittelmeer, und es war das reinste Vergnügen. Mitten in der Nacht bei totaler Finsternis korrigierte ich das Vorsegel, als ich nach der Schot greifend merkte, dass kleine, blaue, phosphoreszierende Funken sprühten, von denen manche nach einem kurzen Moment auf der Hand verglühten. Während ich die Schot winschte, flogen fröhlich die Funken. Offensichtlich hatten ein paar Wellen, die über das Deck wuschen, ihre Fingerabdrücke in Form von leuchtendem Plankton hinterlassen.

In einer anderen Nacht hörte ich Delfine direkt neben uns, und zwar nicht nur das Platschen nach ihren Sprüngen und ihre heftigen Atemgeräusche, sondern ich hörte auch, wie sie sich unter Wasser miteinander verständigten. Ihre torpedoartigen Umrisse waren von leuchtendem Plankton umgeben, als zögen sie eine blau-weiße Spur hinter sich her. Auch ein paar freundliche, kleine Vögel ließen sich blicken und ruhten sich zu unserer Freude unten im Salon aus. Nach der dritten Nacht auf See erwachte ich gegen sechs Uhr morgens. Herbert hatte abrupt den Gashebel des Motors zurückgerissen, was immer ein Signal dafür war, dass ich sofort oben erscheinen sollte. Ich stolperte hinauf. Tatsächlich hatte Herbert mich überhaupt nicht rufen wollen; er wollte die Kollision mit einem Containerschiff vermeiden, das vor uns hart den Kurs änderte. Aber in dem Moment, als ich im Cockpit auftauchte, blieb ich wie angenagelt stehen. Recht voraus zeichnete sich eine unvergessliche Linie ab, riesig hoch, schwärzer als der schwarze Himmel hinter uns und unglaublich beeindruckend. Die frühen Seefahrer nannten es die Säulen des Herkules. Es war der Felsen von Gibraltar.

Am nächsten Tag war der Blick einfach großartig. An Backbord, unter einer Wolke von schreienden und tanzenden Möwen lag das Mittelmeer, das wir erfolgreich hinter uns gelassen hatten. Voraus, jenseits der Strait of Gibraltar, ragten im Dunst die Berge von Marokko auf. Unser Captain starrte allerdings bereits in Richtung Steuerbord auf die unendliche Weite des Atlantiks hinaus.

Seit Beginn unserer Reise hatte der Atlantik Herbert nächtliche Albträume verursacht. Nicht der Pazifik, nicht der Indische Ozean, nicht das gefährliche Rote Meer, nicht das unberechenbare Mittelmeer hatten ihn beunruhigt, aber der Nordatlantik. Jedes Mal, wenn ich zum Kaptain hinüberschaute, schaute er auf die harte graue See – als suchte er nach einem Hinweis, was das brutalste aller Meere in petto hatte.

Es wurde Zeit, die NORTHERN MAGIC auf ihre letzte große Herausforderung während dieser Weltumseglung vorzubereiten. Herbert leitete eine Großinspektion ein, reparierte und regulierte. Jeden Tag studierten wir die Wetterkarten mit den Voraussagen für unseren nächsten Schlag zu den Azoren, einer Gruppe kleiner Inseln mitten im Atlantik. Tag für Tag starrten wir stirnrunzelnd auf Kaltfronten, Tiefs und die Isolinien, die sich auf unserem Kurs zusammenballten, besonders in der Gegend von Neufundland. Da ich gerade *The Perfect Storm* gelesen hatte, fühlte ich mich ziemlich übel. Ich begann zu begreifen, warum Herbert so nachdenklich nach Westen starrte. Selbst wenn wir von Tiefs verschont würden, kam der Wind unweigerlich aus der falschen Richtung.

Über unsere Ankunft in Gibraltar fühlten wir höchste Befriedigung; wir hatten das ganze Mittelmeer außerhalb der Segelsaison ohne einen einzigen Tag mit schlechtem Wetter hinter uns gebracht. Wir hatten nur zwei oder drei Segler getroffen, die das versucht hatten, und alle hatten Horrorgeschichten erzählt.

Wir hatten nicht nur Glück gehabt; dazu kamen sorgfältige Planung und Dads gewissenhafter Wetterbericht. Aber nun, angesichts einer 1100-Meilen-Passage innerhalb einer Woche oder mehr, ging es um andere Bedingungen. Wir waren auf einen harten Ritt vorbereitet.

Schließlich gab es keinen Grund mehr, noch länger zuwarten; die NORTHERN MAGIC war fit, das Rigg gecheckt, die Bilgenpumpe war gesund, fünf Mahlzeiten fertig vorbereitet. Wir schauderten alle, und Christopher hatte sein letztes Bad in dem Waschzuber der Dusche in der Marina genommen. Sechzehn

Maschinenladungen Wäsche waren gewaschen und getrocknet, und alle Leintücher an Bord waren frisch und sauber. Wir hatten das Kartenmaterial an Bord und hatten es auch studiert und die Wegepunkte eingezeichnet. Bereiter konnte man nicht mehr sein, um den Nordatlantik in Angriff zu nehmen.

26
Der Nordatlantik

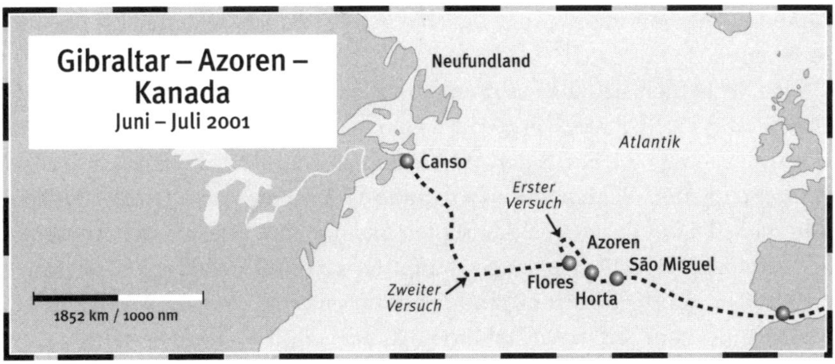

Der erste Schritt hinaus auf den Atlantik führte uns durch die Strait of Gibraltar und einen ganzen Tag am westlichen Abschnitt der Südküste von Spanien entlang, während wir die Küstenlinie von Nordafrika immer noch deutlich ausmachen konnten. Als wir die Meerenge hinter uns gelassen hatten, gingen wir auf Kurs Nordwest. Ein guter Westwind begleitete uns bis zum Einbruch der Nacht und schlief dann ein, sodass wir motoren mussten, bis wir eine leichte westerliche Brise fanden.

Meine erste Wache begann in den frühen Morgenstunden, und ich bemerkte sofort die seltsame Wolkenformation. Es sah aus, als ob niedrig hängende Wolken sich vom Horizont her mit ausgestreckten Armen auf uns stürzen wollten. Ein paar Minuten später waren diese Wolken, was ich sehr alarmierend fand, bis auf halben Weg herangejagt. Ich war mir nicht sicher, was das zu bedeuten hatte, obwohl ich nicht glaubte, dass hier ein Sturm heraufzog, denn der kündigt sich üblicherweise mit einer harten, schwarzen, scharfen Linie an.

Eine Minute später war ich klüger. Plötzlich waren wir in Nebel eingehüllt, der so dicht war, dass man auf der NORTHERN MAGIC kaum vom Heck bis zum

Bug sehen konnte. Geisterarme wirbelten herum und entzogen den Masttopp meinen Blicken. Innerhalb von Sekunden saßen wir mitten in einer Erbsensuppe, waren vollständig blind – und das dicht an einer viel befahrenen Schifffahrtsstraße.

Wir konnten uns nur auf unser Radar verlassen. Während der Nacht tasteten wir uns weiter durch den Nebel und starrten auf die grünen Leuchtpünktchen auf dem Radarschirm, von denen es viele gab. So nahe sie uns auch kamen, so sehr wir unsere Augen auch anstrengten, wir bekamen kein Schiff zu sehen.

Der Nebel hielt sich über sechsunddreißig Stunden und löste sich erst auf, als wir weit von der Küste entfernt waren. Aber es lauerte bereits eine neue Herausforderung in Form der Westwinde auf uns, vor denen wir uns so gefürchtet hatten. Bald motorten wir durch Wellenberge mit überbrechenden Kämmen, die uns ins Gesicht klatschten und die NORTHERN MAGIC mit salzigen Schaumflächen überzogen. So stampften wir durch den Tag, und das ständige Rollen zwang mich – und nur mich, Gott sei Dank – seekrank in die Knie. Mein Körper hatte auf dieser Reise viele Anpassungsleistungen bewältigt, aber unter Motor dem Wind zu trotzen gehörte nicht dazu. Irgendwann wurde es jedoch wieder ruhiger, und am dritten Tag schlief der Wind nahezu völlig ein und ließ uns relativ ruhig unter Motor dahinziehen. Wir waren glücklich, der Landabdeckung, dem teuflischen Wind und dem klaustrophobischen Nebel entkommen zu sein.

Ein Tag verging, dann waren es zwei, drei Tage, und der Wind starb fast völlig. Am fünften Tag hatte sich der Nordatlantik in einen gigantischen stillen See verwandelt. Keine Brise erhob sich, die Wasseroberfläche war spiegelglatt. Nur dreimal hatten wir auf dem gesamten Törn das Meer so unbewegt zu sehen bekommen. Über uns malten Flugzeuge auf ihrem Weg nach Paris, Amsterdam und London ihre Kondensstreifen in den blauen Himmel, während wir unsichtbar und unerkannt vor uns hin stampften. Sie überquerten den Atlantik innerhalb weniger Stunden, während wir uns unter Segeln mindestens drei Wochen nonstop vorwärts kämpfen mussten. Die Flugpassagiere konnten bereits ihr Abendessen in schicken Restaurants auf den Champs Elysees genießen, während wir auf unserem kleinen Boot auf und ab schaukelten und den Horizont unter dem Gesichtspunkt absuchten, wie lange es wohl noch dauern würde, bis Land in Sicht kam.

Die Monotonie wurde durch einen Wal unterbrochen, der wenige Meter von uns entfernt auftauchte. Es handelte sich um einen Buckelwal, länger als die NORTHERN MAGIC, mit einem enormen, schwarz glitzernden Rücken. Alle stürzten aufgeregt an Deck und erblickten dabei etwas am Horizont, was zunächst aussah wie gleichmäßig aufsteigende graue Rauchwölkchen. Zwei dieser Rauchwolken stiegen gleichzeitig auf, manchmal drei, als handelte es sich um einen Dampfer. Da stieg Blas auf! Den ganzen Tag über hatten drei Wale mit uns mitgehalten, obwohl sie etwas schneller vorwärtskamen als wir. Unser Walbuch klärte uns darüber auf, dass wir mitten in einer Walwanderroute gelandet waren.

Tagsüber sahen wir meist ein oder zwei Schiffe, und zweimal mussten wir Ausweichmanöver einleiten, um eine Kollision zu verhindern. Einmal handelte es sich um ein Segelboot auf entgegengesetztem Kurs, das erst auf dem Radarschirm auftauchte, als wir schon fast aufeinander saßen. Herbert wich aus, und als wir unerfreulich dicht einander passierten, konnte er drüben kein Anzeichen dafür ausmachen, dass irgendjemand auf Wache war. Hätten wir uns ausschließlich auf unser Radar verlassen, wäre das kleine Segelboot in der Tiefe verschwunden.

Kurze Wellen mit glasigen Köpfen begannen überzukippen. Der Wind legte zu, und wir korrigierten den Kurs etwas, um beim Motoren gleichzeitig das Großsegel besser zu füllen. Aber immer noch waren wir auf den Motor angewiesen und schafften auf diese Weise ein Etmal um die hundertvierzig Knoten.

In den nächsten Tag baute sich der Wind kontinuierlich auf. Die weißen Popcorn-Wölkchen wurden von einer üblen grauen Masse weggeschluckt. Das Barometer begann zu fallen. Dad warnte uns in seiner E-Mail vom NORTHERN MAGIC Weather Forecasting Central vor einem Tiefdruckgebiet, das heftige Westwinde im Schlepptau hatte. Es wurde ein Wettrennen, es noch zu den Azoren zu schaffen, ehe es die Front zu uns schaffte. Bam! Bam! Bam! Immer wieder knallten wir in die Wellen. Der Bug schnitt hart hinein und teilte das Wasser wie die Flügel eines extravaganten Schnurrbartes. Wieder und wieder wurden wir unter einem extrem hohen Wellenberg begraben. Erwischten wir einen besonders ungünstigen Winkel, wurden wir zeitweise total überwaschen. Durch Christophers Luke stieg bereits das Wasser ein. Bald war alles in seiner Kajüte nass und dampfte: die Matratze, die Leintücher, die Bücher, das Spielzeug und seine Klamotten. Innerhalb eines Tages machte sich Schimmelgeruch im Boot breit.

Wir waren immer noch dreihundertfünfzig Meilen von unserem Ziel, der Azoreninsel Faial, entfernt. Als der Wind zugepackt hatte, mussten wir unsere früheren zuversichtlichen Annahmen hinsichtlich Tag und Stunde der Ankunftszeit revidieren. Allmählich begannen wir darüber zu diskutieren, den Schlag vorzeitig auf der Insel São Miguel, also hundertfünzig Meilen näher, zu beenden.

An Schlaf oder Essen war nicht zu denken. Herbert und die Jungen ernährten sich von Junk Food nach meinem Chili, das, obwohl unter schwierigsten Bedingungen erwärmt, unberührt geblieben war. Mein Magen beschloss, sich zu entleeren, gleichgültig was ich hineinzufüllen versuchte. Eine afrikanische Maske, die über Jons Koje an der Wand hing, flog quer durch die Kabine. Michaels Koje, die vom Wachhabenden genutzt wurde, war ebenso durchweicht wie der Wachhabende. Unsere nassen Haare waren vom Salz verkrustet und klebten am Kopf. Als es zu regnen begann, lief uns das Salzwasser vom Hals aus auch noch den Rücken hinunter. Es war das reine Elend.

Dann ging eine E-Mail von Dad bei uns ein, dass noch Schlimmeres zu erwarten war. Innerhalb von fünf Sekunden entschlossen wir uns, São Miguel anzulaufen, obwohl es eine Abweichung vom Kurs nach Süden um zwanzig oder dreißig Meilen bedeutete. Kaum hatten wir den Kurs korrigiert, drehte der Wind nach Südwest, sodass er uns wieder einmal direkt auf der Nase stand.

Nachdem wir derart Wind und Wellen, dem Wasser und der Erschöpfung ausgesetzt gewesen waren, traf uns die Schönheit des Inseljuwels São Miguel vollkommen unvorbereitet. Während sie sich aus einer Wolkenbank herausschälte, kam eine große, vulkanische, in sattes Grün gehüllte Insel zum Vorschein. Jeder Zentimeter der ausdrucksvollen, zum Himmel aufstrebenden Küstenlinie war in diesen lebhaften samtgrünen Mantel gehüllt. Es sah paradiesisch aus und war ein Augenschmaus wie der Anblick einer kühlen Quelle mitten in der Wüste. Eine gigantische Felsnase wachte über den winzigen Hafen, als ruhten dort die Pranken und der Körper einer Sphinx ohne Kopf, die sich locker in einen luxuriösen grünen Mantel hüllte. Hunderte von umher schwebenden, dann aufs Wasser herab stoßenden, gefräßigen Tölpeln grüßten uns auf ihrem Flug, während es Dutzende von Delfinen mit ihren Freudensprüngen neben uns es ebenso hielten.

Wir liefen in den Hafen ein, der von hohen Felsen eingerahmt war, auf denen oben eine Windmühle prangte. Fischer pullten in ihren kleinen Holzbooten an den Strand und säuberten dann ihre Netze, während Jungen von den Felsbrocken kopfüber ins Wasser sprangen. Aber wir hätten all diese verschwenderische Schönheit nicht nötig gehabt. Die einfache Aussicht auf einen ruhigen Ankerplatz, eine warme Mahlzeit und eine ungestörte Nachtruhe waren alles, was wir vom Paradies verlangten.

Nach der ersten Mahlzeit innerhalb von dreißig Stunden verzogen wir uns ins Bett und wollten nichts anderes als nach sieben Nächten auf See tief schlafen. Die Tölpel und die Möwen, die zu ihren Schlafplätzen hoch oben in den Felsspalten zurückkehrten, aber machten die ganze Nacht Krach. Doch waren wir wenigstens der hämmernden See entkommen und in Sicherheit, solange der Wind nicht nach Nord drehte, weil in diesem Fall der winzige Hafen dann völlig ungeschützt dalag. Natürlich passierte genau das im Laufe der Nacht.

Gegen Mitternacht rollte eine gewaltige See in den Hafen, die uns gnadenlos herumstieß. »Ich hatte eine furchtbare Nacht«, sagte Michael mit verschlafenen Augen, als er vor der Morgendämmerung aus dem Bett taumelte. »Es war schlimmer als draußen auf See.«

Obwohl ich den Gedanken hasste, es mit dem Wind wieder aufzunehmen, blieb uns keine andere Wahl, als auszulaufen. Wir machten uns gegen sechs Uhr morgens auf, um die fünfunddreißig Meilen um die Südspitze nach Ponta Delgada hinter uns zu bringen.

*

Ponta Delgada war eine Ansammlung von weißen Häuschen, deren rote Ziegeldächer in hübschem Kontrast zu dem wogenden Grün der Felder standen. São Miguel gehört sicherlich zu den drei schönsten Inseln, die wir während der gesamten Weltumseglung angelaufen haben. Die meisten dieser vulkanischen Hänge wurden von den Menschen zu satten Weideflächen kultiviert, die von dunkelgrünen Hecken gegen den Wind geschützt werden. Das sah atemberaubend aus. Die Kuppen rund um Ponta Delgada ließen mich an die großen Brüste der Mutter Erde selbst denken.

Am nächsten Tag erschien ein Mann mit dem ausgefallenen Namen Felipe le Velly de Sousa Lima im Hafen. Er war schlank, redegewandt, modisch angezogen und der Nachkomme einer alteingesessenen Azorenfamilie, die alle Geschäfte auf der Insel kontrollierte: die Lebensmittelläden, die Ölpressen, eine Hühnerfarm, die Hotels. Er war ebenfalls kanadischer Honorarkonsul, dessen Büro in einer idyllischen Straße mit Kopfsteinpflaster uns wegen der wehenden kanadischen Flagge aufgefallen war. Er stand durchreisenden Kanadiern jeden Tag hilfreich zur Seite.

Unser treuer Bundesgenosse Paul Dole hatte uns auch bei ihm avisiert. Der freundliche, eloquente Felipe und seine Gattin Ana entführten uns auf einen hohen Vulkangipfel auf der Insel Sete Cidades. Von dort oben wollten sie uns in die zwei berühmten Kraterseen sehen lassen. Beide Seen, obwohl nebeneinander gelegen, sind von unterschiedlicher Farbe – der eine ist blau, der Andere ist grün –, was mit der Reflektion des Lichtes und der umgebenden Vegetation zu erklären ist.

Auf unserem Weg durch die Wolkenwand in den Krater erzählte uns Felipe die Legende, die sich um die unterschiedlichen Farben rankt. Eine todtraurige Prinzessin, begann er, war von ihrem Vater, dem König, auf den Berggipfel verbannt worden, um ihre verbotene Liebe zu vergessen. Die Prinzessin hatte ein blaues Auge und ein grünes, und als sie so unaufhörlich weinte, entstanden die zwei Seen in verschiedenen Farben. Wir tauchten aus dem Nebel heraus und blieben am Ufer des Grünen Sees stehen. Aus einem bestimmten Winkel sah er sehr grün aus, aber mit einem anderen Lichteinfall färbten ihn die Wasserpflanzen am Ufer und der düstere, sonnenlose Himmel in ein ockerfarbenes Gelb bis Braun.

»Ich wüsste zu gerne«, flüsterte mir Michael ins Ohr, »was die Prinzessin gemacht hat, um den See so gelbbraun hinzukriegen.«

Felipe stoppte am Ende des Blauen Sees, wo wir die nach dem Grün duftende Luft tief in uns einsaugten. Blühende Hortensien, Azaleen, Lilien, Norfolktannen, Ahornbäume, ein Grasteppich und niedrige, blühende Pflanzen – alles zeugte von üppiger Natur und Leben. Vielleicht war das der Garten Eden?

»Kann man verstehen, dass ich die Insel so liebe?«, fragte uns Felipe mit weit geöffneten Armen.

*

Wie immer hörten wir sorgfältig den Wetterbericht. Eines Tages machte uns Dad auf ein kleines 2-Tage-Wetterfenster aufmerksam, das gerade so lange offen blieb, um uns zu einer der westlicheren Inseln hüpfen zu lassen. Wir nutzten die Chance und motorten in zwanzig Stunden zu der hundertvierzig Meilen entfernten Insel Faial.

Fünfzig Delfine, die Freudensprünge vorführten und aus allen Richtungen herbeieilten, begrüßten uns bei der Ankunft. Aus ihrer Sprache in unsere übersetzt hieß das: »Sie sind hier! Sie sind hier!« Sie schwammen neben uns her, vergnügten sich in der Bugwelle, immer fünf oder zehn gleichzeitig. Eine Viertelmeile entfernt entdeckten wir Pottwale, die von vier Touristenbooten zwecks Walbeobachtung verfolgt wurden.

Die Gehsteige im Hafen von Horta waren mit den Straßenmalereien von Yachties überzogen, die vor uns hier gewesen waren. Wir wollten es ihnen nachmachen, bekamen aber keine Gelegenheit dazu. Zwei Tage nach unserer Ankunft sagten uns die Wetterfrösche eine günstige Gelegenheit an, den gesamten Schlag bis Kanada hinter uns zu bringen.

Wir waren heiß darauf, sehr heiß darauf, aufzubrechen. Das heißt nicht, dass wir nicht nervös gewesen wären wegen unseres letzten, langen Reiseabschnitts über den Atlantik. Wir waren sogar sehr nervös. Aber es kommt immer wieder ein Punkt im Leben, da hat man sich so viele Sorgen über etwas gemacht, dass man es nur noch hinter sich bringen will.

Wir hatten uns für die wenig befahrene Westroute entschieden. Unser Segelhandbuch gab nur an: »Es ist selten, dass Segelboote sich für die Westroute nach Nordamerika entscheiden, aber sie ist machbar.« Die Route über Neufundland wurde im Buch nicht einmal erwähnt. Und genau diese Route zog uns an. Obwohl kürzer, musste man den Kampf mit vorlichen Winden und gegen den Golfstrom aufnehmen, sich durch eine berüchtigte Wetterküche mit Nebel und sogar Eisbergen durchschlagen.

Aber für uns schien es die richtige Wahl zu sein; auf der traditionellen Südroute wären wir bis zu einem Jahr länger unterwegs. Also entschlossen wir uns, den Drachen Nordatlantik zu zähmen, falls notwendig mit reiner Willenskraft.

Während wir ausliefen, überfiel uns ein bisher unbekannter Gefühlsmix aus Angst und Aufregung. Damit gingen wir den 1 280-Meilen-Schlag an! Fast erleichtert sahen wir der Gefahr ins Auge. Jede Meile, ermutigten wir uns selbst, war eine Meile, die wir unwiderruflich hinter uns gebracht hatten.

Am nächsten Nachmittag sahen wir Flores und die Nachbarinsel Corvo, über deren Vulkan eine Wolke wie eine fliegende Untertasse hing. Wind kam auf, sodass wir zwanzig Knoten machten. Dann steilten sich zwei bis drei Meter hohe Wellen auf, die weiße Schaumkronen trugen. Die lange Dünung deutete darauf hin, dass wir bald mit höheren Windstärken zu rechnen hatten. Wir zählten die Minuten aus, und ich erklärte meinen Männern, dass es wie bei einer Geburt war: zunächst hart zu ertragen, aber später vergaß man die Pein. Dann stimmte ich den Helen-Reddy-Song an: *I am a woman.* Das war wahrscheinlich kontraproduktiv, denn Herbert hielt dagegen: »Ich will aber kein Baby!«

Dann fauchte plötzlich der Motor, stotterte und begann heiß zu laufen. Wir drehten ihm den Saft ab, denn alles andere war bei dieser Windstärke aussichtslos. Wir fielen auf vier, drei, manchmal sogar zwei Knoten zurück. Der Bug raste erst die Welle hinauf und schoss dann mit einem gewaltigen Aufschlag wieder ins Tal, es war entsetzlich. Wir kämpften uns durch in die Achterkajüte, wo es am wenigsten heftig zuging. Christopher verkeilte sich neben mir in Michaels enger Koje, die kaum einen Zentimeter breiter war als meine Schultern, und dort kuschelten wir uns aneinander und begannen zu singen.

Langsam schaukelten wir hinter Corvo durch, während die Sonne unterging. Herbert und ich fragten uns im Geheimen, warum wir nicht weise wurden und bei diesem Wind beidrehten. Aber wir wollten einfach nach Hause. Jede Meile brachte uns näher ... jede Meile brachte uns näher ...

Herbert bereitete sich für den Horrorjob vor, unseren Motor ins Leben zurückzubringen. Wie uns anderen auch war ihm sehr übel, und er fühlte sich schwach, aber er hängte sich dann doch wieder einmal kopfüber in den Motorraum, um herauszufinden, warum der Motor überhitzte. Vor einem halben Tag hatte er gerade die Wasserpumpe ersetzt, die durch das Salzwasser im Motorraum vorübergehend den Geist aufgegeben hatte. Diese Reparatur hatte vom Magen des Captains einen hohen Preis gefordert und erschwerte es ihm zusätzlich, wieder von vorn zu beginnen. Jedes Mal, wenn er sich aufrichtete, rülpste er heftig, was in glücklicheren Zeiten Michael zu einem indignierten »Ist das eine Herausforderung?« ermutigt hätte. Aber nun wagte niemand, an einen Rülpswettbewerb auch nur zu denken.

Dreimal versuchte Herbert während der nächsten eineinhalb Tage das Problem mit dem Heißlaufen in den Griff zu bekommen. Jedesmal zog er sich noch zitternder und grüngesichtiger aus dem Motorraum wieder nach oben. Schließlich musste er eine Pause einlegen.

Im Laufe der Nacht hatten wir mit vorlichen Winden bis zu dreißig Knoten zu kämpfen. Nach einer besonders heftigen Talfahrt ging unser Nasszellenspiegel, der an der Wand verankert war, zu Boden und schrammte nur wenige Inches an meinem Kopf vorbei, während ich in der Toilette war. Wir kamen kaum eine Meile in Richtung Westen voran, und falls es so weiterging, bräuchten wir mindestens dreiundvierzig Tage nach Neufundland, wofür unser Benzin nicht reichte.

Am nächsten Morgen war Herbert so seekrank wie noch nie, der Motor schwieg, und der Wind raste über die weiße See. Da kam eine E-Mail herein. »Neues Tiefdruckgebiet mit heftigen Gewittern«, stand da bedrohlich. »Schlage vor, Flores anzulaufen, Treibstoff zu bunkern und auf besseres Wetter zu warten.«

Wir wussten, dass Dad den Vorschlag zur Umkehr nicht ohne Grund abgeschickt hatte. In eineinhalb Tagen heftigen Kampfes hatten wir nicht mehr als fünfzig Meilen zwischen uns und Flores gelegt. Trotzdem war es schmerzhaft, sich geschlagen zu geben. Wir hatten so hart um diese Meilen gekämpft, dass es uns fast das Herz brach, sie verloren zu geben. Niemals zuvor hatten wir aufgegeben. Aber nun war es soweit.

Zwei Tage, nachdem wir Flores verlassen hatten, kamen wir zurück.

*

Nach gutem Essen und dem ersten Schlaf nach drei Tagen besichtigten wir Santa Cruz. Auch hier gab es hübsche Straßen mit Kopfsteinpflaster und engen Bürgersteigen, ansprechende weiße Häuser mit roten Ziegeldächern, die oben auf der Klippe saßen und von dort auf den Ozean hinausblickten und hinter sich grüne Hügel hatten. Üppige Lilien, Azaleen und Hortensien blühten überall. Die NORTHERN MAGIC war in dem winzigen, von Felsen umsäumten Hafen, der kaum größer war als sie selbst, gut festgemacht.

Täglich gingen wir zum Internet Café, und jeden Tag verließen wir es noch gestresster, nachdem wir einen Blick auf die Wetterkarten geworfen hatten. Der ganze Nordatlantik, von Neufundland bis zu den Azoren, lag unter einem Sturmtief. Wir konnten uns nur gratulieren, dass wir umgekehrt waren.

Während dieser Zeit des quälenden Wartens entwickelten wir eine neue Strategie für unsere Route nach Kanada. Statt gegen die vorherrschenden Winde auf direktem Kurs Neufundland anzusteuern, wie wir es im ersten Versuch durchsetzen wollten, beschlossen wir nun einen weicheren, mehr südlichen Kurs zu versuchen.

Hier würden wir mit gnädigeren Winden rechnen können. Dieser Kurs lief ein paar hundert Meter südlich von der ersten Route über den Atlantik, wobei wir so stramm nach Westen halten wollten wie möglich, während die harten Nordwester weiter nördlich durchgingen. Wir würden erst in letzter Minute mit Nordkurs auf Kanada zuhalten. Damit war der Stopp in Neufundland nicht mehr erste Wahl, auf der südlichen Route konnten wir genauso gut Nova Scotia anlaufen. Hier behielt der Wind das letzte Wort.

Bald hing wieder stürmischer Wind über uns und beutelte uns im winzigen Hafen herum. Glücklicherweise hatte Herbert die Leinen verstärkt, die uns von den Felsen abhalten sollten, sodass wir in einem spinnwebartigen Halteleinensystem hingen wie Gulliver unter den Stricken der Liliputaner.

Zwei Tage später schlug ein gewaltiger Sturm zu und jagte mit mehr als fünfzig Knoten die Berghänge hinunter, sodass die NORTHERN MAGIC wie zuvor in ihrem Leben nur zweimal angegangen wurde. Regen kam senkrecht nieder, und wir bockten und rollten in derselben Minute. Dieser Kampf im Hafen war schlimmer, als er es immer wieder auf See gewesen war. Ich hasste den Gedanken, wie es draußen hinter der Landabdeckung aussehen musste. Es hätte uns leicht dort erwischen können.

Das Schlimmste war der schrille Ton des Windes. Dieses gottlose Geräusch – der Ton des Todes, aller bösen Geister, als ob jemand in Stücke gerissen wird – machte mich fast verrückt. Das Schaudern, das Toben, das Rollen, das Schlagen der Fallen gegen den Mast, die Angst, dass Halteleinen brechen und wir auf die Felsen geschleudert würden, die uns von allen Seiten umzingelten, verwehrten uns den Schlaf, ja wir konnten nicht einmal die Augen schließen. Irgendwann mitten in der Nacht glaubte ich, das alles keine Minute länger ertragen zu können. Ich begann mit Sitzübungen, übte mich in tiefen Kniebeugen, starrte nach draußen. Ich betete, dass der schreckliche Wind und das unheimliche Schreien ihr Ende finden sollten. Ich betete, dass die Leinen halten sollten. Ich betete um ein paar Stunden Ruhe. Ich betete darum, sicher und unversehrt nach Hause zu kommen.

Am Morgen war der Sturm vorbei, und der Himmel war wieder blau und freundlich. Am nächsten Tag traf uns ein Gedanke wie ein Blitz. Vielleicht waren wir selbst verantwortlich für das schlechte Wetter. Die Götter der Winde verlangen immer ihren Tribut, und wir hatten nicht bezahlt. Wir hatten in Horta die Tradition der Segler ignoriert, die niemals auslaufen, ohne ein Bild an die Kaimauer zu pinseln. Ehe wir die Tradition nicht bedient hatten, waren wir vom Schicksal verdammt zu bleiben.

Wir machten uns sofort ans Werk und entschieden, dass zwei Mauerbilder sicherlich besser wären als eines. Also malten wir ein schwarzes Quadrat mit einer Abbildung der NORTHERN MAGIC darin, ähnlich wie wir es auf Kuba vor dreieinhalb Jahren hinterlassen hatten. Die Jungen und ich skizzierten außerdem eine Weltkarte, in die wir unsere Route einzeichneten. Die Linie, die wir bereits abgeleistet hatten, war sehr lang im Vergleich zu dem winzigen Stück, das noch vor uns lag. Wie nah und doch wie weit schien es bis Kanada!

Unsere Huldigung trug den launischen und eifersüchtigen Göttern des Windes Rechnung, und wir warteten, bis der Wind abgeflaut war, ehe wir uns erneut auf den Heimweg machten.

In der letzten Nacht vor dem Auslaufen zog noch ein Sturm durch. Diesmal schliefen wir in dem ruhigen Gedanken, dass uns nichts passieren konnte, wenn die Halteleinen uns während der letzten beiden viel heftigeren Stürme gesichert hatten. Wir hätten nicht so selbstgefällig sein sollen. Das erste Morgenlicht enthüllte, dass das Haupttau, das uns vor dem Wellenbrecher halten sollte, eine dicke Ankertrosse, sich verabschiedet hatte. Einer unserer brandneuen Fender hatte ebenso seine Fenderleine durchgescheuert und war bereits auf dem Weg nach Irland.

Wir gingen davon aus, dass uns unser Reserveanker halten könnte. Herbert stand am Bug und holte den Anker ein, während ich versuchte, uns durch die enge Felsendurchfahrt des Hafens hinauszumanövrieren. Da die luvwärtige Uferlinie nachts nicht sichtbar war, lag unsere ganze Sicherheit auf dem Anker. Aber als er ihn oben hatte, wurde Herbert ganz blass vor Schreck: Nur noch ein einziges Kardeel dieser schweren Trosse war unversehrt. Der Rest war über Nacht durchgescheuert. Die nächste größere Belastung hätte ihm den Rest gegeben. Mit einem tiefen Seufzer der Erleichterung, dass wir diese nahe Katastrophe so gut überstanden hatten, waren wir schließlich wieder auf Kurs.

*

Da wir mit dem Wandgemälde unsere Pflicht erfüllt hatten, verwöhnten uns die Götter jetzt mit dem schönsten Wetter seit einem Monat. Ein wunderbares Hochdrucksystem begleitete uns auf dem Weg nach Westen, und glücklich motorten wir im Gedanken an unseren 1000-Liter-Tank und die Reservekanister über eine vorwiegend glatte See. Unsere neue Strategie funktionierte, und jede abgerittene Meile war ein Geschenk.

Am fünften Tag schwächelte das Hoch. Die Südwester setzten ein. Die Plackerei begann wieder.

Am sechsten Tag feierten wir Bergfest. Wir fuhren als Motorsegler hoch am Wind und tauchten in zunehmend üblere Wellen. Die Bewegung des Bootes begann wieder unsere Eingeweide zu belästigen, Kochen und Schlafen wurden schwierig. Meine Beine begannen zu zittern und wurden weich. Die Halbwegemarke schien endlos lange auf sich warten zu lassen, und Kanada war immer noch siebenhundert lange Meilen entfernt. Mehr und mehr verfielen wir dem Gedanken, dass sich die Dinge nur zum Schlechteren entwickeln konnten.

Wir hatten immer nach Südwesten gehalten und lagen nun hundert Meilen südlich zur geographischen Breite unseres Ausgangspunktes. Obwohl Kanada sechshundert Meilen nordwestlich lag, wollten wir nicht zu bald nach Norden drehen. Dort tobte üblicherweise der Wettergott, und wir wollten lieber unsere Distanz in nördlicher Richtung bewahren, als im Falle zu heftiger Südwester stur nach Westen zu halten. Es kostete uns viel Überwindung und Selbstdisziplin, an die Richtigkeit zu glauben, denn es würde die Reisestrecke um viele hundert Meilen verlängern.

Dad warnte uns vor der nächsten Front, starkem Wind und Regen. Dann schickte er eine befremdliche E-Mail. Es sähe so aus, als teile sich die Front, berichtete er und empfahl uns, uns zwischen den beiden Ausläufern hindurch zu mogeln. Schon eine oder zwei Stunden später machte ich am Himmel einen großen düsteren Bogen aus – Regen und Schlechtwetter voraus zu beiden Seiten, mit einem kleinen Rest klarem Himmel in der Mitte. Irgendwie schafften wir es, durch diesen Bogen zu segeln, mit einem Stück sonnigen, blauen Himmel über uns. Meine Mom hatte einen Gebetskreis mit ihren Freunden gegründet, und jetzt sah es so aus, als kämen wir in den Genuss göttlicher Vergünstigungen.

Am 8. Juli, Michaels fünfzehntem Geburtstag, ließ uns Vaters Wetter-E-Mail wieder einmal unruhig werden. Eine Front kam auf uns zu mit Winden um zwölf Knoten und vorausgesagten Wellen von zwölf Fuß Höhe. Ich hatte gerade noch genug Zeit, um eine Lage von Tante Lindas hervorragenden Schokoladenplätzchen zu backen und in einen der Kekse eine Kerze hineinzustecken für eine ziemlich jämmerliche Geburtstagsfeier, ehe die Wellen zupackten und uns elend werden ließ. Das war das Beste, was wir tun konnten. Im Laufe des Tages kamen die Wellen immer steiler und kürzer und packten uns aus zwei Winkeln. An diesem Tag aßen wir keine Schokoladenkekse mehr. Der Wind legte in der Nacht zu und begann zu heulen. Dad hatte es vorhergesagt. »Ach, wahrscheinlich werden wir so ein bisschen schneller segeln«, tröstete ich mich.

Am Morgen des 9. Juli zeigte das Meer um uns herum ein finsteres, hässliches Gesicht. Während der Nacht hatte Herbert das Großsegel doppelt gerefft, und das war gut so. Der Wind hatte sich nun auf knapp dreißig Knoten vorgearbeitet, die Wellen stießen uns herum, und TMQ, unser starker Autopilot, der uns seit Australien so vertrauenserweckende Dienste geleistet hatte, brachte uns immer wieder auf Kurs, auch wenn das Ruder ächzte. Hohe Wellen wuschen über das Deck und stiegen ins Cockpit. Die Bullaugen an Lee tauchten bei jeder besonders hohen Welle unter die Wasserlinie. Die hölzernen Grätings im Cockpit standen unter Wasser, als das Cockpit ein ums andere Mal unter den Wellen verschwand. Die Zurrings und Ösen, die unser Schlechtwetter-Outfit zusammenhielten, gaben unter dem bissigen Angriff der hohen See nach. Diese drei bis vier Meter hohen Wellen waren nicht nur ungewöhnlich steil und folgten dicht aufeinander, sondern kamen aus verschiedenen Richtungen als Kreuzsee. Immer wieder entstand aus zwei gegenläufigen Wellen nach ihrem Zusammenprall eine dritte, die dann heftig auf uns einschlug. Wir lebten wie im Inneren eines Baumes, dessen Äste wie wild um sich peitschten. In unregelmäßigen Abständen schien ein grausamer und bösartiger Junge an diesem Baum vorbeizukommen und mit einem Baseballschläger auf ihn einzudreschen. Die meiste Zeit hielten wir uns umarmt und lagen im Bett. Aber wenn wir es schafften, unsere von Übelkeit gequälten Körper vom Fleck zu bewegen, wurde daraus ein Mitleid erregendes Schlurfen – drei Minischrittchen vorwärts, die Handläufe fest umklammert, eine kleine Pause, während die Welle unter der NORTHERN MAGIC durchschoss und hart überlegte, dann drei weitere kleine Minischrittchen, ehe die nächste Welle zuschlug. Und wenn wir von dem gigantischen Baseball eins auf die Nase bekamen – nun, dann klammerten wir uns an unser teures Leben.

Aber schlimmer als alles andere war, dass wir trotz unserer Leidensbereitschaft und trotz des Windes nicht vorwärts kamen. Als der Morgen heraufzog, nahm unsere Geschwindigkeit aus unerklärbaren Gründen stetig ab. Von sechs auf fünf auf vier auf drei und schließlich auf zwei Seemeilen pro Stunde. Was ging hier vor? Innen im Boot spürte man die Schwingungen der Geschwindigkeit. Die Segel standen perfekt. Es fühlte sich und hörte sich an, als raste ein Güterzug außer Kontrolle dahin. Doch unser GPS bewies, dass wir nur langsam dahin krochen. Warum rissen wir hier keine Meilen ab?

Ich kletterte ins Freie und sah, dass unser Fahrtmesser eine Geschwindigkeit zwischen sieben und acht Knoten angab. Wir hatten den Golfstrom erreicht, die mächtige, warme Meeresströmung, die sich von der Ostküste Nordamerikas in einem Band nach Europa zieht. Der Strom stoppte uns.

Dann lief der Motor heiß. Jedes Mal, wenn wir die Batterien zum Einsatz bringen wollten, mussten wir nach ein paar Minuten wieder aufgeben. Die hereinbrechenden Wellen drückten Luft in die Seewassereinlassöffnung und behinderten den Kreislauf des Kühlwassers. Sobald Herbert sich in den Motorraum hinuntergelassen hatte, wurde ihm übel. Um die Bewegung abzufangen, drehte ich das Boot auf Nordkurs, solange Herbert an dem Problem arbeitete, sodass wir Wind und Wellen übers Heck nahmen. Die Bewegung wurde angenehmer, und die tatsächliche Geschwindigkeit verdoppelte sich auf wenig beeindruckende, aber immerhin verbesserte drei Knoten.

Bis zu diesem Zeitpunkt hatten wir Canso, die Stadt in Nova Scotia als Ziel angepeilt. Dorthin war es weiter als nach Neufundland, aber die Wetterlage war vermutlich stabiler. Aber als wir Kurs Nord gingen, sozusagen direkt auf Neufundland zu, diskutierten Herbert und ich ernsthaft darüber, ob wir Canso aufgeben sollten und dafür Neufundland als Ziel einsetzen. Das gäbe einen wesentlich bequemeren Kurs.

Ich schickte Dad eine E-Mail, in der ich voller Hoffnung anfragte, wie das Wetter zwischen uns und dem berüchtigten Streifen vor uns, den Grand Banks, war. Ich betete, dass er bestätigen sollte, dass es sich um eine gute Idee handelte. Aber seine Antwort zerstörte alle meine Hoffnungen. Nein, sagte er, falls wir nach Norden hielten, würden wir entlang der Front segeln, die die Ursache für die instabile Wetterlage war, und wir hätten mit stürmischen Winden zu rechnen. Er sprach sich für den ursprünglichen Plan aus. Der Wind würde vermutlich am nächsten Morgen heftig zulegen; zwei weitere starke Tage lagen vor uns.

Zwei weitere derartige Tage? In diesem Moment sah es hoffnungslos aus. Ich verlor meinen Optimismus, streckte den Kopf aus dem Luk, drehte mein salzverkrustetes Gesicht in den schrecklichen Wind und weinte bittere Tränen. Ich wollte nicht, dass die Jungen mich weinen sahen. Der Wind jagte die

Tränen über meine Backen, und die Gischt fügte ein paar eigene Spritzer hinzu. Ich konnte meine Lebensgeister nicht länger in Schwung halten. In diesem Moment kam es mir so vor, als müssten wir für immer auf dem Meer bleiben und wären dazu verdammt, nie anzukommen.

Als ich mich vom Luk zurückzog, wurde mir übel. Ich war vorher nicht seekrank gewesen, obwohl mein leerer Magen sich sehr verkrampft hatte. Ich bemerkte dann, dass die Magenkrämpfe nur in Selbstkontrolle die Seekrankheit vertreiben wollten. In dem Augenblick, in dem ich meine Disziplin aufgab, packte mich die Übelkeit. Als alles erledigt war, schwor ich mir, dass ich niemals mehr meine Beherrschung verlieren würde.

Als die Nacht kam, heulte der Wind lauter. Wir hatten seit achtzehn Stunden nichts gegessen. Weiterhin signalisierten die Geräusche eine gute Geschwindigkeit, und weiterhin kamen wir fast nicht vorwärts. Dabei fühlt man sich angespannt und verzweifelt; als ob etwas kaputtgeht. Wir sollten hundertsiebzig Meilen pro Tag zurücklegen, statt dessen waren es um die zwanzig Meilen am nächsten Morgen. Wir hatten viele blaue Flecke und waren empfindlich. Und in den Ohren fühlten wir einen dumpfen Schmerz und drückten uns in die Kissen mit jedem weiteren Schlag.

Dann kam wieder eine E-Mail von Dad. »Gute Nachrichten! Der neueste Wetterbericht empfiehlt Nordkurs, der Wind wird morgen auf zehn Knoten fallen. Und für übermorgen sind Ostwinde angesagt. Ja! OSTWINDE! Dann könnt ihr den direkten Kurs nach Canso halten.«

Ich weckte Herbert nicht, um mich mit ihm zu beraten; ich korrigierte einfach den Kurs nach vierzig Grad Steuerbord. Sofort wurde die Bewegung angenehmer. Das bewies, wie mächtig der Strom war, jedoch war es eine Tatsache, dass wir jetzt stramm nach Norden hielten und ich deshalb den Bug nach Nordwest ausrichten musste, um nicht nach Osten versetzt zu werden. Der ostgehende Strom schob uns so stark, dass unser Bug volle fünfundvierzig Grad West vom Kurs abwich. Wir segelten sozusagen seitwärts.

Am Vormittag baute der Wind ab, wie Vater es versprochen hatte. Die Knoten in unseren Mägen lockerten sich etwas. Mittags bewiesen wir wieder Appetit. Wir begannen sogar wieder zu lächeln. Und so geheimnisvoll, wie er sich bemerkbar gemacht hatte, so plötzlich verschwand der Strom auch wieder. Drei Knoten, vier, fünf, bald waren wir wieder mit wundervollen sieben Knoten auf der Piste. Auf dem Weg nach Hause. Wir hielten den Bug nach Nordwest, wollten immer noch nach Canso, Novo Scotia.

»*I think I Canso, I think I Canso*«[1], e-mailte Dad.

»Ja, *we can so*!«, mailte ich zurück.

Am 10. Juli, unserem neunten Tag auf See, segelten wir mit guter Geschwindigkeit dahin und konnten Kurs halten. Aber die Natur hatte noch ein paar Tricks in der Tasche.

»Ich fürchte, der Wind möchte noch einmal auf euch einschlagen«, sagte Dads nächste E-Mail.

Wir zogen unsere Karte vom Nordatlantik hervor und trugen die Tiefs und alle Fronten ein, über die uns unser Inmarsat Wetterdienst informierte. Als ich dann die Karte ansah, klappte mir die Kinnlade vor Schreck herunter.

Voraus hatten sich zwei neue Tiefs eingerichtet, eines leicht nach Nord versetzt, das andere nach Süden, und beide kamen auf uns zu. Ich skizzierte grob die Position von beiden und die üble Kaltfront davor, die sich über volle zweitausend Ozeanmeilen erstreckten und Wind und Wellen zum Tanzen und Schäumen bringen würden. Die Front hing recht voraus. Zum Norden: zwanzig bis dreißig Knoten Windgeschwindigkeit; acht bis zehn Fuß die See. Zum Süden: dreißig bis fünfunddreißig Knoten Windgeschwindigkeit; elf bis neunzehn Fuß die See. Wir waren mittendrin, genau da, wo sich auf meinen Skizzen die Halbkreise berührten. Alles in allem sollten wir mindestens fünfundzwanzig Knoten Windgeschwindigkeit zu erwarten haben.

Stattdessen hatten wir – totale Flaute.

»Wie ist das möglich?«, fragten wir uns immer wieder.

Ausgehend von den Koordinaten standen wir tatsächlich ganz in der Nähe eines Sturms. Wir konnten nur herausfinden, dass wir hinter der Front waren und außerdem zwischen den Tiefs. Hätte Dad uns nicht geraten, nach Norden zu drehen, wären wir jetzt mitten in einem Nordatlantiksturm gefangen. Stattdessen schienen wir durch die Torpfosten hindurch zu laufen.

»Das ist kein Fenster, durch das wir segeln«, murmelte Herbert beunruhigt. »Das ist ein Spalt.«

Unsere Mägen zogen sich vor Angst zusammen. Herbert jagte den Motor hoch, um auf ungefähr sieben Knoten zu kommen. Wir waren nur mehr dreihundert Meilen von Nova Scotia entfernt. Dass wir dem schlechten Wetter entkommen sein sollten, war natürlich zu schön, um wahr zu sein. Wir wagten nicht, uns darauf zu verlassen. Die Front konnte uns jederzeit noch anfallen.

[1] Unübersetzbares Wortspiel: *I can so* bedeutet etwa: Es wird möglich sein, ich kann so. (Anm. d. Ü.)

Der Morgen des 11. Juli brach an, aber wir sahen nichts von der Sonne. Wo der gelbe Ball hängen sollte, sah man nur verschwommenen Glanz. Dicker grauer Nebel lag über dem Wasser wie eine flauschige Decke. Er war so dicht, dass man ihn vom Cockpit aus in wenigen Metern entfernt wabern sehen konnte. Streckte man den Kopf hinein, legte der Nebel Kondenstropfen auf die Haut wie sanften Regen. Das Boot begann die Feuchtigkeit aufzusaugen. Alle unsere Klamotten und das Bettzeug waren bereits klamm. Draußen konnte man überhaupt nichts sehen. Wir mussten uns voll auf das Radar verlassen.

An diesem Tag war der Wetterbericht noch erschreckender als am Tag zuvor. Eine brandneue Front hatte sich vor uns aufgebaut. Und ein weiteres Tief raste auf uns zu. Das »x« auf der Karte zeigte unsere aktuelle Position in einem großen Rechteck, der Wind hatte dreißig bis vierzig Knoten Geschwindigkeit, also Sturmstärke, und elf bis fünfzehn Fuß bot die See. Hunderte von Meilen süd- und ostwärts: fünfundzwanzig bis dreißig Knoten, der Nordatlantik im Durchmesser von tausend Meilen ein einziger Mahlstrom.

Erstaunlich, unglaublich, unmöglich, dass wir immer noch durch eine totale Flaute motorten.

Wir ritten die glatte, ölige Dünung ab, die sich dann doch schnell aufbaute im Laufe des Morgens. Die drei bis vier Meter Höhe waren der einzige Beweis dafür, dass in nächster Nähe heftige Winde am Werk waren. Wir motorten weiter durch den Nebel, schaukelten auf und ab über die glasigen Hügel der See, ohne einen Windhauch.

»Vielleicht hat es wirklich Erfolg, wenn so viele Menschen für einen beten«, sagte Herbert ehrfürchtig. »Welche Erklärung könnte es sonst geben?«

Wir wussten nicht, ob diese geheimnisvolle, glasige, neblige Flaute ein Zeichen unserer Erlösung war oder vielleicht einfach nur die Ruhe vor dem Sturm. Es war jedenfalls entnervend. Wir hielten auf die Untiefen zirka hundertfünfzig Meilen vor Nova Scotia zu, die wir praktisch schon riechen konnten. Gemäß Wetterkarte war die Front immer noch direkt vor uns. Wir hielten den Atem an, warteten auf irgendeinen Vorboten für den Sturm, warteten darauf, dass es losging.

Der Wind, den wir so fürchteten und vor dem uns die Gebete schützen sollten, kam nie.

Am nächsten Morgen hob sich der Nebel kurz, gerade so lange, dass wir die Küste von Nova Scotia in fünf Meilen Entfernung ausmachen konnten. Dann zog sich der Vorhang ebenso schnell, wie er sich gelüftet hatte, wieder zu.

Die letzten paar Meilen waren die schwierigsten in der Ansteuerung. Die Küste um Canso war gespickt mit kleinen Inseln und Felsenriffen. Viele Schiffe waren hier schon gesunken. Wir wollten uns keinesfalls anschließen, aber als wir klare Sicht am Notwendigsten gebraucht hätten, tappten wir wieder mitten in der dicken, undurchdringlichen, klaustrophobischen Wolke herum.

Über Funk hatte man uns ein Boot mit einem Reporter und einem Fotografen des *Ottawa Citizen* angekündigt, das in der Nähe des Leuchturms warten sollte. Aber je näher wir an Land kamen, desto dichter wurde der Nebel, und wir sahen nichts – keinen Leuchtturm, kein Boot, absolut nichts. Genervt hörten wir es erst und sahen es dann auch, wie ein Stück Riff an Steuerbord abbrach.

»Ich sehe auf dem Radarschirm einen Punkt in ungefähr einer drei viertel Meile Entfernung von uns«, schrie Herbert alarmiert. Er saß in der Naviecke, las unsere Position vom Computerbildschirm ab, beobachtete das GPS und das Radar. »Ich weiß nicht, ob es der Leuchtturm ist, ein Felsen oder das Boot. Wir gehen besser mit der Geschwindigkeit runter.«

Wir bezogen alle Position, ich am Bug, mit einer Tröte bewaffnet, Herbert blieb am Radar, Michael stand am Rad, Jonathan rannte zwischen mir und mittschiffs hin und her, um mir zu helfen und die Instruktionen weiterzugeben.

Ich starrte kurzsichtig in den Nebel.

»Worum immer es sich handelt, es ist jetzt in einer halben Meile Entfernung«, schrie Herbert.

Jonathan stand neben mir und spitzte die Ohren wie ein aufmerksamer Deutscher Schäferhund. Es ertönte ein Geräusch wie von einem fahrenden Zug oder von einem Hubschrauber. »Ich glaube, es macht Wellen«, sagte er. Er hatte Recht.

Jon rannte zurück, um die Neuigkeiten zu verbreiten. Brechende Wellen waren keine guten Nachrichten: ein weiteres Riff, das man ganz nahe hören konnte. Zu nahe. Der Nebel dünnte etwas aus, und in dieser Minute sahen wir: die verstörende Linie aus schaumigem, weißem Wasser. Riffe auf jeder Seite. Unsere Körper waren total angespannt. Wir waren nur noch eine Meile vom Strand entfernt, und zwischen uns und der Sicherheit lag ein unsichtbarer Felsen als Hindernis im Weg.

Jonathan schrie: »Dort ist das Boot!«

Wir waren im Nebel aneinander vorbeigefahren. Wayne Cuddington, derselbe Fotograf, der unser Auslaufen aufgenommen hatte, grinste zu uns herüber. Ein paar Minuten später hob sich der Nebel. Und vor uns lag Kanada.

Es war am 12. Juli 2001: fünfundzwanzig Jahre, nachdem Herbert und ich uns beim Calgary Stampede kennen gelernt hatten. Es lag zwölf Tage zurück, dass wir die Azoren verlassen hatten. Es lag drei Jahre und zehn Monate zurück, seit wir von Ottawa in einem Boot mit vielen Träumen und Hoffnungen aufgebrochen waren, obwohl wir vom Segeln keine Ahnung hatten. Meine Kehle schnürte sich zusammen, während Tränen über meine Wangen liefen. Wir waren zu Hause.

27
Die besten Maple Doughnuts, die wir je gegessen haben

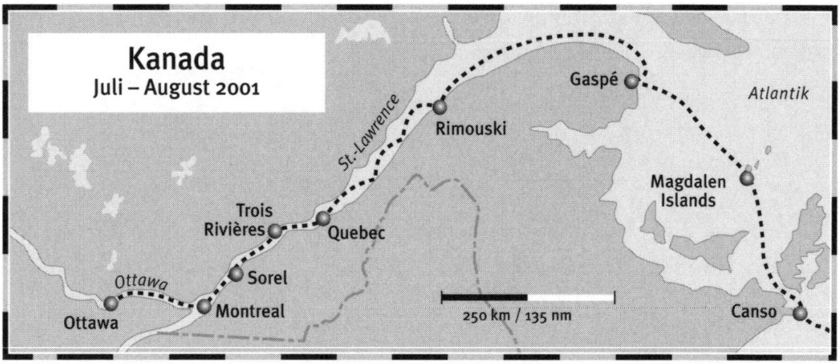

Hände winkten. Menschen lächelten. Kameras klickten. Freude. Erleichterung. Tränen. Eine hübsche kleine Kirche und Winken von der Kuppe eines grasbewachsenen Hügels. Nova Scotia! Kanada! Zu Hause! Ein zweites Boot gibt uns Geleit. Wir haben es geschafft. Wir haben es wirklich geschafft. Kleenex – ich brauche mehr Kleenex. Alle Jungs an Deck, die Käsecracker essen und Chips. Fender auslegen! Leinen fertig! Wir laufen hinter den Booten ein.

Hilfreiche Hände nehmen unsere Leinen, belegen sie an der Pier. Sanft legt die NORTHERN MAGIC an. Wir sind wieder in Kanada. Michael springt vom Boot und küsst die Erde. Jon und ich folgen, machen es ihm nach. Ein kleiner Stein, ein Stück Kanada, piekst mich kurz an den Lippen. Dann merke ich: Gras! Der Geruch von frisch gemähtem Gras! So riecht der Sommer, der Sommer in Kanada.

Wir gehen ein Stück. Wie junge Fohlen schlagen wir mit den Beinen aus. Es ist das beste, das wohl riechendste Gras, seit ich denken kann. »Mom, darf ich den Hügel runter rollen?«, fragt Jon. Christopher springt auf und ab, hüpft herum wie ein Impala, sagt immer wieder: »Ich bin total aufgedreht.«

Oh, schau, ein Haus mit allem Komfort! Wir gehen schnurstracks darauf zu!

Es ist nur ein kleiner Eckladen, aber besser als alles, was in den meisten Ländern, die wir besucht haben, als Supermarkt durchgegangen ist. Welche Freude! Schau! Bits 'n Bites! Karamelriegel! Toffees! Oh – Cherry Blossoms! Ich habe während der vergangenen Jahre keinen einzigen Gedanken an Cherry Blossoms verschwendet, aber in der Minute, in der ich die gelben Familienpackungen mit der Schokolade und die kleinen Stückchen mit Kirschfüllung sehe, muss ich sofort welche haben, kann keine Minute länger warten. Glückseligkeit!

Jonathan und ich entdecken einen wunderbaren Naturpfad durch einen Sumpf und halten es für ein exotisches Wunderland. Perfekt gewachsene Balsamtannen mit frischen grünen Zweigen! Glasierte Butterkekse, die einen zum Schlemmen auffordern! Ahornbäume, richtige Ahornbäume! Kleine rote Eichhörnchen, die den Baum hinaufflitzen und von dort zu uns herunterrufen. Katzenschwänze. Ein brodelnder Strom. Mäuse! Und ein Rotkehlchen! Ein Taucher, ein Taucher! Alle diese vertrauten Dinge sind jetzt so exotisch. Kanada.

Freundliche Menschen. Menschen, die wie wir aussehen, die dieselben Fernsehshows ansehen, über die gleichen Witze lachen. Wir sind keine Außenseiter mehr. Die Banken funktionieren. Die Schaufenster der Läden sind unglaublich groß und geöffnet und sauber und wohl gefüllt. Oh – Blaubeeren. Beef-a-roni! Eierwaffeln. Buttertörtchen. Das Lächeln eines Mädchens. Ein junger Mann packt die Lebensmittel für uns ein und fährt den Einkaufswagen nach draußen. Das ist Effizienz! Das ist großartig!

Zum Frühstück essen wir Eierwaffeln mit richtigem Tante Jemima Sirup. Die besten Waffeln! Wir fahren zum Walmart. Es ist der beste Walmart, in dem wir je waren. Cherry-Blossom-Schokolade im Viererpack. Es gibt Wheat Thins und Cracker von Breton und Cheez Whiz und ... und ...

Wir finden eine Telefonzelle und telefonieren. Das Telefon funktioniert. Hey, es liegt sogar ein Telefonbuch da, es ist die beste Telefonzelle, in der wir je waren.

Wir finden ein Tim Hortons. Christopher sucht sich Schokoladendoughnuts aus, etwas woran er keine Erinnerung mehr hat. Ich koste die besten Doughnuts mit Ahornsirup, die ich je gegessen habe.

Ist Kanada nicht ein großartiges Land?

*

Wir haben alle drei die größten Meere der Welt im Kielwasser gesehen. Bald wird die endlose Dünung, unsere treue Begleiterin der letzten vier Jahre, nur noch eine Erinnerung sein. Wir haben uns vom Atlantik in einem Mix aus Sehnsucht und Zufriedenheit verabschiedet. Dann haben wir nach vorn geschaut, zum St. Lawrence, dem Strom, auf dem wir den Rest des Weges nach Hause zurücklegen werden.

Die Mündung des St. Lawrence ist ein Wunderland maritimen Lebens. Lustige, neugierige Seehunde, Tümmler, Möwen, graziöse, langflüglige Tölpel, kleine Tauben, schwarze Kormorane, alle stoßen aus der Luft ins Wasser und tauchen dann mit einem Fisch wieder auf. Oft ließen sie sich in kleinen zufriedenen Gruppen auf der Wasseroberfläche treiben, hoben erst im letzten Moment wieder ab, wenn wir fast schon neben ihnen waren, und stießen sich mit ihren Schwimmfüßen vom Wasser ab.

Aber unsere große Begeisterung gehörte immer den Walen. Finnwale, Buckelwale, lächelnde weiße Belugawale im Dutzend, wir liebten sie alle. Die Spritzlöcher der Finnwale erregten von weiter Ferne die Aufmerksamkeit, ihr Blas stieg in einer großen Fahne in den Himmel hinauf und sah aus wie weißer Rauch. Aber zuerst legten wir den Kopf in den Nacken und schrien vor Erregung auf, wenn irgendwo weit draußen ein schwarzer Körperumriss sich aus dem Wasser erhob wie ein gigantischer schwimmender Felsen. Bald jedoch hatten wir uns an diese Sehenswürdigkeiten so gewöhnt, dass wir sie nur wahrnahmen, wenn sie direkt neben unserem Boot auftauchten. An manchen Tagen sahen wir auf dem St. Lawrence mehr Wale als auf der ganzen Weltumseglung.

Der Himmel war blau, eine warme Brise streichelte durchs Haar, und wir stießen laute Entzückensschreie aus und rannten vom Vordeck nach achtern, als Seehunde und Wale uns ihre Aufwartung machten. Monatelang hatten wir es hart gefunden, nicht über unsere Heimkehr nachzudenken. Es war jetzt fast ein Jahr her, dass wir Kenia verlassen hatten, und seitdem waren wir weit gereist, meist gegen eine feindliche See und vorliche Winde. Jene friedlichen Tage im Südpazifik lagen lange zurück, als der Wind uns über den Rücken strich und wir uns niemals um den Wetterbericht kümmern mussten. Während der Atlantiküberquerung hatten wir ein Foto unseres Hauses im Salon aufgestellt, um uns daran zu erinnern und darauf vorzubereiten, was da auf uns wartete.

Aber jetzt, in dieser großzügigen Natur, dachte ich nicht darüber nach, was zu Hause sein würde, sondern nur über die Dinge, die wir nun verloren. Hier, auf unserem kleinen Boot, hatten wir Abenteuer erlebt, neue Erfahrungen gesammelt, die Welt und unseren Platz darin besser verstehen gelernt, Familie und Nähe erfahren, waren gereift, hatten Freundschaften geschlossen und das Glück genossen, die Wunder dieses fantastischen Planeten kennen zu lernen. Irgendwie fanden wir auf dieser Reise die Freiheit in uns selbst, im Lachen und im Bestreben, uns selbst zu verwirklichen.

So sehr ich mich auf die Bequemlichkeit meines Zuhauses freute, so war es doch hart und mehr als ein kleiner Schrecken, jetzt alles aufgeben zu müssen. Während ich den Walen im St. Lawrence zuschaute, begann ich sie plötzlich zu beneiden. Ich merkte, dass unsere eigenen goldenen Tage der Freiheit nun zu Ende waren, und Traurigkeit stieg in mir auf.

*

Wir stürmten weiter vorwärts, schafften vierzig oder fünfzig Meilen pro Tag, und passten uns den Gezeiten an. Als wir in Sorel ankamen, wo der Richelieu River vom St. Lawrence abzweigt, stieg wieder ein emotionaler Kloß in meiner Kehle auf. Hier hatten wir vor Jahren Kurs auf New York genommen. Aber die ständigen Tränen ermüdeten auch. Ich hatte zwar einen guten Grund zum Weinen: Alles war vorbei. Und wenn das hier auch noch nicht das Ende der Reise war, so war es doch das Ende der Weltumseglung.

Wir hatten immer daran geglaubt, dass wir die Welt umsegeln würden, wie auch immer. Und nun hatten wir unseren Traum so kraftvoll verwirklicht, hatten uns durch nichts abhalten lassen. Als Herbert mit dem Countdown für den Augenblick begann, an dem wir unsere eigene Spur kreuzten, konnte ich nicht anders, als mich an die Vorbereitungen zu erinnern, die unser Landleben abschließen und uns in Segler verwandeln sollten, ohne Erfahrung, nur mit einer Vision vor Augen. Ich dachte an die Stürme im Pazifik, die Wasserhose in Indonesien, die endlosen Reparaturen, die siebzehn Tage des angstvollen Segelns in den Gewässern vor Somalia, die fest in der Hand von Piraten waren, die elende Krankheit im Sudan, den Kampf auf dem Weg über den Nordatlantik. Ich dachte an die endlosen Tage auf dem Meer, in denen wir uns nach Westen schoben, schoben, schoben. Wir haben mehr gute Erfahrungen gemacht als schlechte – aber in dem Moment dachte ich nur an all die Kämpfe, die wir hinter uns bringen mussten, um diesen Meilenstein zu erreichen. Was immer die Zukunft uns bringen würde, diese Leistung würde immer Bestand haben. Wir waren Weltumsegler.

Am nächsten Tag setzten wir in Montreal die Flaggen aller vierunddreißig Länder, die wir besucht hatten und die nun stolz vom Rigg grüßten. Für jede einzelne Flagge hatte wir hart gearbeitet: vierunddreißig Länder, zweiundzwanzig Sprachen, eine nach der andern hatten wir die Zeitzonen der Erde durchsegelt und waren nun wieder am Ausgangspunkt. Wann immer uns ein Schiff begegnete, beäugte uns jemand im Lotsenhaus mit dem Fernglas. Dann erschien manchmal eine kleine Gestalt in Uniform an Deck und winkte uns zu. Die Kapitäne der großen Schiffe wussten genau, was die Flaggen zu bedeuten hatten. Kaum jemals war unsere Anwesenheit auf dem Meer von einem dieser Giganten zur Kenntnis genommen worden, aber nun stand unser Captain stolz am Ruder und wurde für seine Leistung gegrüßt.

Wir stoppten in Montreal, und Herbert arbeitete mit Unterstützung der Jungen und Männer von anderen Booten zwei Tage lang hart, um die Masten zu legen. Sonst kamen wir nicht unter den Brücken durch. Die Laufflächen auf der NORTHERN MAGIC waren nun verstellt mit den Bäumen, Fahrrädern und anderem Kram. Die zwei großen Alu-Masten und das Rigg halbierten unser Cockpit, und es wurde schwierig, sich auf dem Boot zu bewegen. Herbert und ich hatten wieder einen Kloß im Hals. Das Abtakeln unseres stolzen und schönen Schiffes war das sinnfällige Ende der Reise. Sogar Michael, der sich ganz besonders auf zu Hause freute, wurde traurig.

»So hasse ich die NORTHERN MAGIC«, erklärte er. »Sie sieht nicht mehr nach sich selbst aus.« Mehr als einmal hatte ich den ketzerischen Gedanken, dass wir einfach die Masten wieder setzen und umdrehen sollten.

Wir navigierten sorgfältig durch die Untiefen der Schleuse von Ste. Anne de Bellevue. Ein paar Leute erwarteten uns dort, und wir freuten uns sehr, wieder auf den hilfsbereiten Schleusenmeister zu treffen, der bei unserem Auslaufen vor vier Jahren für frisches Gemüse gesorgt hatte. Er war der erste von hunderten von Menschen, die uns auf unserer Reise ihre Hilfe angeboten hatten.

Wir kamen dann zur letzten Schleuse in Carillon. Dort erwarteten uns bereits sechzehn Menschen mit Geschenken, als wir ankamen. (»Ich sehe kichernde Mädchen«, rief Michael mit einem scheuen Grinsen im Gesicht.)

Am nächsten Tag fuhren wir weiter. Immer wieder sahen wir Menschen winken und Blitzlichter am Ufer. Diese kleinen Empfangskomitees erstaunten und entzückten uns gleichermaßen. Allmählich entdeckten wir, dass viel mehr Freunde auf unsere Rückkehr warteten, als wir zu Beginn der Reise gehabt hatten.

Je näher wir unserem Zuhause kamen, desto wehmütiger wurde uns – besonders Herbert und mir – zu Mute. Natürlich hatten wir hundert Dinge vermisst – unser Wasserbett stand ganz oben auf dieser Liste, ebenso heiße Duschen, Waschmaschine und Trockner, unser eigenes Auto, Fernsehnachrichten, Heiligabend mit Freunden und große Zimmer, in denen man herumwirbeln konnte. Es hatte Zeiten gegeben, besonders während schwieriger Passagen, da waren wir von den Erinnerungen fast besessen gewesen und konnten die Heimkehr kaum abwarten.

Aber wenn dann Christopher, mein Sonnenschein, an Deck kam und sich in meine Arme schmiegte, und das tat er gelegentlich ein Dutzend Mal am Tag, dann konnte ich meine Tränen kaum zurückhalten. Und je näher wir nach Hause kamen, desto schlimmer wurde es.

Ich trauerte nicht um verlorene Abenteuer oder den Verlust der Freiheit, zu gehen, wohin wir wollten, es war die Trauer um den Verlust der Nähe, die wir als Familie entwickelt hatten, indem wir die ganze Zeit miteinander verbrachten, unsere gegenseitige Gesellschaft genossen, über Späße lachten, Karten spielten, uns gegenseitig stützten, unterm Sternenhimmel über das Leben und die Liebe sprachen.

Zu Hause würde jetzt wieder jeder seine eigenen Wege gehen. Das war auch richtig so; unsere Jungen wurden erwachsen; aber vier wertvolle Jahre lang hatten wir sie sich entwickeln sehen, was wir auch aus eigennützigen Beweggründen genossen, und wir hatten sie ganz für uns gehabt. Wir hatten ihnen, so hofften wir, etwas über das Leben und die Liebe beigebracht. Unser Jungen – zuversichtliche, fähige junge Männer – waren für uns eine ständige Quelle der Freude und des Stolzes.

Den vorletzten Stopp legten wir in Papineauville, Quebec, ein, ungefähr zwanzig Meilen vor Ottawa. Dort gab es eine freundliche Marina mit einem kleinen Kran, wo wir die Masten wieder setzen konnten. Wir wollten natürlich hoch erhobenen Hauptes und mit allen Flaggen im Rigg nach Hause kommen.

Am letzten Abend setzten Herbert, Michael, Jonathan, Christopher und ich uns in den winzigen, überfüllten Salon, wo wir so viel Zeit miteinander verbracht hatten bei Diskussionen, Gelächter, Späßen, Enttäuschungen und Tränen. Die Luft hing voller Aufregung, Freude, Stolz, Nervosität und Angst, alles durcheinander. Unsere Leben standen vor einem neuen Anfang, wofür wir neue Leitsätze finden und unsere Rollen neu definieren mussten: als Menschen, als Mitglieder dieser Familie, als Mitglieder einer Gesellschaft und als Weltbürger.

Als ich ins Bett gehen wollte, hielt ich inne und schaute auf eine kleine Karte von Dad, die alles perfekt zusammenzufassen schien, was wir gegen viele Widerstände geschafft hatten. Da stand:

NIEMALS
NIEMALS
NIEMALS
AUFGEBEN

Am nächsten Morgen packten wir die letzten zwanzig Meilen unserer Reise in 1 445 Tagen bei 35 000 Seemeilen an. Fern Beauvais, der freundliche Manager der Marina, der uns unter seine Fittiche genommen hatte, war fast so gerührt wie ich, als wir uns verabschiedeten. An Bord waren jetzt auch Bev Wake, der Reporter, und Wayne Cuddington, der Fotograf vom *Ottawa Citizen.* Mit beiden haben wir Freundschaft geschlossen. (Wayne bekam eine kahle Stelle auf dem Kopf von all den Küsschen, die die Kinder ihm dorthin gaben.) CBC TV-Journalist Steve Fisher rundete unsere Crew ab und brachte Lunch für alle mit. »Würde ich euch heute nicht versorgen, bekäme keiner von euch etwas zu essen«, sagte er.

Während wir stromauf liefen, begleiteten uns zwei Boote der Navy League of Canada, und hunderte von Menschen säumten die Ufer. Sie winkten und hielten Transparente: »Willkommen zu Hause NORTHERN MAGIC« auch als es zu regnen begann. Heute noch, nach vielen Monaten, bin ich ganz gerührt, wenn ich mich daran erinnere. Kleine Boote schlossen sich uns an, und schließlich hatten wir eine Flottille von drei Dutzend Booten im Kielwasser.

Wir waren uns nicht darüber im Klaren, was für unseren Empfang vorbereitet worden war – Diane King hatte zusammen mit ihrem Ehemann Paul Couch vor drei Jahren eine Website erstellt und an der Heimkehrparty gearbeitet, aber sie hatte keine Details verraten. Als es mittags zu regnen begann, eine Stunde ehe wir einlaufen sollten, fürchtete ich, dass dies ihre Pläne durchkreuzen könnte.

Vor langer Zeit hatte Michael ein Gelübde abgelegt, dass er vom Boot ins Wasser springen würde, sobald wir uns Petrie Island näherten, wo alles begonnen hatte. Wayne Cuddington hatte davon Wind bekommen und war bereit, alles auf einen Film zu bannen. Michael dagegen wollte diese Pläne durchkreuzen.

Wir besprachen alles mit meinem Vater, und er wollte am Ufer mit einem Handtuch und trockenen Sachen auf seinen Enkel warten. Michael hatte sich entschlossen, vom fahrenden Boot zu springen, da er annahm, Wayne erwartete die Aktion erst, nachdem wir Anker geworfen hatten.

»Los! Los!«, sagte Herbert, als Wayne seine Kamera nicht griffbereit hatte.

Michael köpfte wunderbar vom Kajütdach aus, aber irgendwie schaffte es Wayne doch, drei Fotos aus der Hüfte zu schießen. Von der Flottille blieb die Aktion unbemerkt, und so fand Michaels letzter Akt für diese Reise ein symbolträchtiges Ende.

In der Zwischenzeit gab es auf dem Highway einen Stau, weil viele Autos langsamer wurden oder anhielten, um unsere Ankunft zu bejubeln. Und am Ufer von Petrie Island warteten zweihundertfünfzig Menschen – auf uns – am Strand und den Hügel hinauf, um einen Blick auf uns zu werfen. »Wenn man sich in seinen wildesten Träumen einen perfekten Empfang vorstellt«, sagte ich zu Steve Fischer, »dann sieht es genau so aus!«

Wir warfen Anker, holten tief Luft, stiegen in unser Dingi und fuhren an Land. Am Strand von Petrie Island stießen wir auf eine massive Menschenmenge. TV-Kameras und Radiomikrofone wurden uns vor die Nase gehalten. Christopher und Jonathan wurden von der Menge komplett verschluckt. Ich verlor sie aus dem Blick. Glücklicherweise schnappte sie sich meine Mutter und schob sie durch die Menschenmenge auf die Bühne. Michael war ebenfalls angekommen und schüttelte Hände und gab Autogramme.

Dann kämpften Herbert, Michael und ich uns langsam zur Bühne vor – und das will ich niemals vergessen. Dieses Gefühl kann sich in tausend anderen Leben nicht wiederholen, und ich kann es kaum beschreiben: Ich war das Objekt des Interesses von 2 500 Menschen. Mein Kleenexverbrauch stieg weiter an. Es warwie ein glücklicher Traum in Zeitlupe.

RCMP-Officers in purpurroten Uniformen säumten das Podest. Während der Nationalhymne umarmte mich Christopher. Die offizielle Parlamentsflagge wehte, Hershey hatte sein Werbemobil geschickt, das eine Schoko- und Gummibärchenlawine ausblies. (»Bei der nächsten Weltumseglung musst du allen erzählen, wie sehr du Diamanten liebst«, flüsterte Paul Couch in mein Ohr.)

Die Menge sang ein Lied für uns, der Text beschrieb unsere Reise zur Melodie von Gilligan's Island. Dann bekamen wir einen riesigen Kuchen. Schließlich wollten hunderte von Menschen persönlich mit uns sprechen. Ehrenamtliche Helfer verkauften NORTHERN MAGIC T-Shirts, gaben das gespendete Essen aus, und der Erlös ging an unsere Projekte in Indonesien und Kenia.

Nichts in den vergangenen vier Jahren, nichts in unseren Lebensläufen hatte uns auf einen derartigen Empfang vorbereitet. Unser Reise war zu Ende, aber die Magie verlor sich nicht. In Wahrheit begann das Abenteuer jetzt erst richtig.

Epilog

»Was immer du kannst, beginne es.
Kühnheit trägt Genius, Macht und Magie in sich.«
(Johann Wolfgang von Goethe)

Ich sitze unter dem Schirm von rauschenden Pinien am Felsufer des Ontario's Algonquin Park und lausche der Musik, die Seetaucher und Ochsenfrösche veranstalten. Der Geschmack wilder Heidelbeeren, die ich früh am Nachmittag gepflückt habe, liegt mir noch auf der Zunge. Wir sind per Kanu zu unserem lang ersehnten, jährlichen Familienpilgerfest gekommen. Wir sprechen oft über diesen speziellen Ort.

Fast ein Jahr ist seit unserer Heimkehr vergangen. Die Jungen haben in der Schule die Erwartungen erfüllt und schätzen wieder den Komfort und die Privilegien in Kanada. Sie hatten eine Weile genug vom Reisen und genießen es, wieder ganz gewöhnliche Kinder zu sein – obwohl Michael über eine Rucksacktour nach Tibet spricht, und Jonathan eine Reise nach Kappadokien ins Auge fassen möchte, während Christopher immer noch vorgibt, ein Gibbon zu sein. Bei unserer Rückkehr fand Christopher zu Hause nichts vor, worauf er hätte zurückgreifen können; alle seine Lebenserfahrungen stammten von der Reise.

Dank dieser Reise sind einige wunderbare junge Männer Teil unseres Lebens geworden. Jede Woche erhalten wir E-Mails von dem Tierarzt auf Bali, der sein Leben den Tieren von Borneo gewidmet hat. Er berichtet uns über ein anspruchsvolles Projekt mit einer Fischfarm und einer Baumschule, der Rettung der Tiere und dem Kampf gegen die Rodung des Regenwaldes. Wir unterstützen ihn mit Spenden, die wir an seine Gruppe Friends of the National Park weiterleiten. Tanjung Puting leidet immer noch unter vielen Mängeln. Die Arbeit dort ist schwierig. Ich war noch einmal in Borneo und habe herausgefunden, dass die Situation noch problematischer ist, als wir gedacht haben. Man braucht dort jede mögliche Unterstützung. Ihr Kampf ist auch unserer.

Ebenso erhalten wir regelmäßige E-Mails von Andrew Thuva in Kenia, der auf unsere ständig wachsende Liste von Projekten in seinem Land ein Auge hat. (Andrew und seine Brüder Mark und Boniface sind alle über einen Yahoo!-E-Mail-Account zu erreichen.) Andrew berichtet über seinen Nachbarn und seinen Bruder Hamishi von guten Erfolgen in der Haifischzahnschmuck-Branche (wir haben gerade eine große Menge geordert), und dass Magic, die Kuh, ihr erstes Kalb geboren hat und Milch produziert.

Die Nachrichten aus Andrews Familie sind ebenfalls gut. Bonifaces Vater Kitsao hat sich von seiner Operation erholt, und Boniface besucht im zweiten Jahr die Highschool. Die Menschen, die uns auf Petrie Island empfingen, haben elftausend Dollar zu dem Projekt beigetragen und immer noch fließen Spenden von großzügigen Geldgebern aus Nordamerika. Deshalb können wir jetzt auch Bonifaces Bruder Katana unterstützen und zwölf andere Schüler an der Highschool von Kilifi. Bald werden wir unser Programm auch auf andere Weise erweitern können.

Wir sammeln auch Geld, damit die besten Schüler anschließend die Universität besuchen können. Der Traum eines begabten Schülers dort ist es, Physiker zu werden. Wir haben entdeckt, dass es im Leben nichts Schöneres gibt, als dazu beizutragen, dass sich jemand seinen Lebenstraum erfüllen kann. Obwohl der zukünftige Doktor noch nichts davon weiß, steht es gut um seine Zukunft.

Ein anderer Bruder von Boniface und Andrew, Mark, hat seine Ausbildung als Friseur abgeschlossen. Freunde der NORTHERN MAGIC – unter dem Vorsitz der Friseurmeisterin Karen Sharp in Ottawa, die jeden Monat die Einnahmen eines ganzen Tages für dieses Projekt spendet – hat Mark einen Kredit zur Verfügung gestellt, damit er seinen eigenen Salon in Mtwapa, Kenia, eröffnen kann. Er will ihn *Mark's Magic Hair & Beauty Center* nennen.

Kürzlich erhielten wir eine E-Mail von Mark, die mir die Tränen in die Augen trieb. Er schrieb uns und allen Freunden, die er nie kennen gelernt hat, die aber seine Familie aus der Armut gezogen und ihm und seinen Verwandten mit ihrem Vertrauen eine Chance gegeben haben: »Als wir uns das erste Mal begegnet sind, habe ich nicht begriffen, dass ihr mein Leben ändern werdet. Ich erinnere mich an jedes Wort unserer Gespräche und auf unseren Spaziergängen in Kilifi. Ich wünschte, ihr könntet meine Freude über mein neues Leben teilen, denn wir waren einmal Fremde und sind jetzt Freunde. Ich weiß zu schätzen, was ihr für mich tut. Mit euch im Rücken wird mein Lebenstraum wahr. Gott segne euch alle.«

Die Menschen fragen Herbert und mich oft, wie wir es geschafft haben, in die wirkliche Welt zurückzukehren. Ich kann diese Frage nie beantworten, weil ich die Zwänge unserer Gesellschaft oft als weniger wirklich empfinde. Wir Angehörige der westlichen Zivilisation achten sehr darauf, in unserer winzigen, exklusiven und privilegierten Exklave zu bleiben. Wir sind uns schmerzlich bewusst, dass für den Fall, dass unsere afrikanischen Freunde uns je besuchen sollten, wir uns schämen werden, dass wir nicht mehr getan haben.

Wir sind nicht in gewöhnliche Berufe zurückgekehrt, sondern widmen uns statt dessen Dingen, die aus unserer Reise hervorgegangen sind: Wir veröffentlichen unsere Geschichte in Form von Büchern und Vorträgen, und – als Wichtigstes – sammeln Spenden für unsere Projekte in Indonesien und Kenia. Unsere Reiselust ist eher noch gewachsen. Wir verbringen eine Menge Zeit damit, von der nächsten Reise zu träumen, wohl wissend, dass Abenteuer unser Leben in den nächsten zehn Jahren verändern könnten.

Sicher weiß ich nur, dass Herbert Recht hatte, als er das Foto der kleinen blau-weißen Sloop auf den Küchentisch legte. Gott wollte, dass wir dieses Boot kauften. Wir haben erfahren, dass gewöhnliche Menschen große Träume verwirklichen können, ob diese nun zu Ende geplant sind oder nicht. Wir erfuhren, dass es viele wunderbare Menschen auf diesem Planeten gibt, und dass alle, die glücklich genug sind, ihren Lebensunterhalt selbst verdienen und sich ein eigenes Leben aufbauen zu können, auch die Kraft haben – und die Pflicht – an einer besseren Welt mitzubauen, und wenn es nur die Lebensbedingungen einer einzigen Person verändert.

Ich höre die Geräusche eines kleinen Tieres neben mir und möchte Magic ins Gesicht schauen, nicht Magic, dem Gibbon, oder Magic, der Kuh, sondern einer neuen Magic, die in unser Leben getreten ist. Es ist Magic, der kleine Hund, der mich aus braunen Augen anhimmelt, ein Ohr aufgestellt und eines hängend. Sie möchte mich veranlassen, mit ihr schwimmen zu gehen. Die Jungen spielen neben dem Zelt mit den Magic Cards, und Herbert ist damit beschäftigt, am Ufer unser altes Zedernholzkanu zu restaurieren – und nachzubauen als LEAKY TIKI –, wozu er Verbandsmaterial und Kerzenwachs verwendet. Manche Dinge ändern sich nie.

Aber ich fühle mich nicht verpflichtet, mit Magic schwimmen zu gehen, denn meine Gedanken sind ganz woanders, weder in der Vergangenheit noch in der Zukunft. Hier mit meiner Familie unter Bäumen am Wasser und in der Natur zu sein, hat mir in unerwarteter Stärke ein gewisses magisches Gefühl zurückgebracht. Wo wäre ich gerne, wenn ich jetzt die Augen schließe? An einem Fluss in Borneo? Auf Haifischzahnjagd am Strand von Kenia? Auf einem Kameltrek nach Timbuktu? Welche neuen Freunde und Orte warten da draußen auf mich? Warten darauf entdeckt zu werden?

Das Leben – wie Michael sagen würde – ist großartig. Es muss so viel getan werden, dass man keinen Augenblick zum Vertrödeln hat.

Diane Stuemer
Stratton Lake, Algonquin Park, Ontario
20. Juli 2002

Wer mehr über die NORTHERN MAGIC, vergangene und zukünftige Abenteuer erfahren will: www.northernmagic.com

Danksagung

Die wahre Geschichte der NORTHERN MAGIC ist die Geschichte von Menschen auf der ganzen Welt, die sich durch Hilfsbereitschaft und Großzügigkeit auszeichneten.

Wir danken euch allen, ob wir euch nun mit euren Namen kennen lernten oder ohne. Einige der Menschen, die uns während der hektischen Vorbereitungsphase zur Seite standen, waren: Marco Heinrich, Shawn Murphy, Shawn Hooper, Ghaffar Ahmed, Ali Al Aldein, Robert Alain, Maureen Scale, Dr. David Edmison, Dr. Chiam-Vimovat, Marilyn Dow, Mina King und Carole Chenier.

Außerdem sind wir zu Dank verpflichtet:

Michael Mitchell für seine Lieder über die See und über Kanada, die uns stets begleiteten und uns rund um die Welt inspirierten; Joanne Griffin und anderen Lehrern und Studenten der Fallingbrook School, die uns in vielfältiger Weise vor, während und nach unserem Törn unterstützten; Gina Nichols und Sandy Mountfort dafür, dass sie uns in Washington beherbergten, und Gina speziell dafür, dass sie uns bei den letzten Arbeiten während des Auszugs aus dem Haus rettete; Betty und Sam Switzer in Ft. Lauderdale für die Aufenthaltsgenehmigung in ihrer Marina; Merita Zuniga und ihrem Mann, Francisco Bauta, in Jaimanitas, Kuba, für das Fest und dafür, dass sie alles mit uns teilten, was sie hatten; Amanda, Caspar, Greg und Oliver, die uns auf den letzten Drücker durch den Panamakanal halfen; Delphine Barsinas auf Tahuata Island, Marquesas, für ihre Gastfreundschaft; Ambrose und Natacha Colombani von Tahiti für die Inseltour und dafür, dass sie uns die Riesenaale gezeigt haben; Bob und Tupou Marsters, Bill Marsters und ganz besonders Metua Atuatika auf Palmerston Island, die uns wie Könige behandelten; Petiola Maratu'u auf Tonga, die uns an der Hochzeit ihrer Nichte teilnehmen ließ und vieles mehr; Joeli und Kasanita Lau, Suva, Fidschi, dafür, dass sie ein unterirdisches Festessen für uns hergerichtet haben, gleichgültig ob wir es essen konnten oder nicht; Bob und Nira Kumar, Suva Dischi, die uns unter ihre Fittiche nahmen, und Niru ganz besonders für ihre Tränen; Ed McLaughlin von Hawaii, für Aka, der Herbert half, seinen Ph. D. in Kühltechnik zu bestehen und als Gegenleistung nur drei Kekse akzeptierte.

Vielen Mitgliedern des Rotary Clubs von Kippa Ring, Scarborough, Australien, aber ganz besonders Brian Shoobert und Steve und Melissa Griffith, die uns fern von zu Hause ein Zuhause gaben; allen Lesern des *Ottawa Citizen*, die uns schrieben, und Laura Robin, die die Briefe auslieferte, als wir sie ganz nötig brauchten; Brian und Beth Winterburn in Bowen, die unsere Familie wie streunende Katzen aufnahm; Yves Matson, unser sechstes Crewmitglied für einen Monat, und dafür, dass er sich den endlosen philosophischen Diskussionen stellte und uns beibrachte, richtig zu lachen, auch wenn deine Scherze manchmal etwas rau waren; Andy Shinner und Lana Cherkasova von der FUTUNA und Jim und Dianne Carlin von der SEPTEMBER SONG für eure dauerhafte Freundschaft; der Familie Dodge von der NANAMUK dafür, dass sie wunderbare Abenteuer mit uns teilte; den vielen anderen Seglern von vielen Booten in vielen Ländern, deren Hilfe und Freundschaft uns sehr bereichert haben.

Ketut, dem jungen Kellner im Norden von Bali, der uns die Augen öffnete und zum Nachdenken gebracht hat; »Mr. Ambon« in Kalimantan, der wichtige Fragen gestellt hat; Andi, Ferry, Anang und Pak Susiantoro dafür, dass sie vorzügliche Fremdenführer und unsere Freunde waren und ganz besonders während meines zweiten Forschungstrips zurück nach Borneo; Wanto, Dr. Gede Suarsadana und Dr. Bayu Wirayuda in Kalimantan und Bali, die uns zeigten, wie man helfen kann, etwas für uns alle Wichtiges zu beschützen; Sin Boon Lim in Malaysia für ein original chinesisches Essen und viel Unterstützung am Computer; Bill und Connie Price in Kuala Lumpur, Malaysia, für mehr Unterstützung und Gastfreundschaft, als ich hier aufzählen kann; Dr. Harry Heckel, Einhandweltumsegler in den Achtzigern für sein leidenschaftlich gelebtes Leben; Pharanee Deters und Bill Deters von Mae Sot, Thailand, dafür, dass sie uns ihre wertvollen Gibbons zeigten; Kotah Chotung in Thailand für die Bootstour und den Besuch in seinem Dorf und dafür, dass sie kein Parfum mit Alkoholanteil verwenden; Ma Chok, eine junge Frau aus dem Karen-(Langhals)-Stamm in der Nähe von Mae Hong Son, Thailand, für ihre Wissbegier und Schönheit; Polizeichef Amangiri von den Nikobaren dafür, dass er uns eingesperrt hat und wir deshalb eine großartige Geschichte für unsere

Enkelkinder haben; Ekka Kehelkaduwu Withan Darmasena und seine bildschöne Frau Shavanthi aus Sri Lanka für ihre Freundschaft, Gastlichkeit und das Lächeln, wenn wir es brauchten; Ahmed Mohamed von den Malediven dafür, dass er zu allem »Ja« gesagt hat. Captain Ilyas Hassan und seiner Crew, Addu Atoll, Malediven, für eine Geburtstagsparty, die keiner von uns je vergessen wird; Rob Jurgens in Tanga, Tansania, für seine unglaubliche Gastfreundschaft und dafür, dass er eine handgefertigte Sisalleine gekauft hat; Tony und Daphne Britchford von Kilifi, Kenia, die uns ein Heim weit weg von zu Hause zur Verfügung gestellt haben; Kenneth Muriithi von Plan International in Kilifi, Kenia, der uns zeigte, wie man es richtig macht, der uns durch viele Dörfer und Schulen führte, und ganz besonders dafür, dass er unser eigenes Projekt Wirklichkeit werden ließ; Andrew Thuva von Kilifi, der wahrscheinlich der wichtigste Mensch war, den wir je getroffen haben; Boniface Kitsao, Katana Kitsao, Hamisi Mwanadoro und Mark Thuva für eure Freundschaft und für eure Förderung; Kalimbo und Dr. Kate von Plan International, für die Hilfe beim Kauf einer Milchkuh; Alice und Don Williams dafür, dass sie uns beherbergten und den Beitrag an Boniface und das Hamisi-Projekt möglich machten; den unvergleichlichen Karimosho, unseren ersten Massai-Freund, dafür, dass er so langsam ging, dass wir Schritt halten konnten; Ron Beaton, seiner Familie und seiner Belegschaft in Rekero, Kenia, besonders Jackson Saigilu Ole Looseyia, die den Kindern in Not helfen und jede Belohnung zurückwiesen; Valens John, dem tapferen Lehrer der Massai-Kinder; der Massai-Großmutter Deeay, die uns in ihre verräucherte Schlammhütte einlud und Christopher in ihren Röcken wärmte; Salem Yeslam in Aden dafür, dass er keinen Gedanken darauf verschwendete, ob er Geld für seine Dienste bekommen würde; Weldemicael Habtezian in Masswa, Eritrea, für deine Freundschaft und den Aufenthalt in deinem Zuhause an der Wolkengrenze; Abu Mohammed Hamed in Suakin, Sudan, dafür, dass du dich um uns gekümmert hast und uns Möhren aus Port Sudan mitgebracht hast; Nageeb Mostafa in Safaga, Ägypten, für deine endlosen, grandiosen Geschichten, die alle mit einem »Boom! Kalaboush!« endeten; Ekbal El Asyouti aus Kairo, für deine Geschenke und deine Freundschaft; dem mächtigen Ahmed aus Kairo, der uns vor dem üblen Ali Baba beschützte; vielen Mitarbeitern der kanadischen Botschaft in Kairo, einschließlich Stuart Bale, Nicole Dunn und »Smooth Sammy« Samir Kader, die den Grinch verteidigten und Weihnachten zu uns brachten – weit weg von zu Hause; Zollbehörden und DHL-Kurieren in Ägypten und Italien dafür, dass sie uns einen unerschöpflichen Vorrat an dramatischen und aufregenden Geschichten zum Thema Triumph über die Not bescherten; Don Amoore in Lutana, Türkei, der seine Rätselsammlung mit uns teilte, besonders mit Jonathan.

Wir danken dem bewundernswerten Captain George Kotsovilis und seiner wunderbaren Frau Georgia für noch mehr Hilfestellungen, Geschenke und mehr griechische Gastfreundschaft, als wir uns erträumen konnten, und ganz besonders für ihre Fürsorge für Afrika; Peppino, Lucia und Blue Falbella in Sizilien für ihre endlose Hilfsbereitschaft und außerordentliche Gastfreundschaft, obwohl ihr alle Spaghetti auf die falsche Art esst; Teresa und James Peralta, die uns Gibraltar erklärten; Ana Maria Albuquerque Taviera und Filipe de Sousa Lima, für ihre Touren, die Geschenke und die Gastfreundschaft und für eure immerwährende Freundschaft; Paul Dole in Ottawa, der uns mit so vielen wunderbaren neuen Freunden bekannt machte; vielen Gemeinschaften in verschiedenen Städten, die für uns beteten, als wir den Atlantik überquerten; Wayne Cuddington und Bev Wake vom *Ottawa Citizen* dafür, dass sie in Nova Scotia waren, als wir endlich dem Nebel entfliehen konnten; Joanne Sams, Steve Morden, Anita Paeglis und Delton Sams in Gaspé für ihre Freundschaft und die Gastlichkeit; Commander Tom Turnbull, Lt. Commander »Godd« Pierre Godin und Maryanik LeGoff und dem Rest der Seekadetten in Trois Rivières für alles, was sie machten, um unseren Aufenthalt unvergesslich werden zu lassen; Fern Beauvais aus der Papineauville Marina, der es schaffte, dass ich mich wie Julia Roberts fühlte, und der mit mir zusammen Tränen vergoss, als wir abfuhren; Bob, Judy und Lady von der CATCH THE SUN für die Unterstützung in Montreal; Douglas Thomas und anderen von der Navy League Kanadas, für den Geleitschutz im Regen nach Petrie Island und dafür, dass ihr uns zum Lachen brachtet, ihr wisst schon worüber; Steve Fisher von CBC-TV dafür, dass ihr uns als Crew akzeptiertet und in allen von uns das Beste geweckt habt; Laurent Blanchet dafür, dass ihr euch um unsere Jungen gekümmert habt; Graham Vokey, alias Jean Big Foot, den Piraten von Petrie Island, für die Geschenke, die Freundschaft und die Umzugshilfe; Bruce Johnston, der uns ebenfalls beim Umzug geholfen hat und dessen Freundschaft unser Leben so bereicherte; unseren vielen Nachbarn von Brooklyn Crescent, die uns beim Packen halfen und mannshohes Unkraut aus unserem Vorgarten entfernten.

Ein besonderer Platz in unseren Herzen gebührt Emily Acton, die uns

Zivilcourage lehrte; Karen Sharp, die außerordentliche Großzügigkeit gegen unsere afrikanischen Freunde bewies und immer noch beweist; David Villeneuve für mehr Gefälligkeiten, als wir aufzählen können, einschließlich dafür, dass er den ganzen Weg nach Montreal gefahren ist, um eine Schiffsladung Souvenirs aus Bali abzuholen; Diane King und Paul Couch und Aimee und Jeremy King für das Erstellen und Pflegen der Website der NORTHERN MAGIC, für all die Unterstützung unserer Projekte und dafür, dass wir Freunde wurden; jedem, der Nahrungsmittel, Vorräte, Dienstleistungen und Geschenke gespendet hat bei unserer wunderbaren Wiederkehr auf Petrie Island, einschließlich der 11 000-Dollar-Spende für unsere Projekte; und einen ganz besonderen Dank an alle, die im strömenden Regen an der Küste von Petrie Island standen und an verschiedenen Piers und in Marinas unterwegs und zu Hause bei unserer Rückkehr.

Wir müssen Neil Reynolds danken, dem früheren Herausgeber des *Ottawa Citizen*, der an uns geglaubt hat und uns die Chance gab, unsere Erfahrungen anderen mitzuteilen, und natürlich auch Wendy Warburton, die uns in der Veröffentlichung unserer Story und wichtiger Vorfälle unterstützt hat; den Lesern des *Ottawa Citizen*, anderer Zeitungen und der Website, die uns begleitet haben und ein wichtiger Teil unseres Abenteuers wurden; und allen, die Geld spendeten für unsere Projekte auf Palmerston Island, Indonesien, und in Kenia, speziell den Freunden von Boniface und Hamisi, die unsere Reise verändert haben und auch unser Leben.

Besonders erwähnen wollen wir Mike und Karen Hooper aus Orleans und Shawn und Kevin Hooper, die jahrelang so viel für uns getan haben, einschließlich der Unterhaltung unseres Hauses, nachdem unsere vertragsbrüchigen Mieter verschwunden waren. Kevin, deine Unterrichtsstunden für Michael im Rülpsen waren ebenfalls ein großartiger Beitrag für unseren Törn.

Wir danken aufrichtig Douglas Gibson, Jonathan Webb, Alex Schultz und all den anderen wunderbaren Menschen bei McClelland & Stewart, die es möglich gemacht haben, dass ein breites Publikum an unseren Erlebnissen teilhaben kann. Ich hatte nicht nur den Eindruck, dass ihr dem Projekt viel Bedeutung beigemessen habt, sondern ihr habt mich auch überzeugt, dass es gut war, das Manuskript um vierzig Prozent zu kürzen. Es war mir eine Ehre, mit euch zu arbeiten.

Linda, Mom und Dad, Tante Ethel, Debbie Black, Bruce Johnston und Diane King – danke für die unschätzbaren Ratschläge und Hilfe bei der Arbeit am Manuskript.

Ich habe nicht genug Worte, um meiner Familie angemessen zu danken: meiner Mutter Jeanette King, meinem Vater Frank King und meiner Schwester Linda Maslecho für die vielen Stunden, in denen sie dafür gearbeitet haben, dass der Törn möglich wurde und wir auf See bestehen konnten. Ihr wart das sechste, siebte und achte Crewmitglied der NORTHERN MAGIC. Und über all die vielen Meilen hinweg unterstützte uns eure Liebe und Hilfestellung und unterstützt uns noch.

Michael, Jonathan und Christopher – euch danke ich dafür, meine wunderbaren Söhne, dass ihr für mehrere Jahre euer bequemes Zuhause zurückgelassen habt, eure Fahrräder und eure Freunde; dass ihr alle Unbequemlichkeiten ertragen habt, ohne euch zu beklagen; dass ihr euch ein paar Fitness-Riegel gesucht habt, wenn ich kein Essen kochen konnte; dass ihr Fertigmahlzeiten mit faden Nudeln gegessen habt und saure Milch akzeptiertet; dass ich mitten in der Nacht *Hershey's Kisses* mit euch teilen konnte; dass ihr mich in die Geheimnisse der Magic Cards eingeweiht habt; dass ihr mich zum Lachen gebracht habt und für zahllose Schmusereien und das Kraulen des Rückens; dafür dass ihr immer neue Einfälle hattet und immer vergnügt wart; dafür dass ich euch beim Wachsen zusehen durfte vor dem Hintergrund der ganzen Welt als Spielplatz. Danke dafür, dass ihr ein Teil des Traumes wart, obwohl es nicht euer Traum war.

Und mein letzter Dank geht an meinen brillanten, beharrlichen, genialen, immer zuverlässigen und treuen Ehemann Herbert, der einen gelegentlich aber auch auf die Palme bringen kann. Er wagte es als Erster zu träumen, und dann verwirklichte er den Traum, egal was kommen sollte.

Ich bin Teil geworden von allem, was ich traf;
doch Erfahrung ist nichts als ein Tor,
durch das jene unbereiste Welt schimmert,
deren Ränder für immer und ewig verblassen,
sobald ich mich bewege.
Wie fade ist es Halt zu machen, aufzuhören, zu rasten,
ohne jeden Glanz zu verlieren.
Als ob das Atmen gleich dem Leben wäre!

(*Alfred Lord Tennyson:* Ulysses)

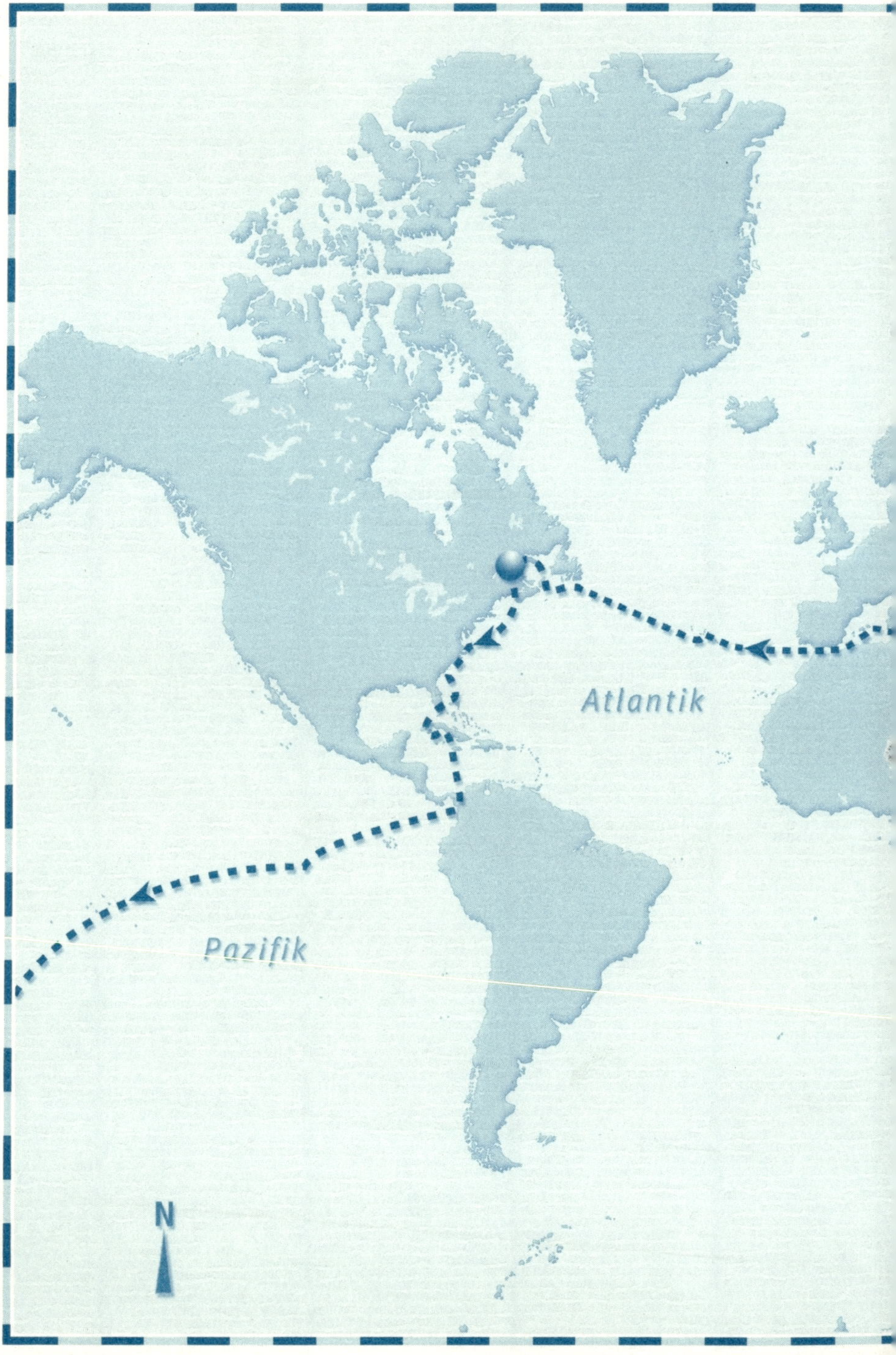
Atlantik
Pazifik
N